教育部哲学社会科学后期资助项目最终成果（18JHQ071）

Contemporary Vision of Political Theory

政治理论的当代视野

张乾友　著

江苏人民出版社

图书在版编目(CIP)数据

政治理论的当代视野/张乾友著.--南京:江苏人民出版社,2023.1
(思想与人文丛书)
ISBN 978-7-214-26860-0

Ⅰ.①政… Ⅱ.①张… Ⅲ.①政治理论-研究 Ⅳ.①D0

中国版本图书馆 CIP 数据核字(2021)第 272462 号

书　　　名	政治理论的当代视野
著　　　者	张乾友
责 任 编 辑	陈　茜
责 任 监 制	王　娟
出 版 发 行	江苏人民出版社
地　　　址	南京市湖南路1号A楼,邮编:210009
照　　　排	江苏凤凰制版有限公司
印　　　刷	江苏凤凰通达印刷有限公司
开　　　本	652毫米×960毫米　1/16
印　　　张	22.5　插页1
字　　　数	300千字
版　　　次	2023年1月第1版
印　　　次	2023年1月第1次印刷
标 准 书 号	ISBN 978-7-214-26860-0
定　　　价	88.00元

(江苏人民出版社图书凡印装错误可向承印厂调换)

目 录 / Contents

前言：寻找政治的边界　1

第1章　权力的类型与功能　1

第1节　权力的处境理论　1

一、一种新的权力观念　2

二、理解话语性权力　11

三、决定权与话语权　17

第2节　权力、损害与合法性　23

一、实践性权力的无害化　24

二、制度性权力与损害　28

三、合法损害是否真的合法　33

第3节　现代社会中的权力与支配　38

一、分配中的实践性权力　39

二、实践性权力与支配　43

三、制度性权力与支配　47

第2章 多元社会中的民主 54

第1节 民主的合法性危机 54

一、民主的合法性条件 55

二、深根政治与同质社会 60

三、多元社会中的民主危机 64

第2节 证成转向与多元社会的隐忧 71

一、从合法性到证成性 72

二、从证成到协商 77

三、多元社会的隐忧 82

第3节 民主政治的两种实践模式 89

一、冲突解决的不同方式 90

二、以公平为原则的民主政治安排 95

三、是否存在公平的例外 101

第3章 流动世界中的政治纽带 109

第1节 在同意与拒绝之间 109

一、同意理论及其内部紧张 110

二、我们能否拒绝同意 115

三、无须同意地共同行动 121

第2节 "发声与退出"的政治学含义 128

一、作为规范政治理论的赫希曼模型 129

二、退出与传统政治模式的失败 134

三、规范政治理论的新课题 138

第3节 用脚投票及其限度 144

一、特殊义务与内在价值 145

二、自由与正义 151

三、应得与平等 158

第4章 分配正义视角下的责任安排 165

第1节 应得与应为 165
一、应得的理想模式 166
二、从应得到应为 172
三、两种应为观及其限度 179

第2节 损害正义与剩余责任 185
一、损害行为与有限责任 187
二、剩余责任及其分配 192

第3节 公平游戏中的政府责任 199
一、市场中的"游戏"与公平 201
二、通过政府实现公平 208

第5章 公平的实践安排 221

第1节 裁决的功能与权威 221
一、何种冲突需要裁决 222
二、裁决的形式 226
三、裁决的权威与合法性 232

第2节 寻找公平的决策权分配方案 238
一、从公民身份到受影响利益 239
二、比例原则的提出 242
三、朝向利害关系人民主？ 246

第3节 "知识与政治"中的公平 252
一、学术评价的识知功能 254
二、公平的适用性 260
三、实践公平 270

第 6 章　依赖、责任与服务　281

第 1 节　官僚制组织的两副面孔　281

一、官僚制组织的经典面孔　282

二、经典面孔的异变　287

三、新面孔与新问题　292

第 2 节　走出依赖的社会责任　298

一、自主与依赖　299

二、依赖与责任　303

三、服务的责任　307

第 3 节　何谓服务　313

一、服务概念的初步界定　314

二、市场中的服务行为　317

三、政府行为的判定　324

四、结语：我们能对市场与政府提出什么要求　330

参考文献　333

前言：寻找政治的边界

一、本书的基本主题

　　政治历来就是有边界的，甚至政治本身就是一种划界的行为。当我们说一个人是"搞政治"的时，我们的意思是什么？是说他是"搞斗争"的？当然，所有政治活动都涉及某种或某些形式的斗争，一个"搞政治"的人总是会经常性地处于与其他人的斗争之中。但政治绝不仅仅是斗争，也没有多少人会"为了斗争而斗争"，甚至乐于斗争。对政治而言，斗争只是一种手段，它往往服务于"抢地盘"的目的，而"抢地盘"就是政治行动者之间人为地划分边界的行为和过程。所谓"抢地盘"，对于个体而言，就是在某件东西上留下自己的名字，使它成为"我的"。如果政治总是以这样一种方式在所有个体之间展开，使所有人都必须与其他人争夺属于"我的"东西，结果将是如霍布斯所说的"一切人反对一切人的战争"。在这里，战争状态也属于一种政治状态，但却是一种非文明甚至反文明的政治状态，因此，对于个体而言，要去过一种文明的生活，要以文明的方式"搞政治"，他们就必须找到一种办法来终结彼此间的战争，这种办法就是——把"抢地盘"的行为从"我的"行为变成"我们的"行为。

在某种意义上，之所以会产生"一切人反对一切人的战争"，主要是因为"我"本身缺乏边界，而当每一个"我"都必须与"一切人""抢地盘"时，他们将很难诉诸文明的斗争方式。所以，政治文明的首要标志就是形成了一个边界清晰的"我们"，进而，当作为自己人的"我们"仍然不得不在某些时候互相"抢地盘"时，就可以比在与外人"抢地盘"时采用更加文明的方式。所以，政治是一种划界的行为和由因为这些划界行为所产生的各种边界构成的行为空间，而政治中最重要的边界就是不同政治行动者为了能够文明地"搞政治"而为彼此划定的边界，也就是政治共同体之间的边界。

边界保障了文明，这在20世纪的民族国家发展史上得到了广泛的印证。20世纪的民族解放运动事实上是一种"筑墙"的运动，所有实现了解放的民族都是成功地修筑起围墙的民族，而那些未能成功筑墙或所筑围墙不够坚固的民族至今仍然处于事实上的被奴役状态，而作为被奴役者，他们中的绝大多数都被挡在了现代政治文明之外，无法分享现代政治文明的成果。在这个意义上，解放似乎是由边界定义的。一个民族能否实现解放，取决于它能否确立和维护与其他民族间的边界，这种边界除了国界这一实体性的界线，更重要的表现是主权这一抽象的界限。同样，一个个体能否实现解放，也取决于他能否确立和维护与其他个体以及更重要的与国家间的边界，而这种边界就是他作为一个自主的个体所拥有的那些权利。无论如何，边界可以被理解为一种自我保护的机制，而现代意义上的解放——即马克思所说的"政治解放"——就是要让无论作为个体还是作为民族国家而存在的每一个政治行动者都获得自我保护的能力。

民族国家让人们不必与世界上的所有人一起"抢地盘"，却并没有消除划界行为。相反，在民族国家内部，同胞公民们无时无刻不处在与其他人"抢地盘"的关系和活动之中，只不过，相比于与非同胞的交往，同胞间的划界行为通常采取了更加文明的形式。更重要的是，民族国家向现代人的头脑中注入了一种边界意识,当他们意识到国家是为保护他们而存在时,就会将自我保护作为他们在国家中一切活动的最终目的,而这不仅造成了国家内部边界的林立,更将划界从一种防御性的行为变为了一种扩张性的行为。这里的逻辑是:我们为什么需要围墙?因为如果没有围墙,其他人就可能干预甚至侵入我们的生活,而要保护我们能够按照自己的意愿去生活,就需要围墙来将所有我们不欢迎的人挡在墙外;既然围墙是为了保护我们生活的自主性,那我们的生活空间越大,生活的自主性自然也就越高,因而,要让我们能够更加自主地生活,就需要把围墙不断往外扩张。比如,在现代政治条件下,要保护自己,每一个人都必须能够去影响公共决策,而对公共决策的影响就是他与其他人的边界,在理论上,他可以通过对公共决策的否决来反对任何人对他的干预。当然,事实上并没有哪一个人可以单凭自己否决对他不利的公共决策,因而,要更好地保护自己,他就必须将边界外扩,通过寻求与其他人的结盟来获得对公共决策的更大影响。而在公共决策几乎总是以牺牲某些人的利益来保护和促进另一些人的利益的条件下,他的自我保护的行为就变成了一种可能侵犯他人的行为。结果,边界意识就变成了一种扩张意识,而划界行为在很多时候就变成了一种损害性的行为。

　　边界提供了一个相对安全的生活空间。在边界之内,我们可以自主地决定生活的目的,也可以自主地决定如何运用不受外人干预的资源来达成这些目的,并由此来实现我们生活的自主性。在逻辑上,手段是为目的服务的,只有当我们决定了某些目的之后,才会去寻找相应的手段来实现这些目的。而在现实中,目的往往是以手段为前提的,如果一个国家绝大部分领土都属于沙漠,就不可能把发展水产养殖作为经济政策的一个目的。在这个意义上,边界虽然并没有决定生活在其中的人们的目的,却在很大程度上决定了生活在其中的人们能够去追求什么样的目的。也正是由于这一原因,现代人才如此热衷于划界,热衷于通过划界来扩张自己的生活空间与提升自己的社会存在。然而,如果说边界的功能在于为政治行动者提供保护的话,在我们实际所处的由各种边界构成的世界中,由于不同边界内生活空间的差异性,许多人并没有得到保护,另一些人则得到了额外的保护,或在寻求自我保护时影响到了对其他人的保护。正是这一点让边界本身的存在变得可疑,也让现代政治总是处于一种维护边界与重新划界的紧张之中。

以国界来说,在20世纪,这一最重要的政治边界让人类作为一个整体得到了前所未有的保护,让许多人不再处于流离失所的状态,不再经常性地受到战争的威胁,更重要的是,让人们能够作为同胞公民而去过一种集体性的自主生活。但另一方面,如卡伦斯(Joseph H. Carens)所说,在民族国家使一国内部的人们得以走出封建社会的同时,国界的存在则让整个世界变成了一个封建社会。[1] 就像封建社会中生在农奴家庭的人一生都处于生在领主家庭的人的奴役之下一样,在民族国家体系中,生在欠发达国家中的人虽不能说总是受到那些生在发达国家中的人的奴役,却有非常大的概率无法过上与后者同等质量的生活,而且,他们之所以无法过上与后者同等质量的生活,在很大程度上是因为他们的国家没有能力保护属于他们的资源不被后者的国家以各种方式夺走,或没有能力提高他们自身的人力资源在国际市场中的价格。结果,作为封建时代等级身份的一种近似物,国界在保护了这个世界上的某些人的同时,也造成了使世界上的其他人得不到保护甚至受到损害的结果。当然,国界与等级界限存在一个重要的区别,即在封建时代,等级界限几乎是不可逾越的。而在今天这样一个全球化的时代,国界则非常容易逾越。比如,对一位墨西哥人而言,如果更优越的生活离他不过就是一次步行的距离,那么,即使路上真的有一道5米高的围墙——也许还有几把不敢随意射击的步枪,他又有什么理由不翻过这道围墙而走向更优越

---

[1] Joseph H. Carens, "Migration and Morality: A Liberal Egalitarian Perspective," in Brian Barry and Robert E. Goodin, ed., *Free Movement*: *Ethical Issues in the Transnational Migration of People and of Money*, New York: Harvester Wheatsheaf, 1992, p. 26.

的生活呢？于是,在今天,当个人仅仅通过步行就能跨越国界时,国界事实上就从许多人的生活中消失了。

国界的消失只是当前各种边界消融的一个缩影。在现代社会,边界作为保护特定人们的一种机制而被普遍建立起来,也因其无法保护其他人而不断受到后者的踩踏。另一方面,至少从当前来看,边界的消融并没有使更多人得到保护,相反,某种边界之外的人无论因为何种原因而进入到这种边界之内,都构成了对边界内人们生活的一种侵入,而这种侵入的结果往往是使许多原来得到保护的人失去了保护,或至少是削弱了对他们的保护。于是,为了重新使自己得到保护,他们就像沃尔泽所说的那样,在国家的围墙已被拆除的情况下创造出了一千个小堡垒。① 结果,在全球化让世界在客观上变得越来越开放的同时,全球时代的人们对于彼此则越来越封闭了。在全球化中的"赢家"享受着通过摧毁边界来征服世界的快感的同时,全球化中的"输家"则只能在失去了国界的保护之后用自己的双手将"赢家"的铁骑飞驰之后所留下的尘土碾拢为泥砖,再一块块地垒起以抵御其他"输家"的入侵。最终,我们的时代就既成了一个边界消融的时代,又成了一个边界不断再生的时代。

作为学者,谈论边界似乎是不道德的,因为学者的根本道德义务是寻求真理,而真理本身要求我们打破一切认识上的边界。但另一方面,无论学术职业还是学科,事实上都是一种边界,而这些边界之所以能被建立起来且在很大程度上推动了人类认识的进步,则是因为如果没有这些实践上的边界,那学者将无法保护自己免于对其认识活动的干预,也就无法坚持独立的观点,得出独立的认识,进而,作为一个整体,学术界就无法推动人类的认识进步。就此而言,认识上的"无界"需要以某些方面的实践上的"有界"为前提。当然,这样一种自我划界的行为在认识上

---

① [美]沃尔泽:《正义诸领域:为多元主义与平等一辩》,褚松燕译,南京:译林出版社2002年版,第48页。

存在巨大的缺陷,而近几十年来,随着人类社会的复杂化,这种缺陷被无限放大,使得学术研究与实践日益脱节。要让学术研究重新契合实践,社会就推动了一场拆除学术界中的实践边界的运动,使得不同学科之间以及整个学术界与社会之间的关系都有了更大的开放性。一方面,这样一种发展的确推动了人类的认识进步,通过多学科、跨学科甚至超学科的研究,我们获得了关于许多问题的更为全面甚或是全新的认识;另一方面,在这种更具综合性的研究内部则存在着严重的不对称性,即学科边界的拆除并不意味着边界本身的消融,而只是某些学科边界的消失,与此同时,另一些学科则将它们的边界扩展到了前述学科原有的"地盘"之中。结果,学科交融的过程似乎也变成了一个征服的过程,那些在现有学科体系下更加强势的学科逐渐地将它们的观点和方法强加到那些更加弱势的学科上。就像推崇精英治国论的人会说的一样,对于这样一种发展,有的人会说,如果强势学科就是那些更接近真理的学科,那让它们征服那些远离真理的学科又有什么不对呢?对于这一质问的逻辑前提,即某些知识体系可以代表某种普遍适用的真理,我持一种根本性的否定立场。但令人遗憾的是,这样一种完全有悖于现代政治文明与人类认识活动本质的蛮横无理的论调在今天有着许多极有权势的支持者,而在他们的支持下,就像其他社会领域中的情况一样,学术界中的拆除边界运动事实上成为某些边界的扩张运动,它试图将某些关于世界的极为片面和狭隘的认识强加给所有人,并不可避免地引起了其他人的反抗,学术界内部也正在生成无数的堡垒。结果,现实世界的走向日益体现的是某种单一的认识,但由于这种单一认识本身面临着广泛的质疑,使得现实世界的发展总是无法证明自身的合法性。

无论如何,今天,边界仍然是政治理论必须严肃对待的一个问题。我们都已经看到,在一个日益走向开放的时代,通过划界的方式来开展政治交往已经不再具有可持续性了,因此,边界是必须被拆除的。但这并不意味着我们可以在没有合理依据的前提下对各种边界进行选择性拆除,在拆除某些边界的同时保留另一些边界,在将人们从无数的小围墙中"解放"出来的同时用一堵更高的围墙将所有人囚禁其中。要拆除一堵围墙就必须拆除所有围墙。如果做不到或不愿这么做,那么,保留现有的墙就可能比允许某些人四处砸墙更能保护世界上的大多数人。当然,保留现有的墙并不意味着维持现状和因循守旧,那样的话人类社会就不会有任何进步了。从墙的功能是为人们提供保护的前提出发,我们可以在所有墙之间建立起一种道德联系,即它们之间存在一种道德分工,是通过对各自范围内的人们的保护来共同促进使所有人得到保护这一道德目的的。如果是这样,那么一种墙是否应当继续存在,就取决于它能否胜任这一分工体系赋予它的功能。如果能,那就不应当有针对它的拆墙行动,任何这样的行动都属于对道德分工体系的破坏;如果不能,那它就不应顽固地继续存在,同时,拆除它之后新建立起来的墙必须能够更好地保护那些需要得到保护的人,这样才能使整个道德分工体系得到优化。在很大程度上,当代政治理论的一大使命就是确立判断一种行为究竟是破坏分工还是优化分工的标准。只有在找到这样的标准后,我们才能解决筑墙与拆墙的矛盾,才能让边界助益于而不是阻碍着我们的自主。

二、本书的章节安排

如前所述,本书的主题是"寻找政治的边界",也就是要在今天这样一个旧的边界不断消失、新的边界又被不断建立起来的时代寻找政治的基本主题。回顾过去几十年的社会变革,我们可以看到两股相反的趋势:一方面,以20世纪80年代后"新公共管理运动"的兴起为标志,许多国家的政府改革都走上了"去政治化"的道路,开始将传统上通过政治解决的集体问题转化为可以通过市场解决的个体问题,通过这种方式,市场打破了政治的边界,使得政治本身失去了独立的存在;另一方面,以特朗普当选美国总统为标志,最近一段时间,一些国家的治理又走上了"泛政治化"的道路,使得无论经济问题、社会问题、文化问题还是科学问题,都被重新塑为政治问题,在这个过程中,政治侵蚀了其他领域的边界,而政治本身的含义也同样变得模糊起来。

无论政治的边界如何变化,在我们关于政治的理解中,权力与合法性都是两个绕不开的概念。在某种意义上,权力所在之处就是政治所在之处,尤其政治斗争,几乎总是围绕权力展开的斗争。不过,政治并不总是表现为权力的赤裸存在,而也表现为权力的文明行使,其中,合法性就是使权力成为一种文明力量的关键因素。当权力受到合法性原则的规约,当权力的存在及行使可以被视为合法,围绕权力开展的政治活动也就呈现出了积极的形象和功能。就此而言,政治究竟是一个"好东西"还是"坏东西",主要取决于权力是否具有合法性,政治的边界究竟如何变化,也受着权力与合法性关系的影响。有鉴于此,本书第一章讨论权力与合法性的关系。基于实践的发展,本章提出一种新的权力分类,并从这一分类出发分析合法性原则如何在当代条件下对权力做出规约,而权力又如何在这种规约下发挥其政治功能。这种分析表明,当代政治更多表现为围绕制度性权力的行使开展的各种活动,而这些活动就表现为国家中的民主过程。

民主是现代政治的基本特征。党的十九大报告指出,"人民美好生活需要日益广泛,不仅对物质文化生活提出了更高要求,而且在民主、法治、公平、正义、安全、环境等方面的要求日益增长。"[1]其中,对民主的要求被排在人民美好生活需要的第一位。同时,横向比较来看,今天,民主政治遇到了许多新的挑战,最突出的就是当代社会变成了一种多元社会,人们的观念与利益呈现出了不可通约的特征,导致他们在参与民主决策时难以达成共识。这一发展已经对西方政治造成了许多后果,中国

---

[1] 习近平:《决胜全面建成小康社会 夺取新时代中国特色社会主义伟大胜利——在中国共产党第十九次全国代表大会上的报告》,《人民日报》2017年10月28日,第2版。

的政治理论研究要回应如何满足人民对民主的美好生活需要的问题,也需要去分析这些后果,思考相应的经验与教训。有鉴于此,本书第二章讨论的是多元社会中的民主问题,分析了民主实践及民主政治的合法性在今天面临的挑战,阐述了民主理论在回应这些挑战中的新发展。

当代社会作为多元社会的一大特征在于人们政治身份的多元性,随着跨国流动成为常态,一些人事实上可以选择其公民身份,也就获得了拒绝特定国家对其行使合法权力的能力。对他们来说,政治边界成了可选择的,这使得他们与国家、他们与其他人的关系都发生了重要的变化,也驱使政治理论重新思考人与人之间、人与国家之间的政治纽带。本书第三章从这一问题出发,分析了当代政治主体选择政治身份即"退出"的行为对政治理论的挑战,也提出了如何规范这类行为的思路。

对政治理论来说,个体的退出行为之所以重要,是因为它可能造成不正义的后果。一方面,在人本身就构成了一种重要资源的意义上,人的跨国流动本身就是一种重要资源的再分配,而在这种再分配破坏了某些重要政治义务的意义上,它就造成了国家间的分配不正义;另一方面,某些人的单方面退出可能破坏了某种正义的分配体制,结果同样会造成分配上的不正义。要矫正这样的不正义,我们必须重塑当代政治主体的规范体系,尤其是不同政治主体的责任。顺着这一逻辑,本书第四章从分配正义理论入手,讨论了当代政治世界中个体、市场与政府在不同领域中的责任分配问题。

第四章的分析指向了公平的价值,第五章则进一步探讨公平的实践安排。本章选择在三个领域分析如何促进公平的问题,分别是裁决的领域、集体决策的领域和知识领域。其中,裁决与集体决策是现代政治权威的两种行使方式,让政治权威的行使接受公平原则的规范,让政治权威的行使以公平为目标,是政治理论促进公平的基本途径,更一般地说,是知识促进公平的一般途径。不过,在今天,知识这一功能的发挥面临巨大的现实障碍,因为许多知识本身也遭遇了不公平的对待。要让不同知识得到公平的对待,本章最后讨论了学术评价中的公平问题。

在本书看来,公平是有指向性的,在客观存在广泛不平等的条件下,它意味着对弱势者或者说依赖者的保护。今天,人们大多处于某种组织之中,相应地,依赖也有着组织根源,需要从组织角度展开分析。本书第六章从组织中的依赖现象入手分析如何保护依赖者的问题,提出要通过市场与政府主体对相应服务责任的承担来保护依赖者的主张。这种分析突破了政治的传统边界,丰富了我们对政治的认识。

总结起来,本书讨论的议题从权力走到了依赖,而这种发展也符合我们的日常政治经验。对普通人来说,政治总是与权力相关的,而只要与权力相遇,我们就总是处于依赖状态。政治理论一直试图帮助普通人走出由权力造成的依赖状态,其途径则是通过对权力施加合法性要求来规范权力的分配和行使。同时,在今天,权力的存在并不是一种固定现实,而具有了流动性,不仅是国家,组织甚至个体也都可以成为某些方面的重要权力主体,所以本书对权力与依赖的讨论也在相关议题下将组织与个体纳入了进来。当然,即使在这一主线下,本书的讨论仍然可能是不充分的,但在政治世界变动如此剧烈的今天,要想在一本书中完全不遗漏任何重要的政治议题是不现实的。如果本书能够帮助读者在它所设定的议题范围内获得关于当代政治的基础性认识,它也就是有价值的了。

需要指出的是,本书的主题是寻找政治的"边界",而不是寻找政治的"边缘"。根据我个人的理解,政治理论可以是规范取向的,也可以是批判取向的。其中,规范政治理论关注的是特定时期政治的主流议题,通过对这些议题的探讨来确立政治的基本规范;批判政治理论则从边缘立场和议题出发来对主流政治规范及主流政治理论提出挑战。规范政治理论并非完全不涉及边缘议题,但它往往会对边缘议题进行抽象化,把它纳入主流议题的分析范畴,以此来证成主流政治规范。批判政治理论则往往拒绝这种抽象化或主流化,而试图寻找替代性的思考方向。两种取向没有绝对的优劣。我个人的研究有很大一部分是批判取向的,但在本书中,我沿袭的是规范政治理论的研究传统,对政治边界的探索指向的是主流政治议题的边界,是在政治本身的边界发生了变动的现实下定位政治的主流议题。在这个过程中,本书涉及了很多边缘议题,如果选择批判理论的路径,我可能会更多从这些边缘议题的差异性出发来挑战主流政治规范,但在规范理论的路径下,本书是把这些边缘议题转化成主流议题的研究范畴来进行分析的。

三、致　谢

本书的写作源于我到亚利桑那大学哲学系访学的契机,这次访问让我得以较为系统地研习了当代英美政治哲学,从而确立了本书的规范主义研究取向。在此感谢 Thomas Christiano 教授的邀请,也感谢我所在的南京大学政府管理学院和南京大学人文社会科学高级研究院在我访学和完成本书期间的充分支持。本书中的许多想法来源于在美期间参加 Christiano 教授主持的"Justice, Law and Capitalism"研讨课程,本书所涉及的基础性文献被我用于自己开设的"公共伦理"研讨课程,在此也感谢 2016 级行政管理硕士班的同学们,在讨论中帮助我找到了一些不同的角度来重新审视问题,为本书的最终成型提供了思想的火花。

本书章节内容均作为论文单独发表过,在成书过程中根据需要做了必要修改。在此按章节顺序列出原始发表明细:《从权力改变处境的功能区分权力的不同类型》发表于《中国人民大学学报》2016 年第 2 期,《权力、损害与合法性——民主治理的实践悖论》发表于《理论与改革》2016 年第 2 期,《现代社会中的权力与支配:基于分配视角的考察》发表于《学海》2017 年第 1 期,《民主的合法性危机》发表于《江苏行政学院学报》2016 年第 4 期,《证成转向与多元社会的隐忧》发表于《天津社会科学》2016 年第 1 期,《集体决策的政治与协议的政治——解决冲突的两种公平方式》发表于《行政论坛》2017 年第 2 期,《我们如何共同行动?——

"同意理论"的当代境遇》发表于《文史哲》2016年第4期,《赫希曼模型对规范政治理论的挑战与启示》发表于《人文杂志》2017年第4期,《用脚投票及其限度:一个分配正义问题》发表于《学海》2016年第3期,《应得与应为:分配正义的理论限度》发表于《天津社会科学》2017年第3期,《损害正义与剩余责任——损害性事件中的责任分配》发表于《道德与文明》2017年第1期,《论市场与政府在促进社会公平上的功能与条件》发表于《江汉论坛》2019年第2期,《裁决的功能与权威》发表于《新视野》2016年第6期,《寻找公平的决策权分配方案——当代规范政治理论从平等到公平导向的转型》,发表于《江苏行政学院学报》2018年第2期,《学术评价、识知效率与分配公平——"知识与政治"的当代议题》发表于《中国社会科学评价》2017年第1期,《官僚制组织的两幅面孔》发表于《北京行政学院学报》2016年第1期,《自主、依赖与服务:对社会责任的一种新解释》发表于《道德与文明》2018年第2期,《何谓服务？或我们能对市场与政府行动者提出何种要求？》(What Does Service Mean? Or, What Can We Ask of Market and Governmental Actors?)发表于《行政理论与实践》(Administrative Theory & Praxis)2017年第1期。在此感谢所有期刊对这些研究的肯定,也感谢它们对本书出版的支持。

张乾友

2017年5月

修改于2022年11月

第 1 章　权力的类型与功能

第 1 节　权力的处境理论

权力是政治生活中最重要的现象之一,也是政治理论的叙事基点。在过去几十年,我们的社会生活发生了许多变化,其中最重要的趋势之一是社会生活的"去政治化"。在许多人眼中,政治似乎是一个不好的词语,代表了人类行为中最阴暗的方面;市场则似乎是一个好的词语,代表了人类行为中最阳光的方面——毕竟,市场被宣示的一大特征就是其中各种交易的开放性与公开性。政治之所以是阴暗的,在于政治行为总是与权力纠缠不清,而权力似乎是每一个向往自由和平等的现代人都极力欲以驱逐的。但另一方面,市场也并非一个权力无涉的领域,相反,在市场崇尚因而总是会造成和扩大不平等的意义上,市场活动必然会不断地生成权力关系,因为不平等正是一切权力关系的源泉。所以,我们以市场化的方式来推动社会生活的去政治化的结果,并不是让我们摆脱了权力的纠缠,而只是让我们从屈从于某些权力转变为屈从于另一些而且可能存在的范围更加广泛的权力。在过去几十年,市场化的推动者试图通过宣布市场的权力无涉性而用经济语言取代政治语言在现代话语中的地位,进而帮助市场性的权力征服我们生活的所有领域。而当我们认识到市场本身也是一个权力领域时,就让政治理论重新获得了介入当代社会生活的正当性。当然,这将需要一种更具包容性的权力理论。如果说直到今天权力仍然在实践中有着很强的神秘性的话,在理论上,权力则已经成为一个相对明确的分析对象。从文献来看,关于权力的研究主要强调它的两方面特征:第一,它是一种能力;第二,它给作用对象带来了改变。换句话说,权力是使其作用对象发生改变的一种能力。如果我们去思考权力到底能够改变什么的问题,就会发现,权力所改变的无非是作用对象的处境,具体地看,这种处境可以分为实践处境、规范处境与制度处境。相应地,权力也可以被分为实践性权力、规范性权力与制度性权力,它们分别是改变作用对象实践处境的能力、规范处境的能力和制度处境的能力。这样一来,我们就可以依据权力的功能而对权力进行新的分类,并把权力作用过程在不同层次的表现都纳入到同一个解释框架之中,这不仅有助于我们把握权力系统,而且可以帮助我们理解许多传统权力理论无法解释的现象。

一、一种新的权力观念

作为一种社会性的存在,我们的一言一行都是有后果的,都会以某种方式影响到他人和我自己存在与生活的处境,而当我的言行单方面且不可逆地对他人的处境造成了影响时,我就对他行使了某种权力。[①] 在

---

① 这里需要注意两个问题。第一,如果我可以对你开枪,你也可以对我开枪,那我们都拥有暴力,但谁都不对另一方拥有权力。而如果只有我可以对你开枪,并以此让你去做了某件违背你意志的事,那在我们的关系中,我就对你拥有权力。这是为什么要强调"单方面且不可逆"的原因。第二,如果我影响了我自己的处境,算不算对我自己行使了权力?拉兹的回答是肯定的,比如承担自愿义务就是一个人对自己行使规范性权力的典型方式(Joseph Raz, *The Authority of Law: Essays on Law and Morality*, Oxford: Oxford University Press, 1979, p.19)。而在这个意义上,权力就变成了一种意识现象,而不是社会现象。当然,权力这种现象本身包含了意识成分,但对这个问题的探讨超出了本书所理解的政治理论的范围。在政治理论范围内,本书还是把权力视作一种社会现象。

此,我们考虑三种处境,即实践处境、规范处境与制度处境。第一,实践处境与一个人根据自己的意志开展行动并通过行动来达到某种目的的能力有关,一个人的实践处境主要就表现为他是否拥有这种能力以及拥有这种能力的大小。所以,当一个人用武力抢走了另一个人的财产时,他就损害甚至剥夺了后者运用自己的财产开展行动并通过这些行动来追求他想要达到的目的的能力,就改变了后者的实践处境,就对后者行使了实践性权力。第二,规范处境是一个人在某种规范性关系中所处的应为或被许为某件事的状态。① 在这里,与制度意义上的义务、责任与权利相比,应为与许为具有含义上的不确定性。在某些情况下,应为也可能表现为义务,但即使作为义务,它也不是一种制度性要求,而是一种规范性要求。许为则既不同于权利,也不同于前制度的自由。在存在产权制度的前提下,谁都没有自由拿走别人的财产,但如果我允许你拿走我的一部分财产,你仍然没有自由拿走我的财产,但你拿走我允许的那部分财产的行为则变成了一种许为,因而你的同一种行为的规范含义就发生了改变。而当我能对你做出这样的改变时,我就对你拥有规范性权力。第三,制度处境是一个人依据某种制度所处的权利、义务以及责任关系的总和,因而,只有当我能对你造成某种制度性后果时,我才对你拥有制度性权力。改变制度处境的典型例子是司法判决,只要法官判定某个人的某项行为有罪,后者就将失去某些权利(如人身自由),被赋予某些义务(如社区服务),以及承担某些责任(如民事赔偿)。②

---

① 一项行为可能具有三种规范含义:它是被禁止的,被要求的,或被允许的。它们也是规范性要求的三种表现形式。当一种行为是被禁止的时,意味着人们在规范意义上被要求不去做这件事,也可以说这件事是不许为的。当一种行为是被要求的时,意味着人们在规范意义上应当去做即应为这件事。当一种行为是被允许的即可以被视为一种许为时,则意味着人们被解除了某种去做或不去做某件事的规范性要求。可见,规范性要求的三种形式都可以通过应为与许为的概念得到表达,所以,这里用"所处的应为或被许为某件事的状态"来理解规范处境。
② 社区服务之所以是义务而不是责任,是因为社区服务的对象并不是不法行为的损害对象,所以,判决承担社会服务是一种惩罚,而不是矫正,这种惩罚的方式就是对惩罚对象施加义务。

我们可以虚构一种情形来描述三种权力的关系：当 A 用武力对 B 的身体的某个部分造成永久性的伤害时，就改变了 B 的实践处境；但如果 A 的行为得到了 B 的同意，那 B——也只有 B——就改变了 A 的规范处境，使 A 的行为成了一种许为，这在很多时候被称为"愿者不受害"；①但如果 A 对 B 的伤害被另一个人发现，并因此被送上法庭，那法官可能裁决 B 的同意无效，即 B 的同意不能改变 A 的行为的制度含义，因而判定 A 的行为违法，并由此改变了 A 的制度处境。这样的情况在现实中可能并不少见。我们的社会中有一些有着特殊癖好的人，他们能从其他人伤害自己身体的行为中获得极大的满足感，而且，为了获得尽可能真实的满足感，他们希望其他人对自己的伤害是武力性的，而不是表演性的。但这并不意味着那些实际从事伤害的人在制度上就不应被追责，而最多可能部分地抵消其所应承担的责任，否则制度就失去了保护所有人的功能。这是因为，"同意"是可以被收买的，正如司法实践中普遍存在的庭外和解所表明的一样。如果我们承认庭外和解有时是实现补偿正义的一种更有效的方式——因为当施害方与受害方存在严重的不平等时后者事实上很有可能无法通过胜诉得到应有的补偿，也必须看到，将伤害行为的后果而非伤害行为的原因作为制度性权力的行使标准是实现矫正正义的一个前提，否则，在很多时候，弱者都将不得不同意受害。另一方面，即使是被收买的，受害方的同意也改变了施害方的规范处境，因为前者在是否接受收买的问题上是无法被收买的，因而就必须对自己的同意行为负责，即承担相应的规范性后果。这表明了不同权力之间关系以及权力现象本身的复杂性。

在当前的研究中，我们可以找到两种不同的权力观。一种是强制性

---

① [美]范伯格：《刑法的道德界限. 第 1 卷, 对他人的损害》, 方泉译, 北京：商务印书馆 2013 年版, 第 125 页。

权力观，它将权力视为一个人通过强制手段——即威胁制裁与使用武力——而让另一个人去做他否则就不会做的事的能力。① 另一种是规范性权力观，它将权力视为一个人改变另一个人规范处境的能力。如果我们把强制性权力重新定义为一个人通过强制手段改变另一个人实践处境的能力，我们就获得了关于权力的一种一般性定义，即权力是一个人改变他人处境的能力——我通过强制手段让你去做一件你否则就不会做的事可以被理解为我通过强制手段剥夺了你不做这件事情的能力，即我有能力让你没有能力不做我强制你去做的事情。这一定义不仅让我们在强制性权力与规范性权力之间找到了共同点，而且让我们获得了对立法权与司法权以及一般意义上的规则制定权与裁决权的理论解释，即这两种权力都属于改变其他人制度处境的权力，因而是一种制度性权力，而不是规范性权力。

与本书相关的规范性权力的概念是拉兹（Joseph Raz）从哈特（H. L. A. Hart）的权利观念中提取出来的。哈特认为，"拥有一种权利意味着拥有一种限制另一个人自由以及决定他应当如何做的道德正当性（moral justification）"。② 拉兹把这里的两层含义分开了，前者即得到证成的（justified）对另一个人自由的限制成了权利的标准含义，后者即可证成的（justifiable）对另一个人应当如何做的决定则被理解为了规范性权力。二者的区别在于，我对某个事物拥有权利意味着其他人有义务尊重我的权利，因而没有自由干预我对其拥有权利之物的处置，但我并不

---

① 强制性权力观的代表性论述见 Robert A. Dahl, "The Concept of Power," *Behavioral Science*, Vol. 2, No. 3 (July, 1957), pp. 202-203 与 Jane Mansbridge, "Using Power/Fighting Power," *Constellations*, Vol. 1, No. 1 (1994), p. 53. 两种方式中，威胁制裁是 A 对 B 说"做 X，否则我就对你做 Y"，进而，出于对如果不做 X 将受到 A 的制裁即对他做 Y 的恐惧，B 就去做了 X。使用武力则是 A 直接对 B 做 Y，当 B 无法继续承受 A 对他做 Y 所造成的后果时，就只能去做 X。两者的共同目的都是让 B 去做 X。
② H. L. A. Hart, "Are There Any Natural Rights?" *The Philosophical Review*, Vol. 64, No. 2 (Apr., 1955), p. 183.

能赋予特定的某个人以这种义务——在拉兹看来,这是权威的基本功能,一个人拥有权威的标志就是他拥有规范性权力。这种权力不同于野蛮的武力——所以拥有武力不等于拥有权威,而是一种改变其从属者的受保护理由(protected reasons)的权力,①它让从属者不再有理由要求自己得到保护,因而无条件地从属于权威。所以这种权力又被理解为"赋予从属者按所指示的那样行动的义务的权力"。②

拉兹对规范性权力的分析在他的权威理论中占有基础性的地位,但也导致了一个非常明显的矛盾,这就是对承诺的解释。根据某种标准性的解释,在承诺关系中,我对你做出了承诺,你就获得了解除我履行承诺之义务的规范性权力,但你显然不是一个权威,因为你并没有赋予我义务的能力,这就出现了矛盾。为了克服这一矛盾,拉兹的学生马默(Andrei Marmor)提出了"权威的制度观念",把制度性框架下的规范性权力才视作权威的标志。③ 马默看到了两种权力有区别,但在本书看来,这种区别并不是非制度性的与制度性的规范性权力的区别,而是规范性权力与制度性权力的区别。制度性权力是某种制度框架的产物,这一框架预设了制度权威的存在,并让其他人成为权威的从属者,所以权威才能改变其从属者的制度处境。规范性权力则产生于特定规范性关系之中,且这种关系本身是不确定的。根据自由主义的传统解释,个人之间只有通过承诺与同意等自愿行为才能建立起规范性关系,而在现实里,人们则生来就处于某些规范性关系之中,且对于这些规范性关系,自愿行为在根本上是无效的。正是由于看到了这一点,科斯嘉德(Christine Kors-

---

① Joseph Raz, *The Authority of Law: Essays on Law and Morality*, Oxford: Oxford University Press, 1979, p. 19.
② Scott Hershovitz, "The Authority of Law," in Andrei Marmor, ed., *The Routledge Companion to Philosohpy of Law*, New York: Routledge, 2012, p. 71.
③ Andrei Marmor, "An Institutional Conception of Authority," *Philosophy & Public Affairs*, Vol. 39, No. 3 (2011), pp. 238-261.

gaard)也到人们的身份中去寻找规范性的来源。① 本书不涉及这种形而上学争论,而只想借助这种争论表明,规范性关系发生在制度框架之外。所以,当我在这种关系中因为某种原因而对你拥有规范性权力时,我只能对你造成一些规范性的后果,而不是制度性的后果,但同时,在我们的关系中,又只有我才能改变你的规范处境,这也是不可逆的,因而,我改变你规范处境的能力才是一种权力。

与制度处境相比,规范处境具有认知特征。当权威对其从属者行使制度性权力时,他将在事实上改变后者的制度处境,这种改变是独立于所有人的认知的。比如,如果法官裁定你的行为违法,那你就必须承担相应责任,这一点不会因为任何人的看法而有所改变。规范性权力的行使则建立在相关各方的特定认知结构之上。比如,当我对你做出承诺,我就获得了履行该承诺的义务,而如果你拒绝了我的承诺,我就不再负有这一义务。在这一过程中,我的义务状况的变化并不是一种事实上的变化,而是一种认知上的变化。承诺之所以能产生义务,是因为如果我不履行承诺,这种行为将与我以及所有可能进入承诺关系的其他人对我履行承诺的我无法合理拒绝的期望相冲突,进而导致我对自己以及其他人对我做出负面的评价,这种评价将对我造成科斯嘉德所说的"失去身份的威胁",②而我回应这种威胁的方式,就是确认该义务。另一方面,你的拒绝之所以能解除我的义务,则是因为这种拒绝取消了任何人对我履行承诺的期望,也就取消了因为我没有做我承诺之事而对我做出负面评价的理由,也就消除了可能让我失去身份的威胁。当然,我仍然可以继

---

① Christine Korsgaard, "The Authority of Reflection," in Christine N. Korsgaard with G. A. Cohen, Raymond Geuss, Thomas Nagel and Bernard Williams, *The Sources of Normativity*, New York: Cambridge University Press, 2010.
② Christine Korsgaard, "The Authority of Reflection," in Christine N. Korsgaard with G. A. Cohen, Raymond Geuss, Thomas Nagel and Bernard Williams, *The Sources of Normativity*, New York: Cambridge University Press, 2010, p. 102.

续完成我所承诺之事,但这不再构成我与其他人对我做出正面评价的理由,①他人也仍然可以对我做出评价,但这种评价也不再构成对我身份的威胁,因为我们间的关系已不再是一种规范性关系。换句话说,你的拒绝取消了我们间的规范性关系,也就取消了他人对我做出规范性评价的基础,因而,他人虽仍能对我做出评价,这种评价却不再属于规范性评价,不再对我具有规范性效力。

在这个意义上,规范性关系也是一种评价性关系,它的规范性效力是通过关系人间的评价来发挥作用的。同样,同意之所以能变不许为为许为,也是因为它取消了行为者的某种应为,也就取消了对该应为之事具有行为者无法合理拒绝的期望的人对行为者进行谴责的理由。当某件事需要得到允许时,意味着这件事是不应为的,或者说,不做这件事是关系人的应为,而同意则取消了他的应为。比如,不对其他人使用暴力,这是每个人的应为。所谓"周瑜打黄盖,一个愿打,一个愿挨",黄盖的同意并没有改变周瑜强制他的事实,但改变了这一事实的规范性含义,使其他人无法因为周瑜没有履行他的应为而对他做出负面的规范性评价。就此而言,给予许为可以被视为取消应为的一种特殊情况。可见,当我在某种规范性关系中处于某种应为与许为的状态时,实际上是我与其评价能够对我造成失去身份的威胁的人认为我处于这种状态。而在制度处境中,这种情况是不存在的。

将权力定义为一个人改变其他人处境的能力可以帮助我们重新认

---

① 如马默所说,这里讨论的承诺属于条件性承诺,即需要以被承诺者的接受为条件的承诺。如果你明早 8 点要到机场,而我承诺开车送你,这种承诺是需要以你的接受为条件的,只有当你接受了,我才获得了义务,进而,无论我是否履行了义务,其他人才有理由对我的行为做出规范性评价。如果你拒绝了我的承诺,并选择搭乘出租车去机场,那我们之间就不存在规范性关系,如果我仍然坚持要接你,这行为就没有回应任何规范性要求,也就不适用于规范性评价。承诺的另一种形式是非条件性承诺,即无须被承诺者接受的承诺。比如,一国政府可能向世界承诺在某个时间点完成某个减排目标,这种承诺是不需要任何国家接受的,换句话说,这种承诺产生的是一种无条件义务,其他任何国家的拒绝都无法免除该国政府赋予自己的义务。

识许多权力现象。比如，关于实践处境，我们可以设想一种极端的情形，在这种情形中，A除了他最原始的能力即物理能力之外没有任何别的行动能力，不幸的是，他的妻子患了一场重病迫切需要一大笔钱，这笔钱完全超出了他的能力范围，但他愿意牺牲他的一切能力来换回这笔钱。这个时候，非常有钱的B因为车祸失去了双眼，且他愿意付出任何他能承受的代价来购买一双别人的眼睛。我们还可以设想有多个人愿意为了B开出的价钱出卖他们的双眼，而在这样的条件下，实际发生的可能不是B强制A出卖他的双眼，而是A乞求B购买他的双眼。如果这真的发生了，那么，从形式上看，A与B之间就达成了一项交易——虽然是一种黑市交易，而且，因为交易双方都是自愿的，且双方的需求都得到了满足，交易似乎也是公平的。但问题是，如果A反悔了，并希望用相同的价格从B那里买回本属于他的眼睛，他能买回吗？显然不能。如果另一个人C给了A一笔数额非常大的钱，使他能向B开出更高的价格回购他的双眼，他能买回吗？我们可以合理地推论，答案仍然是否定的。原因在于，A与B之间存在一种特殊的依赖关系，正是A对于B的依赖性赋予了B通过交易来剥夺A行动能力的权力。当然，B也在交易中失去了通过他所付出的财富来开展行动的能力，但这种损失并未让他陷入类似的依赖处境，所以没有人能以类似的方式对他行使权力。还以这一情形为例，如果A后悔了，那他也许能从另一个对他具有依赖性的不幸的人D那里买到另一双眼睛，而在这个时候，他就对D行使了实践性权力。

  对实践性权力的以上分析可以扩展到当今国际关系中的许多领域。在国际关系中，一个国家的行动能力——包括推行内部发展计划的能力、抵御外部干涉的能力以及与他国合作行动的能力等——直接取决于它可支配的资源及它所承担的负担与风险。如果一个国家拥有丰富的可支配资源，同时承担较少的负担与风险，显然比另一个缺少可支配资源且承担极重负担与风险的国家拥有更好的实践处境。在很多情况下，后者都严重地依赖于前者。而如果前者通过交易的手段以对它来说相对低廉的成本攫取了会显著影响后者行动能力的资源和/或对后者施加了可能显著影响其行动能力的负担与风险——比如向后者转移污染产业以"促进"其发展,那它就对后者行使了实践性权力。由于这种依赖关系是不对称的,后者不可能通过相同的方式攫取前者的资源和/或对前者施加负担与风险。这表明,实践性权力源于行动者之间行动能力的不平等,因而只有处于优势实践处境的行动者可以对处于劣势实践处境的行动者行使实践性权力。虽然在这么做的时候前者可能采取的是与后者进行交易的形式,但这种不对称的交易实质上是行使权力的一种方式,尽管后者可能十分希望从属于前者的权力之下,甚至为了从属于前者的权力之下而与其他行动者大动干戈。

关于实践性权力,还需指出的是,制度性权力可以成为实践性权力的一个来源。如前所述,做出威胁是行使实践性权力的主要方式,而在逻辑上,每个人都可以对任何其他人做出威胁,但这并不意味着每个人都对其他任何一个人拥有权力。威胁要成为行使权力的一种方式,必然预设了某种制裁,因而才是一种可信的威胁,而拥有制度性权力就让一个人获得了对他人实施制裁的能力。比如,制度性权力的典型持有者是法官,而且,根据汉密尔顿的说法,法官"既无强制、又无意志,而只有判断",[①]似乎是不拥有实践性权力的。但另一方面,拥有制度性权力的事实则让法官可以对当事人做出可信的威胁,并由此对当事人行使某种实践性权力,虽然这种权力本身是非法的。又如,在上下级关系中,由于上下级都属于制度性角色,在理论上,上级似乎只对下级拥有制度性权力,但这一事实也让上级可以对下级做出威胁,并通过威胁要对下级行使制度性权力来迫使下级去做某件在制度上他并没有资格让下级做的事,而在这个时候,他就对下级行使了实践性权力。与法官的情况不同的是,

---

① [美]汉密尔顿、杰伊、麦迪逊:《联邦党人文集》,程逢如、在汉、舒逊译,北京:商务印书馆1995年版,第391页。

只要上级威胁下级去做的事符合组织的目标,那他对实践性权力的行使就是合法的。就此而言,制度性权力本身也属于实践处境的一个构成要素,在其他条件相同的情况下,一个拥有某种制度性权力的人显然将比另一个不拥有该制度性权力的人处于更好的实践处境。可见,实践性权力与制度性权力间存在复杂的相互关系。

二、理解话语性权力

自拉兹以来,赋予义务的能力被公认为权威的标志之一。拉兹把这种能力视为规范性权力,结果是导致了在承诺问题上的解释矛盾。要避免类似的矛盾,我们必须把赋予义务和赋予应为区别开来,也就是把义务和应为区别开来。在承诺的例子中,被承诺者之所以能够取消承诺者的义务,首先是因为承诺让承诺者产生了义务,而承诺所产生的之所以是义务,则是因为它在我们的社会合作中承担着无法替代的功能,在许多情况下,"除了通过给他承诺,即让承诺者处于一种随后履行承诺的义务之下,没有别的办法让先行者抱有确信"。① 也就是说,承诺之所以必要,是因为有的社会合作必须以某些人的先行为条件,而承诺则通过赋予后行者某种规范性要求而给了先行者先行的理由,这种理由要成为决定性的理由,则该规范性要求必须足够强,所以它只能是义务,而不能仅仅是应为。而当某种规范性关系并不那么至关重要时,在这种关系中,人们被期望满足的规范性要求就只是应为。② 也就是说,所负义务的状况只是规范处境中的特例,在通常情况下,规范处境指的是人们应为与所被许为某事的状况。并且,即使在产生了义务的规范性关系中,规

---

① John Rawls, *A Theory of Justice*, Cambridge, Massachusetts: The Belknap Press of Harvard University Press, 1971, p. 347.
② 哈特在《法律的概念》中做出了类似分析。哈特认为,某些社会规则之所以能产生义务,是因为人们坚信它们对社会生活的维持或对社会生活中某些被高度重视之特征的维持而言是必不可少的。比如限制滥用暴力的社会规则、要求信守承诺的社会规则等。见 H. L. A. Hart, *The Concept of Law*, Second Edition, Oxford: Clarendon Press, 1994, pp. 86 - 87.

范性权力的持有者也只能取消其他人所负的义务，而不能赋予其义务，因为后者是权威的功能，是制度性权力才能产生的作用。

关于规范性权力的分析要回答的第一个问题是：什么是规范性关系？可以认为，规范性关系是那些能够产生规范性要求的关系，而所谓规范性要求，是指其他人可以对你产生你无法合理拒绝的期望的那些行为要求，而这种期望就构成了其他人对你进行评价的依据。反之，如果一种关系不能让其他人对你的某种行为产生你无法合理拒绝的期望，那他们将没有理由也没有资格评价你的行为。当他们对你进行评价时，这种评价总是表现为"对"与"错""好"与"坏"的形式，所以，规范性要求又可以被理解为去做对的或好的事情的要求。① 但是，人类道德生活的一个基本特征在于，关于特定行为的对与错、好与坏，并不存在无可争议的标准，所以，在实践中，当人们评价一种行为是对的或好的时，他们的依据是，这种行为是与他们的期望一致的，反之，当人们评价一种行为是错的或坏的时，则意味着它不符合他们的期望。显然，不同人的期望有可能截然相反，因此，一种行为在规范意义上究竟是否对或好，取决于被期望者能否合理地拒绝这种期望。② 那么，如何理解这里所说的合理拒绝？为回答这一问题，我们需要区分认知层面上的合理性与道德层面上的合理性。

假设你对我做出了一种可信的威胁，那么，在认知层面上，你以及所有其他人都可以期望我去做你威胁我做的事，且我无法合理地拒绝这种期望，因为当你可信地威胁我如果不做 X 就对我做 Y 时，为了避免你对我做 Y，我就必须做 X，这是一个具有认知合理性的结论。但在道德层

---

① 如安斯康姆所说，"'应该'（should）、'应当'（ought）或'需要'（needs）等概念事关好与坏"，见 G. E. M. Anscombe, "Modern Moral Philosophy," *Philosophy*, Vol. 33, No. 124 (January, 1958), p. 4.

② T. M. Scanlon, *What We Owe to Each Other*, Cambridge, Massachusetts: The Belknap Press of Harvard University Press, 1998, p. 153.

面,我是可以合理拒绝这种期望的,因为一种期望的道德合理性是由它所蕴含的行为要求与某种"道德上务要之目的"(morally mandatory aims)①的契合性决定的——因论题所限,我不在抽象层面上讨论究竟哪些目的属于道德上务要之目的。当一种关系中其他人对你产生了某种期望,且这种期望所蕴含的行为要求符合于某种道德上务要之目的时,你就无法合理地拒绝这种期望,因而这种期望就成了一种合理的期望,在规范意义上,你就被要求去做其他人期望你去做的事。反之,如果这种期望所蕴含的行为要求违背了某种道德上务要之目的,你就可以合理拒绝它。显然,当你可以对我做出可信的威胁时,意味着我们之间是不平等的,因而这一事实就违背了平等这一近代以来所公认的道德上务要之目的,我也就可以合理地拒绝你通过威胁而对我产生的期望。进而,你以及所有其他人对我的期望就不构成对我的一种规范性要求,虽然它确是一种非常强的行为要求。

需要指出的是,任何期望都具有认知特征,所以,道德合理性必然也包含某种认知合理性,但并不仅仅是一种认知合理性,所以,能够判定一种期望是否可以被合理拒绝的依据在于它是否具有道德合理性,而非是否具有认知合理性。只有当某种关系中其他人可以对一个人产生他无法合理拒绝的期望时,这种关系才属于规范性关系,这种期望本身才构成了一种规范性要求。在这里,威胁与承诺的区别在于,当你做出承诺时,其他人就对你产生了你无法合理拒绝的践行承诺的期望,而你之所以无法合理拒绝这种期望,则是因为只有当你履行了承诺时,你的行为才能符合于守信这一道德上务要之目的。

规范性关系的认知特征给了专家这一具有认知功能的特殊群体施展能力的特别空间,使得专家意见似乎总是代表了我们应当如何作为的

---

① Thomas Christiano, "The Legitimacy of International Institutions," in Andrei Marmor, ed., *The Routledge Companion to Philosophy of Law*, New York: Routledge, 2012, p. 389.

方向。不过,在现代社会中,专家与专业知识的恰当功能只是在于帮助普通人认识何种手段对于促进特定目的更具有合理性,而不在于帮助普通人认识何种目的更具有合理性。① 也就是说,不存在关于目的选择的专业知识,也不存在关于目的选择的专家。没有人能告诉其他人他们应该过一种什么样的生活,但如果其他人已经对自己的生活目标做出了选择,那一定存在特定的专家可以帮助他们选择实现这些目标的更合理手段。在这个意义上,专家与专业知识的功能在于促进社会生活的认知合理性。另一方面,如果专家真的可以帮助普通人选择实现其道德上务要之目的的更合理手段,那这本身就是一件具有道德合理性的事情。这意味着,虽然专家的功能主要是认知性的,但只要专家能够承担其恰当角色,使专业知识能够发挥其恰当功能,那么专家与普通人的关系就也可以是一种规范性关系。当专家就某个关于手段的问题给出建议时,其他人就可以期望被建议者接受该建议,当这种手段是服务于某种道德上务要之目时,被建议者就不能合理地拒绝该期望,因而在规范意义上就被要求接受建议,虽然他事实上可以拒绝专家的任何建议。

这里需要注意的是,专家与普通人的关系要成为一种规范性关系,专家的建议必须服务于某种道德上务要之目的。如果一个人想要杀死另一个人,而某个犯罪专家给了他最不留痕迹的行动建议,我们将不会认为二者间的关系是一种规范性关系。这表明,对于普通社会成员而言,他们并不总是在寻求实现某种道德上务要之目的,因而也并不总是与专家处于规范性关系之中。但对于公共政策的制定者而言,他的任何决策一定都直接或间接地服务于某种或某些道德上务要之目的,因而决策者与专家就总是处于某种规范性关系之中。这里需要进一步区分关于目的的决策与关于手段的决策。在现代社会治理中,关于目的的决策

---

① Thomas Christiano,"Democracy and Social Epistemology," *Philosophical Topics*, Vol. 29, No. 1/2 (Spring and Fall, 2001), p. 67.

属于集体决策,是任何制度性的决策者与专家都不应介入的,且这种决策的结果就是为政治共同体确立起了许多道德上务要之目的。关于手段的决策则属于授权决策,是制度性的决策者即公共官员被授权也有责任去制定的决策。两者的区别在于,前一种决策虽然是关于目的的决策,我们却并不要求做出决策的社会集体一定要选出某些道德上务要之目的,因为这可能导致对社会集体的强制,进而破坏民主;而后一种决策虽然只是关于手段的决策,我们则要求公共官员所做出的任何决策都必须服务于某种或某些道德上务要——而不能仅仅是可欲——之目的,因为这样才能保证他们对社会集体负责。所以,在后一种决策上,当专业知识能够恰当地发挥作用时,如果专家给出了某种决策建议,其他人就可以期望决策者接受该建议,且决策者无法合理地拒绝该期望,因而在规范意义上就被要求接受专家的建议。在这里,决策者、专家与公众共同处于一种规范性关系之中。如果决策者拒不接受专家的建议,那么他自己与公众都会对他做出负面的评价,这种评价将对他造成失去身份的威胁,而要回应这种威胁,他就必须满足相应的规范性要求。换句话说,当专家给出某种专业建议时,就赋予了决策者某种应为,就对后者行使了规范性权力。与取消应为的权力和给予许为的权力不同,这是一种积极的规范性权力。当然,由于决策者可能同时面临着多种道德上务要之目的,因而他并不必然在事实上接受专家的建议,这表明规范性权力并不是一种决定性的权力。同时,由于建议的过程表现为一个话语的过程,所以,专家所拥有的规范性权力又被称为话语权。当然,并不是只有专家才拥有话语权,在其他规范性关系中也存在类似的权力。

不过,以上所描述的只是话语权的一种含义,即它的规范性含义。在日常用语中,当我们使用话语权的概念时,更多表达的是它的工具性含义。规范意义上的话语权体现了专业知识在现代社会治理中的恰当功能,这种权力的行使将提高公共决策的认知合理性。工具意义上的话语权则反映了知识的异化,这种权力的持有者借助知识所欲达到的目的并不是赋予其他人应为——他也没有能力做到这一点，而是对他们进行思想控制。当然，这种控制往往采取了说服的形式，但这种说服并不是通过理由的交换与权衡，而是通过对信息与知识等说服要素的工具化实现的，即通过把信息与知识变成工具并通过这些工具来控制权力对象的思想。而要能够控制说服工具，最有效的办法是控制人们能够接触到的信息，在无法做到这一点的情况下，则是要控制知识的生产过程，改变知识生产的目的，把知识以及作为知识运用之权威的专家变成说服性工具。① 显然，要做到这一点，一个人必须对某些专家拥有实践性权力或制度性权力，在这个意义上，工具性话语权的产生可以被视为实践性权力与制度性权力侵入规范性关系的结果，是规范性关系发生异化的产物。在现实中，当某个具有专家身份的人试图影响另一个人时，如果他的建议表现为通过对各种理由的反复衡量来达致最合理结论的过程，他就是在行使作为规范性权力的话语权；如果他的建议表现为一个运用某种说服工具来排斥其他理由——如在科学评价中通过使用特定的指标体系来排斥其他理由——的过程，他就是在行使作为工具性权力的话语权。另一方面，当专家试图对目的问题发表看法时，他也是在行使工具性话语权，因为他的角色本身已经发生了异化。这是社会治理中尤其需要警惕的一种现象。我们不仅需要警惕当权者通过操纵说服工具来控制我们思想的行为，也需要警惕当权者通过干涉我们关于目的问题的判断来控制我们思想的行为。工具性话语权的行使不需要借助人们的理性能

---

① 传统上，我们认为专家扮演着理论权威的角色，其根据是他们掌握着普通人不掌握的知识，因而可以借助这些知识来赋予其他人信念的理由，让他们相信某些结论的合理性。在互联网已经让知识的来源失去了封闭性的条件下，专家不再是垄断知识的权威，而变成了运用知识的权威。这也是知识的开放没有消灭专家反而催生了越来越多专家的原因。现在，我们每个人都能够获取无限的知识，但这并未使我们成为专家，因为我们没有能力运用绝大多数知识。只有当我们能够自如地运用某种知识时，我们才成了这个领域的专家。所以，专家仍然能够扮演理论权威的角色，但不再是因为他们掌握了别人不掌握的知识，而是因为他们能够更好地运用某些知识，也就是能够更有效地让知识发挥特定的功能。正是这一点构成了专家的工具性角色。

力,不仅如此,其结果恰恰是剥夺了人们运用理性的能力。当一个人被剥夺了运用理性的能力时,另一个人当然可以赋予他许多甚至可能是任何事情,但这些事绝不属于他的应为。而如果一个人被赋予了他不应为的事,这种结果肯定是不合理的,甚至是不正义的。

在通常的观念中,权力是对正义的最大威胁。本书的分析为这一结论提供了一种不同的解释。在当代正义理论中,在基本需求得到满足的前提下,每个人都得到其应得,这被视为正义至少是分配正义的一个条件,[①]而这一条件是需要由制度性权力来进行保障的,因为社会分配的过程就是制度性权力的行使过程。同样,正义也要求每个人都在基本需求得到满足的前提下为其所应为,而这需要得到规范性话语权的保障,当有人意图逃避其应为责任时,我们需要规范性话语权来赋予其应为。就此而言,制度性权力与规范性话语权都是一个正义的社会所必需的,没有它们,正义的条件将无法得到保障。实践性权力虽不具有直接保障正义之条件的功能,但如果没有它,制度性权力将无法得以存在。在这个意义上,它虽不是一个正义的社会所必需,却可以在一个正义的社会中发挥积极的功能。另一方面,工具性话语权则是与任何正义的社会不相容的,这种权力的行使不是在改变人们的某种处境,而是在消除人的某些核心特质,在破坏人之为人的基本条件,因而也必然会破坏正义的条件。处境理论解释了几种可证成的权力,工具性话语权则是一种无法证成的权力,它才是正义的最大威胁。

三、决定权与话语权

相比于其他两种权力,制度性权力的独特之处在于它是一种决定权,即这种权力的持有者是通过做出某种决定来对他人行使权力的。无

[①] Gillian Brock, "Just Deserts and Needs," *The Southern Journal of Philosophy*, Vol. 37, No. 2 (1999), p.184.

疑,所有权力的行使都是一个决定,但并不是所有权力都以决定为行使的方式。当我威胁一个人的时候,我肯定首先做了一个要威胁他的决定,但并不是这一决定而是作为这一决定结果的威胁才让我对他行使了权力。制度性权力则不然。如前所述,制度性权力的持有者也可以威胁其权力对象,但在这样做时,他所行使的并非制度性权力,而是因为执掌了制度性权力而获得的实践性权力。对制度性权力的持有者来说,他只要做出了某种决定,就会影响某些人的制度处境,因而,通过决定他就对其他人行使了权力,事实上,做出决定也是他对其他人行使制度性权力的唯一方式。在实践中,这种决定权主要表现为决策权与裁决权。

拉兹认为,一项决策的做出需要满足两大条件,一是决策者关于他应当做什么做出了结论,二是他认识到是时候停止考虑了。① 这意味着决策是一个人在特定时刻关于应当做什么的选择——之所以说是选择,因为他停止考虑的事实表明他考虑过不同的选项。在这里,我们不考虑时刻的条件,而只关注选择问题。即使最简单的决策,也是在多个选项中做出的选择,而当涉及更复杂的问题时,决策就更是要全面地考虑各种选项,甚至在看似没有别的选项的情况下虚构一些别的选项来帮助我们判断我们是否应当做出"别无选择"的选择。在制度性的语境中,决策者一旦做出了决策,就会改变其他人的制度处境。在这个意义上,我们可以把决策权定义为决策者通过对各种决策选项的决定性选择来改变他人制度处境的能力。这一定义需要强调两点内容:第一,决策者是制度分工的产物,只有决策者有权制定决策,其他人也许可以参与决策,但无权制定决策;第二,决策者所做出的是决定性的选择,而决策的其他参与者——比如专家——虽然也在他们的参与范围之内做出了选择,但这种选择不是决定性的,因而,他们虽然做出了选择,但并没有制定决策。

作为一种制度性权力,决策权的典型代表是制定公共政策的权力,

---

① Joseph Raz, *Practical Reason and Norms*, London: Hutchinson & Co., Ltd., 1975, p.67.

比如制定延迟退休政策的权力。在任何国家,制定延迟退休政策的权力都属于相关国家机构的官员或议员,而他们的决策内容就是要在不同的延迟退休方案中选择出一个作为整个国家的延迟退休政策。而无论他们选择了哪一个方案——比如70岁,那这个国家的所有公民都只有到了70岁的年纪才有领取养老金的权利,在此之前则有缴纳养老金的义务,所以,决策者的决定就改变了一个国家所有公民的制度处境。这里需要注意的问题是,这些不同方案可能不是由官员或议员们自己制定出来的,而是由一个专家群体提供给他们的。那么,在向官员或议员提供备选方案时,专家扮演的是什么样的角色? 显然,我们不能说专家扮演了某种制度角色,因为一个国家虽然可能建立了专家参与公共决策的制度,但在这一制度中,专家并不是一个制度性的决策者,他对官员的决策建议并不具有制度性的约束力。相反,如果一个社会中专业知识能够恰当地发挥功能,那么,在向官员提供备选方案时,专家扮演的就是一种规范角色,当他从自己的专业知识出发给出了专业建议时,就向官员赋予了某种应为。当然,这种应为可能并不构成官员决策的决定性理由,因为作为公共决策者,官员不仅仅需要做出专业性的考量,而必须对不同的应为做出权衡。但如果专家的意见对官员的决策产生了决定性的影响,那么,在这一决策过程中,专家就通过话语权而代行了官员的决策权,这是当今政治生活中一种非常有争议的现象。

  决策是在竞争性的方案中做出一种决定性的选择,这种选择必然包含了一个认知的过程,但最后的决定并不必然需要具有认知上的正确性。比如,当我非常严肃地对两种方案进行了全面的比较却仍然无法认定哪一种方案更好时,我可以通过扔硬币来做出决策,而最终的选择从结果上讲可能是错误的。这表明,决策的目的不是解决争端,不是为了在错误的方案中找出正确的那个,而是为了付诸行动。这是因为,在需要做出决策的场合,由于找不到正确的决策而无法付诸行动经常会造成比决策失误而导致行动不能达到目的更大的损失。为此,决策者在必要的时候需要无视他在认知上的困惑,而做出一个在他自己看来都不一定正确的决策。对许多决策来说,正确与否甚至不是一个需要考虑的因素,比如,足球比赛的进行首先需要做出由谁开球的决策,而在实践中,这一决策就是通过扔硬币来完成的,没有人会认为这种决策是正确的,但也没有谁有理由反对这一决策。裁决则不然。裁决也是裁判在竞争性的观点和诉求中做出决定,但在这样做的时候,裁判并不是从自己关于情境的判断,而是从对他认为关于适用于这一情境的规则的正确认知出发做出决定的,换句话说,裁决是裁判从对他认为适用于某种情境的规则的正确认知出发而对该情境中的竞争性观点和诉求做出裁断的行为与过程。这一定义指出了裁决区别于决策的两大特征:第一,裁决是适用规则的活动,"如果我们发现一个裁判总是以与游戏规则无关的方式行动,那么我们迟早会得出结论,她并不真的是一个裁判,或她没有资格承担这一工作"。① 第二,裁决的目的不是付诸行动,而是解决争端,② 而要能够解决争端,那么,至少裁判自己必须相信他的决定是正确的,只有这样,裁决本身才是合法的,虽然其他人可能并不同意裁判的意见。裁决解决争端的方式是澄清事实,当事实得到准确地澄清,裁决就帮助实现了正义。③ 但另一方面,关于什么才是事实的问题,实际上取决于裁判的判断,因而,只有当裁判相信自己的判断时,他的判断才具有认知合理性,才是一种促进而不是破坏正义的判断。裁决之所以能够成为一种权力,就在于裁判的决定不需要其他人的同意,而这种决定要具有合法性,则裁判自己必须相信它的正确性。

裁决权的典型代表是司法权,同时也广泛存在于所有竞技运动之

---

① Gerald F. Gaus, *Justificatory Liberalism: An Essay on Epistemology and Political Theory*, New York: Oxford University Press, 1996, p. 189.
② Lon L. Fuller, "The Forms and Limits of Adjudication," *Harvard Law Review*, Vol. 92, No. 2 (Dec., 1978), p. 357.
③ Alvin I. Goldman, *Knowledge in a Social World*, Oxford: Clarendon Press, 1999, p. 284.

中。在裁决权的行使中,我们可以观察到另一种形式的话语权,因为裁决关系也是一种规范性关系,裁决性的判断不仅包括认知上的真与假的判断,也包括道德意义上的对与错的判断,而这种判断是需要接受规范性评价的。比如,在足球比赛中,发出嘘声就是观众对球员的行为或裁判的裁决进行规范性评价的有力方式。如果裁判做出了一次错误的判决并很可能影响比赛结果的公正性——如在 A 队球员在 B 队禁区内假摔的情况下判罚 B 队犯规从而让 A 队取得进球,那么观众就可能以嘘声来对裁判的判决进行评价。通常来讲,这种评价将让裁判陷入裁决活动在场者们的一种期望,即他需要在不违反规则也就是不造成新的不公正的前提下对 B 队做出某种补偿以恢复比赛的公平性——如在 A 队球员有可能真的在 B 队禁区内被犯规的情况下不做出犯规的判罚以抵消上次判罚对比赛结果的影响。① 这种期望之所以产生,是因为裁判的裁决破坏了所有裁决关系当事人以及在场者之间关系的公正性,导致了某种背景性的不正义,而这种期望所提出的要求就是要裁判去恢复这种关系的公正性与背景正义性。对于体育比赛来说,公正显然是一种道德上务要之目的,所以,对裁判来说,这种期望是他无法合理拒绝的,因而,这种期望所包含的行为要求就是一种规范性要求。于是,通过对裁决进行规范性评价,观众们就对裁判行使了规范性话语权。在这里,如果裁判的错误判决并不是出自主观偏狭,而是源于判决信息的不完整,那么,观众的评价就承担起了某种认知功能,即裁决活动中某种程度的民主参与有助于提高裁决活动的认知合理性——因为观众从不同视角收集到了关于所判决行为的更完整信息,并通过提高其认知合理性来保障其道德合

---

① 矫正正义不是通过新的错误去矫正旧的错误,而是通过做正确的事来矫正已经犯下的错,在这里,正确的事可能意味着引入录像回放技术并据此改判。但当矫正正义具有技术或制度上的不可行性时,我们仍然期望裁判在关于某个疑似犯规行为的证据并不充分的条件下对之前发生的错误判决的受害方做出某种倾斜,以供给某种补偿正义。但他不能通过做出一个明知错误的判决来供给补偿正义,因为在这种情况下他所行使的就不再是裁决权,而变成决定权即决定谁可以成为制度上的获胜者的权力了。

理性,从而维护作为规范性关系的裁决关系的健全运行。在形式上,这就表现为规范性话语权对裁决权发挥了恰当的影响。但如果裁判的错误判决是出自主观偏狭,那么观众的评价就无法发挥其认知功能,或者说,民主参与就无法发挥其认知功能,因为在认知层面,裁判非常清楚他的判决是错误的。进而,我们也就无法通过民主参与来维护裁决关系的道德合理性,虽然这种参与所提出的期望仍然是裁判无法合理拒绝的,但裁判从一开始就拒绝了任何类似的期望和要求,也就拒绝了规范性话语权对他的影响。这表明了规范性话语权的有限性,相对于决定权,它是一种非常弱的权力。

　　裁决实践中也存在工具性的话语权。比如,在英美法系的部分司法实践中,在庭审是由陪审团、法官与律师参与,且陪审团被确认为裁判的前提下,陪审团与法官、律师共同处在一种规范性关系之中。在这里,律师与法官的功能分别在于澄清事实与适用规则,当律师在认知意义上证明了证据链条与定罪结论间的合理联系,法官也准确地找到了适用的规则时,陪审团就不能合理地拒绝依据规则与证据所得出的结论。也就是说,当律师与法官都恰当地扮演了他们的角色并接近于得出某种结论时,他们就对陪审团提出了一种规范性要求,并可能在事实上对陪审团行使某种规范性话语权。这种关系与体育比赛的不同在于,在这里,法官与律师都是专业人士,通常来说,他们都对陪审团成员具有专业优势,而当他们利用这种优势来影响甚至左右陪审团的裁决时,就对陪审团行使了一种工具性的话语权。显然,在现实中,律师经常并不是在澄清事实,而是在利用其专业优势来对陪审团进行工具性说服,这种说服的目的则在于诱导陪审团对事实的判断,从而影响适用规则的结果。当律师——无论控方还是辩方——成功地做到了这一点时,他就利用某种说服工具——专业知识本身在这里异化为了说服工具——而对陪审团行使了工具性的话语权。这种权力并不能赋予陪审团任何应为,却可以控制陪审团的思想,并通过控制陪审团的思想来左右裁决的结果,来影响裁决权的行使。可见，无论作为决策权还是作为裁决权，决定权都与话语权有着紧密而微妙的联系，而通过对决定权产生影响，话语权经常也可以间接地改变人们的制度处境。正因如此，在决定权受到严格制度限制的前提下，为了改变自己的制度处境，人们往往围绕话语权而展开了激烈的争夺。

总之，从权力改变处境的功能出发，我们可以区分出权力的三种不同类型。根据这一分类，我们可以把公共决策视作行使制度性权力的行为与过程，且这种行为与过程同时受到规范性话语权与工具性话语权的影响，在工具性话语权本身可以被视为实践性权力侵入规范性关系之产物的意义上，也受到实践性权力的影响。

第2节 权力、损害与合法性

在处境理论所描述的三种权力中，制度性权力是一种分配权力。可以认为，所有公共决策都是关于特定制度性利益与/或负担之分配的决策，而裁决权本身虽不是分配性的，但裁决的结果往往也是对特定分配方式的确认，比如，如果某种民事行为被裁定为侵权，就等于确认了这种行为所破坏的分配方式的合法性。如果没有对这种权力的恰当组织与行使，将不可能有分配正义。实践性权力是制度性权力的一种保障因素，如果没有这种权力，任何正义的分配方案都将无法执行，如果没有这种权力，任何写满了正义的裁决书也都将沦为废纸。另一方面，实践性权力又可能成为正义的威胁，当社会中某些人垄断了这种权力时，制度性权力的行使必然被引向不正义的方向。规范性话语权是制度性权力与实践性权力的一种规范性力量，当这种权力能够恰当发挥功能时，后两种权力的行使将最可能符合于正义。工具性话语权则是正义的实质性威胁,当某些人能对另一些人——无论他们是普通社会成员还是制度性权力与实践性权力的持有者——行使工具性话语权时,必然干扰后者对特定规范性问题的判断,甚至剥夺后者对这些问题做出独立判断的能力,而在这种情况下,前者就可以对后者为所欲为了。这显然是不正义的。对这三种权力的分析可以帮助我们更准确地理解现代社会治理过程。

一、实践性权力的无害化

在日常用语中,当我们谈到权力时,所指的是一种强制性力量,如果拥有这种力量,一个人就可以强迫其他人去做他们否则就不会去做的事。这种权力观可以解释绝大多数个体间的权力关系,但在社会治理问题上,它的解释能力则非常有限。比如,当一位官员在他的权限范围内做出了一项决策时,他并没有强制任何人,相反,他所做的可能只是在幕僚递过来的政策文书上签了自己的名字,但我们却说他行使了一种决策权,且这种权力在事实上所造成的影响将远远大于他对某些人——如他的下级——所拥有的强制力能够造成的影响。又如,当一名法官对某个案件作出裁决时,他也没有强制任何人,事实上,他根本没有强制当事人的能力,但在作出裁决时,他无疑行使了某种权力,并且,如果他被允许而且事实上判处了被告死刑,那他自己将不需要任何强制力就可以剥夺被告的生命,这种能力显然也是一种权力。在前一节中,我把决策者与裁决者所拥有的权力称作制度性权力,它可以改变权力对象的制度处境,而当这种制度处境需要获得实践含义时,制度性权力又需要得到实践性权力的支持。比如,如果一位官员做出了一项决策,但他的所有下级都拒绝执行该决策,那这一决策与他所持有的制度性权力就都变成了无效的,要让它们有效,他必须同时拥有某种实践性权力,使他能够强制其下级去执行他的决策。又如,当一名法官判决一名被告死刑时,他只是改变了这名被告的制度处境,但如果没有相应的执法部门去执行该判决,那这一判决在实践上就毫无影响。所以,法官的制度性权力也需要得到实践性权力的支持,不过,由于法官角色的特殊性,法官自己并不能掌握执法性的实践性权力,否则,法官角色就可能失去它应有的中立性。

在本书的分类中,强制权被归为实践性权力的一种,即它是我们改变其他人实践处境的一种方式,但并非唯一的方式。在这里,实践处境被理解为一个人根据自己的意志开展行动的能力。当我能够强制你时——比如我有枪而你没有,我显然能够剥夺你根据自己意志开展行动的能力,因而就可以改变你的实践处境。但这并非我改变你实践处境的唯一方式。当我在一定范围内垄断了你的某种生活必需品时,你显然不可能仅仅通过完全符合你自己意志的某种行动来让我给你该必需品,而必须做出某种符合我意志的行动才能让我给你该必需品,而在这一过程中,我并不需要对你采取强制。比如,在计划经济体制下,当你去供销社买肉时,店员可能说"卖完了",于是你问他"什么时候会有呢?"而他的回答可能是"送我两个鸡蛋就有"。你当然不想送他鸡蛋,你也有不送他鸡蛋的自由,但如果你想现在就买到肉,那你就只能送他两个鸡蛋。而如果这发生了,那他就对你行使了权力,且这种权力并不是强制性的。这里可能存疑的是,当他说"送我两个鸡蛋就有"时,可能被看作是在威胁,对此,我的观点是,威胁是对拒绝的自由的一种否定,比如,当劫匪说"交出钱,否则我就对你开枪"时,他事实上否定了你不交出钱的自由,因此,威胁才是强制的一种形式。而在供销社的例子中,店员并没有威胁你,他也没有威胁你的能力,但他的确有能力剥夺你根据自己意志开展行动的能力。从结果来看,当你以这种方式买到肉时,实际上付出了额外的交易成本,因而受到了店员的剥削,所以,他是对你提出了一个剥削性报价,同时,你有自由拒绝却没有拒绝的事实则表明,这一报价本身是基于他对你拥有的实践性权力,至于这一权力的来源,则在于他在生活必需品上相对你的垄断优势。

从强制性权力到实践性权力的扩展可以帮助我们理解许多传统上

被忽视的权力现象与权力关系。比如,在市场交易中,因垄断造成的剥削是普遍存在的,且强制性权力观并不能解释这种现象。而在实践性权力观下,垄断性的交易关系则可以被视为一种权力关系,这让我们对垄断现象获得了更全面的认识。不过,就社会治理而言,如果说农业社会的权治更多地直接表现为实践性尤其强制性权力的行使的话,作为法治,现代社会治理活动的基本内容并不是实践性权力而是制度性权力的行使,在现代社会,绝大多数治理活动都是围绕制度性权力尤其决策权而展开的。在这里,我们需要区分制度性权力与制度性的实践性权力。显然,以上所说劫匪的权力与供销社店员的权力都是非制度性的,它们都发生在制度框架之外。而在制度框架之内,某些人也可能对另一些人拥有实践性权力,比如,在一个组织中,上级就对下级拥有实践性权力,而且这种权力是由组织的制度框架赋予他的,当上下级关系颠倒时,权力关系也会发生相应改变,但无论如何,在行使这种权力时,上级改变的是下级的实践处境。比如,当上级通过威胁在绩效评估中打低分来让下级做某件事时,他就是在对后者行使实践性权力。另一方面,当上级实际地对下级做出了绩效评估,并因此改变了下级所能得到的制度性对待时,就对下级行使了制度性权力。所以,在制度框架内,实践性权力通常也是制度性的,[①]是制度性权力的特定分配方式的产物,但它却不属于制度性权力,二者有着不同的作用对象。

在制度框架之外,实践性权力是积极的,这种积极性一是指它的行使完全取决于其持有者的意志,二是指它倾向于造成损害性的后果。所以,当我对你拥有实践性权力时,只要我想,我就可以非常容易地对你造

---

① 之所以说通常,是因为下级有时也会对上级拥有实践性权力。这是因为,除了制度性权力的分配,他们之间可能在别的方面存在实践处境的不平等,且在这种不平等中不是上级拥有相对于下级的优势,而是下级拥有相对于上级的优势。在这里,实践处境的两大要素相加的结果是让下级处在了总的实践处境中更有利的位置上,并因此获得了对于上级的实践性权力,也可能因此干扰制度性权力的行使。在许多家族企业中,企业主通常都会让自己的"接班人"到基层积累经验和人脉,而该"接班人"与其上级间的关系就属于这里所说的情况。

成损害,并通过损害你的利益来实现我的利益,甚至可以为了损害而对你进行损害。正是由于这一原因,实践性权力一直被视为自由与正义的巨大威胁。而在制度框架之中,实践性权力则变成了消极的,它的行使不再仅仅取决于其持有者的意志,而更多取决于制度性权力的行使。这表现在两个方面,第一,制度性权力的行使制定出了规则,从而划定了实践性权力的合法性范围;第二,实践性权力的行使通常是为了执行作为制度性权力产出的决策与裁决。比如,在组织中,上级能在何种范围内对下级行使实践性权力,取决于特定——既包括组织内部的也包括组织外部即政府相关机构的——决策者为组织制定的规则,而上级对下级行使实践性权力的合法目的,只能是让后者去执行他或者更高的上级所做出的决策。同样,在政府行政机构与普通公众的关系中,前者能在何种范围内对后者行使实践性权力,取决于特定决策者为该机构与公众间关系所制定的规则,而前者对后者行使实践性权力的合法目的,也只能是让后者去执行它或其他政府机构所做出的决策或裁决。可见,在制度框架内,实践性权力受到了合法性原则的束缚,它的任何持有者想要合法地行使这种权力,就不能抱有损害他人的目的。当然,这不是说这种权力就不再是一种损害性力量了,相反,它仍然会经常性地对权力对象造成损害,但在这里,损害不再是任意的,而同样受到了合法性原则的束缚,即只有当实践性权力的行使是为了执行合法的决策与裁决时,它所造成的损害以及它作为一种损害性力量的存在才是合法的。

根据某种标准解释,损害是对合法利益的阻碍,[1]而既然被阻碍的利益是被损害者的合法利益,这种损害本身怎么可能合法? 对这个问题的回答涉及民主的根本问题。现代社会治理面临的最大挑战在于,社会成员之间存在着合法利益的根本性冲突,而要解决这种冲突,必须有人做

---

[1] Claire Finkelstein, "Is Risk a Harm?" *University of Pennsylvania Law Review*, Vol. 151, No. 3 (Jan., 2003), p.971.

出牺牲,其途径就是诉诸民主,用投票的方式来决定谁成为牺牲者。在这里,成为牺牲者并不意味着他必须牺牲的那部分利益是非法的,但只要这一决策是民主地做出的,那么,当特定机构通过行使实践性权力来让他做出牺牲时,该机构对他造成的损害就是合法的。所以,这里存在两种层次的合法性。对于被损害的利益,被损害者拥有合法主张;但只要民主决策决定由他来做出牺牲,那么相关机构就可以对他的该种利益进行合法干预,哪怕是以损害的形式进行干预。换句话说,这种损害本身就是无害的。在特定制度框架下,民主决策实际上是制度性权力的一种行使方式,所以,实践性权力如何才能得到合法地行使,总是取决于制度性权力的行使状况。只要实践性权力的行使是为了执行制度性决策与裁决,那它就是一种无害的权力,而如果这些制度性决策与裁决本身是合法的,那实践性权力甚至可以成为有益于社会成员之自由与社会之正义的一种权力。那么,制度性权力的行使如何才是合法的?

二、制度性权力与损害

显然,实践性权力的存在是前制度的。如果真的存在某种"自然状态",那么,在这种状态中,只要我比你更强壮,我就可能对你拥有实践性权力,在这里,权力关系是与制度无关的。人们通过社会契约从"自然状态"进入"政治社会"的结果是建立起了制度体系,在制度体系中对各种制度性权力做了设置,并将那些最危险、最容易对个体造成损害的实践性权力纳入了制度框架之中,使其成为制度性权力的一种从属性权力。当然,这并不是说这些实践性权力总是从属于制度性权力,相反,在实践中,制度性实践性权力的持有者总是试图挣脱制度性权力对他所做的限制。但在合法性原则的束缚下——即权力行为需要接受合法性审查并承担违法后果,这种尝试将面临极大的风险,而这种风险就将削弱他挣脱限制的动机。如前所述,只要实践性权力是在执行制度性决策与裁决,那么,哪怕它造成了损害的结果,这种权力的行使本身也是非损害性的,至少这种损害可以根据效用主义原则而得到证成。而如果实践性权力背离了制度性决策与裁决,那它所造成的损害就无法得到证成,进而,这种权力就重新变成了一种损害性力量。所以,现代社会治理的一项基本内容是不断强化制度性权力对制度性实践性权力的约束,以此来维持后者的无害性。如果制度性权力的持有者成功地做到了这一点,即他们成功地"阉割"了制度性实践性权力,那么,一个逻辑上的推论将是,如果社会中仍然存在因治理权力而造成的不合法损害,那造成这种损害的就不再是制度性实践性权力,而成了制度性权力。

制度性权力包括决策权与裁决权两种形式。其中,虽然在实践中裁判将其权力意志注入制度裁决的情况也时有发生,但在制度设计上,裁决权被规定为一种中性的因而也无害的权力。另一方面,在现代社会治理的基本任务就是决定谁成为牺牲者的前提下,决策权的行使则一定会造成损害,所以,我们只考虑决策权的问题。在此,我们需要区分行使决策权的两种情况。第一是决定在治理体系内部如何分配制度性权威与实践性权力,第二是决定在社会范围内如何分配制度性利益与负担。根据社会契约论的假设,人们彼此订约的结果是确立起了最高制度权威,并让这一权威获得了为社会确定具体治理安排的制度性权力。由于现代社会治理的复杂性,在这么做的时候,它必须进行授权,以层级制的方式对最高制度权威进行制度性分配,让所有上级都对下级拥有制度性权威与保障这一权威有效性的实践性权力,同时让某些上级拥有可以决定制度性利益与负担之分配的制度性权力,而让另一些上级与下级只拥有执行这类决策的实践性权力。这就是对制度性权威与实践性权力的分配,这种分配并不直接涉及制度性利益与负担的分配,因而也不直接造成损害。另一方面,当这种分配完成之后,某些得到授权的制度性权威就获得了决定如何分配制度性利益与负担的制度性权力,换句话说,他们就获得了对特定社会成员进行合法损害的权力。那么,在损害无法避免的前提下,这种损害如何才是合法的?

在某些理想条件下,以多数统治为内容的民主是决定对谁施加损害的一种合法方式,即当一种分配方案不得不对某些社会成员造成损害时,只要它得到了多数社会成员的支持,那么,这种方案以及作为其副产品的损害就都是合法的。在这里,多数统治是制度性权力的一种行使方式,即某些分配方案需要诉诸集体决策,并通过无论全体社会成员还是代表们的投票来决定权力的行使方向。在这些情况中,民主构成了决策合法性的前提,只要制度性权力是以民主的方式得到行使的,其结果就是合法的。这种合法性意味着,当政府机构根据民主决策对被选定的牺牲者做出了损害时,这种损害行动在道德上是免于谴责的,在政治上是免于问责的。同时,它还意味着,对被损害者而言,虽然该决策有悖于他们的利益,但他们仍然有一种他们自己不能合理反对的理由支持该决策,这种理由就是——该决策是以民主的方式制定出来的。在我们必须与其他人一道行动,且这种行动必然造成某些人受损的前提下,以民主的方式决定受损者的确给了受损者一种不反对它的合法性上的理由。但另一方面,在现代社会,民主自身的合法性条件通常并不成立,而这就意味着,当特定问题上的决策者以多数统治的方式制定出某项决策并通过政府机构来强制执行该决策时,受到损害的少数就没有理由支持该决策,那么至少在这些少数看来,制度性权力的行使就对他们造成了非法的损害。在现代社会中,民主是决策合法性的基本前提,而如果民主自身的合法性条件不能得到满足,那这是否意味着民主决策必然导致非法损害?进而,是否民主制度必然导致非法损害?如果是,那就等于说民主并不是一种合法的治理模式。要避免这一结论,人们必须为决策合法性找到别的依据,正是在这个问题上,话语性权力有着无法替代的功能。

前述分析表明,决策的合法性实际上取决于受损者是否有他自己不能合理反对的理由支持它,这是因为,受损者一定有着非常强的理由反对使其受损的决策,但如果即使在这样的条件下他仍有自己无法合理反对的理由支持该决策,那这一决策在道德上就不应受到谴责,在政治上也不应被问责。同时,有理由支持并不等于事实上支持,因为人们可能选择做一个不讲理的人,并在事实上反对自己有无法合理反对的理由支持的决策,但这并不构成该决策不合法的条件。民主是讲理的(reasonable)人们自我治理的一种方式,通常来讲,讲理意味着当你有理由做一件事时,你就应当这么去做,①而当不同理由存在冲突时,你就应当找出自己无法合理反对的理由,并遵循其行事。在这里,合理(reasonable)不同于理性(rational),后者是仅仅从自己的利益与观点出发,前者则意味着将他人的利益与观点也纳入考虑。② 如果你没有这么做,就违背了你对自己作为一位讲理公民的承诺。所以,当你有自己无法合理反对的理由支持一项会导致你受损的决策却没有支持它时,并不能说明这项决策不合法,而只是说明你没有履行你的民主义务。当然,在民主的合法性条件未得到满足的条件下,一项决策是民主地制定出来的这一事实已经不足以构成它的受损者支持它的理由了,但只要能找到让它的受损者支持它的其他理由,那该决策就仍然可以被视为合法的,甚至民主的合法性也可以重新得到证成。

在上一节中,我们将规范性话语权定义为一种通过话语活动来改变他人规范处境即他人在特定规范性关系中所应为与所被许为之状况的能力。我们还进一步分析,在理性作为社会的主导文化且专业知识能够恰当发挥作用也就是专家能够承担理论权威的角色的条件下,专家与决策者以及普通社会成员就处于一种规范性关系之中。这种关系之所以是规范性的,是因为它能够产生特定的规范性要求。对专家来说,这种

---

① Joseph Raz, *Practical Reason and Norms*, London: Hutchinson & Co., Ltd., 1975, p.29
② T. M. Scanlon, *What We Owe to Each Other*, Cambridge, Massachusetts: The Belknap Press of Harvard University Press, 1998, p.192.

要求就是他有责任运用自己的专业知识来对特定治理问题给出专业建议,由此帮助普通社会成员运用自己的理性来分析该问题。对决策者与普通社会成员来说,这种要求就是当他们在专家的帮助下运用自己的理性得出了如何行动的无法合理反对的理由时,他们就应当这么行动。如果专家没有这么做,那他就没能扮演起自己的规范性角色,进而,他的建议就不具有规范性效力。如果决策者在专家的帮助下运用自己的理性得出了制定一项决策的无法合理反对的理由而没有这么做,那他就也没能扮演起自己的规范性角色,进而,他所制定的决策就可能是非法的,因为它的受损者将没有理由支持它。如果普通社会成员在专家的帮助下运用自己的理性得出了支持一项决策的无法合理反对的理由却反而去反对这项决策,那他就同样没能扮演起自己的规范性角色,而这就进一步意味着,他反对该决策的事实并不能表明该决策不具有合法性。所以,在理想状态下,在需要借助专业知识的决策问题上,当专家们在充分运用其专业知识、全面阐述关于决策方案的选择理由并通过彼此以及与决策者之间的理性讨论而给出了令人信服的决策建议时,就给了决策者一种做出特定决策的无法合理反对的理由,也给了普通社会成员一种支持该决策的无法合理反对的理由,并由此赋予了后两者一种应为,对他们行使了一种规范性话语权。另一方面,当普通社会成员尤其该决策的受损者有无法合理反对的理由支持该决策时,无论他们事实上是否支持该决策,该决策的合法性就都得到了证明。而既然该决策是合法的,虽然它的执行在客观上造成了损害,却并不能表明制度性权力是一种损害性的权力。相反,如果这种损害是为了正义的目的——为了多数的利益而损害少数的利益就符合效用主义的正义观,那制度性权力就在客观上扮演起了正义促进者的角色。

可见,规范性话语权可以在作为多数统治的民主已不足以证明决策合法性的条件下证明决策也就是制度性权力之行使的合法性。如果是这样,那是否意味着民主已经无关紧要了?在民主理论家们看来,不是的。相反,规范性话语权要能存在,本身就有赖于作为意见平等的民主为它提供了各种条件,因为"一个可靠的社会认识系统只有在民主政治条件下才能存在。"①只有在民主政治中,不同观点才能得到同等尊重,从而使普通社会成员能够培育自己的理性能力,反之,当社会中只允许存在一种绝对真理时,普通社会成员将不可能拥有足够的理性能力。也只有在民主政治中,拥有不同观点的专家们才能进行充分的理性争辩,并由此得出最具真理敏感性(truth sensitivity)的结论;②反之,当专家也不得不服从某些带有理论权威头衔的人的意见时,专业知识就不可能恰当地发挥作用。所以,即使民主本身不足以证明制度性权力的合法性,但由于民主构成了规范性话语权的前提,所以民主仍然是制度性权力的一个合法性条件。而制度性权力要成为一种合法的权力,就需要在民主的基础上保证规范性话语权能够恰当地发挥功能。只有这样,决策者才能做出即使受损者也有无法合理反对的理由支持的决策。

三、合法损害是否真的合法

以上分析涉及了民主的两方面要素,一是一人一票前提下的多数统治,二是良心自由前提下的意见平等。当我们孤立地分析制度性权力的行使时,只要一人一票能够得到保障,那么,在不可能所有人都同意某种意见的前提下,以多数统治的形式制定出的决策就是一种合法的决策。而在现实中,每个人在非制度性的实践性权力上都是不平等的,虽然民主制度保证了每个人都有且只有一票,但在存在权力不平等的条件下,那些对其他人拥有实践性权力的人就可以剥夺后者根据自己意志投票

---

① Robert B. Talisse, *Democracy and Moral Conflict*, New York: Cambridge University Press, 2009, p. 143.
② Thomas Christiano, "Rational Deliberation among Experts and Citizens," in John Parkinson and Jane Mansbridge, eds., *Deliberative Systems: Deliberative Democracy at the Large Scale*, New York: Cambridge University Press, 2012, p. 49.

的能力——如果我们在实践性权力上是平等的,那么,我只有一票,你也只有一票,但如果我对你拥有实践性权力,能够对你提出"一项无法拒绝的提议",①那结果可能就变成了我有两票,而你一票都没有,因为你无法拒绝按我所要求的那样去投票。在实践中,政治献金就让某些人获得了向另一些人提出他们无法拒绝的提议的能力,结果,人们之间在投票权上就不再是平等的。所以,当代民主理论主张完全使用公共资金来覆盖所有投票开支,以避免人们在经济上的不平等导致人们在政治上的不平等。② 但在现实中,这一建议没有得到有效采纳,结果,多数统治就不能保证决策的合法性了。对此,民主理论家们的解决办法是诉诸规范性话语权。当然,这里又可能存在一种矛盾,即意见平等与专家权威的矛盾。而在民主理论家们看来,这种矛盾是不存在的,或至少是可以得到解决的。

作为一种政治安排,民主试图保证的是每个人都拥有良心自由,能够提出自己对某个问题的独立见解,同时赋予每个人的见解以平等的地位,让它们都有被其他人听到的平等渠道。不过,民主并不能改变某些人的见解比其他人的见解更具有真理敏感性的事实,也没有任何政治安排能够改变这一事实。同时,保障意见平等意味着民主不承认绝对真理,而认为所有具有真理敏感性的见解都需要在理性争辩中接受检验,以筛选出最具真理敏感性的见解。也就是说,专家的确拥有某种理论权威,但这种权威是虚拟的,只有经历过民主协商与争论的检验之后,它才能成为一种事实上的权威。而只要经历了这种检验,专家的见解就获得了一种规范性效力,就能够改变决策者与普通社会成员的规范处境,就能赋予他们支持特定决策的理由,进而就能至少部分地赋予该决策以合

---

① Onora O'Neill, *Bounds of Justice*, Cambridge: Cambridge University Press, 2004, p. 91.
② Jack Knight and James Johnson, "What Sort of Equality Does Deliberative Democracy Require?" in James Bohman and William Rehg, eds., *Deliberative Democracy: Essays on Reason and Politics*, Cambridge, Massachusetts: The MIT Press, 1997, p. 294.

法性。于是，在理想状态下，当我们需要做出某种专业性决策时，我们先关于该问题展开理性争论，在这种争论中，某种专业见解经过民主检验而被认可了其真理敏感性，因而所有理性的个体都有无法合理反对的理由支持该见解所主张的决策，进而，当我们诉诸投票时，无论因为何种原因许多人在事实上没有支持这一决策，但只要获得了多数支持，它就是一种合法的决策。在这里，多数统治是必要的，否则将可能导致专家统治，但决策的合法性并不严格取决于多数统治，当人们之间事实上存在着实践性权力的不平等时，由于民主政治保证了意见平等，在这种意见平等基础上产生的规范性话语权就可以抵消实践性权力上的不平等对决策合法性的影响。也就是说，如果我是多数统治中的永久少数，那我将没有理由支持多数决策，但如果规范性话语权告诉我应当支持该决策，那我就还是有理由支持这一决策。因此，即使多数统治本身的合法性条件无法得到满足，但只要规范性话语权能够恰当地发挥功能，而且其所得出的结论与多数统治的结果相符，那民主决策仍然是一种合法决策，当我们以民主的方式来行使制度性权力时，它所造成的损害仍然是一种合法的损害。

在"民主的合法性危机"一节中，我将分析多数统治的合法性条件如何没能得到满足。这里需要指出的是，如哈贝马斯在《公共领域的结构转型》中所分析的，在现代社会，意见平等实际上也没能得到满足。人们在实践性权力上的不平等不仅导致了一人一票的失效，也造成了意见上的不平等。当一些人对另一些人拥有实践性权力时，前者就可以压制后者的意见，就可以让专家来帮助证明其意见的真理敏感性。结果，在发生了"再封建化"的公共领域中，当专家借助晦涩的专业语言说服人们接受了某种意见的真理敏感性时，他就也对后者行使了一种话语权，也赋予了他们去支持某种决策的理由。不过，在这么做的时候，专业知识并没有发挥其恰当功能，因为它没能帮助决策者与普通社会成员运用他们自己的理性，结果，专业知识就沦为了一种说服工具，而专家通过这种工具所行使的权力就成了一种工具性的话语权。在某种意义上,"这得到了专家的背书"也可以成为普通社会成员支持一项决策的理由,但由于它并不是普通社会成员通过自己的理性判断得出的理由,因而就不是一种有效的理由。在理想状态下,专家与决策者以及普通社会成员之间存在的是一种规范性关系,所有各方都扮演着某种规范性角色,需要承担某种规范性要求。而在一个扭曲的公共领域中,专家与决策者以及普通社会成员间的关系则变成了一种工具性关系,在这种关系中,对其他人拥有实践性权力的那些人试图通过专家来说服决策者做出某种决策,并让普通社会成员接受甚至支持该决策。换句话说,在这里,专家实际上承担了思想控制的功能,而工具性话语权也就成了对其他人拥有实践性权力的那些人对后者进行思想控制的工具。

现代社会治理的核心问题是要让所有治理权力受到合法性原则的约束,而由于传统上被认为最有害的那部分实践性权力在制度化的过程中已经受到了制度性权力的约束,所以这个问题就变成了让制度性权力的行使也受到合法性原则的约束。又由于制度性权力的行使过程就是决策过程,所以问题又变成了公共决策的合法性问题,即要让决策的受损者也有无法合理反对的理由支持该决策。对于这个问题,民主理论的回答是两方面的。第一方面,当多数统治的合法性条件能够得到满足时,让少数为了多数的利益而牺牲是一种解决冲突的公平方式,因而,对于少数来说,虽然民主决策让他们受到了损害,但他们仍有无法合理反对的理由支持该决策,因为否则就不可能有集体决策,进而,这种损害就是合法的。第二方面,当多数统治的合法性条件不能得到满足时,如果规范性话语权能够恰当发挥功能,并对决策产生了恰当的影响,那受损者就也有无法合理反对的理由支持该决策,因而他们的受损就也是合法的。在这里,所谓恰当的影响,一是指规范性话语权帮助决策者与普通社会成员运用了他们自己的理性,让他们通过自己的理性得出了如何做出与支持决策的理由;二是指它并没有决定一项决策,因为公共决策不只需要做出专业考量,如果决策者完全遵从专家意见,那民主政治就变成了专家统治。换句话说,要让制度性权力的行使受到合法性原则的约束,一是要以多数统治的方式做出那些最重要的决策,二是要让规范性话语权能够恰当地发挥功能。显然,两种要求存在潜在的冲突,即使在最理想的条件下,多数也可能没有选择最具真理敏感性的决策方案。对此,民主理论的可能回应是,这种决策仍然是合法的,但同时,我们也许有着降低损害的更好方式。这种矛盾表明了民主的局限,即民主是一种制定合法决策的方式,而不是制定最好决策的方式。事实上,民主并不追求制定最好的决策,因为这种追求可能面临得出非法决策的风险。但在多数统治不能满足其合法性条件且规范性话语权蜕变为了工具性话语权的条件下,民主决策也就不能被视为合法决策,进而,当这种决策决定对某些社会成员进行损害时,这种损害就是非法的,而他们就有合法的理由拒绝被损害。这正是民主决策受到越来越多拒绝的原因。

社会治理的一个根本性挑战在于如何在损害不可避免的条件下避免非法的损害。对此,民主理论的解决方案是,首先,将以暴力为支撑的实践性权力制度化,使其受到制度性权力的约束,然后让制度性权力的行使受到多数统治与规范性话语权的双重约束。民主理论没有意识到或不愿正视或无力解决的是,并非只有以暴力为支撑的实践性权力才具有损害性,相反,那些传统上被视为无害因而未得到制度化的实践性权力同样具有损害性。并且当这种权力侵入到多数统治与话语权的行使过程中时,就把制度性权力变成了非制度性实践性权力的拥有者损害其他人的工具。结果,在现代治理中,每一项公共决策的做出都伴随着某些人的受益与另一些人的受损,而由于这种决策本身是非法的,在这场围绕制度性利益与负担的零和博弈中,受益者就剥削了受损者。古丁(Robert E. Goodin)认为,当人们之间存在明显的强弱差异时,"让强势一方拥有相对于弱势一方的谈判优势的那些条件同样也向强势一方施加了一种重大的道德责任,不在与弱者打交道时利用这种谈判优势。"[①]但如果没有制度保障,这种责任将只是一种空谈。并且,福利国家并不足以承担这种制度保障的功能,我们不能像古丁一样寄希望于福利国家去保障弱者不受剥削,因为福利国家只能帮助弱者摆脱其在基本需求上的依赖地位,而这并不足以消除他与强者间的权力关系。如果说民主治理在一些国家的失败在于没能解决非制度性实践性权力对民主前提的破坏的话,如何让这种权力也受到合法性原则的约束就成了当代政治理论必须解决的核心问题。

第3节 现代社会中的权力与支配

权力是人类生活与社会治理中的一个基本构成要素。对于这一要素,学者们通常关注的是它的两方面特性。一是动力性,即权力可以帮助人们达成某些否则可能无法达成的目标;二是支配性,即权力可能造成一些人对另一些人的支配。在历史上,权力主要是作为一种支配力量而存在的,是维护不平等的政治格局的一种工具。而自近代以来,随着平等成为一种基础性的政治价值,祛除权力的支配性、使其仅仅作为一种动力因素而存在,就成了政治理论的一个基本课题。在很大程度上,民主与法治这两大现代社会治理原则都是出于这一目的而被提出来的。在实践中,民主与法治都属于程序性设置,试图通过让权力的行使遵循特定的程序来祛除其支配性。这种做法的缺陷在于,它把权力视为一种静态的实体性要素,因而希望通过另一种静态的实体性要素来约束权力。但在实践中,权力是动态的和流动的,是在分配行为中不断自我再生的,这决定了程序主义的权力约束途径的不可能性。本书从分配视角

[①] Robert E. Goodin, *Reason For Welfare: The Political Theory of the Welfare State*, Princeton, New Jersey: Princeton University Press, 1988, p.125.

出发考察分配行为与过程中权力的产生条件与政治功能,进而揭示支配关系在现代社会中的特殊存在形态。

一、分配中的实践性权力

在大多数语境中,当我们谈到权力时,指的是某个或某些人相对于其他人的一种强制性力量。前文表明,这样一种权力观念是不完整的,在实践中,并非只有当一个人能够强制另一个人时,前者才对后者拥有权力。相反,在所有依赖性关系中,被依赖的一方都可能对依赖的一方拥有权力,而且这种权力并不需要采取强制的行使方式。有鉴于此,我们需要实践性权力的概念,用以涵盖人际交往中更广泛的权力关系。根据当代需求理论的解释,实践性权力产生于依赖关系,即一些人依赖于另一些人来满足他们的需求,这一事实让后者对前者拥有了权力。在此,需要补充的是,依赖关系本身属于稀缺的产物,只有当我们需求之物存在稀缺因而并非每个人想获得就都能获得时,某些人才会对另一些人产生依赖,进而才会因为这种依赖而屈服于后者的权力之下。所以,对权力的思考不仅要求我们去关注社会中的依赖关系,更要求我们关注作为依赖关系之前提的社会稀缺。

在某种意义上,权力导致支配,稀缺造就权力,这是马克思在观察历史时所得出的两个基本结论。所以,要消除支配,马克思给出的最根本的解决办法就是消除稀缺,在物质极大丰富的条件下,当每个人的需求都可以在无须任何其他人的许可的条件下得到满足时,权力关系无从生成,阶级支配也就得到了消解。然而,如柯亨(G. A. Cohen)多少有些无可奈何地指出的,在存在"增长的极限"的背景下,稀缺可能是人类生活在相当长的时期内无法克服的一大限制,[1]相应的,权力的广泛存在也就

---

[1] G. A. Cohen, *Self-Ownership, Freedom, and Equality*, Cambridge: Cambridge University Press, 1995, p.10.

成了我们不得不接受的一个事实。

稀缺是分配的前提。在我们所熟知的"各尽所能,按需分配"的表达式中,这里的"分配"其实应当被理解为"索取",因为当社会剩余无限丰富时,社会并不需要根据任何特定的标准来对剩余产品进行分配,相反,每一个人所需考虑的都只是根据自己的需求来向社会进行索取。在这里,个体的需求就是他从社会中获得回报的充分条件,而不需要任何分配原则进行调节。只有当社会剩余存在稀缺时,无论是出于正义还是秩序的理由,对于人们的索取,社会才需要根据某种分配原则来进行调节。从历史来看,稀缺是人类生活中的一项基本事实,而在存在稀缺的条件下,对于有限的社会剩余的分配,不同社会主要采取了两种方式。第一种方式是设置一个分配者,无论这个分配者是某个特定的个人还是以某种方式组织起来的专门机构,让这一分配者来全权负责所有社会剩余在社会成员间的分配。由于我们把实践性权力理解为一个人不可逆地改变其他人实践处境的能力,又把实践处境定义为一个人根据自己的意志开展行动的能力,而这种能力又在很大程度上取决于一个人所拥有的资源或至少是他能够获得资源的途径,因而,当一个社会中存在这样一种分配者时,显然,这个分配者就对社会中的所有其他人都拥有实践性权力,可以任意地仅凭自己的意志就改变其他任何人的实践处境。这是因分配关系而产生权力关系的情况。

对于有限的社会剩余,另一种分配方式是让所有希望索取剩余的人开展竞争。当然,这里也存在分配者,但分配者的职能不再是直接决定每一个人的分配份额,而变成了制定竞争以及根据竞争进行分配的规则。我们可以通过一个例子来说明两种情况间的区别。假设有 A、B、C 三个人,其中 A 不创造社会剩余,B 和 C 分别创造出了 5 个单位的社会剩余,再假设无论因为何种原因,A 宣布 B 和 C 分别获得 6 个和 4 个单位的社会剩余,且 B 和 C 都只能接受这种分配。那么,在这一关系中,A 就扮演起了分配者的角色,并通过分配行为而对 B 与 C 行使了实践性权力。但如果 A 不再直接决定每个人的所得，而是制定出一条规则，规定根据创造社会剩余的比例而在 B 与 C 之间进行分配，那么，如果 B 创造了 6 个单位的社会剩余，C 创造了 4 个单位的社会剩余，分配的结果就是 B 获得 6 个单位，C 获得 4 个单位。单就分配结果而言，两种情况似乎并无区别。但在分配与权力的关系上，二者有着实质性的差异。在后者中，谁获得多少并不是由 A 决定的，而是 B 和 C 互相竞争或者说各自努力的结果。因而，在这里，A 并不对 B 和 C 拥有实践性权力——A 拥有另一种权力，即制度性权力。但这是否意味着 A、B、C 三者间的关系中就不存在实践性权力了？

假设 A 制定了一条规则，只要 B 和 C 为社会创造出了社会需要的产品，就根据他们所创造产品的数量与质量给予他们成比例的回报，在这里，所谓成比例，是指所有产品都将得到一个合理的市场价格。进而，每个人的回报就等于他所创造产品的数量与该产品价格之积。那么，为了获得更多的回报，B 和 C 就会开展竞争。在理想状态下，这种竞争是相互独立的，这种独立性一方面表现为 B 和 C 所提供产品的同质性，因而谁也不能影响价格，即个体付出与社会回报间的比例关系；另一方面表现为一方创造出更多产品并不会导致另一方所创造产品以及对其需求的减少，因而，谁也没有能力改变另一方的所得。在这种竞争中，实践性权力是缺席的。但现实中经常发生这样一种情况，即 B 通过技术革新创造出了更符合社会需求的产品，相应的，C 所能提供的产品则不再为社会所需了。在这一过程中，B 似乎并没有直接对 C 做什么，并没有从 C 那里拿走任何东西，但其技术革新的结果则是将 C 排除在了竞争之外，让 C 至少是暂时地——如果 C 在一段时间后能够学习新的技术的话——失去了通过自己的努力来获得社会回报的途径，也就不可避免地改变了 C 的实践处境。根据强制性权力观，B 和 C 的关系中是不存在权力的，而根据实践性权力观，B 则对 C 行使了权力，因为前者剥夺了后者在特定竞争规则下获取社会资源的途径的结果必然是剥夺了后者某些方面的行动能力。① 当然,这里发生的情况也可能是 C 没有被排除在竞争之外,因为仍然有人需要他所提供的产品,但由于 B 提供了更优质可能也更廉价的替代品,C 将只能接受一个相对较低的价格,换句话说,B 就改变了 C 的付出与回报间的比例关系。在这种情况下,B 成了价格的制定者,C 成了价格的接受者,而当 B 能够制定价格并让 C 接受他所制定的价格时,B 也就获得了改变 C 所能获得的社会资源的能力,这种能力也是一种实践性权力,相应的,B 和 C 间的关系就也变成了一种权力关系。

在现代社会,通过竞争让每一个人得其之应得是社会分配所欲达到的理想状态。如果一个社会设定了一套相对合理的竞争规则,让每一个人都能通过自己的努力而触发这种规则所设定的分配条件,那么,对于特定的某一个人来说,无论所得多少,都是他自己生产性投入的结果,而没有任何外部的权力因素发挥作用。在这个意义上,社会剩余的分配过程甚至可以被理解为个体与社会间的交换过程,而不是个体之间的竞争过程。② 由此,每一个人在社会剩余分配中的所得才仅仅与他的努力和贡献有关,因而每一个人获取回报的行为才是彼此独立,而不是此消彼长的。进而,只要社会中承担与个体进行交换的职能的机构能够中立地根据规则来进行交换,而不厚此薄彼,那所有社会剩余的分配就可以不受实践性权力的影响。但如上所述,在现实中,个体间的竞争并非彼此

---

① 拉詹与津加莱斯从经济学的角度提出了一种权限(access)理论或关键资源理论,认为组织以及社会中的权力来源于个人控制其他人使用某种关键资源之权限也就是途径的能力 Raghuram G. Rajan and Luigi Zingales, "Power in a Theory of the Firm," *The Quarterly Journal of Economics*, Vol. 113, No. 2 (May, 1998), pp. 387–432)。这一理论与本书关于实践性权力的分析有许多契合之处。在这里,关键资源就是竞争的机会,而创新者往往有能力剥夺其他人的竞争机会,所以,创新行为在很多时候需要被视为一种权力行为而纳入政治理论的分析。这并不是说创新行为根本上是政治性的,而只是说创新行为经常会产生一些政治上的后果,而对这些后果的处理需要政治理论的介入,否则,创新行为就可能走向反政治的即与现代政治文明相悖的结局。
② [美]范伯格:《自由、权利和社会正义——现代社会哲学》,王守昌译,贵阳:贵州人民出版社 2014 年版,第 124 页。

独立,在很多时候,竞争中的一方都可以非常容易地改变另一方的实践处境,而在这种情况下,竞争关系本身就变成了一种权力关系。在存在稀缺的条件下,要避免权力关系的生成,社会可以选择严格平等主义的分配方式,结果是没有任何一个人可以改变其他人的实践处境,但同时,社会稀缺的状况可能会进一步地恶化。[①] 社会也可以选择竞争的方式来鼓励人们为社会多做贡献,来缓解稀缺的状况,同时,如果社会能够保证竞争行为的独立性,那竞争关系中也将无法产生权力关系。但在现实中,竞争行为不可能是彼此独立的,因为正是竞争标的的排他性为个体提供了竞争的动力,如果所有人都能通过自己的努力赢得一枚金牌,今天为人们所热爱的许多竞技比赛都将从世界上消失。所以,仅仅供给竞争正义——即保证所有人都遵守规则公平竞争——并不能消除社会剩余分配中的权力关系,无论一个社会向它的所有成员提供了多么公平的竞争规则,都无法避免某些成员对另一些成员拥有权力的情况出现。

二、实践性权力与支配

根据对实践性权力的定义,要改变另一个人的实践处境,权力持有者可以采取三种方式:第一,改变他的行动意志,即用自己的权力意志取代前者的独立意志,这主要是通过做出威胁来实现的,在实践中,威胁的功能就是让被威胁者屈从于威胁者的意志;第二,改变他的行动,如警察可以使用武力手段将犯罪嫌疑人带到警察局,在这里,犯罪嫌疑人的独立意志并没有受到破坏,但警察有能力在不考虑他的意志的条件下改变他的行动;第三,改变他获得资源的状况或获取资源的途径,且我们的分析表明,分配关系中的分配者与竞争关系中的特定竞争主体都可能拥有这样的能力。可见,从实践性权力观出发,我们可以揭示出人类生活中

[①] Thomas Christiano, *The Constitution of Equality: Democratic Authority and its Limits*, New York: Oxford University Press, 2008, p. 13.

更为普遍的权力关系。并且,所有这些权力关系都根源于人们之间在某些方面的不平等,因为只有当人们之间是不平等的时候,权力持有者对其从属者实践处境的改变才是不可逆的。比如,在威胁与使用武力的情境中,人们之间一定在对制裁手段的占有上存在不平等,而在分配与竞争的情境中,人们之间则在资源占有与获取资源的能力上存在不平等。无论如何,用奥尼尔(Onora O'Neill)的话说,"权力取决于差别"(power depends on differentials)。①

在某种意义上,所有关于权力的规范性思考都蕴含了这样一个前提,即"所有权力都需要得到证成",或者说,所有权力的存在与行使都必须建立在正当的理由之上。之所以如此,一方面是因为权力几乎总是会造成损害,也就是剥夺了受害者本应获得的利益,这违背了以应得为核心的现代正义观念;另一方面是因为权力可能导致支配,这又侵犯了人与人之间的平等。在现代观念中,正义与平等是两种具有元价值地位的价值,而权力对这两种价值在社会中正常功能的发挥造成了威胁,所以其存在与行使都必须基于某种或某些正当的理由,否则,无法消除甚至不得不依赖于权力的现代治理模式本身就可能被视为非法。前一节主要考虑的是权力与损害的关系,分析了现代治理是如何对作为一种损害性力量的权力进行合法化的,以及这种合法化方案所存在的局限。本书将主要考虑权力与支配的关系,分析权力关系成为支配关系的条件,以及现代治理在将权力关系与支配关系分离开上做出了哪些努力。

首先,权力并不必然意味着支配。就实践性权力而言,如果 A 对 B 拥有实践性权力,意味着 A 能在某些方面改变 B 的行为,但这并不必然意味着 A 能够支配 B 的行为。以强制为例,如果在特定条件下 A 迫使 B 与其发生了性关系,那么,无疑,在这里,A 对 B 行使了作为强制性权力的实践性权力,但我们并无法就此断定 A 与 B 之间存在支配关系。只有

---

① Onora O'Neill, *Bounds of Justice*, Cambridge: Cambridge University Press, 2004, p. 96.

当 A 与 B 间的关系是像电影《房间》所描述的那样，无论 A 何时向 B 提出性要求，B 都无法拒绝而只能满足该要求时，A 才不仅对 B 拥有实践性权力，而且通过这种权力支配了 B，具体来说，是支配了 B 的性行为。在这里，关键在于 B 没有"退出"的选项，①因为"房间"的钥匙掌握在 A 的手里。或者说，"房间"隐喻着权力关系，一旦进入"房间"，B 就处在了 A 的权力之下，但如果 B 可以退出"房间"，也就退出了权力关系，使自己重新成为自由人。正因为无法退出"房间"，B 才不得不总是处于 A 的权力之下，并因之受到了 A 的支配。就此而言，我们可以把支配关系理解为一种无法退出的权力关系。

为了验证这一观点，让我们再来考虑分配与竞争中的情况。在历史上，分配关系的典型代表是西欧封建社会中"领主"与"附庸"间的关系。这种关系由两方面的内容构成，一是等级关系，这确立了领主的分配者地位，即领主不创造社会剩余，却可以决定由附庸所创造的社会剩余的分配；二是土地关系，这确定了分配关系的发生空间，即特定领主与特定附庸间的关系只能发生在特定土地之上，且这个社会中的户籍制度等社会制度的功能就是以制度的形式将人们固着在土地之上，或者说，将人们锁在土地这一"房间"之中。在这里，等级关系赋予了领主以改变附庸实践处境的能力，土地关系则否定了附庸退出的可能性，因而，领主与附庸间的关系就是一种无法退出的权力关系，也就成了一种支配关系。中世纪后期以来，随着商品经济的发展，西欧社会进入一个城市化的过程，大量农村劳动力流入城市，土地关系这一"房间"的大门不再紧锁，领主与附庸间关系的支配色彩也就大大减弱了。在西欧中世纪的著名谚语"城市的空气使人自由"中，我们读到的就是附庸因为退出机会的获得而得以摆脱领主支配的历史。也正是由于城市作为流放者们的天堂而在

---

① Albert O. Hirschman, *Exit, Voice, and Loyalty: Responses to Decline in Firms, Organizations, and States*, Cambridge, Massachusetts: Harvard University Press, 1970.

客观上成为自由发源地的事实,[1]让韦伯把城市作为一种独特的支配类型予以考察——韦伯将中世纪城市的治理形态称为"非正当性的支配",[2]而从本书的角度来看,我们可以径直将中世纪城市的治理称为"非支配",因为所有市民都是从"房间"中逃脱出来的人,他们之间是不存在权力关系更不存在支配关系的。

在某种意义上,分配关系是通过赋予分配者以相对于其他人的实践性权力的方式建立起来的,而我们之所以要以这样一种方式来分配社会剩余,可能是为了避免陷入如霍布斯所说的那种"一切人反对一切人的战争"状态,相应的代价则是分配者与其他人间的不平等。另一方面,竞争则是一种试图通过个体向社会做贡献,社会则给予个体相应回报的方式来分配社会剩余的方式,在理论上,竞争主体之间具有起点上的平等,因而谁也不对谁拥有实践性权力,否则他们间的关系就不是竞争关系了。但如我们所分析的,竞争的过程不可避免地会再生出某些不平等,结果,当某个竞争主体能够制定价格或能够将其他竞争主体排斥在竞争之外时,他就对后者拥有了实践性权力。比如,在技术进步的例子中,创新者显然就对落后者拥有实践性权力,因为是否运用新技术和在多大范围内运用新技术主要取决于创新者的意志,而由于他的意志直接决定了落后者的实践处境,这种意志就可以被视为一种权力意志。但我们很难说创新者与落后者间的关系是一种支配关系,因为落后者可以选择从事别的工作,通过退出竞争关系来退出权力关系。但是,如果落后者没有别的谋生技能,或创新者利用技术优势而建立起了某种垄断地位,使得落后者即使选择退出也不得不在相关工作中接受由创新者制定的价格,那么,在这个时候,创新者与落后者间的关系就成了一种支配关系。在现实中,这种支配关系往往是垄断的产物,即垄断将市场也变成了一个

---

[1] 张康之、张乾友:《公共生活的发生》,北京:高等教育出版社 2010 年版,第 20 页。
[2] [德]韦伯:《非正当性的支配——城市的类型学》,康乐、简惠美译,桂林:广西师范大学出版社 2005 年版,第 41—43 页。

封闭的"房间",从而使垄断者获得了对于其他市场主体的支配地位。正是由于这一原因,垄断往往被视作市场经济的毒瘤,因为它在平等的竞争主体之间建立起了支配关系。

以上分析蕴含了两个结论:第一,实践性权力在现实社会中有着非常广泛的存在;第二,如果一个人对另一个人拥有实践性权力,而且后者无法退出与前者的关系,那么二者间的权力关系就变成了一种支配关系。如果这两个结论都是正确的,那我们可能产生这样一个疑问:在现代社会,在社会生活的几乎所有领域,退出都是得到保障的,那这是否意味着人们之间虽然存在广泛的权力关系,却并不存在支配关系?比如,我们每一个人都可能遇上不法之徒,并不得不屈服于他的权力之下,但由于一个相对有效的司法体系的存在,我们通常都可以通过寻求司法体系的帮助来退出与不法之徒间的权力关系,从而使他无法成为我的支配者。当然,也存在如《房间》所描述的那种情况,但这种情况只是现代社会中的特例,而不像封建社会中领主与附庸间的关系一样属于常态。又如,现代市场经济中也存在垄断,但在必要的反垄断制度的限制下,并没有哪一个垄断者能够完全将其他竞争者锁在"房间"之内,因而,市场中的权力关系也不足以被视为一种支配关系。最后,作为现代政治革命的一个成果,类似于领主的分配者已经从人类的历史舞台中消失了,人们之间不再存在直接的分配关系,更没有任何制度能够将作为分配者与被分配者的个体锁在某个"房间"之内。果真如此,难道现代社会中就不存在支配了吗?对这个问题的回答需要我们把视线转向另一种权力,即制度性权力。

三、制度性权力与支配

如上所述,现代社会是通过竞争来分配社会剩余的,但这种竞争通常并不是直接竞争,而属于间接竞争。所谓直接竞争,是指社会把所有剩余放在所有人面前,让所有人去抢,结果必然是霍布斯所说的"一切人反对一切人的战争",就像中国社会财富迅速转移中各阶层间的抢房大战一样。这种竞争事实上是拥有不同实践性权力的人们之间的权力斗争。所谓间接竞争则是指社会制定出一套竞争规则,规定无论哪一个人,只要达到某一标准就可以获得多少社会剩余,由此,人们间的竞争就不再直接表现为对于社会剩余的竞争,而是表现为对于达到某种分配标准的竞争。在这个问题上,当竞争规则较为完备时,起决定作用的将不再是竞争各方所拥有实践性权力的状况,而是各方依据竞争规则所做出生产性投入的状况。据此,一个人只要达到了特定的分配标准,就触发了分配规则,就获得了根据这一规则而要求得到相应社会剩余的权利,其他人则产生了尊重他的权利的义务。反之,如果他没有达到这一分配标准,就没有获得相应社会剩余的权利。[①] 在这里,分配规则是由社会整体以某种方式制定出来的,而任何规则的出台都意味着所有相关人员权利、义务状况的改变,所以,制定这种分配规则的过程就表现为制度性权力的行使过程。换句话说,在现代社会,社会剩余是通过竞争的方式得到分配的,而社会成员间的竞争又是由社会通过对竞争规则的供给来予以调节的,且这种供给竞争规则的过程就表现为制度性权力的行使过程,其结果则是改变了竞争者们的制度处境,即他们所处权利义务关系的状况。

所以,现代社会中也存在分配者,但这种分配者不再是某个或某些具体的个人,而成了一种制度设置,且这种制度设置并不直接分配社会

[①] 将许多直接竞争转化为间接竞争是现代文明的一大成就,它将因资源的稀缺而造成的人们之间的敌对性因素转化为了让不同的人们共同去为社会创造价值的驱动性因素。而这种转化之所以是可能的,首先是因为这些竞争关系对社会是有价值的。反过来,我们的社会中仍然存在一些无法被转化为间接竞争的直接竞争,而它们之所以无法转化为间接竞争,原因就在于它们对于社会是没有价值的,所以,在这些情形中,竞争就不可能成为人们为社会创造价值的驱动性因素。这意味着,在这些领域,竞争是不适用的,因而,社会就不可能通过改变竞争的方式来消除人们之间的敌对,而只能通过消除竞争来做到这一点。在某种意义上,所有事关基本需求之满足的领域都不适用于竞争,因为在满足基本需求的问题上不允许出现失败者。当然,究竟哪些需求属于基本需求,这是一个非常难以回答的问题。

剩余,而是分配获得社会剩余的资格,并且这种资格也具有未实现的特征,是需要社会成员通过自己的努力去"挣得"的,因而是一种"挣得资格"(earned entitlements)。① 换句话说,现代社会把社会剩余的分配从一个人际过程变成了一个制度过程,在现代社会中,所谓制度过程就是人们为获得有利于自己的分配结果而展开的互动过程。② 作为这一转变的结果,分配过程中所存在的权力也从实践性权力变成了制度性权力,从此,至少在理论上,没有人能直接决定其他人在社会剩余分配中的所得,而制度性权力的持有者则可以决定什么人在什么条件下能够挣得何种分配资格。比如,如果一个社会规定所有社会成员只有在缴纳养老保险满30年且年龄达到70岁时才能领取养老金,那么,一方面,只要缴纳了养老保险,一个社会成员就有权利在缴满30年且年龄达到70岁时要求社会为他提供养老金;另一方面,等他已经缴满30年且年龄达到70岁时,就"挣得"了领取养老金的资格。当然,人们可以选择不缴纳养老保险,由此放弃从社会中获得养老金的资格。这也表明了制度性权力的功能并不是分配社会剩余,而是分配获取社会剩余的资格。

在分配关系中,实践性权力是一种排他性的权力,总是会造成排他性的结果。所谓领主决定附庸在社会剩余分配中的所得,指的就是领主可以将附庸排除在某些社会剩余的分配之外。而所谓附庸没有退出的选择,则是指领主总是可以将附庸排除在某些社会剩余的分配之外,附庸则没有别的途径可以使自己不被排斥。换句话说,领主可以永久性地将附庸排除在某些社会剩余的分配之外,这构成了领主支配地位的标志。同样,制度性权力也是一种排他性的权力,制度性权力的行使在赋予或确认某些人可以通过自己的努力挣得某种资格的权利的同时,也必然会剥夺另一些人相应的权利。比如,在养老金的例子中,没有缴满30

---

① [美]罗尔斯:《作为公平的正义:正义新论》,姚大志译,上海:三联书店2002年版,第117页。
② [美]奈特:《制度与社会冲突》,周伟林译,上海:上海人民出版社2009年版,第130页。

年的社会成员无论年龄多大就都没有权利要求从社会中领取养老金,否则这一制度就失去了它的分配功能。不同的是,制度性权力是建立在从属者的服从义务之上的,只要制度性权力得到行使,所有从属者就都获得了服从的义务,[1]就可以被合法地禁止退出。换句话说,制度性权力本身就预设了退出的缺席,所以,在这里,没有退出选择并不能成为支配的标志,否则,所有制度性权力关系就都成了支配关系。那这是否意味着制度性权力就不会造成支配的结果呢?在本书看来,如果说支配关系意味着某些社会成员可以将另一些社会成员永久性地排除在某些社会剩余的分配之外的话,只要制度性权力的行使也造成某些社会成员被永久性地排除在某些社会剩余的分配之外的结果,那么,在这一分配过程中,制度性权力就也成了一种支配性力量。

制度性权力是一种决策权力,制度性权力的行使过程就表现为决策的过程,是通过决策来实现排他性的分配的。在现代社会中,分配决策的做出主要采取了两种方式,一种是集体决策,另一种是授权决策。其中,集体决策的理想形态是民主决策,其逻辑是赋予每个人相同的一票,让每个人都能参与分配决策,而且每个人都能对分配决策产生相同的初始影响。[2] 这里的问题是,如果每个人对决策的初始影响都完全相同,而且每个人的意见都截然相异,那平等的结果就将是无政府主义,导致一个社会无法形成分配决策。所以,要达成决策,信奉民主的人们就必须相互妥协,通过妥协来寻求彼此间的"公约数",并最终以"少数服从多数"的方式来得出一个社会中的"最大公约数",并以这一"最大公约数"为依据来制定分配决策。结果,在集体决策中,制度性权力总是由多数

---

[1] Andrei Marmor, "An Institutional Conception of Authority," *Philosophy & Public Affairs*, Vol. 39, No. 3 (2011), pp. 238-261.

[2] David Estlund, "Beyond Fairness and Deliberation: The Epistemic Dimension of Democratic Authority," in James Bohman and William Rehg, eds., *Deliberative Democracy: Essays on Reason and Politics*, Cambridge, Massachusetts: The MIT Press, 1997, p. 193.

来行使的,这意味着多数可以——虽不必然——剥夺少数从社会中获取剩余的资格,如通过改变分配规则来取消少数本有的资格。在这种情况下,分配决策虽是由全体社会成员集体做出的,但制度性权力则表现为多数对于少数的权力。不过,这并不必然意味着多数与少数之间存在支配关系,因为多数与少数的存在本身是不固定的。

如上所述,多数的形成是人们彼此妥协的结果,而在不同的决策问题上,每个人的利益可能都不一样,因而每一次妥协的结果也都不会完全相同,结果,一个人在这一次决策中成为多数,在下一次决策中则很可能成为少数。所以,虽然集体决策总是表现为多数将少数排除在某些社会剩余的分配之外,但只要多数与少数的对立是流动的,就没有一个固定的少数被一个固定的多数囚禁在"房间"之中,多数与少数间的关系就不是一种支配关系。反过来,只要多数与少数的对立是固定的,即出现了永久性的多数与永久性的少数,那集体决策就变成了"多数人的暴虐",制度性权力也就变成了多数支配少数的一种工具。

集体决策是一种开放的决策,在这种决策中,每个人以自己的利益为出发点去影响社会分配,最终让少数为了多数的利益而做出牺牲。这种牺牲要不沦为被支配,前提是多数与少数间的流动性,"以确保在某个时点牺牲了某种利益的群体会在随后得到补偿"。[①] 授权决策则是一种封闭的决策,是由被授权的决策主体所做出的决策,通过授权决策,决策者对全体社会成员——包括决策者自己——行使了制度性权力。在理论上,所有分配决策都均匀地改变着全体社会成员的制度处境,比如,在养老金的例子中,决策者——无论是作为集体的决策者还是被授权的决策者——也只有满足了上述两大条件后才能获得向社会要求养老金的资格。但在集体决策中,由于多数与少数的客观存在,这种改变往往是

---

① Jane Mansbridge, *Beyond Adversary Democracy*, Chicago: The University of Chicago Press, 1983, p. 7.

不对称的，表现为多数被赋予了某种分配资格，少数则被剥夺了某种分配资格。比如这里多数都是缴满了 30 年的人，少数则是未缴满 30 年的人，结果，分配的影响就变成不均匀的了。而在授权决策中，决策者则被规定为一个中立者，他独立于所有利益，也不把自己的利益带入决策，由此，他的决策才能均匀地改变全体社会成员的制度处境。

根据某种"托管者"观念，正是由于授权决策者可以中立于所有利益，所以他才能够去考虑整个社会的长期目标，[1]而他的决策虽然也不可避免地会将某些社会成员排除在某些社会剩余的分配之外，但这一结果从长远来看则可能符合于这些被排斥在外的社会成员的利益。在这个意义上，由一个中立的托管者对全体社会成员所行使的制度性权力就不可能是一种支配性力量，相反，授权决策本身还可能成为消除支配的一种方式。这一点可能在我们熟悉的"工人阶级先锋队"的概念中得到了更充分的表达，因为"先锋队"理论的核心就是要通过一个中立的——表现为"没有自己特殊的利益"——"先锋队"去垄断决策权力，由此消除社会中的支配关系。在这里，授权决策要成为一种"非支配"，前提是决策者的中立性。反过来，只要决策者不是中立的，无论他是把自己的利益带入了决策，还是让决策体现了社会中某一个群体的利益，就都通过分配决策而在社会中建立起了支配关系。之所以如此，是因为授权决策者垄断了社会的决策权力，因而，只要他失去了中立性，就对社会的利益结构造成了永久性的损害，就将某一些社会成员永久性地排除在了某些社会剩余的分配之外。

可见，在现代社会中，由于退出自由的获得，人际关系中虽然普遍存在着实践性权力，这种权力却并不经常造就支配关系。另一方面，如果集体决策中出现了永久少数，或授权决策中授权决策者失去了中立性，

---

[1] Jack Knight and James Johnson, *The Priority of Democracy: Political Consequences of Pragmatism*, Princeton, New Jersey: Princeton University Press, 2011, pp. 178-179.

那么制度性权力就变成了一种支配性力量。从实践来看，永久少数的存在与授权决策者的非中立性经常都是现代社会中的一项经验事实，也是现代社会治理模式所存在的一个制度顽疾，结果，制度性权力就取代实践性权力成为支配关系的主要来源。在现代社会，最主要的支配不是人与人之间的直接支配，而是通过制度性权力的行使所进行的支配。需要说明的是，本书对支配的讨论没有将规范性权力纳入分析，这是因为，在现代治理中，如我们在对损害问题的分析中所表明的，规范性权力主要承担的是合法化的功能——虽然可能存在实质上的合法化与形式上的合法化的区别，而在平等已经成为所有政治交往基本前提的条件下，支配在任何意义上都不可能得到合法化。[①] 所以，在这里，规范性权力不应扮演任何角色。

[①] 有的人可以对其他人造成损害，这并不必然意味着不平等。相反，当损害是不可避免的时，以"少数服从多数"的方式来决定谁受到损害，这本身就是一种实践平等的方式，因为只有彼此平等的人们才会选择"少数服从多数"。反之，不平等的基本表现就是多数不得不服从少数。

第 2 章　多元社会中的民主

第 1 节　民主的合法性危机

　　合法性是现代生活中被广泛使用的一个概念。从政治理论的角度，合法性可以被理解为一种政治评价标准，当我们说一种政治模式合法时，是在对它进行一种肯定性的评价，反之，当我们说一种政治模式不合法时，则是在对它进行一种否定性的评价。在理论层面，合法性可能具有一些抽象的来源，比如该政治模式是否得到了社会成员的同意，该模式中的基本制度是否具有某种合理的正义性等，但在经验层面，一种政治模式的合法性则主要取决于它所承担的现实功能的实现状况。从实践来看，促进共同福祉与解决冲突是政治的两大功能，我们之所以需要政治，就是因为只有通过政治，我们才能促进彼此之间共同的福祉，才能找到解决我们之间所存在的那些根本性冲突的方式。因此，促进共同福祉与解决冲突也成了我们衡量一种政治模式是否具有合法性的两大标准，如果一种政治模式不能有效地促进人们的共同福祉，或解决他们之间的根本性冲突，那么，处于这种政治模式下的人们就会倾向于否认它的合法性,就会认为他们遭受了非法的统治。并且,从现实的政治经验来看,在合法性的问题上,解决冲突扮演着比促进共同福祉更加重要的角色。① 一种政治模式如果不能有效地促进人们的共同福祉,却成功地化解或避免了任何根本性冲突的产生,那么,虽然这一模式下的人们可能过着非常贫穷的生活,但他们却倾向于认为这种政治模式是合法的。反之,如果一种政治模式在解决人们之间的根本性冲突上表现乏力,那么,即使这一模式下的人们过着非常富足的生活,他们中的许多人也会倾向于认为该政治模式是非法的。在近代以来的很长一段时期里,民主都被视为一种解决冲突的公平方式,因而也被视为一种合法的政治模式。但近几十年来,随着社会利益结构、认知结构与价值结构的变化,民主解决冲突的能力受到了巨大的挑战,虽然民主社会在促进社会成员的共同福祉上仍然有着不错的表现,但民主社会内部则积累了越来越多的不满与焦虑,并开始危及到了民主制度的合法性,使民主陷入了一场合法性危机。

一、民主的合法性条件

在理想状态下,促进共同福祉可以被理解为让每一个人都受益,解决冲突可以被理解为不让任何一个人受损。当物质极大丰富到可以按需分配时,在每个人都可以获取自己需要的产品的意义上,每个人都受益了;在任何人都没有必要因为其他人拿得比自己多而产生不公平感的意义上,没有任何人受损。也就不会产生冲突。在这种情况下,合法性的问题是无法产生的,因为没有人会对现状提出质疑。然而,物质极大丰富的一个前提是增长的无限性。而在当前,人类面临的基本现实是存在"增长的极限",因而我们没有办法实现每个人的充分受益,甚至不得

---

① 行为经济学中有个概念叫"损失厌恶",即"损失造成的痛苦大于收益带来的快乐"([美]塞勒:《"错误"的行为:行为经济学的形成》,王晋译,北京:中信出版社2018年版,第37页),也可佐证这里的观点。

不以某些人的受损为代价来实现社会整体的受益。在这种情况下,促进共同福祉与解决冲突就产生了矛盾,正是这种矛盾导致了特定政治模式的合法性问题。因为,当我们必须对受益与受损做出抉择时,合法性就是评价这种抉择的尺度,而在使用这一尺度时,一个人的受损状况通常比他的受益状况有着更直接的影响,所以,在合法性评价中,解决冲突往往比促进共同福祉占有更大的权重。

同时,促进共同福祉并不完全是一个政治问题,而也是一个经济问题,且并不仅仅是一个经济模式的问题,也是一个社会所拥有的支撑经济发展的自然资源的问题。如果一个社会拥有巨量的自然资源,另一个社会则几乎不拥有任何自然资源,那对这两个社会中的人们来说,他们各自的福祉能在多大程度上得到促进,可能并不取决于——虽然无疑有赖于——这两个社会推行何种政治模式。另一方面,一个社会中社会成员之间存在什么样的冲突、这些冲突能否得到公平地解决,则直接取决于这个社会所推行的政治模式,因为在必须有人受损的前提下决定由谁受损,正是政治活动的基本内容。所以,在关于一种政治模式是否具有合法性的实践争论中,对共同福祉的促进并不是一个决定性的评价标准,我们不会仅仅因为一个社会的收入水平达到了某个程度就认为这个社会的政治模式具有合法性。相反,决定一种政治模式是否合法的主要因素是其公平地解决社会成员之间各种冲突的能力与表现。在现代社会,民主就是因其能够公平地解决社会成员间的冲突而被视为一种合法的政治模式。也正是出于这一原因,一些当代西方马克思主义者在社会的政治模式选择上也逐渐转向了民主。那么,民主到底能够解决哪些冲突?它又是如何解决这些冲突的?

可以认为,在所有社会中,人们之间都可能存在三种类型的冲突,即利益冲突、认识冲突与价值冲突。其中,利益冲突是人们之间最常见和最直接的冲突,它通常表现为两种不同的形式,即人们对同一种利益有着冲突性的诉求,或人们在同一项行动与政策中有着冲突性的利益。前者的典型表现如职位竞争,在我和你都满足某一职位的任职要求且我们都想获得这一职位的情况下,对于该职位,我们之间就产生了冲突性的诉求。对于这种形式的利益冲突,一种公平的解决方式是竞争,即让我和你在同等条件下通过完成某些任务来展示胜任能力,最后谁展示出了更强的能力、赢得了更高的分数,谁就取得了竞争的胜利。在这里,竞争的结果是让我和你对其有着冲突性诉求的职位成了胜出者的应得,从而取消了失利者继续对其主张利益的合法性,而当该职位已经不再成为失利者的合法利益时,我和你在这一职位上的利益冲突就不复存在了。当然,我们的竞争也需要裁判,但裁判的职能并不是裁定结果,而是保障程序的公平性,如果裁判在事实上决定了结果,就把竞争变成了分配,结果必将导致新的利益冲突。而如果裁判并没有决定竞争的结果,那么我们通过竞争来解决利益冲突的方式就不是政治性的,就没有产生必须通过政治来予以解决的问题。后一种利益冲突典型表现在各种产生了外部性的情形之中。比如,我和你分别居住在同一条河的上下游,我的工作是清洗重污染防护服,你的工作是养鱼,那么显然,对于我清洗重污染防护服的行动,我和你就存在冲突性的利益,因为如果不让我清洗,意味着我将失去收入,而如果让我清洗,意味着你将失去收入。当然,如果我同意对你进行某种赔偿,你也同意接受我的赔偿,那我们之间的利益冲突就也可以在外部权威缺席的条件下得到解决。但这种情况只能发生在冲突着的利益对我们都不具有根本性的前提下。如果这种利益对于你我都是根本性的,比如清洗重污染防护服和养鱼分别是我和你在就业市场上唯一能找到的工作,而且从事这种工作都只能满足我们最基本的生活需求,因而我根本就没有能力对你做出任何赔偿,在这种情况下,我们之间所存在的就是一种根本性的利益冲突,而这种冲突要得到公平地解决只能诉诸外部的裁判,让他来决定我们之间冲突着的利益究竟如何分配,也就是以政治的方式来解决我们之间的利益冲突。

然而,在我们所涉及的利益都具有根本性的条件下,裁判无法仅仅根据我和你在我的行动中受益或受损的情况来做出裁决,因为他无论做出有利于哪一方的裁决,另一方都将遭受根本性的损失,也就是成为牺牲者,而决定牺牲者是超出裁判权威的,在这个问题上,裁判的任何裁决都不可能是公正的。要做出公正的裁决,他必须诉诸超出我和你的利益状况的其他原则,在效用主义者看来,这一原则就是"最大多数人的最大利益"。也就是说,他必须分析我的行动是否对除了你之外的其他人的利益造成了影响,如果有,而且他们所受影响的也是根本性的利益的话,那么,他的裁决就应当以"最大多数人的最大利益"为原则。因为,在边沁所说"每个人都算作一,且没有人大于一"的前提下,如果人们之间存在根本性的利益冲突,而且只能通过牺牲某些人的利益来解决这种冲突,那么,让少数人为了最大多数人的最大利益而牺牲他们自己的利益就是一种最公平的解决冲突的方式。①

需要指出的是,在现实政治中,卷入冲突的通常不会只是我和你两个人,而是许许多多不同的人,因此,如果我们能为每个人的利益确立一种衡量的标准——如一人一票,那么客观上我们是可以确定什么是最大多数人的最大利益的。另一方面,在现实政治中,裁判并不必然是法官,如果冲突发生在有限的个体之间,那么,让一个中立的法官来判定究竟哪一种利益更符合最大多数人的最大利益在技术上是有效的,在政治上也最有利于使冲突影响最小化。反之,如果所有冲突都诉诸政治表决,不仅会给社会增加极大的成本,而且是将所有冲突都无限扩大了。但当卷入冲突的是许多甚至全体社会成员时,首先,中立的法官在事实上可能并不存在,即我们可能无法找出完全利益无涉的法官来做出公正的裁决;其次,即使他存在,并且致力于做出公正的裁决,但让一个或几个法官在无数彼此冲突的利益中找出符合最大多数人的最大利益的那一种利益,这本身在技术上就是不可行的。因此,当涉及大规模的利益冲突

---

① [英]穆勒:《功利主义》,徐大建译,上海:上海人民出版社 2007 年版,第 17 页。

时,可行的公平裁决方式就是投票,或者说,投票机制本身成为裁判,当存在根本性利益冲突的每一个人都投出他仅有的而且与其他任何一个人完全相等的一票时,所有票数累加的结果就是以一种公平的方式计算出了最大多数人的最大利益。这一累加的过程就是民主的过程。由于它建立在对相同利益的聚合之上,所以被称为"聚合型民主"(aggregative democracy)。[1] 由于它承担着裁决利益冲突的功能,所以又被称为"裁决式民主"(adjudicative democracy)。[2]

　　古丁认为,"效用主义作为一种公共行为指导的最大优点在于,它避免了无谓的牺牲,它在我们能力范围内最大限度地保证了,在公共政策制定的不确定世界中,政策敏感于人们的利益、欲望或偏好"。[3] 也就是说,公共决策是关于如何解决人们之间利益冲突的决策,而在彼此冲突的利益对它们的追求者具有根本价值的条件下,这种冲突的解决无法诉诸妥协,而只能通过牺牲某些人的利益得以完成。在这一前提下,效用主义认为,如果我们能够确定一种最大多数人的最大利益,那么,让少数为了最大多数人的最大利益而牺牲对他们来说具有根本价值但对社会来说则相对没有那么重要的利益就是一种公平的解决冲突的方式。显然,以一人一票和多数统治为内容的民主机制就是效用主义哲学的实践表现,是根据效用主义逻辑来公平地解决社会成员之间根本利益冲突的实践方案。这一方案要具有公平性,需要满足三个条件:第一,每个人的利益都具有完全相同的价值,[4]所以,数量上的少数才不会成为价值上的多数,进而,多数人的受益才能为社会带来净收益;第二,整个社会的利益结构必须具有多元性,所以不会导致永久少数的产生,不会让我在每

---

[1] [美]杨:《包容与民主》,彭斌、刘明译,南京:江苏人民出版社 2013 年版,第 24 页。
[2] Gerald F. Gaus, *Justificatory Liberalism: An Essay on Epistemology and Political Theory*, New York: Oxford University Press, 1996, p.258.
[3] Robert E. Goodin, *Utilitarianism As a Public Philosophy*, New York: Cambridge University Press, 1995, p.26.
[4] [英]穆勒:《功利主义》,徐大建译,上海:上海人民出版社 2007 年版,第 63 页。

一次公共决策中都为了一个固定的多数群体而牺牲自己的利益;①第三,所有社会成员都认可效用主义原则,都认为这样一种牺牲方式是公平的,所以,当我不幸成为少数时,才不会对我的牺牲提出异议,不会由此造成新的冲突。可见,民主作为一种合法的政治模式要得以成立,实际上预设了社会成员之间不存在根本性的价值冲突与认识冲突,否则,如果有人在根本上不承认民主背后所蕴含的效用主义原则,那无论每个人之间的利益如何相等,无论社会的利益结构如何多元,这些人都可以拒绝民主决策,都可以宣称民主对他们来说是一种非法的强制。这正是民主实践走到今天所面临的严峻挑战。

二、深根政治与同质社会

塔利斯(Robert B. Talisse)认为:"当代民主面临一个悖论,由民主政治所确保的那些自由正在摧毁使民主能够满足其自身的合法性观念的那些条件。具体来说,由民主宪制所保障的良心自由造成了民主公民集体内部多元主义的道德承诺。进而,在存在多元主义的道德承诺的地方,就会产生各种各样的道德冲突,而且某些这样的冲突将涉及被公民们视为根本性的因而不可商量的价值与承诺。"②与效用主义假设每个人都认可为了最大多数人的最大利益而自我牺牲是一种比坚持自己的利益更高的善不同,在今天,"公民们质疑他们为什么应当以自己的根本性价值为代价来接受民主现状。因此,民主正在失去对那些日益感受到政治现状是道德上无法宽容的公民们的吸引力。我们面对着一个不接受道德上薄的市场假设的民主公民集体,我们面对着一个越来越相信民主政治必须符合他们最深的价值承诺否则就无法主张其

---

① Thomas Christiano, "Democratic Equality and the Problem of Persistent Minorities," *Philosophical Papers*, Vol. 23, No. 3 (1994), pp. 169–190.
② Robert B. Talisse, *Democracy and Moral Conflict*, New York: Cambridge University Press, 2009, p. 35.

合法性的公民集体。我们面对着一种深根政治(deep politics)"。①

如前所述,民主之所以可以被视为一种公平的解决利益冲突的方式,进而被视为一种合法的政治模式,实际上取决于全体社会成员对于效用主义原则的道德承诺,这种承诺在文化上就表现为一种民主公民角色(democratic citizenship)。如果一个社会能够形成这样一种政治文化,使所有社会成员都认同于民主公民角色,那么,当被民主决策确定为牺牲者时,民主公民们就会同意做出这种牺牲,从而使民主能够正常发挥功能。可以认为,20世纪中期以前,西方社会基本上还属于同质社会,其表现就是这些社会中的成员大体上确实认同于民主公民的角色,至少没有多少人明确地拒绝这种角色。在这个意义上,民主公民角色是符合社会成员信念的,即他们确实相信他们在社会中扮演着民主公民的角色。而这就意味着,在认识论的层面,效用主义原则对他们是具有真理性的,因而,当一项决策以符合效用主义原则的方式而被制定出来时,无论这一决策是否符合他们的利益,只要拥有基本的理性能力,他们就有充足的理由支持这一政策,因为"没人能故意地非理性"。② 到了20世纪后期,西方社会从同质社会迅速地转变为了多元社会,越来越多的社会成员开始认识到,效用主义原则是与他们的信念不符的,因而,如果他们坚持理性的标准——在这里表现为坚持对自己具有真理性的关于政治的认识,那他们就不可能认同民主公民角色。由此,民主所依赖的政治文化土崩瓦解,民主本身也就陷入了合法性的危机。

在某种意义上,同质社会不是所有社会成员有着相同利益的社会——这样的社会是不可能存在的,而是所有社会成员有着相同信念的社会。在这种社会中,在所有根本性的问题上,每一个社会成员都

---

① Robert B. Talisse, *Democracy and Moral Conflict*, New York: Cambridge University Press, 2009, pp. 36-37.
② Robert B. Talisse, "An Epistemological Defense of Democracy," *Critical Review: A Journal of Politics and Society*, Vol. 22, Nos. 2-3 (2010), p. 289.

相信其他每一个社会成员所相信之事。当然,并没有哪一个社会真的满足了这一条件,但我们可以先假定20世纪中期以前的西方社会近似地满足了这一条件,所以,在这些社会中,民主才能发挥使其具有合法性的功能,才能证明自己是一种合法的政治模式。相比之下,多元社会则是有着多元信念的社会,在这种社会中,在许多根本性的问题上,不同群体的社会成员都不相信其他群体的社会成员所相信之事。就今天的西方社会而言,其所面对的最严峻挑战就在于越来越多社会群体不再相信他们原来视为信念的东西,不相信效用主义原则,也不相信民主是一种解决根本性利益冲突的公平方式。事实上,在他们看来,他们与其他群体间的根本性冲突并不是利益冲突,而是信念冲突,进而在他们根本就不认可效用主义原则的真理性的前提下,他们自然也就不可能承认民主决策乃至民主模式的合法性。如果是这样,如果多元社会意味着对民主的信念受到了挑战,那这是否意味着民主已经不再可能?要回答这一问题,我们首先得对信念的结构做出进一步的分析。

塔利斯认为,"信念(belief)是有内容的。这即是说,当你相信(believe)时,你相信某件事,你相信某种内容。第二,持有一种信念就是把这一信念的内容当作真的。第三,当我们相信时,我们认为我们自己对得出我们信念的内容为真这一结论的证据与理由的反应是恰当的"。① 换句话说,信念是认识过程的结果,它受到事实与价值两方面因素的共同作用,仅仅根据一些经验证据做出某种事实判断,这并不构成我的信念,只有当我同时做出这一判断为真的价值判断时,它才成为我的信念。在这一点上,科学信念与社会信念具有相同的结构,它们都是由事实判断与价值判断共同构成的。不同的是,在科学信念

---

① Robert B. Talisse, "An Epistemological Defense of Democracy," *Critical Review: A Journal of Politics and Society*, Vol. 22, Nos. 2-3 (2010), p. 283.

中,事实判断本身构成了价值判断的逻辑前提,而在社会信念中,事实判断则不必然是价值判断的逻辑前提。所以,随着更多证据的发现,科学争论很快就告终止,错误的科学信念——如地心说——也将顺利地让位给新的被认为正确的科学信念——如日心说。但社会争论绝不会如此。对许多人来说,他们不可能仅仅因为越来越多证据表明吸烟有害健康就改变对吸烟代表着一种自由的生活方式的信念,因为在这里,事实判断与价值判断并不存在逻辑上的因果关系。可见,如果我们把信念当作一种认识,那么这种认识要为真,则认识过程中的事实判断与价值判断都必须具有真理性。在科学信念中,由于事实判断构成了价值判断的逻辑前提,科学家们的信念冲突主要源于事实判断上的冲突,如果有人对明显为伪的事实结论做出了为真的价值判断,只能说明他不能胜任科学家的角色。而在社会信念中,由于事实判断与价值判断具有相互独立性,社会成员间的信念冲突既可能源于事实判断上的冲突,也可能源于价值判断上的冲突。多元社会中的信念冲突主要就是不同群体的社会成员因价值判断的不同所导致的认识冲突,在这种冲突中,我们不能仅仅因为某些社会群体不认同主流价值观念而认为他们不是合格的社会成员。

在对信念的结构做出进一步分析之后,我们发现,同质社会中其实也存在信念冲突,比如,在英美法系的司法实践中,作为中立者,陪审团的决策是利益无涉的,而且他们接触到的是完全相同的证据,但在大多数情况下,这种决策也只能采取少数服从多数的形式,而很少出现一致裁定。这表明,即使对于相同的证据,人们也会做出不同的事实判断,因而也会产生认识冲突。在实践中,与利益冲突一样,这种冲突也是以多数统治的方式得到解决的,但二者背后的逻辑完全不同。利益冲突的多数统治依据的是多数人的利益比少数人的利益有着更大社会重要性的效用主义原则,认识冲突的多数统治依据的则是多数人的意见比少数人的意见更可能接近于真理的"孔多塞定理"。在认识问题上,与卢梭试图通过假定"公意永远正确"来从根源上消除认识冲突不同,与卢梭同时代的孔多塞则提出,在每个人做出正确选择的概率都略大于0.5的前提下,陪审团人数越多,做出正确选择的可能性就越大,因此,只要我们能以数学的方式确定恰当的陪审团规模,那么这个陪审团在多数统治的原则下就总是倾向于做出正确的选择。事实上,今天的社会选择理论甚至认为,即使相对多数而不是绝对多数也总是倾向于得出正确的选择,因此,"在它的任何一种标准形式中,民主潜在地都是一个好的真理追踪者"。① 所以,同质社会中的确存在认识冲突,但这种冲突也可以通过民主而得到公平地解决。进而,在陪审团中,陪审员的职责就是做出自己的事实判断,而将对彼此的事实判断是否为真的价值判断交由投票机制进行裁决。另一方面,当人们真的通过民主来解决他们之间的认识冲突时,实际上预设了对民主本身的信念,即不仅承认民主倾向于得出正确答案这一事实结论,而且认可这一结论为真,因而认为通过民主手段来解决他们之间认识冲突的这种方式本身是恰当的。换句话说,在诉诸民主时,所有人都有着相同的价值前提,他们都是合格的民主公民,所以,虽然他们之间也存在认识冲突,但由他们构成的社会仍然是一个同质社会,在这种社会中,民主被认为能够公平地解决人们之间根本性的利益冲突与认识冲突,并因而获得了合法性。那么,深根政治到底是一种什么样的政治?如果它造成了民主的合法性危机,这到底是一种什么性质的危机?

三、多元社会中的民主危机

在谈及类似深根政治、身份政治等概念时,一种常见的倾向是把这

---

① Robert E. Goodin, *Reflective Democracy*, New York: Oxford University Press, 2003, p. 108.

些现象的出现归因于移民,即社会人口结构的变化破坏了民主的价值前提,当一些本来就不持有民主价值的群体基于对他们自己根深蒂固的价值的信念而拒绝民主决策时,就使民主陷入了合法性危机。在多元社会主要表现为移民社会的现实下,这一解释是诱人的,但也是过于简单化的,它并没有给出导致深根政治的全部原因。如前所述,民主要成为一种解决根本性利益冲突的公平方式,需要满足三个条件。其中,第三个条件是一种价值预设,事实上并没有证据表明民主社会中的人们都认可效用主义原则。但如果前两个条件都能得到满足,那第三个条件就是可期望的,即如果每个人的利益真的都具有完全相同的价值,而且没有人总是倾向于成为牺牲者,那么我们也可以合理地期望每个人迟早都会认同民主的价值。但在西方社会的政治实践中,前两个条件从来没有得到过满足。首先,在任何社会中,任何人都不是作为抽象的个人,而总是作为某个或某些群体的成员而存在的,这些群体不仅在成员数量上不同,而且在更广泛的政治影响力上也有着实质性的差异,因此,在民主决策中,不同群体成员的利益并不具有相同的价值。其次,虽然西方社会中是否存在永久少数还需要更多经验证据才能得出结论,但利益结构的日益固化已是一项不争的事实,结果,当民主要求必须有人做出牺牲时,有的人就比别的人更经常地成为牺牲者。在这样的现实下,即使我们假定每个人在"原初状态"中都认同民主的价值,但当有的人意识到他们的利益在民主决策中不如别人重要、因而不得不更经常地做出牺牲时,他们就将倾向于抛弃民主的价值。可见,民主自身的功能失效也会破坏它得以合法存在的价值前提。

民主的功能失效不仅反映为不能公平地解决利益冲突,也反映为不能公平地解决认识冲突。也许,根据孔多塞定理,如果我们假设每个人做出正确选择的概率都略大于 0.5,那么多数统治的确总是倾向于得出正确的选择。但在许多高度专业的政治问题上,我们可以合理地假定普通社会成员做出正确选择的概率略小于 0.5,那么根据与孔多塞定理相同的逻辑,多数统治将总是倾向于得出错误的选择。① 如果是这样,在政治问题越来越多地表现为专业问题的背景下,民主怎么可能是一种解决认识冲突的公平方式?进而,当民主无法得出具有真理性的认识时,人们怎么能够坚持民主是有价值的这一信念,怎么能够认同民主的价值?可见,民主在解决认识冲突上的失败也促成了民主社会的多元化,让越来越多的民主公民开始质疑甚至抛弃这样一种政治角色。

针对民主在解决利益冲突上的失效,罗尔斯提出了"差别原则"的补救方案,即由于社会合作的"最小受惠者"为社会合作做出牺牲,且正是由于他们的牺牲才使社会合作成为可能,因而社会就应当对他们的牺牲做出补偿,且这种补偿在合理的范围内应当最大化。在某种意义上,这种补偿方案的提出表明民主社会中事实上出现了永久少数,所以,他们的牺牲才失去了公平性,才需要用补偿的方式来恢复公平。而通过这种补偿,在短期内无法找到比民主更公平的解决利益冲突的方式的前提下,至少在逻辑上,民主在解决利益冲突上的缺陷就大体得到了弥补。于是,在解决认识冲突上的失效就成了当前民主合法性危机的主要表现,而在回应这一失效的过程中,当代民主理论偷偷地修改了民主的含义。

有鉴于民主决策并不能确保得出正确决策的事实,伊斯特朗(David Estlund)提出,民主理论家应当抛弃以卢梭和孔多塞为代表的证成民主的"正确理论"的思路,而把对民主合法性的关注转移到民主程序本身的认知价值上来。也就是说,"民主地制定出来的法律之所以具有合法性与权威,是因为它们是通过一种倾向于做出正确决定的程序而制定出来的。它不是一种不会犯错的程序,而且甚至还可能存在更准确的程序。但民主显然好于扔色子,而且是在满足政治合法性要求的所有程序中在

---

① Eric MacGilvray, "Democratic Doubts: Pragmatism and the Epistemic Defense of Democracy," *The Journal of Political Philosophy*, Vol. 22, No. 1 (2014), p. 109.

认知的意义上最好的那个。"①伊斯特朗把他的证成方案称作"认知程序主义"(epistemic proceduralism),"这种理论不会期望少数投票者以任何方式将她的判断屈从于程序,因为她可以同时主张程序得到了恰当地执行,而产出——虽然出于程序性的理由而对公民们具有道德约束力——在道德上是错的。"②也就是说,民主不自称可以解决认识冲突,当存在认识冲突的人们关于某个问题做出了一项民主决策,少数不必认可这一决策的真理性,但出于程序性的理由——即民主比其他已知的集体决策方式都更有可能得出正确的决策,少数仍然需要承认这一决策以及民主本身的合法性。由此,民主作为一种解决认识冲突的公平方式的合法性基础就从结果转移到了程序上。这一思路是与塔利斯所说的常人认识论(folk epistemology)一致的,塔利斯甚至认为,从常人认识论出发,"即使是民主的公开敌人,只要她持有任何信念,就会忠实于她所相信之事的真理性,因此也忠实于这一理念,即她的信念是与最佳的理由与证据相一致的。而这又赋予了她这样一种观点,即她的信念应当能够经得起批评和反对。这一点只有通过参与批判性讨论和协商的过程才能得到证明,而这些过程只有在民主语境中才是可能的。"③也就是说,只有民主才

---

① David Estlund, *Democratic Authority: A Philosophical Framework*, Princeton: Princeton University Press, 2008, p. 8. 关于民主为什么好于扔色子的问题,伊斯特朗借用"一日女王"的思想实验进行了证明。从公平地分配统治权力的角度来看,以扔色子的方式在全体社会成员中选择每一天的统治者是一种非常公平的方式,因为它把统治权的分配以及对在统治权分配上的利益冲突的解决完全交给了运气。由此带来的问题时,如果每一天选出的都是不同的"女王",而且这些"女王"有着相互冲突的利益偏好与价值观念,那较后选出的"女王"就会推翻较先选出的"女王"的决策,而如果所有"女王"都在自己当权时推翻前任的决策,那么,在不可能被推翻的决策与替代决策都正确的条件下,"一日女王"就是一种不断在犯错的统治方式。反之,如果人们以民主的方式制定出了一项决策,那在短期内,这项决策基本上是不可能被推翻的,这虽然不足以表明民主决策的正确性,但至少与扔色子相比,它也没有那么容易犯错。

② David Estlund, "Beyond Fairness and Deliberation: The Epistemic Dimension of Democratic Authority," in James Bohman and William Rehg, eds., *Deliberative Democracy: Essays on Reason and Politics*, Cambridge, Massachusetts: The MIT Press, 1997, p. 185.

③ Robert B. Talisse, *Democracy and Moral Conflict*, New York: Cambrige University Press, 2009, p. 126.

提供了让常人也能证明其信念之真理性的程序性条件,因而,由于每个人都在民主过程中获得了证明其信念之真理性的机会,那么,无论最终的决策是否符合其信念,他都有理由坚持其民主承诺,认可这一决策的合法性。

伊斯特朗与塔利斯出于证成民主的需要而放弃了对做出正确决策的追求,在布坎南(Allen Buchanan)看来,这一做法是不可取的,因为在事实上存在着专家且在认识上服从专家可以帮助我们做出正确决策的条件下,"过低的认识服从是低效的,因为它意味着个人和群体不得不承担重新发现已经被专家掌握的真理的成本,与承受如果他们服从专家就不会承受的拥有错误信念的代价。"[①]但过高的认识服从同样是低效的,而且必然会威胁到民主的存在。要解决这种矛盾,布坎南同意克里斯蒂亚诺关于实行认识分工的主张,即让普通公民决定社会所要追求的目标,让专家决定实现这些目标的手段。如果这种分工是可能的,那么,通过引入专家权威与认识服从,民主协商就可以解决手段层面上的认识冲突,因为在这个问题上,公民们只需服从专家们通过协商所达成的一致意见就好了,而后者属于科学信念的范畴,只要事实证据足够充分,专家们是能够达成一致的。那么,接下来的问题是,在目的层面,当持有不同信念的公民们必须自行解决他们之间的认识冲突时,民主能够帮助他们实现这一目的吗?

前文已经表明,多元社会的产生可以被看作民主功能失效的一个结果,即由于民主不能公平地解决社会成员之间根本性的利益冲突与认识冲突,导致在民主决策中认为自己受到了剥削的那些社会成员逐渐抛弃了对民主价值的信念。移民的涌入则加剧了民主社会的多元化,因为民主的失效只是让从前的民主公民抛弃了民主价值,移民的涌入则向民主

[①] Allen Buchanan, "Political Liberalism and Social Epistemology," *Philosophy & Public Affairs*, Vol. 32, No. 2 (April, 2004), p. 104.

社会注入了许多可能与民主不相容的价值。所以,随着移民问题的普遍化,西方社会就变成了其社会成员对各种相互冲突的价值有着根深蒂固的信念的社会,即有着普遍价值冲突的社会。而在存在价值冲突的前提下,人们之间的信念与认识必然也是相互冲突的。在这一背景下,如何重新证成民主?

罗尔斯认为,在多元社会中,我们每一个人都持有多种整全性学说——即信念,且把我们最根深蒂固的那些整全性学说视为一种完整真理——即我们最内在的不可让步的价值。问题在于,如果的确存在完整真理,那不可能所有被不同的人视为完整真理的整全性学说真的都是完整真理,而如果我们拒绝对它们的真理性做出任何让步,结果就只能是认识冲突。不过,在非政治领域,这样的冲突不是根本性的,它的后果是多元社会可以承受的。而在政治领域,当涉及宪法根本与基本正义的问题时,如果每一个人都坚持其完整真理,结果将是多元社会的瓦解。为了避免这一结局,罗尔斯规定,我们有一种谦恭的义务(duty of civility),"不从完整真理出发来做出尊重一种权利或义务、或促进一种理想的善、或旨在同时实现以上两者的决定。"[①]当我们履行了这一义务时,我们就接受了公共理性的理念,其内容则是一种正义的政治观念。这种观念也是一种整全性学说,但它不属于任何完整真理,而是一种讲理的(reasonable)整全性学说,且其作为讲理的整全性学说的基本标志就在于它可以在民主协商的过程中和其他讲理的整全性学说形成一种重叠共识。而当我们形成了这种重叠共识时,我们之间就获得了一致的信念。在逻辑上,如果每个人真的都只从一种特定的关于正义的政治观念出发讨论政治问题,那他们一定能够形成重叠共识,而民主也就重新得到了证成。问题在于,当罗尔斯把民主的合法性系于其形成重叠共识的能力时,就使民主陷入了更严重的合法性危机,因为重叠共识的所有逻辑前提都得

[①] John Rawls, *Political Liberalism*, New York: Columbia University Press, 1996, p. 219.

不到现实的支持。

有鉴于此,高斯提出,协商民主应当抛弃共识的目标,"因为即使最粗浅的共识也不是一个可能的政治理想"。① 当每个人都提出在他自己看来为真而且认为其他人都有理由认可其为真的信念,但事实上所有人都不认为彼此的信念为真时,投票就构成了一种裁决认识冲突的公平方式。就如在体育比赛中运动员不需要认可裁判的决定为真一样,民主参与者也不需要认可投票的结果为真,但只要他们希望继续比赛和开展政治行动,他们就必须把自己并不认可其为真的裁决作为行动的依据。换句话说,民主并不是解决认识冲突的方式,而是解决实践冲突的方式,并且,正是因其解决了实践冲突,让存在认识冲突的人们能够共同行动,民主才证明了其合法性。

总结以上分析,可以看到,随着合法性危机成为困扰民主的一个问题,当代西方学界集中关注了民主在解决价值冲突与认识冲突上的功能,这种关注让他们将民主的重心从多数统治转向了民主协商,甚至掀起了民主理论的某种认识论转向。在前一节中,我们指出,启蒙思想家预设了每个人理性能力的平等,而把现实中人们的认识差距看作他们实践其理性能力的不同程度的一种反映,进而,当所有人都在同等程度上实践了他们的理性能力,就能够得出具有同等认知合理性的见解。在某种意义上,当代民主理论的认识论转向否定了这一点。多数统治是一种实践平等的方式,其途径是让每一个人在投票时都坚持自己的见解,只有这样,每一个人的见解及其所蕴含的利益诉求才能得到平等的政治对待。相反,民主协商则是一种让某些人被另一些人说服、让某些见解可以以合理的理由附和于——如果不是屈从于的话——另一些见解的机制。如果我们把民主协商视为让每个人实践其理性能力的方式,那么,

---

① Gerald F. Gaus, "Reason, Justification, and Consensus: Why Democracy Can't Have It All," in James Bohman and William Rehg, eds., *Deliberative Democracy: Essays on Reason and Politics*, Cambridge, Massachusetts: The MIT Press, 1997, p. 234.

对许多人来说,实践其理性能力的应有结果就是做出认识服从——无论是服从其他人还是作为裁判的既有民主设置,因为他们没有理由更没有能力不服从。而当多元社会中那些被视为异质因素的个人和群体真的做出了认识服从时,民主的合法性危机就得到了解决。在这个意义上,民主似乎变成了一种寻找服从理由的方式,尤其是寻找让异质因素服从既有制度设置之理由的一种方式。而当学者们在这个方向上施展其学术努力时,是不可能解决民主的合法性危机的,因为作为理性的政治行动者,我们不仅寻求更接近真理的政治见解,而且希望在实践中检验我们这种努力本身的真理敏感性,而不接受在认识过程中就服从于某一类特定的观念,进而只能被允许去过某一种类型的政治生活。如果民主政治不能满足人们的这一理性诉求,而试图通过认识层面上的同化来屏蔽反对它的主张,就只能永远处于合法性危机之中。

第2节 证成转向与多元社会的隐忧

当前,民主陷入了合法性危机。反映到理论研究上,这场危机造成了合法性(legitimacy)概念在西方主流政治哲学中的日益式微,并逐渐被证成性(justification)的概念所取代。到20世纪90年代末时,高斯(Gerald F. Gaus)发现,"当代政治哲学的一个令人惊异的特点是它发生了一种'证成转向'(justificatory turn)"。[①] 政治哲学家们越来越少地谈论"如何合法化一个国家"的问题,而集体性地转向了对"如何证成一个国家"的思考。即使人们还在使用合法性的概念,其含义也早已面目全非,而受到了证成性的修正。在实践中,如果一个政府或国家陷入了合

---

① Gerald F. Gaus, *Justificatory Liberalism: An Essay on Epistemology and Political Theory*, New York: Oxford University Press, 1996, p. vii.

法性危机,那它的反应应当是通过动员政治参与、提高政治承诺等手段来使自己重新得到合法化。而现在,当西方国家在事实上陷入了这样的危机时,其主流学者群体却集体性地抛弃了合法性的概念,这说明了什么? 是资本主义已经堕入了无可救药的不合法境地,因而"资产阶级学者"也不屑于继续为其辩护? 还是合法性的标准本身已经不再适用于对我们时代的政治制度进行评价? 在全球化的时代,一切危机都是共同危机,西方国家所面临的合法性危机实际上是一场全球性的治理危机,是所有国家都正在经历或即将经历的普遍危机。作为这场危机的先历者,西方学者试图通过政治哲学中的证成转向来寻求解决危机的办法,且不论这种尝试是否成功以及能否成功,对于正在步入危机的我们来说,充分发掘这场理论转向的本质,无疑将有助于我们更准确地把握这场危机的实质与寻求更积极的应对方案。

一、从合法性到证成性

在近代启蒙运动中,以霍布斯、洛克与卢梭为代表的启蒙思想家们借助社会契约论的形式构造出了一种"同意理论"(consent theory),也将以所有公民的同意为内容的合法性确立为了评价现代国家及其政府的基本政治标准。不过,需要指出的是,就概念而言,霍布斯与洛克几乎没有使用过 legitimate 或 legitimacy,相反,他们使用的是 lawful 与 lawfulness,真正让 legitimate 与 legitimacy 成为一对重要政治哲学范畴的是卢梭,[1]而让它们成为一对基本社会科学范畴的则是韦伯。但由于洛克在

---

[1] 在《政府论》中,洛克一次都没有使用过 legitimate 或 legitimacy,在《利维坦》中,霍布斯只在全书快结束时用过一次 legitimate,在语义上也看不出与 lawful 有什么明显的区别。事实上,英语学者中与卢梭同时代的休谟以及稍晚的边沁似乎都更倾向于使用 lawful 与 lawfulness,而不是 legitimate 与 legitimacy。而在密尔的著作中,用后一对概念来表示合法与合法性的含义则比较常见了。对这个问题,当代英语学界的基本看法是,洛克是用同意来定义 lawful(ness)的,而这是今天主流政治哲学关于 legitimate 与 legitimacy 的标准理解,所以,他虽然没有用这一对概念,却奠定了主流政治哲学的合法性研究传统。霍布斯的情况有所不同,但也可以大致这么认为。

自由主义政治哲学中的奠基者地位,今天,主流政治哲学对合法性问题的探讨大都是从洛克入手的。洛克认为:"凡是脱离自然状态而联合成为一个共同体的人们,必须被认为他们把联合成共同体这一目的所必需的一切权力都交给这个共同体的大多数,除非他们明白地议定交给大于大多数的任何人数。只要一致同意联合成为一个政治社会,这一点就能办到,而这种同意,是完全可以作为加入或建立一个国家的个人之间现存的或应该存在的合约的。因此,开始组织并实际组成任何政治社会的,不过是一些能够服从大多数而进行结合并组成这种社会的自由人的同意。这样,而且只有这样,才曾或才能创立世界上任何合法的政府。"①在这段描述中,洛克解决了近代政治理论的两大基本问题:一是国家的建构方式问题,洛克给出的答案是同意,即只有在一致同意的基础上,自然状态中的人们才能共同建立起一个国家;二是国家及其政府的评价标准问题,洛克给出的答案是合法性,即只有合法的国家及其政府才是好的国家及其政府,而判定一个国家及其政府是否合法的依据则是其是否得到了从属者们的同意。两个问题合到一起,当人们在彼此同意的基础上建立起一个国家时,这个国家就是一个合法的国家,并且,无论人们同意赋予这个国家的政府以何种形式,它都是一个合法的政府。在理论上,国家建构的问题在启蒙时代之后就失去意义了,因而,洛克留给后世的遗产主要是合法性这一政治评价标准的确立,今天,无论一个国家宣称自己的性质为何,它的政府都需要接受合法性标准的检验。

如果说合法性意味着同意,那同意意味着什么?在理想状态下,同意意味着所有人在每一件事上都达成一致的意见,在现代大规模社会中,这是不可能的,如果这就是同意的现实含义,那么,人们通过同意走出自然状态的前景将变得极其暗淡。所以,洛克并没有诉诸这样一种同意观念,而是把同意理解为对多数统治这一原则的同意,即只要自然状

---

① [英]洛克:《政府论:下篇》,叶启芳、翟菊农译,北京:商务印书馆1996年版,第61—62页。

态中的每一个人都同意于多数统治的原则,那么,只要他们能就如何建立一个国家及如何确立政府的形式形成多数意见,这个国家及其政府就都具有了合法性。不过,即使这样一种同意,在经验上也缺乏充分的证据,因而,为了证明多数统治原则得到了所有人的同意,洛克提出了默示同意(tacit consent)的概念,认为只要一个人没有明确表示反对,那他就默示地作出了同意。显然,至少在理论上,我们是可以近似地认为没有人明确地对多数统治原则表示过反对的,即多数统治原则本身是得到了同意的,那么,以多数统治的方式建立起来的国家及其政府也就具有了合法性。

西蒙斯(A. John Simmons)认为,在洛克开创的传统中,"一个国家(或政府)的合法性是它所拥有的这样一种复杂的道德权利,让它可以排他性地对其从属者施加具有约束力的义务,让它的从属者服从这些义务,以及运用强制手段来实施这些义务。"[1]这种权利被称为统治的权利(right to rule),它意味着国家可以合法地要求它的所有从属者服从其统治,因为他们对它的存在本身作出了同意。进而,在实践中,这意味着多数可以合法地要求少数服从其统治,因为这是国家得以存在的基本前提。可以说,合法性的以上含义的确立是启蒙政治哲学最重要的历史贡献,因为它解决了在旧秩序崩解之后人们如何还能拥有一种共同的且相容于新社会的基础——即独立自主的个人——的秩序的根本性问题。但这并不意味着合法性解决了现代国家可能面对的所有问题,并不意味着一个国家只要具有了合法性就获得了可欲性,也不意味着合法性可以成为评价国家及其政府的唯一标准。那么,一个合法的国家及其政府有可能因为什么情况而失去其可欲性?当这样的情况发生了,这个国家及其政府又如何能够重新获得可欲性?

---

[1] A. John Simmons, *Justification and Legitimacy: Essays on Rights and Obligations*, New York: Cambridge University Press, 2001, p.130.

对合法性的首要挑战来自正义,即一个合法的政府可能施行明显不正义的统治。比如,在一个社会中存在着永久多数与永久少数的情况下,多数的任何决定都是合法的,而在其任何决定都具有合法性的前提下,多数几乎是自然地倾向于以牺牲少数的利益为代价来促进自身的利益,而这显然是不正义的。这一悖论的出现意味着什么? 在拉兹看来,它意味着"哲学家们经常将证成与政府权力的界限的问题等同于合法化与政府权威的界限的问题。"①具体来说,权威是政府的存在状态,这种状态受到合法性的约束,只有当一个政府的存在得到了其从属者的同意时,它才是一个合法的权威;权力则是政府的行动状态,这种状态不受合法性的约束,因为政府的存在本身已经得到了同意,因而有权开展一切必要的行动,但这并不意味着政府行动不受一切约束,相反,它要受到证成性的约束,即所有合法的政府都必须证成其行动,只有当这些行动能够得到证成——即它们的开展是基于充分的且得到其作用对象接受的理由——时,权力的行使才是正当的。所以,"同意理论不是也不能是对政府证成性的完整解释。它们回应的是权威的合法性问题,而不是统治权(dominion)的证成性问题。它们在关于政府证成性的著述中的支配地位表明了理论家如何经常从一种狭隘的眼界出发来看待政府问题。"②从这一标准来看,在一个经同意而建立起来的国家中,多数对少数施以不正义统治的行为虽然是合法的,却是无法得到证成的,而这就意味着他们不应当这么做,或他们这么做是错的。可见,证成性为政府的行为提供了一个新的评价标准,如果能确立起这一标准的规范性地位,那么我们就可以实现对那些合法性原则无法约束的不正义行为的道德规约。

---

① Joseph Raz, *Ethics in the Public Domain: Essays in the Morality of Law and Politics*, Revised Edition, Oxford: Clarendon Press, 1996, p. 355.
② Joseph Raz, *Ethics in the Public Domain: Essays in the Morality of Law and Politics*, Revised Edition, Oxford: Clarendon Press, 1996, p. 356.

合法性所受到的第二大挑战源于同意理论自身的缺陷,即事实上并不存在一种普遍的同意,所谓默示同意也只是一种理论虚构,因而,如果一个人意识到并明确表示出他从来没有同意过国家的事实,那么,国家对他所采取的任何统治措施都将变成不合法的。而由于事实上没有哪一个国家是因为它的从属者们的同意而得以建立的,如果严格依据同意理论的解释,那么,世界上就没有哪一个国家是合法的。[1] 这正是20世纪60年代以来西方国家所面临的困境,自那时起,由于西方社会内部的许多群体宣告他们从来没有同意过而且现在明确地拒绝国家的存在,西方国家陷入了严重的合法性危机,无法继续根据同意理论而使自己得到合法化。为了解决这一困境,有学者提出了"规范性同意"(normative consent)的理论,即"当被提供表示同意的机会时,如果你在道德上正确地行动,就一定会同意。"[2]根据这一理论,由于国家状态在道德上好于自然状态,那么,即使你以前没有过表示同意的机会,当你试图拒绝国家时,你就获得了对国家表示同意的机会,而在这种情况下,拒绝在道德上是错误的,因而,你如果要在道德上正确地行动,就只能同意。但在全球流动日益频繁的今天,这种解释是没有说服力的,因为拒绝者只是在拒绝特定的某个国家,而不是拒绝处于国家状态之下,并且,在拒绝某个国家的同时,他们完全可以加入或建立一个拥有更民主、更公正的制度安排的新国家,从而使他们的拒绝在道德上比同意更加正确。但这样一来,每个人就都可以自立为王了,结果是所有人又重新退回到了自然状态之中。

为了解决这一悖论,学者们再次诉诸证成性,在已经无法合法化国

---

[1] A. John Simmons, *Justification and Legitimacy: Essays on Rights and Obligations*, New York: Cambridge University Press, 2001, pp. 155 - 156.
[2] David M. Estlund, *Democratic Authority: A Philosophical Framework*, Princeton: Princeton University Press, 2008, p. 10.

家的情况下,试图通过证成国家来重新证明国家的可欲性。与合法性取决于从属者的同意不同,在西蒙斯看来,证成性则取决于一个国家所拥有的品质与品性。因而,只要一个国家拥有特定的品质或品性,它就拥有可证成性(justifiability),进而,虽然所有国家都是不合法的,但"某些不合法的国家可能通过它们的善行而得到证成,这意味着它们值得我们的支持,而我们也有道德上的理由提供这种支持。"①也就是说,只要一个国家拥有特定的品质与品性,它就是可证成的,而一个可证成的国家就仍是一个可欲的国家,进而,它虽然未经你的同意,但你也没有理由对它表示拒绝。如此一来,现代国家的合法性危机虽然没有得到根除,但多少得到了缓解。而在来自正义与同意的两大挑战的冲击下,合法性的概念也就不断地让位给了证成性的概念。

二、从证成到协商

主流政治哲学的证成转向包含两种不同的理论取向。一种是要把合法性与证成性截然分开,其代表人物如西蒙斯。作为当代最重要的洛克主义者,西蒙斯试图通过对洛克理论的再阐释来证明合法性与证成性作为两种不同政治评价标准的独立性——虽然他非常清楚洛克根本没有使用过这两个概念。从洛克传统出发,西蒙斯认为,一个国家的合法性源自其从属者们的同意,而这种同意则意味着国家与它的从属者们之间存在一种特殊的道德关系,在这种关系中,国家拥有统治的道德权利,从属者们则负有服从的道德义务。另一方面,具有证成性意味着一个国家在某些方面是好的,或至少是不坏的,但这并不意味着这个国家拥有统治的道德权利,当然,它也可以主张统治的证成权利,但这只是"一种

---

① A. John Simmons, *Justification and Legitimacy: Essays on Rights and Obligations*, New York: Cambridge University Press, 2001, p.156.

与其他人的义务无关的权利",①因而,其从属者们有理由——得到证成意味着国家让从属者们接受了它证成自己的那些理由——服从它,却并没有服从它的道德义务。可见,合法性与证成性是两个层次上的不同价值与评价标准,其中,合法性意味着一个国家拥有统治其从属者尤其是对他们采取强制性统治措施的道德权利,证成性则意味着一个国家做了某些道德上好的或者正确的事情,但仅仅做这些事并不能赋予它统治尤其以强制的方式施行统治的道德权利。就此而言,西蒙斯是承认证成性之价值的,但他并不认为证成性具有与合法性相同的道德重要性,因而不能用证成国家的问题替代合法化国家的问题,否则,只要做了一些具有可证成性的事,那任何国家就都可以无须其从属者同意地对他们施以强制,其结果一定是自由的普遍沦丧。所以,要保障自由,国家仍然需要首先接受合法性的检验。

另一种取向是用证成性替代或者说同化合法性,也就是要否定合法性作为首要政治评价标准的地位,这一取向是证成转向的主流,其代表人物是在当代政治哲学中占据着最重要地位的罗尔斯。在罗尔斯看来,合法性的概念蕴含了一种关于社会成员的同质性假定,因为只有同质的社会成员之间才可能达成同意,而当代西方社会的基本特征是存在着合理的多元性(reasonable pluralism)。这些社会是多元的,意味着社会成员之间无法达成同意——因为每个人以及每个群体都有着自己的且互相不可通约的整全性学说,但这种多元性又处在合理的范围之内——因为每个社会成员都是一个讲理的公民,所以社会成员之间又可以形成某种共识,而不至于分崩离析,重新退回自然状态。这一形成共识的过程就被称作公共证成(public justification)。罗尔斯认为,"一个良序社会的基本特征在于,它关于政治正义的公共观念为公民们向彼此证成他们

---

① A. John Simmons, *Justification and Legitimacy: Essays on Rights and Obligations*, New York: Cambridge University Press, 2001, p.131.

的政治判断确立了一种共有的基础：每个人都与其他人基于所有人都能认肯为正义的条件而在政治与社会层面上一同合作。这就是公共证成的含义。"①也就是说，所谓公共证成，是在承认社会的多元性即不同群体拥有无法通约的宗教的、形而上学的以及道德的整全性学说的前提下，在不要求任何一个群体舍弃其所珍视的整全性学说的基础上，通过诉诸每一个人的讲理性（reasonableness）以及所有讲理的与理性的公民对一种关于正义的公共观念——作为公平的正义——与作为公共证成基础的政治文化——政治自由主义——的认肯而让他们通过公共论理（public reasoning）来形成共识的过程。显然，由于这一共识是以所有人保留了各自的整全性学说为前提的，因而它必然是不充分的，对这种不充分的共识，罗尔斯名之为"重叠共识"。也就是说，公共证成实际上是一个寻求重叠共识的过程。

重叠共识不是同意，因而，如果说一个社会的成员们形成了重叠共识意味着这个社会的基本制度安排得到了公共证成的话，那么，基于对合法性的洛克式理解，具有证成性并不意味着这个社会的制度具有合法性。罗尔斯不这么认为。在罗尔斯看来，"基于相互性标准的政治合法性理念认为，只有当我们真诚地相信我们可能为我们的政治行动提供的理由——假定我们要作为政府官员来提出这些理由——足够充分，且我们合乎理性地认为其他公民可能也会合乎理性地接受这些理由时，我们对政治权力的行使才是恰当的。"②也就是说，合法化的问题实际上就是证成的问题，只要我们能够证成一种政治行动，这种政治行动就是一种合法的行动。在这里，罗尔斯虽然保留了合法性的概念，却已经将其含义置换为了证成性。这一取向在许多受罗尔斯影响的学者那里得到了

---

① John Rawls, *Justice as Fairness: A Restatement*, edited by Erin Kelly, Cambridge, Massachusetts: The Belknap Press, 2001, p. 27.
② John Rawls, "The Idea of Public Reason Revisited," *The University of Chicago Law Review*, Vol. 64, No. 3 (Summer, 1997), p. 771.

进一步的体现。比如,内格尔(Thomas Nagel)认为,政治合法性"是这样一些尝试,它旨在发现证成被强行赋予生活于其下的人们的政治和社会制度的方式,同时也去发现如果这种证成要成为可能,那么这些制度必须是什么样子。在这里,'证成'并不意味着'说服'。它是一个规范概念:证成的观点可能不具有说服力,如果它面对的是不讲理的听众;有说服力的观点也可能无法证成。无论如何,证成希望说服讲理的人"。① 正是由于这样一种理解的出现,"合法性现在不再基于那些人事实上接受或做了什么(如通过同意或享受好处),而是基于什么是他们被合理地期望去接受的,即他们的假设认肯。所以,'合法化'现在更像是'证成'了。"②

无论是将证成性与合法性视为两种不同的政治评价标准,还是试图用证成性取代合法性的传统地位,一个无可否认的事实是,近几十年来,政治哲学家们集体性地将目光转向了证成性这种独特的政治价值。之所以会出现这种情况,一是因为同意理论遭遇了现实社会运动的挑战,无法继续为国家及其政府提供合法性证明,二是因为多数统治在现实中经常性地造成了对少数——包括利益上的少数与文化上的少数——不公的结果。所以,学者们试图通过表明一个国家的制度与统治活动是可证成的——无论是因其具备某些道德品质与品性还是因为它们经受了公共证成的检验——来表明它具有政治上的可欲性。在这里,两种证成取向的区别是,对西蒙斯来说,由于一个国家的可欲性仍然首先取决于合法性——即公民们的同意,所以证成是一种单方面的行动,它表现为政府及其官员去做道德上值得肯定的事情的过程;对罗尔斯来说,由于他在根本上不承认传统合法性概念的价值,所以他的目的是用证成的过

---

① Thomas Nagel, "Moral Conflict and Political Legitimacy," *Philosophy & Public Affairs*, Vol. 16, No. 3 (Summer, 1987), p. 218.
② A. John Simmons, *Justification and Legitimacy: Essays on Rights and Obligations*, New York: Cambridge University Press, 2001, p. 144.

程去替代合法化的过程,而要做到这一点,证成就不能是一种单方面的行动,而必须是一种交互性的行动,必须是一种公共证成。在实践中,这种公共证成就表现为公共协商(public deliberation),对罗尔斯来说,则是一种讲理原则下的公共协商。① 讲理意味着"我们必须摒弃或放弃我们不能与讲理的同胞公民一同分享的立场。我们寻求可以达成具有公共性的合理共识的共同立场,我们不接受、权衡和就信念与观点上的持久的和不可消除的差异讨价还价。"②在这一前提下,公民们的协商将收获一种符合关于正义的政治观念的重叠共识,而一旦形成了重叠共识,公民们就将合法性原则下的代表型民主改造为了证成性原则下的协商民主。"协商民主的一个主要优点在于,它致力于使理性在政治中凌驾于权力之上。政策之所以应该被采纳,不是因为最有影响力的利益取得了胜利,而应该是因为公民或其代表在倾听和审视相关的理由之后,共同认可该政策的正当性。"③

如前所述,合法性在实践中表现为对多数统治原则的同意,而这也是代表性的实践定义,当我们说一项政策是否具有代表性时,指的就是它是否得到了足够多的人的同意。所以,启蒙政治哲学将合法性确立为

---

① 讲理性(reasonableness)是罗尔斯一派的协商民主理论的核心概念,它是有着不同整全性学说的人们能够形成重叠共识的关键。但由于要求所有人都讲理本身是一种过于强的或者说不讲理的道德主张,罗尔斯版本——尤其是由他的学生 Joshua Cohen 进一步发展的版本——的协商民主理论受到了许多的反对。克里斯蒂亚诺将这一版本称作协商民主的"窄的"观念,它要求公民们必须从共有的政治理念出发,而不能诉诸争议性的观点。另一种"宽的"观念则鼓励公民们讨论争议性的观点,他们在协商中证成彼此,但这种证成并不必然以共识为目的。见 Thomas Christiano, "Must Democracy be Reasonable?" *Canadian Journal of Philosophy*, Vol. 39, No. 1, (March, 2009), pp. 1-34 & Gerald F. Gaus, "Reason, Justification, and Consensus: Why Democracy Can't Have It All," in James Bohman and William Rehg, eds., *Deliberative Democracy: Essays on Reason and Politics*, Cambridge, Massachusetts: The MIT Press, 1997, p. 234.
② Stephen Macedo, "The Politics of Justification," *Political Theory*, Vol. 18, No. 2 (May, 1990), p. 295.
③ [美]扬:《交往与他者:超越协商民主》,载[美]本哈比主编:《民主与差异:挑战政治的边界》,黄相怀等译,北京:中央编译出版社2009年版,第119页。

首要政治评价标准的结果是在实践中确立了代表型民主的政治形态,而当政府将代表性作为证明自身合法性的依据时,就不可避免地对那些无法得到代表的个人与群体造成了损害,并以牺牲他们的利益为代价来促进那些有能力使自己得到代表的个人与群体的利益。这样的结果是有代表性的,但在那些没有得到代表的人看来,它却是不合法的,而当他们公开宣告它的不合法性并实际地采取了拒绝的行动时,就使现代国家陷入了合法性危机。有鉴于此,以罗尔斯为代表的当代学者们提出用证成性取代合法性,用公共协商取代利益代表,通过将所有讲理的人都纳入重叠共识之中来使他们得到改进后的民主制度的包容,也通过所有人都得到了民主制度的包容的事实来重新证明民主制度的可欲性。但是,这样一种努力真的能够取得成功吗?

三、多元社会的隐忧

证成转向是近几十年西方主流政治哲学中最重要的一个动向,而这一动向的发生则表明了人类社会正在进入多元社会的事实,以及学者们对人类是否做好了进入多元社会的准备进而能够在多元社会中拥有什么样的处境的隐忧。

在阅读罗尔斯时,我们不难发现,在《正义论》中,罗尔斯还是继承了早期契约论关于社会成员的同质性假定,或至少还没有把多元性视作对政治社会的实质性挑战,所以,他还是把原初状态中人们的同意作为政治制度安排的一个必要条件。而到 20 世纪 90 年代以后,在目睹了几十年来美国社会中不同群体之间因为宗教的、形而上学的以及道德的整全性学说的冲突而导致的严重对立之后,罗尔斯抛弃了契约论的同质性假定,也不再寄希望于通过同意来证明某种制度安排的合法性,[①]而转向

[①] 在《正义论》中,罗尔斯根据早期契约论的传统而在所有相应的语境中使用了 consent 的概念,而到 1993 年出版的《政治自由主义》,consent 一词只出现了两次,再到 2001 年出版的《作为公平的正义》,consent 一词则完全消失了。

了对在承认多元性的前提下如何维护一个政治社会的思考。

为什么承认多元社会就一定要求抛弃同意理论？最直接的原因在于一个经验性的事实，即有着彼此冲突的整全性学说的群体之间不会相互同意。因而，如果继续把所有社会成员的同意视作合法性的来源，那就不可能有合法的政府形式与制度安排。而这又意味着政治权威与政治义务的消解。根据同意理论，我对权威——国家——的同意让我对权威负有了义务，权威则有权强制我履行所有它加之于我的义务。而如果我拒绝承认我曾经作出过同意，那我就可以拒绝履行权威加之于我的一切义务。在实践中，这意味着如果一个群体拒绝参与形成多数意见——即投票——的过程，那他们就可以正当地拒绝多数加之于他们的任何义务。在某种意义上，义务是政治生活的成本，多数统治则是分配这种成本的一种方式，如果一个群体拒绝承担这一成本，那它必然就被转嫁到了其他群体身上，而这显然是不公平的。如果其他群体因为承担了不公平的份额而也拒绝继续承担任何成本，那最后，所有人都搭便车的结果就是所有人都不再有便车可搭，因为政治社会已经无以为继了。如果说在一个同质社会中我们可以假定每一个人都会同意通过多数统治来分配政治生活的成本的话，在一个不同群体之间彼此对立的多元社会中，经验告诉我们，每一个群体都不愿意承担因为其他群体的活动所造成的成本，每一个群体都不愿替其他群体的过错买单，换句话说，他们不可能相互同意。而在这样的情况下，我们就不能再把以同意为内容的合法性作为政治评价的标准，因为这样做必然得出所有国家及其政府都不合法的结论，进而，人类就将陷入重新退回自然状态的风险。

第二个原因在于多元社会中人口结构的变化，以及这种变化对当前该社会中仍然占有多数地位的主流群体统治地位的威胁。在一个同质社会中，多数统治并不是占人口多数的群体对其他边缘群体的统治，而是同一个人口群体内部的权力分配方式。我们之所以同意这种方式,是因为所有人都有着相同的政治信念与相似的利益诉求,因而,"将心比心",我可以合理地推断如果我不幸成为少数,多数可能做出的最不利于我的决定是什么,而作为与我具有同质性的人,多数做出的这种决定必然是我能够接受的,换句话说,少数对于不利后果的可接受性是多数追求利益最大化的限度,这是同质社会中人们之间应当有的一种默契。正是基于这一默契,虽然我可能成为少数,并因此被多数赋予我明显高于平均水平的成本,但我仍然相信,承担这样的成本在根本上是符合我的利益的,反之,如果我拒绝承担这一成本,则可能造成我的根本利益的更大损失。而在多元社会中,拥有彼此冲突的整全性学说的不同群体之间能够拥有这样的默契吗?退一步说,他们能够相信他们之间存在这样的默契吗?显然,证成转向的事实表明这样的信任是不存在的,也就是说,证成转向之所以会发生,就是因为曾经发明了合法性概念的主流群体开始意识到,在一个日益多元的社会中,他们已经无法相信与他们有着不同整全性学说的其他群体如果成为多数会继续将少数的可接受性作为施行统治的限度。更明确地说,这个群体已经意识到,如果他们哪一天成为人口结构中的少数,那么他们一定会被迫承担超出其可接受性的不利后果。因此,为了避免这一情况的发生,他们就必须抛弃他们自己发明的同意理论,并在尚且没有必要也没有办法完全舍弃多数统治的条件下通过证成转向来不断削弱多数统治的重要性,以免自己因为变成少数而失去对于多元社会的控制,同时不断提高公共协商的重要性,以确保自己在变成少数之后仍然能够控制多元社会。

曼斯布里奇(Jane Mansbridge)认为:"多数统治是实现一种相对公平的民主强制的一种标准机制。"[①]换句话说,多数统治是行使强制权的

[①] Jane Mansbridge, "Using Power/Fighting Power," *Constellations*, Vol. 1, No. 1 (1994), p. 56.

一种方式,通过多数统治,多数可以合法地对少数施以强制。这是民主政治的最后保障。如果说民主政治的任务是促进公共利益的话,当人们在投票和代表的过程中无法形成公共利益时,由多数通过强制少数来推行民主决策,这本身就是符合公共利益的事情。不过,这一论断要能成立,同样需要以同质社会为前提,因为只有在同质社会中,人们才能合理地相信他们之间存在公共利益,进而才会相信强制权的存在是符合公共利益,因此也符合少数利益的。而在多元社会中,这样的信任同样不复存在,在不同整全性学说无法彼此通约的条件下,一个群体一旦沦为少数,就必然陷入被多数施以不符合公共利益的强制的恐惧之中。这就是促使当代政治哲学家们掀起了证成转向的那种恐惧,就是曾经发明了合法性概念现在又拼命试图摆脱这一概念的那部分罗尔斯所说的讲理的公民对于可能沦为少数并因此屈从于不讲理的多数公民之不符合公共利益的强制性权力之下的那种恐惧。要克服这种恐惧,他们必须掌握足以抗衡多数的权力,而在多数已经掌握了强制权的条件下,他们只能寻求掌握话语权,而要能够掌握话语权,他们就必须削弱合法性在政治评价中的价值,以降低多数所掌握强制权对于政治社会的道德重要性,而增强证成性在政治评价中的价值,以提高自己的论理能力对于政治社会的道德重要性。也就是说,只要他们能证明证成、协商以及论理比多数统治更为重要,那么,擅长于这些活动的他们自然就能掌握社会的话语权,并树立起话语权之于强制权的优先性,进而,他们虽然失去了强制权,却仍然能够控制社会。正是由于看到了这一层含义,马塞多(Stephen Macedo)虽然坚称公共证成具有显著的自由性与民主性,却也不得不承认"从尊重讲理的人们的愿望出发,公共证成可能变成自由主义欺诈(liberal hoodwinking),而'政治'自由主义也可能寄托在了一个高尚的谎言之上"。[1]

---

[1] Stephen Macedo, "The Politics of Justification," *Political Theory*, Vol. 18, No. 2 (May, 1990), p. 281.

看看罗尔斯对他所提出的政治自由主义的定义,可以帮助我们理解马塞多的上述评价。罗尔斯认为:"我将政治自由主义视为一种隶属于政治范畴之内的学说。它完全在这一领域之内起作用,而不依赖于外在于它的任何事物。关于政治哲学的更熟悉的观点是,它的概念、原则与理想,以及其他因素都被描述为各种整全性学说——宗教的、形而上学的以及道德的——的结果。相反,在政治自由主义的理解中,政治哲学主要是由免于立场的(freestanding)关于权利与正义的不同政治观念构成的。……它原封不动地将各种学说——宗教的、形而上学的以及道德的——保留在其漫长的发展与解释传统之内。政治哲学的前进撇开了所有这些学说,而以其自己的术语呈现独立的自己。……政治自由主义避免对整全性观点的领域发表主张,除非当这些观点是不讲理的而且拒绝一个民主体制基本要素之所有变式时,这才是必要的。这是任哲学自行其是(leaving philosophy as it is)的一部分。"① 也就是说,政治自由主义将政治哲学的关注对象划分为了政治与哲学两个独立的领域,其中,哲学属于宗教的、形而上学的以及道德的整全性学说的领域,它们与政治自由主义无关,政治自由主义不要求它们从属于自己的标准,而任由它们自行其是、互相纷争,只要它们不把这种纷争带入政治领域。另一方面,在政治领域中,所有人只能信奉一种学说,这种学说就是政治自由主义,它允许免于立场的关于权利与正义的不同政治观念的存在,但所有这些观念必须具有一个基本的共同点,即它们必须是所有自由而平等且具备充分理性能力的人们可以被合理地期望去分享并认可的。② 换句话说,在哲学领域,政治自由主义允许存在广泛的分歧,而在政治领域,人们则必须信奉同一种公共政治文化。只有这样,拥有彼此冲突的整全性学说的不同群体才不会成为彼此的威胁。那他们如何才能信奉同一

---

① John Rawls, *Political Liberalism*, New York: Columbia University Press, 1996, p. 375.
② John Rawls, *Justice as Fairness: A Restatement*, edited by Erin Kelly, Cambridge, Massachusetts: The Belknap Press, 2001, p. 27.

种公共政治文化呢？罗尔斯的回答是，所有不讲理的人都必须讲理，而既然要讲理，他们就必须更多地听从更能讲理或更有理的人的意见，这些更有理的人显然就是曾经发明了合法性概念现在又试图用证成性取而代之的那些人。正是在这个意义上，证成转向被视为西方社会中当前的主流群体在未来有可能成为社会中的少数进而丧失强制权的条件下寻求掌握话语权的一种尝试。

可见，证成转向反映了西方主流社会对多元社会的形成这一事实的一种忧惧，并且，在人口再生产越来越依赖于外部移民的趋势下，可以预见，这种忧惧很快就会扩散到许多非西方的社会中去。关于罗尔斯针对这一问题的解决方案，我们可以归纳为"哲学自行其是，政治高度一致"，换句话说，就是在允许哲学纷争的同时实行政治同化。只有这样，现代文明的继承者才能继续保有他们的文明，或者说，现代国家的统治者才能继续维护其统治。可以预见，在不远的将来，多元社会将对世界上主要国家的现存文明造成巨大的冲击，而从证成转向所反映出来的逻辑来看，这些国家要承担起推动人类文明进步的责任，首先就必须保证它们能够主宰自己的文明进程，不会因为多元社会的出现而重返自然状态。而要做到这一点，这些社会的主流群体就必须有能力维护其统治。无疑，这是一个非常令人难堪的结论，因为它明白无误地告诉我们，在经历了数百年的政治现代化之后，人类似乎又重新站到了中世纪的门槛上。①

单就避免因为在人口再生产上日益依赖于移民而造成对社会团结的破坏而言，今天，所有社会都有另一种选择，即通过基因技术来实现内部化

---

① 这一点在美国表现得尤其明显。根据克鲁格曼的看法（[美]克鲁格曼：《美国怎么了：一个自由主义者的良知》，刘波译，北京：中信出版社 2008 年版），美国在 20 世纪 70 年代发生意识形态上的急剧转型就是白人对抗民权运动的结果。比如，里根就是通过暗示他支持种族主义而成功当选的。在奥巴马参选后，克鲁格曼乐观地宣称共和党从此不能再打种族主义的牌了。但很快，特朗普就通过明目张胆地宣布自己是一名种族主义者而再次当选，表明重返自然状态已经成为一个非常紧迫的威胁。证成转向发生在这一历史过程中，也是对这一历史过程的一种回应。当然，在这一转向中，学者们有着不同的立场，但无论如何，这一转向本身都反映出了当代人深深的不安全感。

的人口再生产。在多元社会导致的政治冲突愈演愈烈的现实下,这并不是不可能的。但这也会带来新的问题。人口再生产的重点不是自然再生产,而是社会再生产,而社会再生产的成本已变得非常高昂。由于自然再生产发生在家庭内部,社会再生产的成本也主要是由家庭承担的。又由于家庭是一种具有内在价值的特殊集群形式,家长通常有着非常强的意愿承担这一成本,也正是由于他们有着非常强的意愿承担这一成本,使得家庭的内在价值被市场译解为了市场价值,并在市场主体推动市场价值最大化的过程中导致了社会再生产成本的不断攀高,反过来,就扼杀了家庭从事社会再生产的动力。这是市场社会普遍面临人口危机的一个很重要的原因。所以,基因技术作为一种自然再生产的手段并不能解决问题。要解决问题,在运用基因技术的同时,国家还需要扮演家长的角色,承担社会再生产的所有成本,就像柏拉图在"理想国"中设想的一样。问题在于,国家无法提供家庭中所固有的内在价值,这意味着通过国家再生产出来的社会成员无法成为与通过家庭再生产出来的社会成员一样具有内在价值的个体——即黑格尔所说的自为存在,相反,他们的存在完全是工具性的,仅仅是社会自我延续的一种工具。换句话说,不同类型的社会成员之间将存在根本性的不平等,而这将同样损及现代政治的存在基础。

　　在很多方面,多元社会的形成都可以被视为不平等的一个结果。不平等让社会中的一些人可以拒绝另一些人改善其生活的要求,并随意地到其他社会中寻找后者的替代者;不平等让一些人可以无端地摧毁另一些人的家园,迫使他们漂泊到别的社会,作为陌生人受到排斥,也在对排斥的反抗中造成当地社会的撕裂;不平等让许多人认识到原来家园本身并没有什么价值,相反,当家园属于地狱,而这个世界上还有某个或某些地方属于天堂时,"越狱"才是实现自我价值的最佳途径……正是在这样一些因素的推动下,原来彼此封闭并因而具有同质性的社会才逐渐变成了开放而异质的多元社会。就此而言,技术并不能解决多元社会所带来的问题,这些问题仍然需要诉诸政治解决。另一方面,正如中世纪的人们正是通过追求平等而得以走出自然状态一样,在当前,追求更广泛的平等也是让多元社会中的人们能够和平共处的基本途径。现代政治虽然以平等为理论上的出发点,但在实践中则处处都体现也不断再生着不平等,并因为造成了普遍的不平等而让现代社会陷入了日益无法弥合的撕裂状态。所以,对多元社会挑战的政治回应必然包含了实践平等的内容。当然,在多元社会中,平等本身的含义也将变得更加多元,且仅仅平等也并不足以解决多元社会中的所有问题。

第3节　民主政治的两种实践模式

　　政治是对人们之间冲突的解决。当某个或某些人的行动与其他人的利益产生了冲突时,他们必须找到某种方式来解决这一冲突,在某种意义上,这一寻求解决冲突之方式的过程就是政治。在多元社会中,人们间的冲突将更加频繁,也就需要更多地通过政治来寻求对冲突的解决。如果冲突中的某一方或某几方明显强于其他各方,那么,前者将可以通过强迫后者接受其行动后果的方式来解决冲突,对于这种解决冲突的方式,我们可称之为强权政治。强权政治是一种不公平的解决冲突的方式,它在让某些人享受了冲突收益的同时,迫使另一些人承担了冲突的成本。强权政治具有一种内在紧张:一方面,通过迫使弱者做出牺牲,它可以有效地得出解决冲突的方案,让社会很快地从冲突走向秩序;另一方面,由于不能向牺牲者提供一种道德上合理的理由,这种方案必然会造成社会中的某种道德失衡,当这种道德失衡转化为社会失衡时,就埋下了持续冲突的隐患。在这个意义上,政治的进步就表现为不断寻找更公平的解决冲突的方式,并通过解决方案的公平性来给予牺牲者接受它的道德理由,来消除持续冲突的隐患。在政治现代化的过程中,人们找到了两种具有公平性的政治模式,即集体决策的政治(politics of collective decision-making)与协议的政治(politics of agreement-making)。在政治理论的视野中,集体决策的政治与协议的政治属于民主政治的两种实践模式,它们有着不同的运行逻辑与适用范围,它们的交互作用虽没有消除冲突,却让现代社会中的冲突解决变得比以往更加公平。不过,这两种模式对公平的理解都是有局限的,随着社会冲突的进一步复杂化,它们在公平地解决冲突上出现了力有不逮的情况,甚至陷入了某种困境。这也促使学者们提出了许多新的构想,试图帮助两种模式回应现实的挑战,也让我们能够继续公平地解决彼此间的冲突。

一、冲突解决的不同方式

当我们说强权政治不能向牺牲者提供道德上合理的理由时,并不意味着强权政治完全不具有合理性。相反,在纯粹认知的意义上,对于弱者而言,服从强者的要求完全可能是一种合理的选择。比如,对B来说,如果服从A的要求可能遭受50单位的损失,不服从A的要求则可能受到100单位的制裁,因而他选择服从A的要求,这就是一种完全合理的认知推理。反之,如果B选择不服从A的要求,那我们将无法在认知的意义上理解他得出这一结论的合理性。所以,在现实中,服从强权往往是人们理性选择的结果。一种选择具有认知合理性意味着人们不能在认知层面上合理地否定它,或者说,否定它将得出一种错误的认知结论。因而,要正确地行事,人们就没有认知性的理由来反对这种选择。但这并不意味着这种选择在所有层面上都是正确的,都无法受到合理地否定。相反,在道德层面上,所有理性的政治判断都需要接受一个价值前提,这就是"所有人都有平等的道德地位"。[①] 如果理性判断告诉我们在

---

① Thomas Christiano, *The Constitution of Equality: Democratic Authority and its Limits*, New York: Oxford University Press, 2008, p.17.

影响我们行为选择的各种事实中有任何因素不符合这一前提，那具有认知合理性的选择就也可能不具有道德合理性，因而我们就可以在道德层面上合理地否定它。正是在这个意义上，我们说强权政治不具有道德合理性，不能向牺牲者提供道德上合理的理由，因为当某些人可以强制另一些人为了前者的利益而牺牲时，就破坏了所有人都有平等道德地位的价值前提。所以，牺牲者虽然有着认知性的理由接受强权政治，却也有着道德上的理由反对强权政治，这决定了强权政治内在的不稳定性。

在权力不平等非常严重的情况下，强权政治是一种有效地解决冲突的方式，而且，如果我们仅仅从认知角度来理解政治理性，甚至可能认为基于强权政治的政治秩序是所有政治主体理性选择的结果，就像当今国际关系中的情况一样。但如上所述，政治理性不仅具有认知含义，也具有道德含义，因而，作为完整的理性主体，当政治主体寻求解决与其他政治主体间不可避免的冲突时，就不会选择仅仅具有认知合理性，而会选择不仅具有认知合理性，也具有道德合理性的冲突解决方式。在现代社会，人们找到了两种这样的冲突解决方式，一种可以被称为"集体决策的政治"，另一种可以被称为"协议的政治"。

在强权政治中，强者与弱者彼此对立也彼此分离，其中，强者是冲突解决方案的决策者，弱者是冲突解决方案的接受者。在这里，冲突的解决表现为强者提出弱者有且只有在认知上合理的理由——即如果不接受强者提出的方案可能受到更严厉的制裁——接受的方案，弱者则出自也仅仅出自该理由接受了该方案。这是一个单边决策的过程。而在集体决策的政治中，不同政治主体虽然也相互对立，却不是彼此分离的，而构成了一个统一的集体，必须以集体的形式做出关于如何解决冲突的决策。与单边决策相比，集体决策是所有人平等道德地位的一种政治实践方式，其暗含的逻辑在于，要保障每个人平等的道德地位，就必须给予每个人在政治事务中的平等决策权力，并通过每个人对其平等决策权力的行使来得出集体决策。在现代实践中,集体决策往往采取了一人一票基础上的多数统治的形式。在每个人都投出与其他所有人相同的一票时,他们都做出了自己对冲突解决方案的选择,并把这种选择同等地输入到了最终的决策之中,由此,他们就以政治的方式实践了彼此平等的道德地位。在这个意义上,集体决策的政治是具有道德合理性的。另一方面,从认知的角度来看,首先,在决策制定过程中,每个人都就解决方案做出了自己的选择;其次,没有哪一个人能够单方面地改变最后的决策。由此,这两个原因性事实与所有决策参与者都接受集体决策这一结果性事实之间就也具有一种合理的联系,因而集体决策的政治也具有认知合理性。

纯粹从逻辑角度来看,集体决策的政治产生于以下三个条件同时得到满足之时:第一,权力不平等得到制度性的约束,使任何人都不能再强迫其他人接受其要求;第二,人们之间存在着无法妥协的利益冲突,使他们无法通过协商或交易来解决冲突;第三,这种冲突必须得到解决,否则所有人都将承受更严重的损失,即人们之间所存在的是一种实际的而非潜在的冲突。其中,第一个条件保证了人们在诉诸集体决策时会选择一人一票的制度安排,第二个条件使集体决策只能采取多数统治的形式,第三个条件则让人们不得不诉诸集体决策。这里需要解释第三个条件。所谓实际的利益冲突,是指一种行动即将实际地发生,并会对人们的利益产生不同的影响,使某些人从中受益,另一些人从中受损。在这种情况下,如果人们不诉诸集体决策,结果是行动如期发生,人们也如期地从中受益或从中受损。但在一个理性的社会中,人们不会在面对一种可能给自己造成损失的行动时无动于衷。所以,人们一定会诉诸集体决策,通过集体决策来决定是否允许该行动发生,以及以什么方式发生。由于该行动一定会给某些人带来利益,给另一些人造成损害,因而集体决策的目的就是决定与该行动相关的利益与损害的分配。事实上,所谓利益冲突就是在某项行动所涉及利益与损害之分配上的冲突,而当一项行动即将实际地发生——即如果人们不采取干预它就一定会发生——时,趋利避害之理性动机就驱使人们通过集体决策来解决它所蕴含的冲突。

在集体决策中,每个人都面临着一种无法避免的损害风险,即任何个体都无法阻止一种损害的发生,因而只能以集体的方式来决定是否让这种损害发生,以及在允许损害发生的情况下如何对损害进行分配。协议的政治则发生于不同的政治情境之中。当人们诉诸协议的政治时,所有人都面临一种潜在的损害,但通常来讲,每个人又都可以通过某种途径规避损害。而既然可以规避损害,他们为什么还要以协议的方式来对潜在的损害予以某种集体的应对?原因可能有二。第一,可能造成损害的行动同时也会带来某种利益,且这种利益需要其他人的配合才能转化为现实,因而,人们也许会愿意通过协议以承担某些损害的方式来换取某些利益;第二,规避损害的行为可能会对个体造成高昂的成本,而通过与他人达成协议则可以使最终发生的损害低于规避损害的成本,因而,相比于承担规避损害的成本,人们也许会选择通过协议来将潜在的损害最小化。所以,协议的政治通常发生在满足了以下几个条件的政治情境之中:第一,存在一种潜在的损害,让所有面对损害风险的人都必须对此采取某些应对措施;第二,损害性的行动同时伴随着某种补偿性的利益,且这种利益必须通过与其他人的协议才能变为现实,或规避损害的行为可能造成高昂的成本,且存在通过协议来将潜在损害降到低于规避成本的可能性。在这两个条件下,理性的政治主体就会倾向于与其他人达成协议,通过协议来平衡自己所面对的损害与利益,也在协议中解决与其他人的利益冲突。

需要强调的是,在协议的政治中,权力不平等是否得到制度性约束可能并不是一个很重要的问题,因为人们毕竟有着非协议的替代选择,如果因为权力不平等导致的协议成本过高,处于弱势的协议方可以选择不达成协议来拒绝这种成本。反之,如果不存在非协议的替代选择,那各方所处其中的也不再是协议的政治,而重新变成了强权政治。所以协议各方对平等制度保护的需求通常以不危及非协议的替代选择为限,超出这样的限度推行对弱势方的保护反而可能增加协议成本,导致协议失败。典型的例子如在劳资关系中,当政府试图强行消除寻求通过协议解决利益冲突的劳资双方间的权力不平等时,却经常导致冲突溢出,即资方选择生产转移,将其与转出地劳动者间的冲突转化为了转出地劳动者与转入地劳动者间的冲突,而这种冲突是无法通过协议的政治得到解决的。另一方面,在诉诸协议时,人们也可能不存在直接的利益冲突,而是面临着通过协议来降低其受损程度和受损风险的可能性,但同时,一方风险的降低可能意味着其他人风险的增加,正是在这里,人们的利益出现了冲突,并需要通过协议得到解决。

在集体决策的政治中,解决方案并不需要得到所有人的同意,甚至决策参与者根本就不需要考虑其他人的利益。而在协议的政治中,解决方案则必须得到每一个人的同意,因而,每一个人都必须把其他人的利益纳入考虑。但这并不意味着每一个人都必须同意其他人的所有利益诉求,这是不可能的。相反,协议的关键在于交换。一个人之所以诉诸协议的政治,是因为通过协议可能为自己带来某种补偿性的利益或降低潜在的损害,但其他人可能为此承担某种损害或风险,而要让后者愿意承担这种损害或风险,他就必须找到某种办法让后者也能通过协议获得某种补偿性的利益或降低其面临的别的潜在损害。这决定了协议总是表现为一系列互益性条款,每个人都不能仅仅从自己的利益出发参与协议,且最终的协议一定会体现所有人的利益。需要指出的是,互益并不等于同等受益,因为每个人对某种可交换利益的价值考量是不一样的,这意味着协议的政治存在谈判空间,谈判筹码与能力的差异可能影响每个人在协议中的受益程度。无论如何,在每个人的非协议替代选择都得到保障的前提下,每个人都有能力将其利益输入初始协议之中,并以此实践其与其他人平等的道德地位,在这个意义上,协议的政治是具有道德合理性的。同样在这一前提下,每个人都向协议输入了自己的利益与每个人都能否决不符合自己利益的协议这两个原因性事实与协议参与者接受了协议这一结果性事实间就也具有一种合乎逻辑的联系,即协议的政治也具有认知合理性。

二、以公平为原则的民主政治安排

在将政治理性视为认知理性与道德理性统一体的意义上,如果一种解决冲突的方式兼具认知合理性与道德合理性,那么,具有政治理性的人们就没有理由拒绝根据这种方式来解决他们之间的冲突。正是在此意义上,集体决策的政治与协议的政治有着比强权政治高得多的稳定性,并成了理性的人们在寻求解决彼此利益冲突时的共同选择。与强权政治相比,集体决策的政治与协议的政治是两种公平的冲突解决方式。集体决策的政治之所以是公平的,一是因为相比于由某个人或某些人决定冲突中利益与损害的分配,由所有人平等地参与到该分配决策中显然更加公平;二是因为在必须有人在冲突中做出牺牲的前提下,由少数人为了多数人而牺牲也比让多数人为了少数人而牺牲更加公平。协议的政治不仅让每一个人都参与到了冲突解决方案的制定之中,而且让每一个人都能在这种方案中受益,而不让任何一个人为了其他人而牺牲自己的利益,虽然他们受益的程度可能并不相同。在这个意义上,它是比集体决策的政治更加公平的一种冲突解决方式。

在前文中,我们仅从多数统治的角度来讨论集体决策,因为这是多元社会中现实存在的集体决策方式。但在理论上,集体决策也存在全体一致的可能性,且当所有决策参与者都达成了一致时,集体决策的政治与协议的政治就实现了合一,在这里,集体决策的结果就是所有人达成了一项非交换性的协议,即每个人都提出了完全相同的决策方案或协议条款。这种集体决策的政治与协议的政治合一的政治形态被曼斯布里奇称为"一致性民主"(unitary democracy),其成立的前提是所有人并不存在利益冲突,而是有着某种共同的利益。所以,他们既不需要让少数为了多数牺牲,也不需要通过讨价还价来实现互益,而只需要通过协商来发现和确定彼此间的共同利益,并以此为基础开展共同行动。[1] 曼斯布里奇认为,一致性民主在现代社会里那些以友谊为基础的次级共同体中有着广泛的存在。但在社会层面上,这种所有人不存在利益冲突的状态则似乎只部分地存在于早期契约论思想家们的想象之中。曼斯布里奇还认为,这些次级共同体中的人们在许多事务上都有着政治性的共同利益,因而一致性民主可以成为一种常规政治形态。而从早期契约论思想来看,自然状态中的人们则似乎只有走出自然状态这一种前政治的共同利益,并基于这一共同利益做出了建立社会契约的一致性决策和就社会契约的内容达成了一致性协议,而一旦他们通过社会契约建立起了政治社会,就变成了个体化的存在,从此陷入了持久的利益冲突之中。就现代政治经验来看,至少在社会层面上,后一种描述显然更加接近事实,所以,集体决策的政治与协议的政治合一的状态并不是现代政治的常态,甚至可能不是一种现实的状态。当集体决策的政治与协议的政治可以合一时,公平是没有意义的,因为人们没有利益冲突,更不需要以公平的方式来解决冲突。正是由于人们存在冲突,公平才成了一种重要的政治价值,人们也才要求基于这一价值而不断完善集体决策的政治与协议的政治。

在纯粹意义上,集体决策的政治是非协议甚至反协议的,即它不允许决策参与者进行利益交换。之所以如此,是因为集体决策的政治实

---

[1] Jane Mansbridge, *Beyond Adversary Democracy*, Chicago: The University of Chicago Press, 1983, pp. 3-5.

践每个人平等道德地位的途径是赋予每一个人的利益以相同的政治重要性,让每一个人都在政治过程中被计算为一,且没有任何人大于一。唯此,虽然集体决策的结果是让一些人为了另一些人而牺牲,但这种牺牲本身才对每一个人都是公平的,因为没有谁对最终的决策有着大于另一个人的影响。反之,如果允许某两个人私下达成协议,使 A 可以通过付出某些补偿性利益来让本来与其利益相左的人 B 支持他的主张,结果是对另一个与 A 有着不同利益的人 C 的不公平,因为在政治计算的过程中,C 还是被算作一,A 则被算作了二。在这个意义上,如果允许协议,那么,在集体决策的政治中,那些有着更多筹码的人将很容易通过收买某一些人来强迫另一些人接受他们的要求,结果就将集体决策的政治重新变成了一种强权政治。所以,在很长一段时期里,政治过程中"互投赞成票"(logrolling)的行为都是与现代政治理论不相容的。

  集体决策的政治暗含了这样一个假设,即每一个决策参与者的利益都是不同的或具有互斥性,由此,每一个人的利益才可能在政治计算中得到完全相同的衡量。反之,如果某些人存在着某种相同的利益,另一些人又存在着另一种相同的利益,那虽然每一个人都有着平等的决策参与权,但每一种利益在政治计算中的比重则是不相等的。换句话说,集体决策中存在利益同盟,进而,集体决策就不再是个体利益的加总和比较,而变成了同盟利益间的冲撞。当每个人利益都不相同时,每个人的确都对最终的决策有着相同的影响。但当两个人处于力量不等的利益同盟中时,他们对最终决策的影响显然也是不等的。如果这种利益同盟格局相对固定,即某些人经常性地处于集体决策中的少数地位,另一些人经常性地处于集体决策中的多数地位,那集体决策的政治本身就成了一种强权政治。在这种情况下,引入协议的政治反而可以起到保护少数,促进决策公平的效果。比如,如果一个社会中存在三个利益同盟,其中,A 同盟有 50 票,B 同盟有 30 票,C 同盟有 21 票，那么，如果不允许协议，每个同盟都只将票投给自己提出的方案，那集体决策的结果将永远是让 B 和 C 为了 A 的利益牺牲。这是一个悖论性的结果，因为它在事实上让多数为了少数而牺牲。反之，如果允许协议，使 B 和 C 可以通过互投赞成票的方式来通过有利自己的政策，将使少数得到更有力的保护。这就是布坎南与塔洛克所说的，"通过或明显或隐秘的互投赞成票而在各种独立的问题上交换选票的机会，给有兴趣的反对歧视性立法的少数派提供了至关重要的保护"。①

然而，将协议的政治引入集体决策的政治也有一个明显的问题，即如果 B 和 C 总是通过互投赞成票的方式来通过有利于彼此的政策，那 A 就成了一个永久性的牺牲者，相应的，他们之间的冲突解决模式就也变成了强权政治。有鉴于此，布坎南与塔洛克对互投赞成票的适用范围做出了限定，规定只有当集体决策要求全体一致时才允许引入协议机制，因为"如果集体行动所要求的是全体一致规则，那么某一个人的政治选票就不再代表那种能把外部成本强加给其他个人的潜在权力。在这里，该选票仅仅代表参与分配集体组织和集体行动能够得到的共同收益的'权利'或'许可'"。② 也就是说，全体一致规则消除了协议中的权力关系，因为没有人能够通过强制手段来迫使其他人割让利益，相反，任何人想要其他人赞成自己的利益，首先必须满足对方的利益，结果就是所有人都只能去寻找彼此间的共同利益。换句话说，互投赞成票只适用于曼斯布里奇所说的一致性民主，而在那些只能诉诸多数统治的场合，互投赞成票则必然使一些人被迫为了另一些人的利益而牺牲。而由于全体

---

① ［美］布坎南、［美］塔洛克：《同意的计算：立宪民主的逻辑基础》，陈光金译，北京：中国社会科学出版社 2009 年版，第 301 页。
② ［美］布坎南、［美］塔洛克：《同意的计算：立宪民主的逻辑基础》，陈光金译，北京：中国社会科学出版社 2009 年版，第 303 页。

一致规则在现代政治生活中的适用范围极其有限,将协议的政治引入集体决策的政治就不能弥补因个体利益的非互斥性导致的集体决策的不公平。

如前所述,在协议的政治中,只要每个人都拥有非协议的替代选择,那他们间的协议就被视为公平的,而无论协议的具体内容。因为每个人对于可交换利益的价值都有着自己的排序,社会无法找到一个统一的标准来衡量协议的公平性。而在绝大多数需要诉诸协议的场合,人们的确都拥有非协议的替代选择,因而协议的政治在解决人们间的利益冲突时似乎并没有造成太多的不公平。另一方面,由于现实中个体利益的非互斥性,集体决策的政治几乎总是会演变为强权政治,为解决这一问题,人们在集体决策的政治中引入了协议的政治,但也只是让强权政治具有了不确定性,而并没有改变强权政治的性质。这让人们开始反思集体决策的政治。在反思中,人们发现,集体决策的政治暗含了关于"影响决策"与"受决策影响"的一种比例性理解,即人们能在多大程度上影响决策,就会在多大程度上受决策影响。因此,如果集体决策的目的是对受影响程度——即利益与损害——的分配,要让这种分配对所有人一视同仁,就必须让所有人都能对决策产生相同的影响。而如果所有人对决策都有着相同的影响并因此受到了相同的影响,那无论这种影响是好是坏,结果都是公平的。但在现实中,每个人受决策影响的程度并不仅仅由他们影响决策的程度决定,比如,如果人们计划在 X 地修建一个污染设施,并将这一问题诉诸集体决策,那显然,住在 X 地的 A 和住在距 X 地 100 公里外的人 B 以及住在距 X 地 200 公里外的 C 的受影响程度就是不一样的。如果让这三个人来集体决定是否修建该污染设施,那么,让三个人拥有相同的决策影响力就是不公平的,因为在其他条件相同的情况下,集体决策的结果一定是 A 成为少数,即 B 和 C 强迫 A 接受了一种没有道德上的理由表明应当由他承担的风险。① 在现实中,这种情况是更为常见的,即集体决策往往发生在受决策影响程度不同的人们之间,结果,赋予了所有决策参与者同等决策影响权的集体决策的政治就经常表现为一种强权政治。

有鉴于此,布里奇豪斯与福勒拜尔主张根据每个人的受影响程度即利害关系程度(stakes)来重新分配决策权力,② 在上面的例子中,就是要让A获得高于B和C的决策权力,且他们各自决策权的大小严格与其受决策影响的程度成比例。这样一种分配方式可以消除个体利益非互斥性的影响,比如,在上面的例子中,B和C的利益是非互斥的,这让他们走向了结盟,而他们结盟的结果是增加了A的受影响程度,所以A就应该获得更多决策权力。进而,当决策权以这样一种方式得到分配时,无论最终结果为何,集体决策对所有参与者才都是公平的。布里奇豪斯与福勒拜尔将这种集体决策权的分配原则称为比例原则。在进一步的分析中,克里斯蒂亚诺发现,比例原则不仅适用于集体决策的政治,也适

---

① 也许存在科学上的理由表明X地是该污染设施的恰当选址地,如建址于此可以显著降低发生次生灾害的风险,但这并非A应受污染风险的理由,而是B和C对A进行补偿的理由,即选址于X是以让A承担污染风险为代价降低了整个决策单元的次生灾害风险,因而整个决策单元就需要基于科学的理由根据两种风险的差额对A进行补偿。同样的道理也适用于B和C,即无论最终决定选址何处,科学都为我们提供了对风险承受者进行补偿的理由。不过,虽然科学提供了补偿的理由,却并不意味着B和C要对A的受损或潜在受损进行等额补偿,否则,集体决策就失去意义了。我们之所以要做出这样一项决策,是因为修建该污染设施可以给整个决策单元带来高于其成本的收益,即可以带来社会净收益,也只有当我们能够维持社会净收益时,这一决策及其所实现的风险分配才是有效的。所以,在这里,补偿的限度就是不导致风险分配的无效,并保证风险决策仍能带来社会净收益。这里的特殊情况是,如果科学表明无论如何决策都不可能带来社会净收益,那就表明这一决策不应进入政策议程,因为修建该污染设施完全是有害的。当然,这一决策也可能事实上进入了政策议程,而这就意味着集体决策行为出现了非理性。此外,科学对社会净收益的计算为我们提供了补偿的上限,却不能解决补偿下限的问题,而这应该是一个独立的集体决策问题,即整个社会应当集体地决定当必须牺牲某些社会成员的利益来促进社会整体的利益时,应当为这些牺牲者提供何种程度的最低补偿。在此基础上,在具体决策中,相关各方可能有能力和意愿做出更高补偿,而这应当是在前决策的阶段交由各方去协商的问题。

② Harry Brighouse and Marc Fleurbaey, "Democracy and Proportionality," *The Journal of Political Philosophy*, Vol. 18, No. 2 (June, 2010), pp. 137 – 155.

用于协议的政治。也就是说,仅仅根据协议各方是否拥有非协议替代选择来判断协议是否公平是不恰当的,因为这只能保障一种低程度的公平。要让协议具有更高的公平性,也需要根据协议各方受协议影响的程度来分配协议影响力。[1] 比如,在劳资谈判中,如果协议双方必须达成4项条款,那么,让双方各决定2项条款也是一种公平的协议方式,但让劳方决定3项条款,资方决定1项条款可能更加公平,因为通常来说,劳方受劳资协议的影响更大,因为他们虽然也有非协议替代方案,但拒绝协议的成本往往比资方更高。这里需要注意公平的限度,由于协议是自由的,没人能强迫另一个人接受协议,所以,如果我们出于公平的理由而让资方承担了过高的成本,结果可能是协议失败,进而公平也就失去了意义。[2] 这是协议的政治面对的独特现实约束,它让协议的政治中的公平表现出了更强的脆弱性。无论如何,从比例原则出发,我们可以使集体决策的政治与协议的政治都变得更加公平。

三、是否存在公平的例外

以上分析表明,利益冲突发生于某种行动可能对不同的人造成不同

---

[1] Thomas Christiano, "The Tension between the Nature and the Norm of Voluntary Exchange," *The Southern Journal of Philosophy*, Vol. 54 Spindel Supplement (2016), pp. 109-129.
[2] 这是经济全球化条件下劳资关系的现实,即资本的全球化削弱了集体谈判在促进社会公平中的作用。就此而言,如果不对资本全球化的进程做出某种矫正,仅仅在协议过程中引入比例原则并不足以解决问题,因为资本有更强的能力否决协议或撕毁协议。所以,比例原则在理论上指向的是全球性的机会平等,只有当存在全球性的机会平等时,资本的强流动性与劳动力的弱流动性间的不对称才不会造成严重的政治失衡,进而,比例原则对于资本的约束才会更有效力。在全球性机会平等的条件下,劳资双方在是否达成协议上存在大致相当的利害关系,但受协议影响的程度仍然不同,由此,比例原则就能起到促进公平的作用。作为理性的政治主体,劳资双方都会尽可能地把自己的利益通过协议条款注入协议,同时,在集体谈判的条件下,不仅资方,而且劳方也有能力聘请优秀的契约专家来帮助自己实现利益主张与协议文本间的技术性转化,所以,条款数量的多少对于利益的保护程度是有意义的。可见,集体谈判本身就是比例原则的一种应用,但要真正起到保护弱势方的作用,我们需要更多的符合比例原则的制度设置。

影响之时，或至少人们可以让他们之间的受影响程度有所不同之时。如果一项行动对所有人的影响都是相同的，而且没有谁能改变其他人的受影响程度，那他们之间将不存在利益冲突，就像在经济学家笔下的"完全竞争市场"中一样。在那里，所有人都不能影响价格，所以一切交易都是严格互益的，市场本身就成了消除冲突的一种机制。当然，这样的情况在现实中并不存在，所以，我们的几乎所有行动都会造成与其他人的利益冲突。而要让这种冲突得到公平的解决，即是要让每个人的受影响程度尽可能的均等化。在协议的政治中，由于每个人都可以否决明显不公平的协议，因而人们可以在事实上实现受影响程度的均等化，虽然这里的均等也更多是一个主观范畴。而在集体决策的政治中，由于集体决策一定会造成一些人为了另一些人牺牲，人们无法在事实上实现受影响程度的均等化，就只能追求实现受影响几率的均等化。在每个人所面对的非决策因素都是相同的条件下，给一个有 n 个决策参与者的决策单元中每个人均等的一票，就等于让每个人都有了 $1/n$ 的不成为牺牲者的几率。而在每个人所面对的非决策因素不同的条件下，要让每个人仍然拥有 $1/n$ 的不成为牺牲者的几率，就需要根据每个人所面对的非决策因素对他们应当被分配的决策权进行比例加权。这是对每个人受影响程度的程序性均等化。无论如何，对冲突的公平解决意味着如果一项行动可能对某些人的利益产生不同的影响，那所有受影响的人就都应该以某种方式被纳入到对该行动的决策或协议之中。

  从这样一种公平观出发，如果一个共同体内某些行动会影响到该共同体内所有人的利益，那这些人们就以某种方式组织起来共同参与到这些行动的决策之中，这解释了民主政治的产生逻辑。另一方面，如果一个共同体的某些行动会对另一个共同体造成影响，且两个共同体之间无法建立起有约束力的集体决策机制，那他们就诉诸协议，并通过协议来分配该行动的后果和约束彼此未来的行动，这又解释了国际政治中的绝大部分内容。如果继续往下写，我们将会发现，现代社会中绝大多数冲突的解决都有着类似的逻辑。就此而言,我们似乎可以把政治文明的进步视作一个不断寻找更公平的冲突解决方式的过程,而在现代社会,集体决策的政治与协议的政治就是人们找到的两种公平的冲突解决方式,且人们还在不断努力让这两种方式变得更加公平。如果是这样,那"公平地对待他人"就意味着当我们的行动可能影响到他人的利益时,就应当通过集体决策或协议来公平地分配这种影响。

然而,现实中似乎有很多情况不适用于这种公平观。比如,当一个袭击者向我发起攻击时,要保护我的利益,我必须向他发起反击,而这种反击必然会影响到他的利益,难道我应该与他一起投票决定是否进行反击?或者与他协议反击的方式?又如,当一个国家对另一个国家发起攻击,对后一个国家造成巨大死伤时,这后一个国家难道需要与攻击国投票决定或协议是否以及如何发起反击?对类似情境的分析将我们引向了公平的互惠性特征,即"公平地对待他人"是一种互惠性要求,且作为一种互惠性要求,它可以被纳入权利与义务的对称性解释之中。这种解释最初出现在哈特与罗尔斯对"公平游戏"原则的论述中,其基本观点是,我们的许多义务都源于公平游戏的要求,即如果一种游戏中其他人都遵守了游戏的规则,出于公平的理由,我就也有义务遵守游戏规则,其他人则有权利要求我履行这一义务。[1] 这种观念提供了关于所有社会制度的一种互惠性理解,即我们之所以有义务遵守制度,尤其是可能存在某些缺陷的制度,一个基本的理由在于这是"公平地对待他人"的一种方式,且通过"公平地对待他人",我们可以获得某些互惠性的结果。反过来,当某些人没有履行"公平地对待他人"的义务时,就失去了要求其他人公平地对待他的权利,因为前者破坏了与后者间的互惠性关系。进一步说,当某些人拒绝公平地对待他人时,就等于不承认后者得到公平对

---

[1] H. L. A. Hart, "Are There Any Natural Rights?" *The Philosophical Review*, Vol. 64, No. 2 (Apr., 1955), pp. 175–191; John Rawls, *A Theory of Justice*, Cambridge, Massachusetts: The Belknap Press of Harvard University Press, 1971, pp. 111–112.

待的权利,而如果这种不承认是错误的,就等于侵犯了后者得到公平对待的权利,反过来,其他人也就不再对他负有公平游戏的义务了。这就是孔(Jonathan Quong)所说的,"我们向其他人提要求的立场部分取决于我们如何对待这些人。如果我给予你根据最好的道德理论所应有的关切与尊重,那你也欠我一模一样的东西。然而,如果我像你缺少某些权利一样对你,那么,当我关于你的权利的判断被证明是错误的时,我就失去了本来对你所拥有的某些要求"。① 根据这一解释,袭击者——无论作为个人还是国家——在对其他人做出攻击时就视后者为不拥有得到公平对待的权利,但如果后者是无辜的,袭击者的这一判断就是错的,就违背了公平地对待他人的义务,因而也就丧失了得到他人公平对待的权利,进而,当他人对他施加防卫性的损害时,就不被视为对他的不公平对待。也就是说,在某些防卫性的情境中,我们的行为虽然会对其他人造成影响,却并不需要诉诸集体决策的政治或协议的政治。

在当代政治理论中,某个主体因为自己的行为而丧失了得到他人公平对待的权利并因而可以"适得其所"地受到他人损害的这样一种特质被称为"应受性",即在特定情况下,我可能应当受到某种损害,因而其他人"可以无须我的同意而对我进行损害"。② 从前述公平的互惠性观念出发,孔认为:"会影响应受性的,是你是否在行动时把其他人当作好像他们应受你可能施加的损害,或好像他们不拥有每个人通常都拥有的那种紧迫的道德要求。当你这么做时,就把其他人当作好像缺乏对保护他们不受你可能施加的损害必不可少的道德要求,所以,当你损害的人们事实上拥有不受损害的相关道德要求时,唯一公平的方式就是你对你的行

---

① Jonathan Quong, "Liability to Defensive Harm," *Philosophy & Public Affairs*, Vol. 40, No. 1 (Winter, 2012), p. 65.
② Victor Tadros, "Duty and Liability," *Utilitas*, Vol. 24, No. 2 (June, 2012), p. 260.

动承担特殊的应受责任。"①从这段话中我们可以读出以下几点内容:第一,每个人都有一种得到他人公平对待即不被他人损害的权利,或者说,没有人应受任何损害;第二,既然没有人应受任何损害,那么,当一个人事实上对另一个人施加了损害时,就侵犯了后者不被损害的权利,并因此使自己产生了应受性;第三,如果保护被侵犯者利益的恰当方式是对侵犯者发起防卫性损害,那侵犯者就应受这种防卫性损害。由此,前面例子中的问题就得到了回答,即在某些时候,我们可以不必考虑公平地对待他人的要求而对他人做出损害,但这种损害必须是防卫性的,且我们的损害对象必须具有对于这种损害的应受性。在技术性层面,我们还可以加上这种损害也必须符合比例原则,即我们不能防卫过当。②

在损害已经发生并仍在继续的情况下,被损害者可以采取正当防卫以保护自己的利益,这在理论上并无太多争议。但如果损害尚未实际发生,而只是存在某种程度的威胁,被损害者可以采取防卫性的损害行动吗?在个体层面,答案通常是否定的,因为在一个政治社会内部,人们通常以集体决策的方式决定由一个公共的司法体制来保障所有人的安全,也就是说,所有人在因个体的不当行为而产生的在安全问题上的利益冲突已经得到了公平地解决,而要保证这种解决方式的有效性,人们就必须履行遵从司法体制的义务。因而,"如果你有理由害怕一种未来的不正当攻击,你应当寻求警察或法院的保护。尽管它们也被禁止为你采取预防性防卫措施,但它们可以寻求以某种方式阻止或限制威胁你的人,也可以在威胁升级的情况下为防卫做出准备"。③ 当然,如果集体决策机制本身不公平,或司法体制明显地缺乏有效性,或威胁的紧迫性使得司

---

① Jonathan Quong, "Liability to Defensive Harm," *Philosophy & Public Affairs*, Vol. 40, No. 1 (Winter, 2012), pp. 47 - 48.
② David Rodin, "Justifying Harm," *Ethics*, Vol. 122, No. 1 (October 2011), pp. 74 - 110.
③ Jeff McMahan, "Preventive War and the Killing of the Innocent," in Richard Sorabji and David Rodin, eds., *The Ethics of War: Shared Problems in Different Traditions*, Burlington, VT: Ashgate Publishing, 2006, p. 173.

法体制无法正常运作,这里也有例外,但例外毕竟不是常态。而在国家层面,答案则似乎是肯定的,因为国家之间并不存在有效的集体决策机制,也就不存在预防性的集体防卫机制。国家之间在很多方面都处于某种自然状态之中,使得自我保护的利益似乎具有凌驾于一切公平性考量的优先性。不过,如罗尔斯所说,我们的首要政治义务是走出自然状态的义务,[1]这不仅要求我们在政治单元内部寻求公平地对待彼此的途径,也要求我们在政治共同体之间寻找公平地对待彼此的办法。如果是这样,那么,即使国家之间的确处于某种自然状态之中,它们也必须不断探索公平地对待彼此的办法,以此来逐渐走出自然状态。正是基于这一理由,国家对于损害威胁的防卫权虽然得到承认,却必须受到严格的限制。

传统上,政治理论对国家防卫权的承认是以威胁的时间特征为界的。当一种威胁是迫在眉睫的时候,这种威胁就被视同为损害,进而,处于威胁中的国家就可以采取先发制人的行动。这是正义战争理论关于先发制人战争(preemptive war)的经典解释。另一方面,如果一种威胁是相对遥远的,那这种威胁就不能被视同为损害,因为有太多的可能性使这种威胁不会实际发生,进而,预防性战争(preventive war)就是被禁止的。不过,随着恐怖主义的兴起,迫在眉睫的威胁与相对遥远的威胁间的界限逐渐消失了,因为至少对于恐怖袭击的目标国而言,如果它确信一场针对它的恐怖袭击将在未来某个时刻发生,那这场袭击到底是在一周之内发生还是在一年之后发生就没有实质性区别,进而,它在无论何时采取防卫性的行动就都是正当的。换句话说,当一个国家或组织对另一个国家发出了可信的损害威胁时,无论这种威胁可能在什么时候实际发生,它都违背了公平对待后者的自然正义义务,[2]并因之失去了得到

---

[1] John Rawls, "The Law of Peoples," *Critical Inquiry*, Vol. 20, No. 1 (Autumn, 1993), p. 61.
[2] Allen Buchanan, *Human Rights, Legitimacy, and the Use of Force*, New York: Oxford University Press, 2010, p. 212.

公平对待的自然权利，也就产生了承受防卫性损害的应受性，而无论这种防卫是事前的还是事后的。

"预防性战争"是9·11事件后小布什政府提出的一种解决国际冲突的新手段。虽然小布什政府对这一手段的使用备受质疑，而且已经被证实为一种滥用，但在理论上，这种手段并不能简单地受到否定，因为许多政治主体的确存在对于这种手段的应受性。这表明了集体决策的政治与协议的政治的局限性，在某些情况下，人们之间的冲突无法通过这两种方式得到公平的解决。但这并不意味着这些情境完全独立于集体决策的政治与协议的政治。如罗尔斯所说，我们负有一种公平对待他人的自然正义义务，且这种义务要求我们去建立一种公平的政治制度来对我们的行为进行约束。在现代社会，集体决策的政治与协议的政治就是人们找到的建立这样的制度的两种方式，即人们诉诸集体决策的政治与协议的政治的结果是建立起了一种可以公平地解决他们之间冲突的政治制度，只要他们基于这种制度行事，就可以使彼此间的冲突得到公平地解决。

当然，有的人可能不履行遵从制度的义务，而且制度本身预设的保障措施可能无法及时地强制他履行义务，在这种情况下，因为他违背义务而受到不公平对待的人就被允许采取防卫性的措施，但目的不是为了不公平地对待他，也不仅仅是为了中止对自己的不公平对待，而是将二者的关系重新纳入到目的是使所有人都得到公平对待的制度框架内。比如，在刑法中，防卫过当的设置就是为了防止自卫者僭行制度权威，并督促其在合理范围内通过防卫措施将其与袭击者的冲突重新纳入制度框架之中。在国际关系层面，这一点同样成立。由于有效的冲突解决框架的缺失，在很多时候，防卫性的损害行动甚至战争就成为一个国家保护自身利益的必要甚至唯一的手段。但在诉诸这样的手段时，这个国家中的所有人仍然负有将它与袭击者间的冲突纳入一种公平的制度框架之中的自然正义义务。这一义务是无条件的，并不因为袭击者拒不履行它,被袭击者就得以免除。而在现代条件下,一种公平的制度只能通过集体决策的政治或协议的政治得以建立,所以自卫者也不能自行对袭击者做出自认为公平的裁决。如果是这样,那么,我们在某些时候被允许对其他人做出防卫性损害的事实就没有否定公平在冲突解决中的基础性价值,也没有否定集体决策的政治与协议的政治在公平地解决冲突上的功能,相反,越是在我们看似不需要考虑对他人的公平对待的地方,我们就越是需要借助集体决策的政治与协议的政治来实现对彼此的公平对待。

总之,在冲突不可避免的条件下,政治文明的进步表现为不断寻求更公平的冲突解决方式,在现代条件下,这就表现为建立和完善集体决策的政治与协议的政治。同时,虽然在某些时候我们的行动可以不考虑公平的要求,但这些行动必须以将我们与冲突者的关系重新纳入公平框架之中为目的。公平意味着冲突中的各方不能自行充当其他人的裁决者,而必须让制度来裁决他们间的冲突,集体决策的政治与协议的政治就是建立这种制度的两种方式。

第 3 章　流动世界中的政治纽带

第 1 节　在同意与拒绝之间

近些年来,随着人们之间、社会之间以及国家之间交往的加深,也随着社会事务、政治事务以及公共事务的形成与解决都牵涉到越来越多的方面,我们的生活中出现了许多道德上务要的目的,并要求我们通过共同行动来实现这些目的。然而,另一方面,随着共同行动成本与风险的不断增加,随着社会信任的断裂与搭便车心态的盛行,也随着从组织到国家的各个层次上不平等的加剧,正在进入一个"地球村"的我们却越来越难以开展共同行动,越来越难以通过共同行动去实现共同的道德上务要的目的。如果说现实中人们之间、社会之间以及国家之间愈演愈烈的冲突与对抗宣布了我们必须诉诸共同行动来改善我们的生存境遇的话,在行动无力的现实面前,我们如何共同行动就成了理论家们必须加以回答的一个问题。在思考这一问题时,可以发现,近代早期,启蒙思想家们通过同意理论解决了人们如何共同行动的难题,同时也让人们之间的共同行动陷入了同意与拒绝的紧张之中。而当人们再次陷入了共同行动的困境时,20世纪后期以来,学者们重新将目光转向了同意理论,然而,与启蒙思想家们不同,这一次,他们对同意理论作出了集体性的拒绝。不过,如果说启蒙思想家们通过提出同意理论而使我们陷入了同意与拒绝的紧张的话,当代政治哲学界对同意理论的拒绝也并没有让我们走出这种紧张,在某种意义上,关于如何共同行动的问题,我们仍需在同意与拒绝之间寻找答案。

一、同意理论及其内部紧张

同意理论是启蒙初期的思想主流,无论霍布斯、洛克还是卢梭,这几位最为人熟知也最重要的启蒙思想家在思考我们如何能够组成一个共同体、如何能够共同行动的问题时,无一例外地都诉诸人们的同意。在洛克这里,关于以同意为核心的政治学说,我们可以找到这样一些关键性的论述:首先,"人类天生都是自由、平等和独立的,如不得本人的同意,不能把任何人置于这种状态之外,使受制于另一个人的政治权力"。[①]但一当作出了同意,"当每个人和其他人同意建立一个由一个政府统辖的国家的时候,他使自己对这个社会的每一成员负有服从大多数的决定和取决于大多数的义务"。[②] 另一方面,"当他们这样组成一个整体时,他们可以建立他们认为合适的政府形式。"[③]

从以上论述中,我们可以归纳出洛克式同意理论的基本内容:第一,国家是个人之间集体同意的产物,因而是以个人的自由与自主为前提的,那么,在理论上,出于保护和实现其自由与自主的目的,个人就可以集体地对国家表示拒绝,当然,在现代政治实践中,这种拒绝通常只适用

[①] [英]洛克:《政府论:下篇》,叶启芳、瞿菊农译,北京:商务印书馆1996年版,第59页。
[②] [英]洛克:《政府论:下篇》,叶启芳、瞿菊农译,北京:商务印书馆1996年版,第60页。
[③] [英]洛克:《政府论:下篇》,叶启芳、瞿菊农译,北京:商务印书馆1996年版,第65页。

于政府,而不适用于国家;①第二,同意确立了合法权威——也就是政府——以及人们服从这一权威的义务,进而,人们就可以围绕并通过政府来开展共同行动;第三,同意服从政府的权威在实践中意味着同意服从大多数人的决定,也就是同意让大多数人来决定我们共同行动的目标、方式与内容,并且,只要政府本身的存在仍然是合法的,那么,尽管少数可以对大多数人的决定表示反对,却不能拒绝服从这一决定,这是现代政治义务的实质性要求;第四,同意是个人之间集体行使其自由与自主的一种方式,那么,在同意实际上意味着接受政府权威与接受多数决定的意义上,在作出同意时,人们有着选择政府形式的自由,也就是说,只要他们都自由地表达了同意,就可以通过多数决定来建立起一种合法却不自由的政府。

显然,洛克式的同意理论源自于也体现了许多紧张,其中最重要的是自主与权威的紧张。如 20 世纪后期最著名的哲学无政府主义者沃尔夫(Robert Paul Wolff)所说,"国家的基本标志是权威,即统治的权利。人的首要义务是自主(autonomy),即对被统治的拒绝。由此,在个人自主与国家的假定权威之间似乎就存在着不可调和的冲突。只要一个人履行了为自己做决定的义务,他就会反对国家认为对他拥有权威的主张。这即是说,他将拒绝仅仅因为法律就是法律而服从国家法律的义务。在这个意义上,无政府主义似乎是唯一与自主的价值相一致的政治原则"。② 显然,这是所有启蒙思想家共同面对的一个问题。现代思想启蒙既是一场个人的启蒙,也是一场国家的启蒙,而这种双重启蒙的目的则是在个人的基础上重建国家,使个人自主成为公共权威的前提,同时

---

① 个人可以通过移民来拒绝他原来所属的国家,群体也可以通过诉诸全民公决来拒绝他们认为他们被强行纳入其中的国家,但这两种拒绝都不是现代意义上的常态政治实践,虽然第一种拒绝可能已经具有了某种程度的普遍性。后两节将详细讨论这一问题。
② Robert Paul Wolff, *In Defense of Anarchism*, Berkeley: University of California Press, 1998, p. 18.

使公共权威成为个人自主的保障。但另一方面,在个人自主与公共权威之间似乎又存在着无法克服的矛盾,因为一个人之所以是一个自主的人,就在于他可以拒绝一切外在的干预,哪怕是权威性的干预,否则,他如何能够自主? 为了解决这一矛盾,思想家们构造出了同意理论,并通过在逻辑上论证:(1) 自主意味着通过自己的决定掌控自己的生活;(2) 同意国家拥有统治自己的权利同时自己有服从的义务这本身就是一项自主的决定,从而得出了(3) 经同意产生的国家实现了自主与权威的统一的结论。① 而当服从权威成了个人行使其自主的一种方式时,这一权威本身也就获得了合法性,由此,同意理论就为国家及其权威的合法性提供了一种在很长一段时期里都颇具说服力的解释。

对自主与权威矛盾的化解是启蒙思想最重要的成就之一,因为它回答了在自主被视为人的首要义务的前提下人们如何还能共同行动的问题,而这也是近代资产阶级革命在理论上必须解决的首要问题。革命是一种颠覆旧秩序的行动,但又不仅仅是颠覆旧秩序的行动,而必须也是一种建构新秩序的行动,否则,它就只能被称为造反。任何革命性的行动,如果不能提供和确立一种新的政治秩序,就要么演变成换汤不换药的政权更替,要么使人们陷入无政府主义的状态。近代资产阶级革命试图推翻西欧中世纪的等级秩序,而代之以一种以自主的个人为基础并保障个人自主的秩序,首先就必须证明自主与权威的兼容性,否则,如果自主的个人不需要服从任何权威,如果自主意味着每一个人都自行其是,那就不可能有任何秩序,不可能有有序的共同行动,当人们不得不一道应对共同的问题时,就只能走向冲突和争斗。所以,同意理论让自主的个人之间得以形成了一种共同的秩序,当他们彼此同意建立或接受这种秩序时,就共同进入了一个拥有权威的共同体,并得以在这一共同体的

---

① Joseph Raz, *Ethics in the Public Domain: Essays in the Morality of Law and Politics*, Revised Edition, Oxford: Clarendon Press, 1996, pp. 360 - 361.

框架之内开展有序的共同行动。

不过,同意化解了自主与权威的矛盾,却又造成了一些新的紧张,其中最重要的一是自主与自由的紧张,二是合法性与正义的紧张。与以往的理论相比,近代启蒙思想的最大特征是预设了一个自主的个人,并试图以这种自主的个人为基础来重构政治共同体,其表现就是倡导政治自由。在这里,自由是自主的基本表现,我们判断一个人是否具有自主性,其依据就是他是否拥有开展行动与做出选择的自由,在同意理论看来,这种自由就表现为同意的自愿性,只要一个人是自愿地同意服从某种权威,那他的这种同意就可以被视为他行使自主的行动。① 于是就产生了这样的问题:如果这些个人自愿地同意建立或加入一个不自由的国家,那在成为这一国家的一员后,他还是一个自主的个人吗? 换句话说,在自主表现为行动与选择的自由的前提下,自主的个人有同意不自由国家的自由吗? 显然,如果答案是否定的,那么这个人就根本没有任何自由,因而也就不是一个自主的人,所以,同意理论家只能做出肯定的回答。如果说洛克对这个问题的肯定还比较含蓄的话,在面对当代政治哲学家们对同意理论的集体攻击时,西蒙斯给出了更加明确的答复。他认为,"毕竟,邪恶的与不自由的人们拥有根据自己的意愿掌控自己生活的一切权利。如果非自由主义社会的成员真的拥有他们由此从事各种事务的领土(并因此有权控制它),如果每一个成员都自由地让渡了可以让他合理地抱怨被迫服从不自由安排这一事实的权利,那么,对政府不合法的抱怨就不应当产生。无论他们的社会对我们来说多么没有吸引力,它似乎都拥有要对其从属者来说具有合法性的那些权利,而这些从属者则对它负有基于他们自愿同意的政治义务"。② 但这样一来,通过自愿地同

---

① Thomas Christiano, *The Constitution of Equality: Democratic Authority and its Limits*, New York: Oxford University Press, 2008, p. 237.
② A. John Simmons, "Consent Theory for Libertarians," *Social Philosophy & Policy*, Vol. 22, No. 1 (Jan., 2005), pp. 351 - 352.

意于一种不自由的安排，自主的个人就在事实上丧失了他的自由，并因为自由的丧失而失去了他的自主。在这种情况下，同意就作为个人行使其自主的方式而导致了他的自主的沦丧。这不仅是同意理论在逻辑上无法回避的一个悖论，也是政治现实经常呈现给我们的事实上的危险，而正因为造成了这种危险，同意理论也就使自己陷入了备受指摘的处境之中。

同意理论造成的另一大紧张是合法性与正义的紧张，或者说民主与正义的紧张。同意理论认为，一个国家的合法性取决于后来成为它的从属者的自然状态中的每一个人的同意，并且，这种同意不是说每一个人都同意赋予国家统治的权利，而是说他们都同意接受由他们中的绝大多数所做出的同意赋予国家以统治权利的决定，换句话说，一个国家的合法性取决于其从属者对多数决定也就是民主原则的同意。在同意这一原则的基础上，多数做出了同意接受国家统治的决定，那么这个国家就获得了合法性。由于这一同意的过程本身就是一个民主过程，通过这一过程建立起来的国家也就获得了民主的合法性，虽然它本身可能没有采取民主的政府形式。也就是说，自主的个人可以通过集体表决同意一种不民主的政府，但这种政府则拥有民主的合法性，也就拥有要求其从属者基于民主原则而服从它的权利，对这些从属者来说，服从这一不民主的政府也是他们自由选择的民主义务。这是同意式民主观的内在矛盾，它可以使所有不民主的政府形式都得到合法化，虽然并不是每一个不民主的政府都实际地得到了合法化。为了解决这一矛盾，在民主制度在西方社会已经根深蒂固之后，20世纪后期以来，学者们开始更多地用正义的理念来校正同意式民主，甚至要用证成性来取代合法性的地位。这一思潮的最重要代表就是罗尔斯。

罗尔斯认为，民主——同意——是一个程序性的概念，如果一个政府是通过民主程序建立起来的，如果它的法律与政策是经由民主程序而得以制定的，那么，这个政府及其法律、政策就都是合法的，但同时，它们也可能是不正义的,并且,当这种不正义达到某种限度,就可能削损政府及其法律、政策的合法性。这意味着"合法性是一个比正义更弱的概念,因而也对我们能做的事施加了更少的限制"。① 进而,"默认甚或同意显然不正义的制度就不能产生义务。人们一致认为,勒索来的许诺从一开始就不是一种许诺。但是,不正义的社会安排本身同样是一种勒索,甚至是一种暴力,对它们的同意是没有约束力的"。② 所以,如果人们发现他们同意的是一种不正义的制度安排,那么他们就可以拒绝服从这一制度,拒绝依据这一制度来开展共同行动。至此,同意作为共同行动基础的地位受到了否定,在自由民主制度似乎已经牢不可破的前提下,"我们如何能够共同行动"的问题被"我们如何更好地共同行动"的问题所取代,而这自然意味着对那些不好的行动方式与方案的拒绝,且这种拒绝的核心即是对这些方式与方案的曾经作出的同意的拒绝。由此,对同意的拒绝就成了当代政治哲学研究中的一个核心议题,而这种拒绝也使人类的共同行动陷入了新的困境。

二、我们能否拒绝同意

在某种意义上,同意理论制造了"我们如何共同行动"的问题,或者说,在此之前,"我们如何共同行动"根本就不是一个问题。显见,同意理论是一种虚构,这种虚构掩盖了这样一个历史事实,即我们并不是因为同意才进入了一个共同体,而是生来就处于某个共同体之中,并通过在这个共同体中的生活而习得了它的共同规范,也就学会了基于这些规范而共同行动。在这里,我们并不需要思考我们如何共同行动,因为我们生来就处在了既定的共同行动模式之中,我们也不需要同意这种共同行

---

① John Rawls, "Political Liberalism: Reply to Habermas," *The Journal of Philosophy*, Vol. 92, No. 3 (Mar., 1995), p. 175.
② John Rawls, *A Theory of Justice*, Cambridge, Massachusetts: The Belknap Press of Harvard University Press, 1971, p. 343.

动,因为我们事实上无法拒绝这种行动。在这个意义上,同意理论实际上是一种拒绝理论,当它说只有同意才能赋予我们承担某种共同行动之后果的义务时,实际上是说我们拥有拒绝一切我们想拒绝的共同行动的权利。在这里,同意是通过拒绝而得到定义的,判定一个人同意了一项行动的标志,与其说是他明确作出了同意的表示,不如说是在他(1)清楚知道正在发生的事以及他的同意意味着什么;(2)有明确时限表示拒绝并被告知可接受的表示拒绝的方式,以及(3)被告知从何时开始就不再接受拒绝的前提下,没有表示拒绝的事实。① 换句话说,只有拥有了拒绝一切想拒绝的行动方式或方案的权利时,一个人才是自主的,因为只有这样,他才真正拥有同意的自由。而随着人们获得了拒绝的权利,"我们如何共同行动"就成为一个问题,同意理论对这个问题的回答就是同意,只要我们同意或者说没有拒绝一项行动方案,那么我们就可以依据这一方案来开展共同行动,同时有义务承担这种行动所造成的后果。

　　洛克清楚地认识到了同意与拒绝间的辩证关系,并提出了默示同意的概念来解释这一关系,即只要一个人没有明确地拒绝一个政府、权威或行动方案,那他就以默示的方式同意了这个政府、权威或行动方案。如前所述,对于历史而言,同意理论完全是一种虚构,因为历史上没有哪一个国家是通过所有人的同意建立起来的,但通过引入默示同意的概念,那么只要人们没有明确表示过拒绝,则所有国家都可以被视为同意的产物。由此,洛克就得出了"就历史来看,我们有理由断定政权的一切和平的起源都是基于人民的同意的"②这一完全不符合历史的结论。这一结论具有两方面的意义。一方面,它意味着同意理论得到了历史事实的支持,因而反对者就不能以历史上找不出明确同意的证据为由而否定其解释力;另一方面,它为现代国家提供了一种更广泛的合法性基础,无

---

① A. John Simmons, "Tacit Consent and Political Obligation," *Philosophy & Public Affairs*, Vol. 5, No. 3 (Spring, 1976), p. 279.
② [英]洛克:《政府论:下篇》,叶启芳、瞿菊农译,北京:商务印书馆1996年版,第70页。

论在国家的建立阶段还是在国家的日常运行中都是如此。对于现代国家的正常治理而言，这后一点是非常重要的。因为，在代表型民主制度下，同意直接表现为投票，一位选民参与了投票并不只是意味着他同意某位候选人作为他的代表，更意味着他同意了以投票为内容的代表型民主制度，那么，在政治冷漠日益成为一种普遍现象的背景下，在投票人数尤其当选者所获得投票人数在总人口中的比例越来越少的条件下，我们怎么能够认为这个当选者以及民主制度本身是得到了整个社会同意的？显然，默示同意的概念可以在逻辑上解决这一问题，因为当选者虽然可能没有获得大多数人的明示同意，但所有没有明确拒绝他也就是没给他的竞争对手投票的人都可以被认为对他作出了默示的同意。同样，所有没有参加投票的人，只要他们没有明确拒绝一个国家的民主制度——如通过双重国籍参与另一国家的投票，就也默示地同意了这个国家及其民主制度。可见，根据同意理论，只要我们没有明确拒绝彼此，那我们就可以共同行动，只要我们没有明确拒绝一种制度，那我们就可以在这种制度下共同行动，而这两点得以成立的前提则是，只要我们想拒绝，那我们就可以拒绝。

拒绝不同于反对，正如同意不同于共识。反对与共识是民主的一体两面，民主一方面赋予了每一个反对另一个人的权利，另一方面又施加给所有人服从共识的义务，而由于严格意义上的共识几乎无法达成，在实践中，多数的决定往往就被当作共识。所以，在民主过程中，每一个人都可以尽情地反对彼此，但只要多数做出了决定，他就必须服从这一决定，这是他的民主义务，且民主制度的存续高度依赖于这一义务。如果他不履行这一义务，就不是在表达反对，而是在表示拒绝，并且是通过对民主义务的拒绝而表达的对民主制度的拒绝。同意理论本质上是一种拒绝理论，但它却不允许对同意本身的拒绝，否则，如果所有人都拒绝同意，那么他们之间就无法形成任何的共同体，也无法开展任何的共同行动了。作为一种拒绝理论，同意理论主张个人可以拒绝一切他不同意的事情,而作为同意理论,它又要求个人必须同意一件事情,这就是他必须服从多数的决定,而无论他自己是否属于多数的一分子。这里的问题在于,如果国家真的是同意的结果,如果每一个人在创立国家的过程中都真的表达了他的同意,至少是对服从多数的同意,那么,作为一个自主的政治行动者,他的确不能否决自己的同意,不能拒绝因同意而产生的义务。但在现实中,这样的同意通常并不存在,很少有人曾经有机会表达他们对国家的同意,尤其在民族国家的形成过程中,许多少数群体甚至是被强行整合进民族国家框架之中的,那同意理论能够要求他们履行只能因同意而产生的义务吗?显然不能。既然如此,那拒绝这些义务也就没有什么不对的了。可见,同意理论存在一个致命的缺陷,如果它不能让人们相信他们曾经作出过同意,也就不能赋予他们任何的义务。如果说在洛克的时代人们还愿意相信同意理论所赖以存在的这一假设的话,到20世纪后期,在民主制度四处开花的同时,同意理论则越来越失去了市场,以致让布坎南感叹道,"如果同意真的是政治权威的一个必要条件,那就没有也绝不可能有任何实体能够拥有政治权威"。[1] 结果,近些年来,所有民主国家内部都兴起了拒绝权威以及服从权威之义务的浪潮,使民主社会变得越来越支离破碎,也让人们之间的共同行动再次成为一个问题。

在现代社会生活中,义务是共同行动的前提。如果两个人之间不能产生义务关系——无论这种义务是指向对方还是指向一个外部的权威,他们就无法开展共同行动,进而甚至导致社会的解体。因此,在同意理论无法继续解释政治义务来源的情况下,理论家们就必须寻求新的解释,以避免共同行动的分崩离析与政治共同体的土崩瓦解。在这个问题上,罗尔斯与拉兹提出了两种最有代表性的观点。众所周知,罗尔斯的

---

[1] Allen Buchanan, "Political Legitimacy and Democracy," *Ethics*, Vol. 112, No. 4 (July 2002), p. 699.

所有理论叙述都是以"原初状态"与"无知之幕"这两大假设为前提的,它们的共同作用保证了人们同意将"作为公平的正义"作为政治共同体的基本原则,并因而需要服从基于这一原则而作出的制度安排。但这并不意味着罗尔斯仍将同意作为政治义务的来源,相反,罗尔斯对政治义务的理解是先验主义的。在解释政治义务的来源时,他假设了一种"自然正义义务"(natural duty of justice),"这个义务有两个部分:第一,当正义制度存在并适用于我们时,我们必须服从正义制度并在正义制度中尽我们的一份职责;当正义制度不存在时,我们必须帮助建立正义制度,至少在对我们来说代价不很大就能做到这一点的时候要如此"。① 在这个意义上,同意"作为公平的正义"其实是我的自然正义义务的一部分,因而,不是因为我做出了同意才获得了这一义务,而是我的自然正义义务要求我做出了这种同意,并因为这种同意而产生了现实的正义义务。这也就意味着"如果社会基本结构是正义的(或者具有在特定环境中可以合理期望的正义性),那么每个人就都有一种去做要求他做的事情的自然义务。每个人都负有这种义务,不管他自愿与否、履行与否"。② 换句话说,对于正义的制度,我们必须同意。由此,罗尔斯就通过设定一种自然政治义务而实现了对同意理论的拒绝。如克里斯蒂亚诺所说:"如果同意真是政治权威的一个必要条件,那么个体似乎就可以选择不服从一个对他所居住区域拥有管辖权的完全公正的国家。"③而既然同意不再是政治权威与政治义务的必要条件,那么,当我们从我们的自然正义义务出发而建立起了一种正义的制度时,就没有任何理由拒绝这一制度,而

---

① [美]罗尔斯:《正义论》,何怀宏、何包钢、廖申白译,北京:中国社会科学出版社 1988 年版,第 322—323 页。
② [美]罗尔斯:《正义论》,何怀宏、何包钢、廖申白译,北京:中国社会科学出版社 1988 年版,第 323 页。
③ Thomas Christiano, "Authority," in Edward N. Zalta, ed., *The Stanford Encyclopedia of Philosophy* (Spring 2013 Edition), URL=http://plato.stanford.edu/archives/spr2013/entries/authority/.

这一制度也就让我们的共同行动重新得到了制度性的保障。

如果说作为契约论传统的继承者,罗尔斯身上不可避免地留下了同意理论的某些痕迹的话,拉兹对权威与义务的阐述则完全摆脱了同意理论的影响。同意理论认为,自主意味着作出同意的自由,拉兹则认为:"自主意味着在依据正确的理由决定一个人的行为时独立行使其判断。"①如果自主意味着同意的自由,那么,作出了同意就必须接受相应的义务;反之,如果自主意味着在依据正确理由行事时独立行使判断,那么,只要一种正确的理由是与我的独立判断一致的,那我就必须接受这一理由赋予我的义务,并且,由于我的判断本身是独立的,在接受义务时,我根本就没有也不需要同意那一理由。由此,拉兹提出了著名的关于权威与义务的一般证成论(normal justification thesis),这就是:"主张一个人应当被承认对另一个人拥有权威的一般的和主要的方式是要表明,如果声言之从属者接受声言之权威的指令具有权威性与约束力并试图遵循它们,那他将比试图直接遵从适用于他的理由更可能顺应适用于他的理由(而不是声言的权威性指令)。"②也就是说,权威之所以是权威,在于它提供了一种正确的理由,而且,服从权威可以让人更好地遵循他本来就应当遵循的理由,所以,出于正确行动的要求,我必须服从权威。在这里,同意根本没有发挥作用的空间。而由于对权威的服从并不是基于同意,那么,无论权威所提供的正确理由是否符合正义,我都无法拒绝顺应这一理由所必须承担的那些义务,因为只有这样才能证明我的自主性。由此,拉兹将同意完全排除在了权威与义务的逻辑链条之外,而随着个人失去了同意的权利,他也就不再能够拒绝依据正确的理由开展共同行动的义务了。

---

① Joseph Raz, *Ethics in the Public Domain: Essays in the Morality of Law and Politics*, Revised Edition, Oxford: Clarendon Press, 1996, p. 357.
② Joseph Raz, "Authority and Justification," *Philosophy & Public Affairs*, Vol. 14, No. 1 (Winter, 1985), pp. 18–19.

三、无须同意地共同行动

由于同意理论的失效,过去几十年来,权威与义务成了政治哲学研究中的一对核心概念,罗尔斯与拉兹则成了人们在重新回答我们如何共同行动的问题时绕不开的两个人物。比较而言,拉兹的理论蕴含了一种直接的不平等关系,因为权威掌握了关于我的行动的正确理由,虽然我自己也认识到了这一理由,却只能通过服从权威来更好地顺应这一理由,在这里,我与权威的关系显然是不平等的。克里斯蒂亚诺将这种不平等的权威观称作工具主义的权威观,他认为:"对政治制度进行工具主义评价的基本标准不是人们作为平等者彼此提出的方案,而是优等者出于劣等者的利益而强加于他们的特殊真理。而这是与正常成年人之间的平等不一致的。"①所以,"这种权威观所具有的工具主义和零星主义的性质使它可以赋予严重不正义的政权以合法权威"。② 在这一点上,一般证成论有似于儒家所说的"从心所欲不逾矩",从表面来看,这样一种权威观既是自由的,也是平等的,但如何做到从心所欲不逾矩呢?答案就是"存天理,灭人欲",因为没有欲望自然也就不会逾越规矩。在这里,权威掌握了"天理",也就是正确的理由,而这一理由的要求则是"灭人欲",即它的从属者只有通过"灭人欲"才能做到从心所欲不逾矩。这样一种关系显然也是不平等的。所以,作为对同意理论最激烈的反对,拉兹的一般证成论也受到了同意理论所有反对者的激烈批评。克里斯蒂亚诺就认为"这种权威观必须得到拒绝",③而不能成为我们共同行动的依据。

---

① Thomas Christiano, *The Constitution of Equality: Democratic Authority and its Limits*, New York: Oxford University Press, 2008, p. 236.
② Thomas Christiano, *The Constitution of Equality: Democratic Authority and its Limits*, New York: Oxford University Press, 2008, p. 233.
③ Thomas Christiano, *The Constitution of Equality: Democratic Authority and its Limits*, New York: Oxford University Press, 2008, p. 236.

与拉兹不同,罗尔斯通过假定每个人都负有一种自然正义义务而证明了我们可以通过选择正义的制度来开展共同行动,并且在"无知之幕"的设置中,他重申并更新了自由主义的中立性原则,从而让人们对"作为公平的正义"的选择呈现出了不偏不倚的特征,也使基于"作为公平的正义"的共同行动本身具有了正义的性质。在这里,中立性被罗尔斯表述为讲理,它区别于传统意义上的理性,因为理性的人不是一个中立的人,他首先倾向于选择对自己有利的制度,而不是正义的制度,只有一个讲理的人才会愿意选择一种正义的却可能对自己不利的制度。单从逻辑上讲,在已经设置了原初状态与无知之幕的前提下,讲理这一条件其实有些多余,甚至是不合逻辑的,因为理性选择已经足以保证每个人选择"作为公平的正义"了。但问题在于,无论原初状态还是无知之幕,在现实中都是不存在的,正如同意从来不曾真实存在过一样,而在不存在原初状态与无知之幕的条件下,理性的人们肯定不会选择"作为公平的正义"。所以,罗尔斯就以牺牲其理论在逻辑上的严密性与简洁性为代价而换来了它对现实的更强解释力。这是他超越了同意理论家的地方,他在事实上构建出了一个前所未有的逻辑体系,却并不仅仅是在玩逻辑游戏。然而,讲理的引入又产生了一个新的问题,即它究竟是否一个中立的范畴?在罗尔斯看来,或者说,在罗尔斯所代表的西方主流社会看来,答案是肯定的,如果说现实中并不是每一个人都是讲理的人的话,至少每一个人都可以成为讲理的人。但在社会中处于弱势或边缘地位的人与群体看来,答案则是否定的,相反,"在西方社会,这样的人通常是白人、男性和中产阶级"。① 那么,就算每一个讲理的人都愿意选择"作为公平的正义",在社会中事实上存在着不讲理的人——无论他们为什么不讲理——且他们就是不愿意选择"作为公平的正义"的情况下,所有这些

---

① Alison Jaggar, "Feminism in Ethics: Moral Justification," in Miranda Fricker and Jennifer Hornsby, eds., *The Cambridge Companion to Feminism in Philosophy*, Cambridge: Cambridge University Press, 2000, p. 231.

讲理的人与不讲理的人如何能够共同行动?

在国内政治的层面上,罗尔斯不承认这样一种可能性,因为在存在国家这一事实权威(de facto authority)的前提下,无论人们讲不讲理,他们都必须在国家所提供的制度框架下共同行动,这是最基本的公民义务。对罗尔斯来说,这一义务意味着,"一位自由社会中的公民需要尊重其他人的整全性的宗教、哲学与道德学说,只要这些学说符合于一种合理的(reasonable)政治正义观",①这种合理的政治正义观就是"作为公平的正义"。换句话说,作为自由社会中的公民,每一个人都需要让他的整全性学说与"作为公平的正义"相符,只有这样,他才能在保有其差异的同时与他人达成一种重叠性的共识,而只要他们能够达成重叠共识,他们就都是讲理的人。可见,罗尔斯实际上预设了,在自由社会中,每个公民都是讲理的人,或者说,自由社会已经将它的所有公民都变成了讲理的人,所以,他们就可以在选择"作为公平的正义"上达成重叠共识,进而依据这一共识开展共同行动。但从现实来看,自由社会并没能做到这一点,在今天的西方社会中,许多边缘化的社会运动表现出了日益强烈的不讲理甚至无理的特征,它们不是通过理性的协商寻求与其他社会成员的重叠共识,而是要从根本上拒绝它们不想要的但所有自称讲理的人都会赞同的正义观念与政治制度。并且,这种拒绝已经超出了"公民不服从"的范畴,因为它们不是在拒绝特定的政治义务,而是在拒绝所有公民义务的前提,即作为一种事实的公民身份。这些运动向我们提出了这样一个问题:在我们并没有同意建立一个国家或一种政治制度的前提下,如果我们承认我们都负有一种自然正义义务,那我们是否有权拒绝一种特定的正义观念以及相应的政治制度?

---

① John Rawls, "The Law of Peoples," *Critical Inquiry*, Vol. 20, No. 1 (Autumn, 1993), p. 37.

对于这一问题，罗尔斯式的回答是这样的：什么叫自然正义义务？它是我们承认与保护每一个人所拥有的自然权利的义务。那么，什么叫自然权利？它是我们每一个人作为自然人所拥有的那些权利，也就是人权。所以，自然正义义务就是承认与保护每一个人的人权的义务。如果说正义观念本身是开放的与多元的，那么，通过在它前面加上一个自然的定语，正义则变成了一种封闭的和排他性的观念，至此，所有不以人权为内容的正义观都不再被视为正义观，而所有支持或信奉这些正义观的人也都不再被视为讲理的人，因此，他们的所有不讲理的主张与诉求都应当受到拒绝。而如此一来，人权就变成了拉兹所说的正确理由，它意味着讲理的人掌握了共同行动的正确理由，不讲理的人则必须服从这种理由，否则他就无法正确地与他人共同行动。在逻辑上，可能没有人会认为这种服从关系是不平等的，因为平等是人权的基本要求，所以，服从人权的理由就是在实践平等。但它一定是偏狭的和排他性的，在实践上，它意味着讲理的人可以拒绝不讲理的人的无理要求，反过来，不讲理的人则必须接受在讲理的人向他提供的框架或限制中开展行动。所以，只要承认每一个人都负有自然正义义务，那么每个人就都必须讲理，都必须在相互论理中共同接受以人权为内容的正义观。对于罗尔斯之后的自由主义者来说，只有这样，自由社会与自由制度才是可能的，进而，符合自由价值的共同行动才是可能的。

对公民身份及其相应政治义务的拒绝不仅是西方社会，而是所有当代社会共同面对的一大现实问题，而要解决这一问题，就必须否定同意理论，否则，如果只有同意才能产生义务，那么任何人就都可以通过否认自己作出了同意来拒绝承担政治义务。其结果就不是哲学无政府主义，而是事实上的无政府主义，是政治社会的解体。所以，几乎所有当代主流政治哲学家都对同意理论表达了反对的意见。但在反对同意理论的过程中，至少从罗尔斯与拉兹的理论叙述来看，学者们又走向了另一个极端，即否认任何人拥有拒绝的权利，而这就造成了对社会中的边缘群体与边缘价值的错误承认,①让这些边缘群体与边缘价值承担了人们为了在一个多元社会中开展共同行动而必须付出的那些代价。如果说在国内政治层面这一点还表现得比较隐晦的话,在国际政治层面,不允许边缘国家与人民的拒绝则是当今国际行动的一个基本特征。

在国际关系层面,自由主义者必须直面的一个事实是,世界上客观存在着他们宣称的自由社会与非自由主义的社会,如果他们完全根据自由主义的标准将这些社会视为不讲理的社会,将这些社会中的人民视为不讲理的人民,那么不同社会与人民之间就不可能开展任何的共同行动。为了解决这一困境,罗尔斯提出了"良序社会"(well-ordered society)的概念,将自由社会与满足如下条件的等级制社会都纳入了良序社会的范畴之中,这些条件是:第一,它尊重和平原则且不致力于扩张;第二,它的法律制度满足其人民所认为的合法性要素;第三,它尊重基本人权。② 任何社会,只要满足了这三个条件,就属于良序社会,也被称为"守法社会",它们之间可以依据一种"万民法"而开展共同行动。不满足这三个条件的社会则被称作"法外政权"。罗尔斯认为,良序社会是一种宽容的社会,但这种宽容是有界限的,它不能宽容法外政权。所以,良序社会及其人民必须"坚定地拒绝一切的军事援助或经济以及其他帮助。此外,秩序良好的人民们还不应将法外政权作为合格成员接纳进他们的多边互惠合作实践之中"。③ 但另一方面,"守法社会与法外政权处于一种自然状态之中,它们对自己以及彼此的社会及幸福负有义务,也对处于法外政权之下的人民的幸福负有义务,但不包括它们的统治者与精

---

① [美]弗雷泽,[德]霍耐特:《再分配,还是承认?:一个政治哲学对话》,周穗明译,上海:上海人民出版社2009年版,第14—15页。
② John Rawls, "The Law of Peoples," *Critical Inquiry*, Vol. 20, No. 1 (Autumn, 1993), p. 66.
③ John Rawls, "The Law of Peoples," *Critical Inquiry*, Vol. 20, No. 1 (Autumn, 1993), p. 62.

英"。① 出于这种义务,出于保护守法社会及其人民,以及在更严重的情况下保护处于法外政权之下的无辜者以及他们的人权的需要,守法社会就可以对法外政权宣战,通过战争将它们改造为守法社会,从而使这些社会中的人民也成为一个人民之间的合理社会的合格成员,将他们也纳入万民法的统辖之中,并以万民法为依据而共同行动。

显然,罗尔斯为国际行动所设置的条件过于苛刻,如果守法社会完全拒绝与法外政权共同行动,那么,除非通过战争,否则它们之间就不可能有任何共同行动。而如果它们之间现实存在着某些共同行动,那些共同行动也一定是不符合万民法的。就此而言,罗尔斯的万民法理论具有一种现实批判的功能,它指出了当前所谓守法社会施加于法外政权的所有渔利活动的不合法性质,甚至,从一种理想标准来看,与法外政权的任何共同行动都是守法社会对其人民所犯下的不义。显然,对现实世界的评价是无法采用这样一种理想标准的。与罗尔斯总是致力于构建理想理论不同,在思考国际行动的问题时,布坎南采取了一种现实主义的路径,从全球治理机构入手思考国际行动的合法性基础。在这么做时,布坎南旗帜鲜明地反对同意理论,他认为:"很难相信国家间的同意如何能够赋予全球治理机构以合法性,因为许多国家是不民主的,甚至蓄意侵犯其公民的人权,并因此本身就是不合法的。在这些情况下,国家的同意是不能让渡合法性的,因为根本就没有可让渡的合法性。"②国际关系同意理论的一个论点是,同意可以制衡强者,使弱者可以拒绝强者的不正当干预。但在布坎南看来,"仅仅因为不是所有国家都同意了全球治理机构而无论它们多么有价值就拒绝赋予其合法性,是以放弃对暴政的合法否决权为代价来保护弱小的国家。而这一代价未免太高了。在

---

① John Rawls, "The Law of Peoples," *Critical Inquiry*, Vol. 20, No. 1 (Autumn, 1993), p. 61.
② Allen Buchanan, *Human Rights, Legitimacy, and the Use of Force*, New York: Oxford University Press, 2010, p. 111.

多边关系中,弱国占有数量上的多数。一般来讲,它们受全球机构中强国支配的危险要远比受那些强国在全球机构之外的行动的威胁小得多"。① 言下之意,如果不同意由强国主导的全球治理机构的支配,那就只能接受强国在不受任何全球治理机构限制的条件下的支配,那么,"两害相权取其轻",弱国就没有任何理由不同意以人权规范为基础组织起来的全球治理机构,反过来,这些全球治理机构的行动也就完全无须弱国的同意。只要是出于人权的理由,这些全球治理机构就可以采取合法行动,这体现了我们的一种坚定的自然正义义务(Robust Natural Duty of Justice),"一种帮助确保所有人都能享有正义制度的义务。"②

可见,自20世纪后期以来,主流政治哲学研究中出现了一股拒绝同意理论的趋势,无论在国内政治还是国际政治层面上,学者们都不再承认同意作为政治义务来源与共同行动前提的地位。这反映了多元社会兴起的现实。多元社会的基本特征在于,这个社会中一定存在不愿同意的人,而且,如布坎南所看到的,这些不愿同意的人虽然处在社会的边缘,却可能是社会中的多数,所以,要能开展共同行动,多元社会中的人们就必须拒绝同意理论,否则,不愿同意的人就可以正当地拒绝一切义务,同时理所当然地享受搭便车的好处。但另一方面,对同意理论的拒绝在逻辑上又导向了人们不能拒绝与他人共同行动、不能拒绝权威的结论,而这在实践中就造成了排他性的甚至不平等的后果,使一个社会中的边缘群体与国际社会中的边缘国家不能拒绝它们不愿参加的共同行动,并不可避免地承担了这种行动的不利后果。虽然这种行动似乎得到了哲学上的充分证明,但在实践中,它注定是不可持续的。无论一项行动有着多么正确的理由、多么正义的目的,只要我不愿参加,那我就一定

---

① Allen Buchanan, *Human Rights, Legitimacy, and the Use of Force*, New York: Oxford University Press, 2010, p. 111.
② Allen Buchanan, "Political Legitimacy and Democracy," *Ethics*, Vol. 112, No. 4 (July 2002), p. 704.

会想方设法反抗这种行动。这正是今天的政治世界中每天都在发生的事情。在资产阶级革命中,启蒙思想家们通过同意理论证明了自主的个人之间如何能够开展共同行动,同时也让人们间的共同行动陷入了同意与拒绝的紧张之中。而在今天,随着多元社会的形成,虽然同意理论已经受到了普遍的否定,但在无须同意地共同行动已经造成的现实悖论面前,我们能否无须同意地共同行动? 我们是否应当无须同意地共同行动? 以及更重要的,无须同意地共同行动是否正确? 则成了所有试图回答"我们如何共同行动"的问题的人都必须加以深思的根本性问题。

第 2 节 "发声与退出"的政治学含义

在 1970 年出版的《退出、发声与忠诚》一书中,经济学家赫希曼(Albert O. Hirschman)提出了关于组织兴衰的一个一般解释模型,这就是:当一个组织出现了绩效衰退时,如果它的成员与顾客能够向组织发出自己不满的声音或退出组织,将使组织意识到衰退的事实,并促使其采取改革以恢复绩效,因而,发声(voice)与退出(exit)是组织绩效衰退的两种恢复机制。赫希曼还进一步分析了两种机制的作用机理与相互关系。[1]虽然赫希曼的意图主要是解释企业行为与市场选择,但由于这一模型准确捕捉到了个体与集体关系中的两大互动要素,因而很快被广泛应用于对各种组织现象以及政治现象的分析。比如,在今天关于联邦制的研究中,赫希曼模型已经成了对同一政治单元内人们用脚投票行为的一种标准分析工具,而在国际关系领域,在因"智力榨取"(brain drain)现象而引起的争论中,赫希曼模型也成了用脚投票者为自己辩护的依据之一。但

---

[1] Albert O. Hirschman, *Exit*, *Voice*, *and Loyalty*: *Responses to Decline in Firms*, *Organizations*, *and States*, Cambridge, Massachusetts: Harvard University Press, 1970.

总的说来,规范政治理论对这一模型并未给予足够的关注,因为规范政治理论仍然聚焦于国家这一政治共同体的内部治理,而赫希曼模型所提出的则是重新思考共同体之间的关系以及整个国家体系的性质的问题。随着全球化进程的深入,今天,退出问题已经成了政治生活中的一种常见现象,从经济移民到难民,我们的世界中出现了越来越多的退出者。如何看待这些现象,我们的政治模式需要对此做出何种回应?这些就成了当代规范政治理论必须回答的问题。

一、作为规范政治理论的赫希曼模型

在当代语境下,根据奈特(Jack Knight)与约翰逊(James Johnson)的归纳,政治理论主要包括三种研究取向,即分析性(analytical)取向,解释性(explanatory)取向与规范性(normative)取向。其中,分析性取向关注的是一种政治模式在事实上的特征及其后果,而并不考虑这种政治模式是如何以及在何种条件下得以形成的;解释性取向在分析性取向的基础上进一步说明这种政治模式是如何以及在何种条件下形成的,但它并不考虑这种政治模式本身是否具有可证成性,也不考虑替代性方案的可能性;规范性取向则是关于特定政治模式可证成性与替代方案可能性的追问,它不满足于解释为什么一个政治共同体选择了某种特定的政治模式,而进一步提出了这个政治共同体是否应当选择这种政治模式的问题,并试图对这一问题作出回答。三者中,规范性取向承担着政治理论的"证成重担"(burden of justification),即政治理论的根本任务是要去检验一种政治模式是否具有可证成性,并在当这一检验的过程得出了否定答案时努力回答一种可证成的替代模式应该具有什么条件与特征的问题。[1] 换句话说,规范性政治理论是关于政治模式之可证成性的理论,

---

[1] Jack Knight and James Johnson, "The Priority of Democracy: A Pragmatist Approach to Political-Economic Institutions and the Burden of Justification," *American Political Science Review*, Vol. 101, No. 1 (February, 2007), p.48.

或者说,是以寻求可证成的政治模式为取向的理论。

本书不对什么是可证成性进行形而上学追问,而只关心它的实践含义。在这一点上,在现代政治理论中,我们可以区分出政治可证成性的从强到弱的三种含义。在最强的含义上,一种政治模式的可证成性意味着它的所有从属者都在事实上对它做出了同意;在相对较弱的含义上,一种政治模式的可证成性意味着它的所有从属者都有决定性的理由接受它;①在更弱的含义上,一种政治模式的可证成性意味着它的所有从属者都不能合理地拒绝它。② 这三种含义存在一些重要的区别,但对这些区别的探讨超出了本书的研究范围。对本书来说,重要的是三种含义间的共同之处,这就是,一种可证成的政治模式意味着它的所有从属者都能从中合理地受益。无疑,这是一个道德目标,因此,可证成性又可以被理解为一种政治模式在道德上的可欲性,相应地,规范政治理论也可以被理解为关于政治的一种道德理论。更准确地说,是一种在政治现实的限制下寻求让所有人合理受益这一道德目标之实现的理论。这里可能存疑的是第一种含义,即同意理论所做出的解释。根据这种解释,一种政治模式是否具有可证成性,似乎独立于它自身的品质,无论这种模式究竟具有何种品质,只要得到了其所有从属者——至少是其中的多数——的同意,就得到了证成。不过,从理性选择的逻辑出发,如果每个人真的都可以选择是否做出同意,那么,他们之所以选择了同意,一定是因为他们都可以从中合理受益。而在后两种含义中,无论"有决定性的理由接受"还是"不能合理地拒绝"都意味着一种政治模式可能导致我们受损,但既然我们还是有决定性的理由接受它或不能合理地拒绝它,那这种受损在程度上就一定小于我们的受益,因而我们还是可以从中合理

---

① Gerald F. Gaus, *Justificatory Liberalism: An Essay on Epistemology and Political Theory*, New York: Oxford University Press, 1996, p. 209.
② T. M. Scanlon, *What We Owe to Each Other*, Cambridge, Massachusetts: The Belknap Press of Harvard University Press, 1998, p. 153.

受益。就此而言,让所有人都合理受益既是一种道德目标,也是一种基本的规范性政治价值,而政治理论的证成重担就是去检验一种政治模式是否能让所有人合理受益。当这种检验得出了肯定的答案时,被检验的政治共同体就也可以被视为一个道德共同体。

说"让所有人都合理受益"是一种基本的规范性政治价值并不意味着它是一种终极价值,在某种意义上,它甚至不是一种最优的,而只是一种次优的价值。在宽泛的意义上,一种政治模式可以被视为一个政治共同体内所有政治关系的总和及其结构方式,并且这些政治关系本质上都属于分配性关系,其目的是对这个政治共同体内所有生产性关系所产出的收益进行分配。当生产性关系能够产出无限的收益时,一种最优的政治模式应当以所有人的充分受益为目标,或者说,"让所有人都充分受益"才是一种终极价值。这就是共产主义的理论逻辑,当共产主义社会中的政治安排能够保证总量无限的社会产品可以根据人们的需求而得到分配时,每一个人就都是充分受益的。而在每一个人都实现了充分受益的前提下,平等、公平等一切规范性价值都失去了政治意义,因为当每个人都实现了充分受益时,就不再有人会因为他与其他人在受益程度上的不平等或不公平而寻求对这种不平等与不公平的政治解决。社会的运行既不再依赖于道德判断,也不再依赖于政治对道德分歧的解决。所以,当终极价值得以实现时,政治与道德就同时宣告了终结,任何替代性方案也都不再成为可能。在这个意义上,共产主义不属于规范性理论,反过来,规范性理论也不追求终极价值的实现。规范性政治理论体现了人类能力的有限性,也正是这种有限性让规范性政治理论必须承担"证成重担",让我们在有限的范围内去追求实现那些最具有可欲性的目标。那么,在什么条件下,一种政治模式才能让它的所有从属者都合理受益?

在一种分配性关系中,如果所有人不能平等地发声,即每个人对分配性决策产生的影响是不相等的,那么,有着更大影响的人显然会获得更多的利益,而影响较小或根本没有影响的人则只能获得较少的利益或不仅不能获益反而将会受损。结果,这种关系就不能实现所有人的合理受益。这表明,平等发声是实现所有人合理受益的一个必要条件,如果这一条件得不到满足,一种关系将肯定无法实现所有人的合理受益。但同时,平等发声又并非实现所有人合理受益的充分条件。在现实中,保障平等发声的最常见机制是实行一人一票前提下的多数统治,而多数统治的结果必然是多数获得更多利益,少数获得较少利益或不仅不能受益反而只能受损。当然,这种结果并不必然是不合理的。如果多数与少数的对立并不是固定的而具有充分的流动性——如核心决策职位的分配是充分流动的,①在分配性决策必须以某些人的受损为前提的条件下,由于每个人都均匀地在某些决策中受损而在另一些决策中受益,那么,受损就可以被视为受益的成本,进而,由于每个人的成本与收益间的比率都大致相当,我们就仍然可以认为每个人都是合理受益的。

然而,人类政治的一个基本现实是,任何集体决策机制都无法避免利益关系的固化,以多数统治为基本内容的民主,也面临着不断凸显的永久少数的问题。永久少数的出现意味着多数与少数的对立失去了流动性,而变成了一种固定的政治现实,反映到分配性决策中,就必然使多数能够永久性地获得更多利益,少数则只能永久性地获得较少利益甚至不得不经常性地以自身的受损为代价来促成多数的超额受益。结果,这个政治共同体就失去了让所有人合理受益的能力,它所施行的政治模式也就失去了可证成性。在这个时候,要重新使所有人都能合理受益,根据赫希曼的解释,该政治共同体就需要某种退出机制,通过允许无法在其中合理受益的成员的退出来恢复其内部多数与少数的流动性,进而恢复多数统治这种利益分配方式的合理性。

---

① Jurg Steiner, "The Principles of Majority and Proportionality," *British Journal of Political Science*, Vol. 1, No. 1 (Jan., 1971), p. 63.

在这里,退出机制可以发挥两方面的功能。一方面,退出本身可以作为一种发声方式,即无论退出者是真的退出还只是威胁退出,退出的行为都比他们的投票更有力地表达出了他们对既有分配方式的不满,进而,如果他们的退出将对整个共同体造成实质性的损失,那么,共同体就可能通过新的集体决策来改变利益分配方式,即推出某种再分配措施,对承受了超额受损的少数群体进行某种合理的补偿。这里需要注意的是,任何人都无法要求其他人在制定分配性决策时放弃自己的利益,因为这破坏了每个人的平等,但在一个道德共同体中,当平等的人们集体做出的决策使某些人无法合理受益时,实现了超额受益的人就有义务通过再分配来确保未能实现合理受益的人的合理受益。在这种情况下,退出就推动了改革,并通过改革而在一定程度上恢复了共同体内部多数与少数的流动性,也恢复了共同体所施行政治模式的可证成性。另一方面,如果退出无法推动改革,那么,只要存在足够多的他们可以进入的其他共同体,他们就可以通过加入另一个他们能够对分配性决策产生与其他人同等影响的共同体来实现其合理受益。反过来,他们所退出的共同体也因为永久少数的离去而发生了结构性的变化,使多数与少数间的流动性得到了恢复,因而某些人超额受益另一些人受益不足甚至受损的情况也可能重新恢复为所有人的合理受益。

在逻辑上,如果每个政治共同体内部决策权的分配都是平等的,同时所有共同体间的边界都是开放的,因而每一个共同体中的永久少数都可以在相当程度上自由地退出并加入另一个共同体,结果将是每个人都能找到能使自己合理受益的共同体,反过来,所有共同体也都将获得使其内部所有人合理受益的能力。这就是赫希曼的发声与退出理论向我们提供的一种规范政治模型,根据这一模型,一种可证成的政治模式包含两大要素,即发声上的平等与退出及再加入的自由。

二、退出与传统政治模式的失败

显然,赫希曼模型与传统政治理论有着重大的区别,这种区别就是,传统政治理论是建立在封闭共同体的假设之上的,关注的是封闭共同体内部的治理问题。之所以如此,一方面是受制于现实条件的约束,即现有的政治共同体都是彼此封闭的,因而事实上不存在普遍的退出自由;另一方面则是因为封闭共同体本身可以承担某些规范性功能,或者说,这种封闭性是某些规范性价值得以实现的前提。当然,赫希曼模型的提出表明,封闭共同体对这些规范性价值的实现是有局限的,这种局限典型地表现为,在不存在退出选择的前提下,封闭共同体中不可避免地会出现永久性的边缘人群,从而导致让所有人合理受益这一基本的规范性价值无法实现。但通过引入退出机制是否就能克服这一局限呢?要回答这一问题,我们需要对传统政治模式与赫希曼模型做出更细致的分析。

在分配问题上,规范性理论面对的最大现实约束是,我们不可能在每一次分配性决策中都保证所有人的合理受益,相反,分配性决策之所以必要,正是因为我们无法实现所有人的合理受益,所以只能通过集体决策的方式来决定哪些人相对较多地受益,哪些人相对较少地受益,在某些或也许是大多数情况下,我们还必须决定以某些人的受损为条件来实现其他人的受益。如前所述,对规范性政治理论来说,当多数与少数的对立具有充分的流动性时,虽然每一次具体的分配性决策可能都是不合理的,但在相对较长的一个周期内,所有分配性决策的总体效果则是使所有人都实现了合理受益。而要保障这一点,共同体的封闭性是一个必不可少的条件。

假设一个共同体中有着 A、B、C 三个存在不同利益的成员,且在特定条件下其中某两个人的利益又可以达成一致,再假设他们在某个周期内做出了三次分配性决策,在每一次决策中,A、B、C 分别成为少数,因而各有一次受益不足甚至受损。但只要每个人的受损都没有超出明显不合理的程度,即没有哪一次决策让某个人比其他两个人承担了明显不合理的受损,那么,只要这三次决策都能得到忠实地执行,即 A、B、C 都履行了服从集体决策的义务,在这个周期内,所有分配性决策都得到忠实执行的结果就是使 A、B、C 都实现了合理受益。显然,这里的关键是 A、B、C 都必须履行服从集体决策的义务。否则,如果 C 在通过前两次决策享受到了超额受益之后选择退出共同体,就破坏了整个共同体的利益平衡,就剥夺了 A 和 B 实现合理受益的机会。根据戈塞里耶斯(Axel Gosseries)对寄生的定义——"只要你的行动对他人造成了代价同时给你自己带来了好处,你就是一个寄生者(parasite)",①我们可以说 C 成了 A 和 B 的寄生者,因为他通过 A 和 B 的某种牺牲或受损而实现了自己的超额受益。根据克里斯蒂亚诺对剥削的定义——当且仅当"(1) A 的受益建立在 B 付出的代价之上,(2) 是源自 B 做的各种事情,(3) A 在这么做时侵犯了其对 B 的一种义务"时,A 就剥削了 B,②我们可以说 C 成了 A 和 B 的剥削者,因为他不仅通过让 A 和 B 付出了代价的行动而实现了受益,而且违背了他对 A 和 B 所负的某种"公平游戏"③的义务。无论如何,C 的退出都让他与 A 和 B 的关系失去了合理性,也让共同体失去了保证所有人都合理受益的能力。反之,如果共同体不允许 C 退出,甚至通过某些强制手段禁止 C 退出,那么,虽然这可能有损于 C 的利益,却可以保证所有人的合理受益。在这个意义上,退出的缺席是所有人合理受益的一个必要条件。也正是在这个意义上,我们需要政治共同体来实

---

① Axel Gosseries, "Historical Emissions and Free-Riding," *Ethical Perspectives*, Vol. 11, No. 1 (2004), p. 43.
② Thomas Christiano, "What is Wrongful Exploitation?" in David Sobel, Peter Vallentyne, and Steven Wall, eds., *Oxford Studies in Political Philosophy*, New York: Oxford University Press, 2015, p. 262.
③ A. John Simmons, *Justification and Legitimacy: Essays on Rights and Obligations*, New York: Cambridge University Press, 2001, pp. 18-24.

现道德目的。

当然,这里也存在另一种可能,即在 C 退出的同时,另一个人 D 加入了共同体,并扮演起了 C 在第三次分配性决策中应当承担的角色,于是在接下来的决策周期内,只要 A、B、D 都履行了各自的义务而没有选择退出,那共同体似乎仍然实现了所有人的合理受益。这里的问题在于,如果我们以每个人都担任一次少数作为标准来划定决策周期,那 A、B、D 之间的决策周期应当如何确定?如果从 D 加入即 C 离开的这一次决策开始计算,那么,三次决策后,在 A、B、D 三者的关系中,每个人都实现了合理受益。但如果站在历史的角度来考虑这五次决策的总体结果,那么,显然,D 的受益是合理的,A 和 B 则都承受了不合理的受损。如果从 D 加入的下一次决策开始计算,那么,在第二个周期,A、B、D 都实现了合理受益,而在第一个周期,D 则承受了不合理的受损,结果是,在这两个周期内,共同体就没能实现所有人的合理受益。无论如何,只要本应履行服从集体决策之义务的 C 在事实上退出了共同体,共同体中就一定会出现有人无法合理受益的情况。在很大程度上,正是由于这一点,传统政治理论才预设了封闭共同体的前提,才试图通过赋予每个人服从的义务来保障所有人的合理受益。

现在考虑另一种情况。如果在一个决策周期内,三次决策的结果都是 A 和 B 是多数,C 是少数,那么,C 就成了永久少数,其结果则是 A 和 B 都实现了超额受益,C 则严重受益不足甚至遭受了净损失。在这种情况下,A 和 B 就成了 C 的寄生者与剥削者,在让所有人合理受益的原则下,A 和 B 就应当通过某种再分配措施来促进 C 实现合理受益。如果他们不这么做,意味着共同体没能履行保障所有人合理受益的责任,意味着 C 只承担了义务而未能享受到权利,因而他就有权利要求退出共同体。这里的问题是,如果共同体承认他的这种权利并在事实上允许他退出,就等于解除了他们之间的责任关系,就等于 A 和 B 剥削了 C 并导致 C 处的极度恶化而无须对此承担责任。这一结果如何能够得到证成?

这里也许可以做的一个类比是,在市场竞争中,在公平竞争的条件下,一家企业的成功经常伴随着另一家企业的破产,相应的,前一家企业的员工获得高收入的代价就是后一家企业的员工失去了工作,但我们却认为这种结果是可证成的。其原因在于,在理论上,竞争的结果是让更有效的企业替代了那些无效的企业,让生产了更可欲产品的企业替代了那些生产了不那么可欲的产品的企业,①从而既提高了部分社会成员的生活品质,也增加了社会的财富总额,也就增加了国家能够征收的税收总额,进而,即使那些破产企业的员工此后只能从事相对较差的工作,但通过再分配——如提高最低工资,这些人仍然能够合理受益,在特定条件下,其受益程度甚至可能比他们在原企业中能够实现的程度还高。

也就是说,在市场竞争中,以某些市场主体的受损为代价来实现另一些市场主体受益的做法是可证成的,前提是国家能够通过再分配保证受损者最终也能实现合理受益。如果做不到这一点,市场竞争就会破坏政治共同体作为一个道德共同体的存在。换句话说,当国家恰当地履行了再分配职能时,市场竞争的胜出者虽然造成了失利者的受损,却对此承担了责任,因为国家有能力让他们承担责任。只有如此,国家才不仅是一个政治共同体,也可以被视为一个道德共同体。也只有如此,我们才不要求市场扮演道德角色,才能保证不道德的市场行为有助于我们共同道德目的的实现。而在国际关系领域,由于不存在权威性的再分配机构,当 C 在事实上退出了他原本所属的政治共同体时,意味着这个共同体成功地逃避了它本应担负的责任,也就破坏了自身作为道德共同体的存在。

在某种意义上,传统政治理论是用权利、义务与责任这样一组概念来实现"让所有人合理受益"的目标的,其逻辑在于,每个人都有权利实

---

① David Ciepley, "Some Thoughts on Corporate Responsibility," *The Political Philosophy of Corporate Governance Conference*, (Nov 9 - 10, 2015), Tucson, America.

现合理受益，前提是履行服从集体决策的义务，而只要每个人都履行了这一义务，共同体就有责任确保每个人权利的实现，在某些时候，为了承担这一责任，共同体还必须赋予那些超额受益的成员以额外的义务，并确保他们履行义务，而维护共同体的封闭性就是确保他们履行义务的一个前提。另一方面，无论谁在事实上离开了共同体，都将破坏传统政治理论为实现让所有人合理受益而设计的封闭链条，而当这一链条被破坏，传统政治理论在促进让所有人合理受益的目标上就无能为力了，这正是赫希曼模型提出的根本问题。赫希曼模型的设想是，当许多人的离开成为事实，我们需要通过完善退出机制来规范这种行为，而要这么做，政治理论就必须把视线从国家这一封闭共同体转向共同体之间的关系以及由所有政治共同体共同构成的现代国家体系，通过国家体系的重构来确保离开者重新加入能够有助于在整个国家体系框架内实现所有人合理受益的新共同体，或者说，确保他们的再加入行为能够有助于实现整个国家体系框架内所有人的合理受益。

三、规范政治理论的新课题

在竞争性市场中，我们通常都是某个组织的成员，而作为组织的成员，我们通常并不能够平等发声，因为市场决策通常并不是平等者间的集体决策。但这通常并不是一个问题，只要市场中存在足够多的可以让我合理受益的其他组织供我选择。在这里，"足够多"保证了其他市场组织无法集体性地拒绝我的加入，因此，只要我在我当前所处的市场组织中无法合理受益，就总是能够选择离开并加入一个可以让我合理受益的别的市场组织。当然，退出必然会让我遭受一些损失，但只要我的受损不是源于违背了市场规则的组织行为，这种受损就被视为我必须为自己的选择承担的责任。因为在存在足够多的有可能让我合理受益的机会的前提下，我必须对自己的选择负责。如果我选择加入了一个最终帮助我实现了合理受益的组织，那这种受益就是我的应得，而享受——包括将它带到别的地方去享受——我的应得就是我对自己的选择承担责任的一种方式。如果我选择加入了一个最终没能让我合理受益甚至导致了我的受损的组织,这一结果也是我的应得,而吞下自己选择的苦果则是我对自己的选择承担责任的另一种方式。

这样一种个人责任观是市场经济所必需的。只有当每个市场主体都在有能力对其选择负责的前提下承担起了相应的市场责任时,竞争性市场才能实现更有效的企业对那些无效企业的替代,才能为每个人受益程度的提高创造出更多的可能性,进而,市场本身才能成为一种可证成的社会制度。但如果我没有足够多的替代选择,那么,当我在当前所处的市场组织中遭受了损失,就无法通过退出来寻求实现合理受益的别的途径,结果不仅是我的受损的永久化,也是市场的失灵。为了避免市场失灵,国家就需要保障个体的退出机会,保证当个体无法在某个组织中合理受益时拥有足够多的再加入机会。换句话说,正是因为国家履行了维护市场开放性的职能,个体才可以在平等发声权缺失的条件下仅仅通过诉诸退出来实现合理受益。

需要指出的是,企业中之所以可以不存在平等发声权,是因为企业是一种生产型组织,而不是分配型组织,至少在理论上,企业决策也属于生产性决策而非分配性决策。在个体与企业的关系中,分配的问题是通过契约以交易的形式得以解决的。所以,企业决策并不以分配为指向,即使涉及分配问题,也是从属于生产目的的,因而决策本身并不会直接造成某些人的受损,在这个意义上,我们可以说企业决策具有一种与其成员间的正义无涉性。正因为它是正义无涉的,所以企业成员就不需要平等发声,如果独裁能比民主更有效地提高企业的生产率,我们就不能基于正义的理由而要求在企业中推行民主决策。在这一点上,企业与国家有着根本性的区别,因为国家本质上是一种分配型组织,政治决策也总是关于分配问题的决策。与生产性决策不同,分配性决策总是直接决定着一个共同体内部的正义状况,因而所有成员都可以基于正义的理由而要求平等发声,并在作为平等者参与了集体决策之后履行服从集体决策的义务,只有在这两大前提下,无论某一成员在某一次具体决策中是否合理受益,这种结果才都属于他的应得。

可见,在企业组织中,个体的应得并不需要以在契约关系之外享受权利与履行义务为条件,相应的,当他在契约所允许的条件下带着他的应得退出组织时,虽然可能造成组织内部的某种利益失衡,却不会造成组织以及整个社会内的道德失衡。而在政治共同体中,个体的应得则是以在集体决策中享受权利与履行义务为条件的,只有当一个人享受了作为平等者而参与决策的权利时,他在某一次具体决策中的受损才是他的应得,也只有当一个人履行了服从由平等者集体做出的决策的义务时,他在某一次具体决策中的超额受益才属于他的应得。这里的推论是,当作为受损者的个体退出共同体时,他没能获得他的应得,这不仅是一种共同体内部的利益失衡,也是整个国家体系的道德失衡,而要恢复整个国家体系的道德平衡,国家体系就应当给予他一个重新获得应得的机会。反过来,当作为超额受益者的个体退出共同体时,他就带走了不属于他应得的东西,这同样是整个国家体系框架内的道德失衡,而要恢复平衡,国家体系就需要采取某种措施重新将他的所得变成应得。

当我们把目光转向整个国家体系,我们首先面对的是这样一个现实,即国家是一个政治共同体,国家体系则并不是一个政治共同体,所以,建立在国家这一政治共同体基础上的传统政治理论就无法适用于对国家体系的分析。那么,国家体系有没有可能成为一个政治共同体?可以认为,这样一种可能性即使在逻辑上存在,也不应成为一个追求的目标,因为它大大超出了"成员资格政治"的包容能力。[①] 从当今国际关系的现实来看,当人们强行按照成员资格政治的逻辑去处理政治共同体间的关系时,结果往往适得其反。关于国家体系,一种恰当的理解是,它可

---

① 张乾友:《社会治理的话语重构》,中国社会科学出版社2017年版,第142—146页。

以成为一个道德共同体,或者说,国家体系可以被视为人类社会作为道德共同体的政治存在方式。在论及难民问题时,古丁与卡伦斯都表达了这样的思想。古丁认为,当我们把国家体系视为一个道德共同体时,这一共同体中的每一个人就都对其他任何一个人负有一种普遍责任,要去确保每一个人都有一个保护者和倡导者,也就是国家,而出生则是为人们分配保护者与倡导者的一种自然方式。但当这种分配未能让某些人得到保护,也未能促进他们的合理利益时,对这些人的保护与促进就成了道德共同体中其他所有人的剩余责任。所以,"任何国家以将在国家体系中没有倡导者的人置于不利为代价来满足其自己公民主张的做法都将是错的;任何国家同意给难民一个家都将是对的"。① 卡伦斯也认为:"国家体系的道德合法性取决于向每一个人供给某种安全的国家成员资格。"② 即国家体系作为一个道德共同体的条件是这一共同体中的每一个人都拥有某种安全的政治成员资格,一旦有人失去了政治成员资格,就意味着国家体系这一道德共同体陷入了合法性危机,进而,每一个政治共同体也都陷入了合法性危机。因而,国家以及国家体系要继续作为一种合法的政治模式而存在,就必须给予那些失去了安全的政治成员资格的人以新的安全的政治成员资格。

在传统政治理论的视野中,国家应当成为其所有从属者共同生活其中的一个道德共同体,规范政治理论的任务就是提出国家这一政治共同体要成为一个道德共同体的条件,并通过对特定国家制度特征的反思来检验其是否符合这些条件。现在,我们认识到,这一观念是不完整的。国家之所以可以成为一个道德共同体,是因为它属于国家体系这一道德

---

① Robert E. Goodin, "What is So Special about Our Fellow Countrymen?" *Ethics*, Vol. 98, No. 4 (Jul., 1988), p. 684.
② Joseph H. Carens, "States and Refugees: A Normative Analysis," in Howard Adelman, ed., *Refugee Policy: Canada and the United States*, Toronto: Tory Lanes Press Ltd., 1991, p. 20.

共同体的一部分,而国家体系这一道德共同体之所以采取了国家体系而不是一个超级国家的形式存在,又是因为产生了国家这一政治共同体的那些超道德因素限制了国家作为一种道德共同体的范围。所以,我们可以在抽象的层面上承认所有人都处于一个共同的道德共同体之中,因而不仅认为我们的每一个同胞公民都应当实现合理受益,也认为每一个非我们同胞公民的人都应当实现合理受益,但通常却可以合理地拒绝非我们同胞公民的人通过我们的国家实现其合理受益。并且,这种拒绝并不必然是不道德的,因为国家的产生是许多超道德因素的产物,而我们在这些超道德因素限制下的行为是可以免于道德评价的。这体现了道德共同体与政治共同体间的张力,由于某些超道德因素的限制,国家在促进人们作为一个道德共同体而共生共在上的功能是有限的,所以,作为一个道德共同体的国家体系就只能通过国家这种碎片化的政治共同体去个别地实现让所有人合理受益这一统一的道德目的。

这意味着,当出现了溢出这些碎片化的政治共同体之外的道德问题时,我们无法诉诸一个超国家的政治共同体去解决问题,而应当建立某种超国家的政治制度。事实上,我们已经有了许多这样的制度,但现有的制度是不能令人满意的。它们不仅不能促进人类共同道德目的的实现,反而成了某些国家剥削其他国家的工具。而当代规范政治理论的任务就是重新建构具有可证成性的超国家制度。这些制度作为政治制度需要承担某些再分配的职能,也需要拥有履行职能所需的执行性权力,但并不拥有作为政治共同体的主权,不能把退出问题重新变成发声问题,因为那样做就是把国家体系整合为国家。而集体决策本身的局限将导致新的永久少数的出现,且由于退出机会的缺失,他们将成为真正的永久少数,而不再拥有改变自己命运的机会。也就是说,超国家制度是由于集体决策的缺陷而产生的,因而我们就不能把它们重新变成集体决策制度,而应当使它们成为规范退出行为的制度。作为一种超国家的制度,它们并不影响国家对其确保所有人合理受益的责任的履行,而只是在这一责任因为无论何种原因无法恰当履行而导致了溢出性的受益或受损时基于使整个道德共同体中所有人合理受益的目标而对溢出性的受益与受损进行合理的再分配。这些制度存在的前提是有的人未能得其应得,但这些制度本身并不设置应得的条件——这仍然是以国家内的集体决策为条件的。否则,国家就将丧失其功能,结果将是更多的人无法合理受益。

从国家体系的角度来看,国家只是特定区域中的人们通过集体决策来实现合理受益的一个载体,这意味着,当某些国家的集体决策机制无法保障其所有公民的合理受益时,国家体系有责任对此做出矫正,而无论这些国家中是否在事实上出现了退出者。这是我们在思考超国家的政治制度时必须明确的一点,否则,如果我们仅仅把退出视作国家功能失效的标志,那一个国家就可以通过禁止退出来掩盖其在平等发声权上的供给不力。对超国家的政治制度而言,这提出了两个方面的要求。一方面,它必须承认并维护每个国家内部集体决策的约束力,否则就会破坏国家的恰当功能,最终导致国家体系的瓦解;另一方面,当某些国家没能提供恰当的集体决策机制或原有的集体决策机制受到了破坏时,它必须帮助建立或恢复这样的机制。这又进一步提出了以下几点要求:第一,当一个国家中因为无论何种原因出现了永久少数时,超国家制度需要通过再分配措施来推动改进该国内部集体决策机制的制度变革;第二,当一个国家中的永久少数在事实上退出了该国家时,超国家制度需要通过再分配措施让该国家承担对这些群体的再安置成本,保证他们能够加入可以助其实现合理受益的共同体;第三,当一个国家的超额受益者在事实上退出了该国家时,超国家制度需要通过再分配措施使这些超额受益回流至该国,从而使其他人的受损得到补偿;第四,超国家制度需要维护国际交往的平等,防止退出行为扩大国际不平等。当人类选择用国家这种政治组织方式来实现所有人的合理受益时,就预设了不同国家之间受益程度的合理差异,这种差异也是每个国家作为一个集体需要承担的集体责任。但在让所有人合理受益的目标下,任何国家都不能利用这种差异来追求在国际交往中的不合理受益,甚至利用这种差异来榨取其他国家的资源。

退出问题的出现表明,任何集体决策机制都是有局限的,因此,国家体系要能够成为一个道德共同体,就不能仅仅依靠一个个国家去碎片化地保障其内部所有人的合理受益,也需要超国家制度来矫正因集体决策机制的失效而导致的问题。只有这样,无论何人因为何种原因退出了他本来所属的政治共同体,他的退出都不会造成整个道德共同体责任履行的失败,也不会导致国家这种政治模式失去可证成性。在这个意义上,赫希曼模型对规范政治理论提出的问题并不是否定国家内部集体决策的重要性,也不是要求将集体决策扩展到整个国家体系,而是在保障和维护国家内部集体决策机制前提下的超国家的政治制度的建构问题。当我们建立起恰当的超国家的政治制度时,国家内的集体决策仍然是我们实现合理受益的基本方式,而当这种方式因为无论何种原因出现了失灵时,某些人的退出也不会对整个国家体系的可证成性造成损害,因而人们的退出自由也得到了更好的保障。对规范政治理论而言,未来一个阶段的任务是通过设计有助于实现所有人合理受益的超国家的政治制度来革新并重新证成整个国家体系,这也是规范政治理论对全球化的一种恰当回应。

第3节 用脚投票及其限度

用脚投票(foot voting)是市场经济的基本特征。市场交易必须满足两大条件,一是自愿性,二是等价性,而只要每一个市场主体都能不受限制地用脚投票,那么,任两个市场主体之间的交易都必然既是自愿的,也是等价的,当然,这里的等价本身也是一个主观范畴,是交易双方心理价位的相等。反之,如果交易中的任何一方不能用脚投票,而只能接受对方的无论何种报价,那么这种交易将不能被视为严格意义上的市场交易,由这种交易构成的经济形态也不被承认为市场经济。另一方面,传统上,在关于人们之间的共同体生活方式的分析中,用脚投票是受到排斥的。作为共同体的一员,你就有义务促进共同体的目的,并以此作为享受共同体中任何好处与实现你的个人利益的前提,否则,如果共同体的每个成员都可以用脚投票,都可以在共同体的目的和利益与他个人的目的和利益产生冲突时不受限制地退出共同体,结果将是共同体的分崩离析。所以,传统上,我们认为市场逻辑是与共同体生活相悖的。然而,随着市场经济的不断普及与市场精神的深入人心,人们发现,在共同体生活中,用脚投票早已成了一个普遍事实:只要你有能力——只要你能支付迁徙成本,那么你就可以自由地从一个社区迁徙到另一个社区,从一个城市迁徙到另一个城市,甚至从一个国家迁徙到另一个国家。但与市场经济中的用脚投票被普遍视为一种规范性价值不同,共同体生活中的用脚投票现象则引起了广泛的争议。尤其在国家层面,它引起了人们对一国内部精英攫取公共资源与国家之间富国掠夺穷国资源的巨大质疑。可以预见,随着全球化的深入,人的流动将变得更加频繁,而由于这种流动在事实上加剧了国际社会中的不正义,如何在规范的意义上看待这种流动,进而为这种现象确立一个有助于而不是有损于国际正义的政策框架,就成了当代政治和道德理论必须解决的一个问题。

一、特殊义务与内在价值

用脚投票问题自20世纪中期以来成为一个广受关注的研究议题,得益于两位经济学家的贡献。一位是蒂布特(Charles M. Tiebout),他在1956年发表的《地方支出的纯粹理论》一文中分析了地方政府的公共服务供给与居民政策偏好间的关系,并得出了用脚投票是实现公共服务市场均衡的一种机制的结论。① 由于"蒂布特模型"在一定程度上解释了当时美国社会的人口迁徙趋势,因而用脚投票理论也成了为联邦制辩护的一种经济学依据。② 另一位就是前一节提到的赫希曼,根据赫希曼的分析,如果一个人能在共同体中发声,意味着他的观点与利益有可能在共同体的目标中得到体现,因而他将倾向于忠诚于共同体;反之,如果他不能发声,意味着他的观点与利益无法在共同体的目标中得到体现,因而他将倾向于退出共同体,而进入一个他能够发声的共同体。

比较而言,蒂布特仅仅从偏好出发解释个体的迁徙行为,实际上假设了个体不处在任何共同体之中,不需要承担任何共同义务,因而他与他所居住地政府间的关系仅仅是顾客与企业间的关系,而顾客选择企业的机制就是用脚投票。在某种意义上,这种解释是反政治的,所以,它一方面被许多人视为联邦制的经济学依据,另一方面也被许多人视为对民主政治的威胁。比如,莱科克(Douglas Laycock)就批评,"它鼓励美国人沿着意识形态边界而在物理意义上彼此孤立。所有保守的共和党人都到这里,所有真正正正保守的共和党人都到那里;所有民主党人都去一个地方,所有真真正正自由派的民主党人都去另一个地方。这就是用脚投票的逻辑,这种情况发生得越多,我们在政治上就越是彼此孤立"。③ 另一方面,赫希曼的分析则触及了政治理论中的一个根本性问题,这就是,在承担和履行共同义务的前提下,如果一个人不被承认其基本的共同体权利——发声,那他是否有权离开? 反过来,如果一个人没有享受到基本的共同体权利或他认为他没有享受到基本的共同体权利,那他能否拒绝承担共同义务?

---

① Charles M. Tiebout, "A Pure Theory of Local Expenditures," *Journal of Political Economy*, Vol. 64, No. 5 (Oct., 1956), pp. 416-424.
② Ilya Somin, "Tiebout Goes Global: International Migration as a Tool for Voting with Your Feet," *Missouri Law Review*, Vol. 73, No. 4 (Fall, 2008), pp. 1247-1264.
③ Douglas Laycock, "Voting with Your Feet is No Substitute for Constitutional Rights," *Harvard Journal of Law & Public Policy*, Vol. 32, No. 1 (2009), p.36.

当谈及共同权利与共同义务时,我们必须认识到,它们事实上是一种特殊权利与特殊义务,即具有共同成员资格的人才拥有的权利与义务。在人类生活中,成员资格是最古老和最具普遍性的现象之一。我们生来就获得了某些成员资格,也在随后的生活中不断获得新的成员资格,有时也会失去一些旧的成员资格,且所有这些成员资格就构成了我们的一个个实践身份(practical identity)。在科斯嘉德看来,"所有这些身份都产生了理由和义务,"① 因为"一种义务总是对失去身份的威胁的一种回应"。② 根据这一解释,如果你是一名中国人,那么,当有人当着你的面侮辱中国时,如果你不能站出来制止他的行为并清除因为他的行为而使中国一词沾染上的侮辱性的含义,你就会失去对你自己作为中国人的身份认同,而这种威胁就会赋予你站出来制止他的义务。另一方面,如果在场的还有一名非中国人,那他似乎也有一种对侮辱行为加以制止的义务,否则就可能失去对自己作为一个文明人的身份认同。但通常来讲,在这一例子中,中国人的义务要强于非中国人,而且,对该中国人来说,在该义务上的履行不力往往构成了其他中国人对他进行谴责的理由,而对该非中国人来说,不履行制止的义务似乎并不构成其他人谴责他的理由。就如同我们会谴责一名因为玩手机而没有注意到自己的孩子掉入水中的家长,却很少去谴责在场的同样在玩手机的其他成年人一样,虽然在这一例子中所有人作为一名负责任的社会成员可能都负有某种照看的义务。这表明,所有身份都会产生义务,且通常来说,那些更具特殊性的身份将产生更具约束力的义务。

　　需要指出的是,上述结论需要受到某些限制,否则就会产生一些悖

---

① Christine Korsgaard,"The Authority of Reflection," in Christine N. Korsgaard with G. A. Cohen, Raymond Geuss, Thomas Nagel and Bernard Williams, *The Sources of Normativity*, New York: Cambridge University Press, 2010, p.101.
② Christine Korsgaard,"The Authority of Reflection," in Christine N. Korsgaard with G. A. Cohen, Raymond Geuss, Thomas Nagel and Bernard Williams, *The Sources of Normativity*, New York: Cambridge University Press, 2010, p.102.

论性的后果。比如,如果你是一个黑帮的成员,你是否对你的"兄弟"们负有特殊义务?如果你是一个种族清洗团体的成员,你是否对你的"兄弟"们负有特殊义务?在米勒(David Miller)看来,答案是否定的。从某个角度来看,在上述情形中,共同体成员间的关系是具有内在价值的,他们可能十分确信他们之间的联系是他们自己身份的一个不可分割的部分,如果这种联系受到破坏,将使他们遭受巨大的内在损失。但这并不足以成为特殊义务的基础,因为上述关系都是建立在对其他非成员的不公正对待之上的。米勒认为,一种关系要能够产生基础层次的特殊义务,必须满足以下三个条件:第一,它必须具有内在价值;第二,这些义务必须对这种关系是必不可少的,如果这些义务得不到普遍承认,该关系就无法存在;第三,它不能包含内在的不正义,不能建立在对其他人的不公正对待上。[1] 科亨也持有类似的观点,区别在于,在科亨看来,所有非正义都不具有内在价值,所以,只要是具有内在价值的事物,都要求我们某种程度的忠诚。[2] 无论如何,在我们的生活经验中,最具有内在价值的共同体关系,一是家庭,二是国家。

在根本上,家庭是不适用于现代政治分析的,因为我们无法通过权利话语来理解家庭关系。虽然现代法律已经把所有家庭成员都确立为了权利主体,但权利关系并不构成家庭关系的本质。比如,婚姻法虽名为婚姻法,实际上却只是民法与刑法等其他法律在婚姻关系中的适用,因为它只能保障婚姻关系人的财产权、人身权利等不受侵害并在侵害实际发生后做出矫正,而无法保障婚姻关系本身不受破坏,更无法在婚姻关系实际受到破坏后做出矫正。如我经常援用的张康之教授的观点,权利是陌生人社会的人际界限。当一个家庭成员需要对另一个家庭成员

---

[1] David Miller, "Reasonable Partiality towards Compatriots," *Ethical Theory and Moral Practice*, Vol. 8, No. 1/2 (Apr., 2005), pp. 65–66.
[2] G. A. Cohen, *Finding Oneself in the Other*, edited by Michael Otsuka, Oxford: Princeton University Press, 2013, p. 153.

主张权利时，意味着他们已经不再把彼此视为家庭成员了。现实中经常出现这样的情况，一个家庭突遭变故，父母都失去了抚养子女的能力，因而他们子女不得不却没有任何怨言地承担起了维持家庭的责任。从法律角度来看，在这一情形中，子女的权利没有得到保障，且被迫承担起了不应由他们承担的义务，因而，执法机构可能要求对子女进行社会抚养，同时将父母纳入某种社会保障体系之中。就权利的实现来说，这一安排无疑是更为合理的，它通过对家庭成员权利的社会保障而免除了没有能力履行义务的家庭成员彼此间的法律义务，让社会运行的负担得到了更加公平的分配。但它并不能消除家庭成员彼此间的道德义务，更不能消除家庭成员因为不能履行对彼此的义务而产生的愧疚感。这表明情感归属在家庭成员间的道德联系上有着至关重要的地位，换句话说，身份在我们对义务的感知中有着至关重要的地位。认识到这一点并把它作为一项一般原则而提出，这是科斯嘉德与传统自由主义道德哲学家的关键区别所在，虽然她仍然试图把身份纳入康德主义道德哲学的架构之中。

在上述情形中，如果父母与子女被分开，并都获得了非常合理的社会安排，那么，他们各自的处境是变好了还是变坏了？从一方面来看，他们的权利都得到了更有效的保障，因而似乎改善了自己的处境；但从另一方面来看，他们又都遭受了巨大的情感损失，尤其对于未成年的子女，将不可避免地陷入某种身份危机，在这个意义上，他们的处境又都恶化了。这种矛盾表明，情感归属本身就是一种内在价值，因而失去情感归属本身就是一种内在损失。在这里，所谓内在损失，是指无法得到补偿的损失，且正因为无法得到补偿，我们就无法通过再分配手段来矫正其后果。所以，破坏具有内在价值的事物是一种最坏的恶，剥夺人的情感归属则是对他人生活的一种最不道德的干预，哪怕这么做可能有助于其他道德上的目的。这种归属不是一种权利，你不能主张任何人对你提供情感归属，但如果你在某些人那里获得了你在别人那里无法得到的情感归属,你就对他们产生了特殊的义务。扩大言之,如果你在某些人那里获得了你在别人那里无法得到的内在价值,你就对他们产生了特殊的义务。这是与传统自由主义道德哲学不同的一种义务观。传统观念认为,任何义务都是以我的同意或至少是承诺为前提的,①如果我没有明确或默示地表达过同意或承诺,那我就不需要对任何人承担义务。但在现实中,我们的许多义务都不是以同意或承诺为前提的,而且,虽然我没有表达过同意或承诺,但任何合理的观点都会认为我就是负有这些义务。②比如,对于我的父母作为我的父母的事实,我从来没有表达过同意,我们之间的关系也并不建立在承诺之上,但任何合理的观点都会认为我对他们负有一种最为特殊的义务。其原因就在于他们是我的父母的事实,而这一事实的规范含义则是他们作为我的父母的事实本身让我获得了一种无法替代的内在价值。

内在价值论否定了赫希曼式的经济分析。由于内在价值并不是一种权利,因而不被承认或没有享受到权利并不构成拒绝因获得了内在价值而产生的义务的理由。但这又引起了新的问题:如果我对某些人负有特殊义务的原因是他们向我提供了一种特殊的内在价值,那么,当他们不能继续向我提供这种价值,或我能在其他人那里获得更大的价值时,

---

① Samuel Scheffler, *Families, Nations and Strangers*, The Lindley Lecture, University of Kansas, October 17, 1994.
② 这意味着,否定这些义务的观点都是不合理的。这是一个似乎反直觉的结论。作为现代人,我们的目标是去过一种合理的生活,这意味着运用理性去对我们的生活内容进行反思。但在事关内在价值的问题上,反思是无效的。如果对亲子关系进行反思,一个人可能发现他与父母间的关系没有任何合理的基础——在最极端的情况下,他可能是一桩强奸案的副产品,而他的母亲之所以仍然生下了他,只是因为她没有堕胎的机会。但如果有人因此认为他与他的父母之间的关系不具有内在价值,这一结论在任何意义上都不可能是合理的。无疑,这一关系的形成在道德上是有污点的,但这并不能否定这一关系本身的内在价值,我们也无法通过理性祛魅来祛除它的内在价值。在某种意义上,这正是电影《焦土之城》所表达的观点。就此而言,内在价值论向我们呈现出了理性主义的道德推理方式的局限。现代主流思想总是试图以理性为基点来构筑人们之间的道德关系,但这只有在不涉及内在价值时才是可能的,换句话说,只有在尊重内在价值的非理性主义逻辑的前提下,理性主义的道德推理才能得出合理的结论。这是我们在运用理性主义的道德推理时必须认识到的问题。

我能否拒绝这种义务？在全球化的条件下，人的跨国迁徙已经成为一股不可逆转的趋势，且这种迁徙已在事实上造成了许多义务关系的空置，使许多有能力者可以近乎随意地拒绝对其母国的义务，进而不仅造成了一国内部，也造成了国际关系中严重的不正义。要矫正这种不正义，我们必须证明每个人都对他的祖国负有某种特殊的——虽不是无限的——义务，在这个问题上，内在价值论是必要的，却不是充分的。它可以解释我们对于国家的特殊义务的来源，却无法否定通过用脚投票来拒绝这种义务的行为。要规范用脚投票的行为，我们必须重理自由与正义以及应得与平等的关系。

二、自由与正义

家庭具有内在价值，这是一项经验事实。而且，这种内在价值是如此特殊，以致我们根本无法想象用脚投票的问题。如果我们把家庭也看成分配的结果，那么，这种分配几乎总是一次性的——出生当然是一次性的，领养最好也是一次性的，因为如若不然，所有相关方都必然经受巨大的内在损失。在这里，用脚投票是可能的，但我们很难想象任何心智正常的人会选择用脚投票。另一方面，国家具有内在价值——即国家可以提供一种文化归属，对大多数人来说，这也是一项经验事实。当然，也会有一些人认为自己是世界公民，并宣称他在把自己视为世界公民时能比作为某个国家的公民感受到更深切的内在价值。但在我们这样一个世界，这一主张是可疑的，因为我们世界中唯一能被视为世界公民的只有难民，只有他们可以要求全世界保障他们的基本权利，而去问难民他们愿不愿意做世界公民，这本身就是一个不道德的问题。难民之所以能被视为世界公民，是因为整个民族国家体系的合法性是建立在每个人都有其公民身份因而都有一个愿意对其提供保护的国家可供归属的基础上的，而难民是失去了公民身份或虽仍有公民身份却失去了国家保护的人，他们的出现使国家体系陷入了合法性危机，要重建国家体系的合法性,民族国家体系就必须把难民作为世界公民。① 不过,如果我们把公民身份看成分配的结果,这种分配则不必然是一次性的,也就是说,用脚投票是客观存在的,而这又反证了我们的世界中不存在被宣称的那种世界公民,因为如果你真是一个世界公民,那你为什么还要用脚投票? 因为用脚投票的本质并不是地理迁徙,而是对存在于不同地理空间中的一系列权利义务关系的取舍,正是这种取舍的事实表明了现实中并不存在普世性的世界公民,而只存在表现为不同国家公民的一等公民、二等公民,等等。对我们来说,个人在国家之间的用脚投票是一项事实,政治理论的任务则是发现这一事实的规范含义,并以此为基础来重构我们的政治模式。

在最直接的意义上,用脚投票是指个人长期性地离开他的母国,而定居到另一个国家或地区。这种离开必须是长期的,因为只有长期离开才能表明他不愿履行对其母国义务的真实态度,但不必然是永久性的,因为如果条件合适,离开者经常又会做出回到母国的理性选择。那么,这种行为如何能被理解为一种投票? 如果它可以被理解为一种投票,离开者投的到底是什么票? 在日常政治中,投票只有三种方式——赞成、反对以及弃权,但无论投的是什么票,行使投票权利就意味着投票者必须履行遵守投票结果的义务。就此而言,用脚投票其实是一种反投票。用脚投票者放弃了投票的权利,但又不是弃权,因为弃权意味着我不对可能被赋予我的义务发表意见,但无论这种义务为何,我都同意接受并承担它。用脚投票则是对任何可能被赋予我的义务的拒绝,而既然我已经拒绝了这种义务,那么这种义务究竟为何也就与我没有关系,因而我也无须对此发表意见了。可见,用脚投票是一种拒绝,其实质是用脚投票者拒不承担对其母国的义务,同时并不必然拒绝享受母国赋予他的权

---

① Joseph H. Carens, "States and Refugees: A Normative Analysis," in Howard Adelman, ed., *Refugee Policy: Canada and the United States*, Toronto: Tory Lanes Press Ltd., 1991, p. 23.

利。比如,如果一个国家没有直接税同时对所有退休公民提供非常高的养老福利,而她的一位公民从年轻时便移居他国同时并未失去国籍,那么,当达到退休年龄时,他就可以在几乎没有履行过对其母国义务的条件下享受母国对其提供的丰厚权益。在现代政治中,权利与义务是个人作为一国公民所应享受到的收益与所须承担的负担,如果有人能够在无须承担任何负担的条件下获得收益,意味着别的人承担了额外的负担,而这显然是不公平的。如果一种行为造成了不公平的结果,那它在道德上就是可谴责的,在政治上则是需要加以矫正的。但如果我们因为用脚投票有可能造成不公平的结果而拒绝任何人用脚投票,结果可能是更大的不正义——比如种族屠杀。那么,用脚投票到底在什么意义上可以被视为一种正当的行为?

在本书第一节,我们区分了行为的三种规范含义,这种区分为我们理解"如何正当地行事"的问题提供了如下判断标准:正当地行事就是做被要求的事,不做被禁止的事,以及在未被明确要求或禁止时寻求行为的可允许性。进一步地,所谓被要求的事,就是有义务或应为的事;所谓被禁止的事,就是违背义务或不应为的事;所谓可允许的事,就是不违背义务或应为的事。以此为标准,那么,在任何情况下,拒绝本应由你承担的义务都是一种不正当的行为。在这一前提下,如果我们把国家所提供的文化归属视为一种内在价值,那么一国的每位公民都对他的母国负有特殊义务,这种义务要求他在合理限度内厚待他的同胞,并在必要的时候为了他的母国而自我牺牲——这种牺牲不一定是合理的,比如军人为了国家的安全或仅仅是"想象"出来的民族尊严而牺牲生命,这种牺牲不见得合理,但在道德与政治上又都是必须的。然而,内在价值论并不构成否定用脚投票的依据,因为既然特殊义务源于内在价值,那么,即使我承认国家具有内在价值,也并不意味着我的母国就一定具有内在价值,进而,如果我真诚地感受到另一个国家向我提供了无法抗拒的内在价值,那我就没有任何理由不离开我的母国。① 而在这样做时,我虽然拒绝了对我母国的义务,却并没有拒绝对向我提供了内在价值的国家的义务,也就没有拒绝本应由我承担的义务。如果是这样,那么,每个人都可以正当地用脚投票。这有什么错吗?

在逻辑上,没有。每个人都生活在能向他提供内在价值的共同体中,这是"自由人的联合体"的应有状态。但在现实中,这样一种逻辑必然造成不正义的后果。因为,作为一种实践价值,自由是以能力为前提的,即使每个人都被赋予了规范意义上的迁徙自由,也只有有能力——即能够支付迁徙成本——的人才拥有事实上的迁徙自由。在现实中,这些有能力的人主要是指富人与高技能人才,其中,富人自己有能力支付迁徙成本,高技能人才即使自己没有能力支付迁徙成本,别的国家也愿意替他们支付迁徙成本。而如果一个国家——无论穷国还是富国——的所有富人与高技能人才都迁徙到了别的国家,其结果必然是这个国家中其他人处境的恶化,因为他们失去了因为富人在他们的国家中获得并可能被用于改善这个国家所有公民处境的资金以及在他们的国家中出生的拥有高技能且这种高技能可能被用于改善这个国家所有公民处境的人才的流失而改善其处境的机会。传统自由主义将自由视为一种无条件的价值,但如罗尔斯所说,"正义(才)是社会制度的首要价值",② 因而,只有以正义为条件,自由才能成为一种规范性的价值。这意味着,只有当它能够满足正义的要求时,用脚投票才是人们的一种自由。那么,用脚投票如何才能满足正义的要求?

我们先来看看一国内部的用脚投票问题。在某种意义上,现代民族

---

① 内在价值论可以表明某些关系具有内在价值,却无法明确这些关系中究竟哪些主体可以给另一些主体带来内在价值。朋友关系显然具有内在价值,但这并不意味着我在某一个时期的朋友在任何时候都会是我的朋友,这是由内在价值本身的特性所决定的。所以,内在价值论有助于解释未用脚投票者与其国家间的关系,却无力约束用脚投票的行为。
② [美]罗尔斯:《正义论》,何怀宏、何包钢、廖申白译,北京:中国社会科学出版社 1988 年版,第 1 页。

国家是文化身份的一种整合方案,它将不同的文化身份整合成了同一种文化身份,即将北京人、南京人、重庆人……都整合为了中国人。当然,作为重庆人的身份仍然具有内在价值,但这种价值是次于作为中国人的价值的,当二者产生冲突时,前者须无条件地让位于后者,也就是说,在作为民族国家的中国内部,作为重庆人的身份并不能赋予我对于重庆的特殊义务,否则中国就仍是一个封建国家,而不是一个民族国家。这从内在价值论的角度证明了一国内部的迁徙自由,当一个重庆人迁徙到北京时,他没有任何理由产生道德上的愧疚感。在逻辑上,内在价值论一定会得出某种具有保守主义色彩的推论,与封建国家相比,民族国家通过政治手段拓宽了保守主义的边界,让人们试图保守的目标从一种"窄"的价值拓展为了一种"宽"的价值,同时也让人们有了更大范围的行动自由。不过,即使在一国内部,迁徙自由也是有条件的。由于民族国家实现了对所有次级文化身份的整合,当富有的与高技能的重庆人都向北京迁徙时,从内在价值论的角度,他们在道德上并没有过错,但如果这造成了重庆社会整体发展水平的落后,造成仍然居住在重庆的人们相对处境的恶化,从分配正义的角度,这种迁徙在客观上就是不正义的,迁徙自由也就成了一种道德上可疑的价值。但在现实中,我们通常并不会因此谴责个体的用脚投票行为,相反,我们保护甚至鼓励这种行为。为什么?因为国家具有再分配的职能,可以通过再分配来供给一种补偿正义。只要这种补偿是合理的,落后地区的富人与高技能人才的用脚投票就不必然是一种不正义,相反,由于补偿可能高于这些人留在缺乏资源和机会的家乡能够做出的贡献,他们的用脚投票甚至可能改善留下来的那些人的处境,因而更加符合正义。正是由于这一原因,在一国内部,用脚投票几乎从来就不是一个有争议的问题。

如果国内正义的原则也适用于国际正义,那么各国公民之间的用脚投票要成为一种规范性的价值,就必须有类似的机制对用脚投票者的母国做出补偿,让这些母国也分享到因为用脚投票者的离开而被生产出来的额外好处。在这里,用脚投票的支持者经常问的一个问题是:如果用脚投票者留在母国根本无法创造出任何价值,并在离开母国后创造出了可以为全人类——当然也包括其母国——所共享的价值——如知识,那他的母国为什么还应得到补偿?对此,欧博曼(Kieran Oberman)的回答是,用脚投票者对他的母国以及同胞负有两重义务,一重是回报义务(obligation of repayment),一重是援助义务(duty of assistance)。[1] 其中,前者源于母国对他的技能培训提供了资助,因而他有义务做出回报,不过,这里所说的技能培训不包括成年前的基础教育,因为这是每个国家对其公民的无条件义务,是无权要求回报的。回报义务要求高技能人才不能让他的同胞们的处境比他没有受到培训前更差,因为对他们的培训耗费了所有人的资源,如果没有得到培训的人的处境变差了,意味着对高技能人才的培训对没有得到培训的人来说就是一种净损失。援助义务的基础既可以是内在价值论,也可以是普遍人权论。其中,内在价值论可能认为离开的事实并不能否定母国对用脚投票者仍然具有内在价值的事实,所以他仍然有义务援助他的同胞,帮助他们改善其处境,而不只是维持其处境不变差。显然,这是一种特殊义务。普遍人权论则主张发展——也就是改善自己的处境——是每一个人的基本人权,因而每一个人都有义务帮助他人改善其处境,用脚投票者的援助义务只是这一普遍义务的一部分。

可以看到,无论回报义务还是援助义务,都是用以规范用脚投票者个人的,而让用脚投票者个人独自承担补偿义务显然不公平,因为国家之间广泛的用脚投票现象的根源并不是个人拥有用脚投票的自由,而是不同国家之间的结构性不平等。在当前的用脚投票主要表现为人才榨取即更有支付能力的国家从其他国家中榨取高技能人才的背景下,我们

---

[1] Kieran Oberman, "Can Brain Drain Justify Immigration Restriction?" *Ethics*, Vol. 123, No. 3 (Apr., 2013), pp. 427 - 455.

无法把用脚投票者在母国无法创造价值的事实完全归咎于母国,因为如果发展真是每一个人的基本人权,那么,在国际不平等主要表现为发达国家与发展中国家间的不平等的条件下,发达国家就有义务帮助发展中国家建立一种有助于每一个人发挥才能从而创造价值的制度环境,而不是通过强化不平等来诱使高技能人才出走。同理,发达国家经常以"资本外逃"的受害者自居,而如果它们真的想从根本上消除资本的用脚投票对本国劳动阶层造成的损害,那唯一的途径也是消除所有国家间结构性的不平等,只有到那时,资本的自由流动才有可能不会对无辜的人们造成损害。卡伦斯认为,限制迁徙自由不是应对国际不平等的一种道德上可允许的办法,①但通过鼓吹迁徙自由来固化甚至加剧国际不平等,这在道德上是更加不可允许的。如果我们明确了在用脚投票中产生的不正义并不完全甚至并不主要归咎于用脚投票者个人,那么,要让迁徙自由符合于正义,人才榨取的受益国就有义务帮助受害国建立能够留住人才的制度环境,只有这样,不同国家间的人才竞争才是一种公平竞争,在公平竞争前提下的迁徙自由才是一种规范性价值。另一方面,我们似乎不能说资本外逃的"受益国"有义务帮助"受害国"建立平等的经济环境,因为资本外逃反映的是市场的失灵,是权力关系凌驾在了供需关系之上的结果。在一个完美的市场中,所有人都能自由地选择交易对象,但同时,谁又都不能影响交易的价格,在这里,谁都不对谁拥有权力,因而每一个人都是自由的。而在资本外逃的情形中,只有外逃的资本能够自由地选择交易/投资对象,并在很大程度上决定交易的价格/投资的条款,在这里,只有资本是自由的,而无论逃入国还是逃出国则都只是资本的奴隶,不得不屈服在资本的权力之下。在这个问题上,更合理的观点是认为所有国家都负有一种建立平等经济体制的义务。而当每个国家都

---

① Joseph H. Carens, "Migration and Morality: A Liberal Egalitarian Perspective," in Brian Barry and Robert E. Goodin, ed., *Free Movement: Ethical Issues in the Transnational Migration of People and of Money*, New York: Harvester Wheatsheaf, 1992, p. 33.

履行了这一义务,使资本不能再随意决定交易/投资的对象和相应的价格/条款时,资本的自由流动才是一种规范性价值,且无论资本如何流动,这种流动才真正属于市场选择。只有这样,市场才能帮助人类实现自身的解放。反之,一切不对称的自由实质上都是权力关系的结果,是某些人奴役状态的一种反映。

三、应得与平等

在分析用脚投票的问题时,我们不可避免地会涉及与它相似的另一个现象,这就是脱邦(secession),即某个国家的部分公民决定从该国中独立出来,成立一个新的主权国家。与用脚投票一样,脱邦也是脱邦者对其母国的拒绝,但在学术界,二者所受到的对待完全不同。在绝大多数主流学者那里,迁徙自由都被视为一种无条件的基本人权,所需争议的仅是这种权利是否需要受到正义原则以及何种正义原则的限制,但几乎没有人主张脱邦也是人的一种基本权利。布坎南指出,国际法学界的主流观点认为,脱邦的合法权利只存在于两种特定情况中:第一,"经典的"去殖民化,即一个海外殖民地寻求将其从宗主国的控制中解放出来;第二,对不公正的军事占领重新提出领土要求。此外,有的学者还主张第三种情况,即某个种族群体被否认了参与政府的渠道。① 但无论如何,与用脚投票的权利相比,"单方面脱邦的权利,与革命的权利一样,是针对严重的和持久的不正义的一种最后的补救性权利。这些不正义必须如此严重,以至于其他国家无法支持该国家对存在争议的领土的权利主张"。② 换句话说,脱邦在本质上是一种领土主张,这是它与用脚投票的实质性区别,正是这种区别决定了脱邦只能是一种补救性权利,而不是

---

① Allen Buchanan, *Justice, Legitimacy, and Self-Determination: Moral Foundations for International Law*, New York: Oxford University Press, 2004, p. 333.
② Allen Buchanan, *Justice, Legitimacy, and Self-Determination: Moral Foundations for International Law*, New York: Oxford University Press, 2004, pp. 337 - 338.

基本人权。那么,我们为什么不能在一般意义上支持脱邦者的领土主张?

要回答这一问题,我们需要回溯一般权利理论。根据洛克的观点,在自然状态下,每个人对自己的身体及其所蕴含的能力拥有完全权利,但任何外在于每个人身体之外的事物都是所有人共同所有的。当然,一个人可以通过某种方式——即劳动——来实现对某物的排他性占有,但在这样做的时候,他就从全体那里取走了某样东西,就可能恶化了其他人的处境,所以,这种主张排他性权利的行为需要一个限度,这个限度就是著名的"洛克但书"(Lockean Proviso)——"留有足够的同样好的东西给其他人所共有",①其目的在于避免其他人的处境因他的占有行为而受到恶化。只要他遵循了这一限度,他从全体那里拿走东西的行为就被视为正当的,这种行为的结果就被确认为了他的权利。而一旦他逾越了这一限度,虽然他仍然在事实上占有着他从全体那里拿走的东西,但这种占有本身则不能被视为一种权利,因而需要接受共同体的再分配。换句话说,如果我对于我身体之外的事物主张排他性权利的行为导致了他人处境的恶化,那我就需要对他人做出补偿。显然,脱邦者的领土主张不仅仅会造成他人处境的恶化,而且完全剥夺了他人通过这些本属于共同所有的土地来改善其处境的权利,所以,即使是自由至上主义的(libertarian)权利学说也不能无条件地支持这样一种权利主张。

另一方面,如果我对于我本来就对其拥有完全权利的我的身体及其所蕴含的能力的排他性使用造成了他人处境的恶化,那任何人都不能要求我做出补偿。这就是特松(Fernando R. Tesón)所说:"其他人不能对我的自然天赋提出基于正义的主张。由于我的才能是与生俱来的,而不是我从全体中取走的物品,我通过我的才能取得的一切收入都完全是我自己的。这些个人才能不能被追溯于任何过去的暴力的或可疑的占有。

---

① [英]洛克:《政府论:下篇》,叶启芳、瞿菊农译,北京:商务印书馆1996年版,第19页。

如果一个人追溯我所有的土地的产权链,他也许会发现,在过去的某个时刻,某个人从另一个人手中偷走了这块地。但对我的自然天赋的产权链的任何检验都不会发现任何的污点。这些天赋从我出生那天就一直属于我,我没有从其他任何人那里夺走它们。"① 而既然我对我的自然天赋的使用完全取决于我,那我决定将它带到另一个国家去使用,这在道德上就没有任何可以批评之处。换句话说,只要我带走的仅仅是我的天赋以及完全因这种天赋而产生的所得,那用脚投票就是任何人都无法加以干涉的自由。

洛克以来的自由至上主义者关于自然天赋与外在事物的区分暗含了一种应得观念,即自然天赋是我作为自然人的应得,因而不接受社会正义原则的调节,只有外在事物,由于它们属于社会资源,因而我对它们的占有只有在满足某些社会正义原则的前提下才能成为我的社会应得,在洛克那里,这些原则包括劳动、为他人留下足够多的同样好的东西以及适度占有不浪费等。② 无疑,这种应得观也对占有做出了道德限制,使它能在一定程度上符合社会正义的要求,但在实践中,这种限制显然是不够的。如果每个人都应得他的自然天赋,那么自然天赋的不平等就是全社会的应得,换句话说,社会成员之间生来就应该是不平等的,而这样一个社会显然不可能是一个正义的社会。在布坎南看来,这样一种应得观体现了关于义务的一种纯工具性观念,"根据纯工具性观念,个人有自由完全基于个人利益最大化的标准来选择与他们结成政治联合的人。因此,处境更好的人,即'有的'(haves),可以自由地选择将公民身份限制在他们内部,以形成一个只包括他们自己并使他们能够最有效地追求

---

① Fernando R. Tesón, "Brain Drain," *San Diego Law Review*, Vol. 45 (2008), p. 910.
② C. B. Macpherson, "Editor's Introduction," in John Locke, *Second Treatise of Government*, Indianapolis: Hackett Publishing Company, Inc., 1980, p. xvi.

他们自己利益的国家。"①如果这成为现实,那么这个国家将成为一个"有钱人的联合体",而不是"自由人的联合体"。它也许能够避免使自然天赋更高的人沦为"发展的工具",②却必然造成其他人沦为这些人实现自我利益的工具的结果。

可见,用脚投票在多大程度上是一种自由,实际上取决于我在多大程度上应得我的自然天赋,而我在多大程度上应得我的自然天赋,又决定了正义原则的适用范围。这正是罗尔斯在《正义论》中试图解决的核心问题。作为自由至上主义最有影响的批评者,罗尔斯坚信,"没有一个人应得他在自然天赋分配中的地位,正如没有一个人应得他在社会中的初始地位一样"。③ 当然,这不是否认个人对其自然天赋的权利,事实上,这种权利是任何人都无法剥夺的。但从分配正义的角度,自然天赋的分配——即人们在自然天赋上的差异——应当被视为一种共同资产,比如,一个乐队中每个人都有着不同的音乐天赋,正是这种天赋的分配决定了乐队的成就,因而它是一种共同资产。这意味着,自然天赋虽然是个人所有,但其分配要受社会正义原则的调节,具体来说,要受"差别原则"的调节。根据差别原则,"天赋更好的人(那些在自然天赋的分配中占有更幸运位置的人,而从道德上讲他们对此不是应得的)被鼓励去获得更多的利益——他们已经从这种分配的幸运位置中受益了,但条件是他们应以有利于天赋更差的人(那些在这种分配中占有更不幸位置的人,而从道德上讲他们对此也不是应得的)善的方式来培养和使用他们的自然天赋。"④只有这样,他们才对从他们的自然天赋中产生的收益拥

---

① Allen Buchanan, "Federalism, Secession, and the Morality of Inclusion," *Arizona Law Review*, Vol. 37 (1995), pp. 58–59.
② Kieran Oberman, "Can Brain Drain Justify Immigration Restriction?" *Ethics*, Vol. 123, No. 3 (Apr., 2013), p. 455.
③ [美]罗尔斯:《正义论》,何怀宏、何包钢、廖申白译,北京:中国社会科学出版社 1988 年版,第 301 页。
④ [美]罗尔斯:《作为公平的正义:正义新论》,姚大志译,上海:三联书店 2002 年版,第 123 页。

有合法期望，才拥有对其主张应得的资格。如果以此为标准，那么，有钱人与高技能人才的用脚投票在道德上就是可疑的，除非其母国的其他成员——尤其在自然天赋的分配中处于最不利地位的那些成员——也能因为他们的用脚投票而改善其处境，否则他们的用脚投票行为就是不符于分配正义的。

在这里，我们需要警惕这样一种观点，即如果一个国家最顶尖的高技能人才都迁徙到另一个有着更高经济回报的国家，意味着其母国中技能相对他们较差的某些人获得了占据有着更高经济回报的职位的机会，而这种机会是如果用脚投票者没有用脚投票他们就绝不可能获得的，因而，用脚投票者的用脚投票实际上也改善了那些被他们抛弃的人的处境。这种观点是正确的吗？在某种意义上，是的，如果所有第一名都用脚投票到同一支队伍，意味着其他队伍里每个人的排名以及相应的回报都得到了提升。但是，如果我们让所有队伍都参加同一次竞赛，那其他队伍将几乎不可能有获胜的机会，而如果所有第一名都没有用脚投票到同一支队伍，每一支队伍都是有机会胜出的。这正是当今国际关系的现状。"二战"以来，几乎所有国家中的高技能人才都源源不断地流入美国，并且，不可否认，他们中的许多人都做出了如果留在母国绝对不可能做出的成就，且这些成就中的许多已在事实上成了全人类的共同财富。但另一方面，国际格局的不平等并没有受到挑战，相反，顶级人才的不断流入，美国的霸权空前巩固，导致其他国家在国际事务中几乎没有与美国讨价还价的能力。结果，我们可以设想其他国家人民的处境都得到了改善，比如，由于用脚投票者在美国取得的医学成就，许多曾经的致命疾病已不再成为我们健康的主要威胁，但这种改善并不必然意味着正义。我不给我的奴隶治病，这当然是不正义的，但我给我的奴隶治病，这同样说不上什么正义。迁徙自由之所以能被视为罗尔斯意义上的社会基本善之一，是因为民族国家内部客观存在着分配正义的供给机制，换句话说，是因为迁徙自由本身已经受到了正义原则的调节。而在国际关系领域,在事实上不存在有效的正义供给机制的前提下,空谈迁徙自由的结果只能是国与国之间不平等的加剧与依附关系的加深。所以,在当前的国际体制下,有能力者在事实上拥有用脚投票的自由,但这种自由必须接受道德批评,也只有确立起迁徙自由的道德可批评性,才能通过国际关系体制改革来规范用脚投票行为,使其有助于正义的目的。

  在不涉及社会资产转移的条件下,用脚投票可以被视为自然天赋的再分配,由于这种再分配会对不同地区人们的利益造成不对等的影响,因而需要受到分配正义的调节。罗尔斯的差别原则确立了一国内部用脚投票的限度,即它需要符合"最小受惠者的最大利益"。在这里,差别原则并不要求平等,因为在一国内部,公民身份本身包含了平等,所以不平等就不被视为不正义的主要表现——这种表现是公平,"最小受惠者的最大利益"就属于公平的要求,而不是平等的要求。所以,在更严格意义上的平等主义者看来,差别原则根本就是一种得到证成的不正义原则(a principle of justified injustice)。[①] 而在国家之间,不平等才是不正义的主要表现,因而是否公平不能成为评价用脚投票是否符合正义的标准。如果A国向B国提出给后者一个亿交换一名计算机工程师,且这名计算机工程师留在B国只能为B国创造出一百万的价值,那这笔交易可说是远超出公平了。但这种交易的结果可能是B国始终无法建立起有效的网络安全体系,因而不得不从A国那里花更高的价格购买由从它那里流失的计算机工程师设计的网络安全产品。为什么会这样?原因就在于国际格局中严重的不平等,而在不平等的前提下,盲目追求用脚投票的自由只会导致不平等的加剧。所以,在用脚投票的问题上,分配正

---

① Thomas Christiano, *The Constitution of Equality: Democratic Authority and its Limits*, New York: Oxford University Press, 2008, p. 23.

义不能仅仅要求用脚投票的结果符合最小受惠者的最大利益,而必须要求用脚投票的结果有利于促进国际平等。只有当用脚投票有利于促进国际平等时,迁徙自由才是一种道德上可允许的规范性价值,反之,它就只是强者用以掠夺弱者的道德凶器。

第4章　分配正义视角下的责任安排

第1节　应得与应为

党的十九届四中全会报告提出，要"使改革发展成果更多更公平惠及全体人民"，①对政治理论研究来说，这就要求我们更多关注分配正义的问题。在当代分配正义研究中，应得是一个得到广泛讨论的概念。在直觉上，让每一个人都得其之应得是符合普通人道德观念的分配思路，但在理论上，什么叫应得？我们如何判断一个人应得何物？实现了应得是否就意味着实现了公平正义的分配？这些都需要进一步的澄清。

当斯密茨（David Schmidtz）在《正义诸要素》中写下"人们应当（ought to）得到他们应得（deserve）之物"②时，恐怕没有多少人会表示反对，至少，对大多数人来说，他们的第一反应不会是反对。否则，难道人

---

① 《中共中央关于坚持和完善中国特色社会主义制度　推进国家治理体系和治理能力现代化若干重大问题的决定》，《人民日报》2019年11月6日第5版。
② David Schmidtz, *Elements of Justice*, New York: Cambridge University Press, 2006, p. 31.

们不应当得到他们应得之物?由于这一显而易见的逻辑,在当代正义理论中,应得称得上最重要的一个要素。虽然所有人都得到其应得并不必然意味着正义,但如果有人没有得到其应得,则一定意味着某种不正义。所以,要实现社会正义,一个最基本的要求就是保证每个人都得到其应得。那么,每个人到底应得什么?对此,主流观点的主张是,在特定规则体系下,每个人都应得其生产性投入的成果。在这种观点中,应得被视作一个非竞争性的观念,①当我通过我的生产性投入来得到我的应得,你也通过你的生产性投入来得到你的应得时,我和你谁也没从谁那里拿走什么。相反,获取应得的过程就像一个在跑步机上跑步的过程,跑了多少步,就应得多少里程数,谁也别想多得,谁也不会少得,结果是如此的公平。但在现实中,获取应得的行为总是发生在竞争性关系之中,而作为竞争的结果,我的所得之所以比你少,可能并不是因为我的投入不够。而当我投入了我能投入的全部,所得则不及你的十分之一时,我怎么能够不加抱怨地接受你的所得就是你的应得?我怎么能不产生哪怕一丝的怀疑,怀疑你从我这里拿走了什么?这表明,应得原则在分配正义中的功能是有限的。有鉴于此,不断有学者提出要对应得进行限制,在所有这些试图限制应得的主张中,我们可以抽象出另一条分配原则,这就是应为,这些主张共同所要表明的则是,只有当一个人为获取应得而所为之事属于他的应为时,他的所得才属于他的应得。将应为确立为应得的前提,这是当代分配正义理论所取得的最重要成就,也是它们无法突破的理论限度。

一、应得的理想模式

斯密茨认为:"一个社会让人们受益的一种(如果只有一种)关键方

---

① David Schmidtz, "How to Deserve," *Political Theory*, Vol. 30, No. 6 (Dec., 2002), p. 793.

式是根据人们对合作行动的贡献按比例地分配合作的果实。这是社会在一开始要引入贡献的原因。我们通常所理解的应得是使社会黏合为一项创造性冒险的部分原因。"①之所以如此,是因为应得是对利益的合法主张。这里的合法具有两层含义:第一,当我应得某种利益时,我必然为社会合作做出了某种贡献,对我而言,这种贡献就构成了我的应得基础(desert base),对社会而言,这种贡献就构成了获取应得的合格条件(qualifying condition),②因此,当我对社会提出相应的利益主张时,这种主张就具有道德上的合法性;第二,当我提出一种合法的利益主张时,其他人就没有道德上的合法理由来谴责我的这种主张,更没有理由谴责属于我的应得的所得。正是这种合法性让应得成为社会对为社会合作做出了贡献的人进行补偿或奖励的机制,根据这种机制,只要我对社会合作做出了符合合格条件的贡献,就可以心安理得地享受我的所得,就可以通过说"这是我的应得"来拒绝对我的获益的一切谴责甚至是干预,就可以拒绝对我的应得利益进行再分配。在典型的市场经济条件下,这样一种保护是每个人都需要的,而且,只有在这种保护之下,所有人才能积极地参与到社会的"创造性冒险"之中。另一方面,如米勒所说,"应得是一个批判性的概念:当我们说'他应得这个'或'她不应得那个'时,我们恰恰是在对我们的制度在特定的场合或一般的场合分配利益的方式提出挑战"。③ 因此,当一个人被认为不应得他的所得时,就失去了对其所得的道德保护,并因此陷入了他人的道德谴责与行动干预的威胁之中。

---

① David Schmidtz, "How to Deserve," *Political Theory*, Vol. 30, No. 6 (Dec., 2002), p. 788.
② Joel Feinberg, *Doing and Deserving: Essays in the Theory of Responsibility*, Princeton, New Jersey: Princeton University Press, 1970, pp. 58-59.
③ [英]米勒:《社会正义原则》,应奇译,南京:江苏人民出版社2001年版,第157页。

在理论上,严格以应得为原则的分配模式是每个人都可以理直气壮地向其他人宣告"这是我的应得"的分配模式,我们可以将这种模式称为"跑步机模式"。在这一模式中,我们可以将跑步机想象为一个发电机,当你在上面跑步时,它就将动能转化为了电能,也就是将你的生产性投入转化为了对社会合作的贡献。这一假设解决了应得话语中的一个难题,即努力与贡献的不对等问题。如沃尔夫(Jonathan Wolff)所说,所有应得理论都是围绕努力与贡献展开的,要么纯粹以努力为基础,要么纯粹以贡献为基础,要么以转化为贡献的努力为基础,[1]但这些理论都面临一个问题,即努力与贡献是不对等的,因而无法得到同一化的衡量,进而导致我们无法准确地判断到底谁应得什么。而在跑步机模式中,每个人的努力与贡献则是对等的,至少具有一种比例性的相等。这让我们得以更准确地识别每个人的生产性投入。进而,我们假设社会中的每一个人都拥有健全的跑步能力,而社会则向每一个人都提供了一台一模一样的跑步机,并且完全交由个人来自由地使用它。每一个人都可以自主决定哪一天要不要跑,跑多长时间,按什么速度来跑,是跑一会休息一会,还是跑完了再休息。但无论如何,你跑了多少步,计数器上就会显示多少里程数,谁也别想多得,谁也不会少得。进而,如果社会对相同的里程单位给予完全相同的回报,那么,每个人跑了多少步——即付出了多少努力,就为社会合作做了多少贡献,就应得多少回报。在这种情况下,谁也没有从谁那里拿走什么。同时,对于自己在社会中的处境,每个人都承担了完全的责任,而没有任何责任被外部化,[2]所以,谁也没搭谁的便车,谁也没占谁的便宜。显然,如果真的存在这样一种模式,那在这种模式

---

[1] Jonathan Wolff, "The Dilemma of Desert," in Serena Olsaretti, ed., *Desert and Justice*, New York: Clarendon Press, 2003, p. 221.

[2] David Schmidtz, "Taking Responsibility," in David Schmidtz and Robert E. Goodin, *Social Welfare and Individual Responsibility*, New York: Cambridge University Press, 1998, p. 8.

下,严格根据应得原则进行的分配就是一种正义的分配。

现在设想别的情况。如果跑步机的计数器上不只会显示每个人所跑的里程数,而且会显示每个人在所有人中的排名,那这一排名是否属于每个人的应得?如果这种排名仅仅只是排名,而且每个人都有一个排名,那我们似乎没有理由否认任何一个特定的排名是那一个特定的人的应得,正如我们没有理由否认任何一台跑步机上的里程数是使用那台跑步机的人的应得一样。在这里,每个人都仍然可以理直气壮地对其他所有人说"这是我的应得",区别在于,排名靠前的人可能真的会这么说,排名靠后的人则可能羞于这么说。然而,如果社会决定,我们不仅要给每个人一个排名,而且要根据排名来给每个人不同的回报,那这种回报还是每个人的应得吗?比如,社会可以将最后一名的回报标准设定为1,同时,每比他高出一名,回报就增加1%,那么,显然,社会成员越多,第一名与最后一名间的回报差距就越大。由于这种差距完全取决于每个人的排名,而每个人的排名又完全取决于他的里程数,且他的里程数又完全取决于他跑了多少步的事实,那我们似乎没有理由对任何一个人说"这不是你的应得"。但问题在于,"一个人只能基于她自己的自愿行动(voluntary action)而应得某种对待(受益或受损)"。[1] 如果说跑多少步并因此能够排多少名是每一个人自愿行动的结果的话,按排名来阶梯性地提供回报则是与他的自愿行动无关的,因此,如果说排名的确是每一个人的应得的话,由根据这种排名实施的非比例性回报所造成的境遇差异则不属于任何一个人的应得。另一方面,比例性回报虽然也是不平等的,却属于所有人的应得,因为回报机制没有改变人们自愿行动所造成的结果。

在理想的跑步机模式中,分配的机制可以被归纳为"每个人的每一

---

[1] Gillian Brock, "Just Deserts and Needs," *The Southern Journal of Philosophy*, Vol. 37, No. 2 (1999), p. 177.

步都只算作一步",即每一步(努力)都按相同的标准计算里程数(贡献),所以,我跑了多少步,就应得多少里程数以及与里程数成比例的回报。而在现实中,有的人的一步在分配的时候被算作了许多步,另一些人的一步则被算作不到一步,但无论是多是少,只要他的一步没被算作一步,分配的结果就不属于他的应得。对此,克里斯特曼(John Christman)通过对"利润"的分析做出了说明。通常来说,支持企业家应得利润的主张有两大理由:第一,投资本身有风险,企业家承担了这种风险,所以应得回报;第二,企业家在识别对某种产品的需求以及满足这种需求的过程中付出了努力与技能,结果是使消费者受益了,所以应得利润。对于这两个理由,克里斯特曼的观点是:第一,冒险本身不能作为应得的基础,而取决于冒险的目的。你为了一件本身是值得冒险的事——或为了某种崇高的目的——而冒险,那你也许应得某种回报,比如成为英雄。但如果不是,那就不能说你冒了险就应得什么,比如不能说黑社会因为冒了险就应得保护费。所以,对企业家来说,仅仅承担投资的风险并不足以构成应得任何回报的理由。① 第二,如果使消费者受益能够成为应得的基础,那么,当利润为零时,消费者的受益将是最大的,所以,"企业家不应得他们的利润,因为它们不是由作为应得主张之基础的消费者的受益所决定的。之所以如此,是因为利润是由以下外部因素决定的,包括竞争企业间的距离、生产技术的一般可获及性以及其他条件。而由于这些变量加起来就破坏了比例条件(即消费者的受益与生产者的付出不成比例),我们就不能认为以这种方式被决定的利润是应得的。"② 也就是说,只有当利润为零时,企业家的一步才被算作了一步,而只要利润不为

---

① 这一点可能不只是适用于企业家,也适用于所有的投资者。所有投资都是一种冒险,但这并不构成应得回报的理由。一个人是否应得其投资的回报,有赖于投资行为本身的目的,具体来说,是这种目的的道德含义。中国社会过去十几年出现的全民炒房现象就是对这一论点的佐证。

② John Christman, *The Myth of Property: Toward an Egalitarian Theory of Ownership*, New York: Oxford University Press, 1994, p. 95.

零,企业家的一步就被算作了不只一步,而这多于一步的利润就不属于他的应得。

　　根据经济学的假设,在完全竞争市场中,没有任何人能够改变价格,意味着每个人的努力与贡献都得到了同一化的衡量,并获得了同一化的回报。反之,只要有人能够改变价格,那不同人之间在努力、贡献与回报上的比例就出现了不等的情况,由于现实市场不可能完全基于努力给予回报,这就意味着在相同努力的情况下,某些人被认为比另一些人做出了更大的贡献,即出现了一步不是被算作一步的情况。显然,马克思对劳资关系中剩余价值的分析揭示了劳动力市场中资本家作为价格制定者的事实,而这一事实所导致的结果则是资本家的一步被算作了多于一步,工人的一步被算作了少于一步,进而,通过以这种计算为基础的分配,资本家就剥削了工人,作为这种剥削的结果,资本家与工人就都没有得到他们的应得。作为经济学的一个分析工具,完全竞争市场在现实中是不存在的,这意味着现实中不存在支持应得的跑步机模式的各种条件,即我们没有办法对每个人的生产性投入做出同一化的衡量,进而就不可能基于这种衡量来确认每个人的应得。结果在现实中,每个人的所得可能都不属于至少不完全属于他的应得。这意味着什么?意味着我们应当抛弃应得的观念吗?不是的,相反,如米勒所说,正因为有了应得的观念,我们才能对这些不应得的所得做出谴责与批判,才能促使人们去而且只去追逐他们应得的利益。而如果没有这一观念,应得与所得不符的情况只会更加严重。因此,在客观上存在应得与所得不符,而且我们至少在目前没有能力做到"每个人的每一步都只算作一步"的情况下,唯一可行的方案就是抛弃应得的跑步机模式,而用另一种方式来定义应得。在当代正义理论中,这种方式就表现为用应为来重新定义应得,即只要你为了获取应得的所为属于应为,那么,虽然你的一步可能不仅仅被算作为一步,你的所得却仍然属于你的应得。

二、从应得到应为

在理想的跑步机模式中,严格以应得为原则的分配在两个方面符合我们关于正义的观念。第一,每台跑步机只供一个人使用且只显示该使用者的里程数,因而谁也无法搭谁的便车,谁也不能占谁的便宜,每个人都必须也只能对自己的自愿行动负责,这可以被称为正义的责任观念;第二,每个人的每一步都只算作一步,因而谁也没有从谁那里拿走什么,反之,如果有的人的一步被算作不只一步,有的人的一步被算作不到一步,那前者被计算进分配份额中的多出一步的部分就一定是从后者那里拿去的,易言之,前者就剥削了后者,这可以被称为正义的平等观念。与罗默(John E. Roemer)相似,这里对剥削的理解是技术性的,"它表现为个人向社会提供的劳动与社会向个人提供的劳动的对比,其中,后者蕴含在个人所主张的物品之中。"①即剥削表现为个人的生产性投入与社会回报间的不足比例。这种理解不同于作为一个伦理学范畴的"不当剥削"(wrongful exploitation)概念。不当剥削概念的一些支持者将对义务的破坏作为剥削的前提。在这种观念看来,在很多情况下,一个人可能对另一个人具有某种优势,这一事实一方面让前者可以利用这种优势来占后者的便宜,另一方面也让后者产生了某种义务,不能通过某些明显不可接受的方式来不当地占后者的便宜。当前者违背了该义务时,就剥削了后者。② 这种观念当然有它的适用之处,但在经典的劳资关系问题上,它是不适用的。

---

① John E. Roemer, "Should Marxists be Interested in Exploitation?" *Philosophy & Public Affairs*, Vol. 14, No. 1 (Winter, 1985), p. 31.
② Thomas Christiano, "What is Wrongful Exploitation?" in David Sobel, Peter Vallentyne, and Steven Wall, eds., *Oxford Studies in Political Philosophy*, New York: Oxford University Press, 2015, pp. 250–277.

在劳资关系中，资方几乎总是处于优势的一方，而为了防止其不当地利用这种优势，社会就会赋予它某种义务，限制其利用优势的方式。在现实中，这种义务的可行限度就是让资方尊重现有的劳动保护法律，不能让劳动者在失业威胁下陷入一种自愿地不受法律保护的状态。根据不当剥削观，如果我们真的只能赋予资方这一义务，那么，只要履行了这一义务，劳资关系中就不存在剥削。这一结论显然是不能接受的，它与本书所说的通过应为来证成应得的思路体现了相同的逻辑。当然，如前所述，在现代社会中，对生产性投入的同一化是一个悬而未决的问题，所以，技术性的剥削概念更多只能作为一个解释工具而存在，它的功能是帮助我们理解市场经济的局限性。另一方面，不当剥削的概念则具有某种矫正功能，它试图通过赋予市场主体以某种义务来矫正市场经济的缺陷，虽然这种矫正经常也是不能令人满意的。回到应得的问题上，可以认为，我们关于分配正义的理解就是由责任观念与平等观念共同构成的，当一种分配模式既符合责任观念，又符合平等观念时，在这一模式中，每个人的所得就都属于他的应得，换句话说，以应得为原则的分配就是一种正义的分配。但如果一种分配模式不能同时符合这两种观念，那在该模式中，人们就无法应得他们的所得，换句话说，以应得为原则的分配就不是一种正义的分配。

跑步机模式要能适用应得原则，必须满足两大条件，这两大条件也就是应得观念的合法性条件：第一，每个拥有健全跑步能力的人都被提供了一台一模一样的跑步机。其中，"拥有健全跑步能力"意味着每个人社会能力的平等。这里可能存疑的是，跑步能力是一种自然能力而非社会能力，而自然能力的分配并不是一个社会过程，其所造成的不平等似乎也不应当受到社会干预。之所以如此，是因为在自然能力与社会能力间的关系是偶然的，一个天生比大多数人跑得都快的人只有在存在商业化的田径比赛的条件下才因此获得了通过运用他的自然能力来改善其处境的社会能力，而且，即使他比所有人跑得都快，他也可能根本就对跑步没有兴趣,因而也不会选择通过跑步比赛来改善自己的处境,那么,对他与其他人之间在跑步能力上的不平等进行干预就是没有意义的。对此,本书的观点是,的确,在所有方面抹平人们自然能力的差异是没有意义的,这实际上取消了人本身的内在价值,而把人变成了实现某些社会目的的工具。但另一方面,应得本质上是一种论功行赏的观念,它希望让每一个人都"力争上游",而不是"力争下游",因此,去挣得应得就是要去挣得在社会中较好的处境,而不是较差的处境。那么,对一个社会来说,在相对较长的某个时期里,与大多数社会成员通过自身的努力可以达到的较好处境相关的那些自然能力就是相对确定的,因此,要保障每个人的"健全跑步能力",对自然能力的事实差异进行社会干预就是有必要的。否则就是承认因自然能力的不平等所造成的社会能力以及社会处境的不平等,就是承认出生决定命运的合法性。不过,除了生理缺陷这样的特殊情况,这种干预并不意味着直接矫正自然能力的不平等,而更多意味着通过对训练资源在一般条件下的平等供给与特殊情况下的补偿性供给来促进每个人社会能力的平等,因为社会能力是通过对自然能力的训练而获得的。这不会造成人的工具化,因为每个人都可以选择开发自己所拥有的哪一些自然能力。当然,这种"投资"可能失败,而这被视为个体应当对自己的选择承担的责任,其结果并不足以表明社会在保障每个人"健全跑步能力"上的失败。就此而言,社会保障每个人"健全跑步能力"的责任并不是一种结果责任,而是一种程序责任。另一方面,"一模一样的跑步机"则保障了社会机会的平等,它让每一个拥有"健全跑步能力"的人都有平等的机会去实践其能力。在这两个条件下,每个人都获得了对自己的自愿行动负责的机会,所以它们可以被称为应得的机会平等条件。

第二,每个人的一步都只算作一步,因而分配过程不会导致剥削,这可以被称为分配平等条件。机会平等是个人对其自愿行动负责的前提,①但如果分配不平等,那么,个人虽然必须为其所做出的社会贡献承担责任,却没有能力也无须对相应的分配结果承担责任,因而,当他在分配中受到了剥削时,被剥削的结果就不是他的应得。同时,机会平等与分配平等并不必然导向结果平等,除非每个人都做出了完全相同的生产性投入,从而使他们的计数器上显示出完全相同的里程数。否则,如果社会在保障了机会平等与分配平等的条件下强行将不平等的结果变为平等的结果,就与差别化的分配机制一样破坏了个人对其自愿行动负责的条件,结果,虽然分配是平等的,但这种平等的分配则不属于任何人的应得。

我们知道,近代以来,西方自由主义分化为了两大流派,即自由至上主义与自由平等主义。在分配正义问题上,前者侧重于正义的责任观念,后者侧重于正义的平等观念。自由至上主义的典型倾向是在不考虑平等观念的条件下谈论个人责任,认为正义就是每个人都对其自愿行动的结果负责,而不允许责任的外部化,不接受为他人行动的后果买单。在这种观点看来,应得的"问题不在于你与威尔特间的关系,而在于威尔特的所做与所得间的关系以及你的所做与所得间的关系。仅此而已"。②也就是说,你跑了多少步,就可以基于正义的理由而要求社会承认你多少里程数,却不能基于正义的理由而抱怨其他人的里程数比你多,更不能基于正义的理由而要求社会将其他人的里程数算到你的头上。但问题是,分配的核心并不在于里程数,而在于与里程数相对应的社会回报,如果说里程数是每个人自愿行动的结果,非比例性的社会回报则不是。因而,当你跑了两倍于我的步数时,所有步数都是你应得的,但当社会——准确地说是那些跑得多的人——决定给予你五倍于我的回报时,

---

① John E. Roemer, "Equality and Responsibility," *Boston Review*, Vol. 20, No. 2 (Apr., 1995), p. 4.
② David Schmidtz, "How to Deserve," *Political Theory*, Vol. 30, No. 6 (Dec., 2002), p. 793.

你有什么理由证明所有这些回报都是你的应得？而当你得到了你不应得的回报时，你不应得的那部分就一定是从我这里拿过去的，换句话说，你就剥削了我。这是一个非常简单的数学问题。假设我跑了100步，你跑了200步，我们一共为社会创造出了300单位的资源，且这300单位的资源就在我和你之间进行分配。那么，符合分配平等条件的分配就是我获得100单位的资源，你获得200单位的资源，在这里，你的贡献两倍于我，回报也两倍于我，因而我们的回报都属于各自的应得。但在现实中，更可能发生的分配是，我获得50单位的资源，你获得250单位的资源，在这里，你的贡献两倍于我，回报则五倍于我。以分配平等条件为标准，你多得了50单位的回报，我少得了50单位的回报，而你多得的就是从我这里拿走的，虽然可能不是你亲手从我这里拿走的。

无疑，正义要求每个人都对其自愿行动的结果负责，否则，如果每一个人都可以轻易地搭另一个人的便车，那就没有人愿意为社会做贡献了。但当我不得不接受他人强加于我的分配标准时，任何人也都不能要求我对我的所得承担责任，进而让我承认其他某个人的剥削性所得就是他的应得。因而，当自由至上主义基于责任观念来为非比例性的社会回报辩护时，其实是在为剥削张目。自由至上主义者首先肯定了剥削的合法性，然后主张说，每个人应当为其到底是成为剥削者还是被剥削者负责，如果你选择成为剥削者，那你就应得剥削者的境遇，如果你选择成为被剥削者，那你就应得被剥削者的境遇，任何人都不能既选择成为被剥削者又要求享受剥削者的境遇。根据自由至上主义的责任观，既然你选择成为被剥削者，就必须对你的选择负责，这是一个具有责任感甚或正义感的人必须遵循的原则。但问题是，如果真的可以选择，即在事实上存在着剥削者与被剥削者的区别的前提下每个人都有平等的机会选择成为剥削者或被剥削者，有谁会选择成为被剥削者？所以，当自由至上主义从这样一种责任观出发来证明被剥削者应得其被剥削的境遇时，不仅是对被剥削者的羞辱，更是对应得观念以及应得观念所体现的正义观念的亵渎。如果社会根据这样一种应得观念来进行分配,结果无论如何也不可能是正义的,进而,应得就无法继续成为一项合法的正义原则。为了恢复应得作为正义原则的合法性,自由平等主义的解决办法是为应得设置一条前置原则,这就是应为,而在不同学者那里,应为的内涵是不一样的。

在当代学者中,罗尔斯是应得观念最重要的批评者,但同时,也可以被视为应得观念最重要的维护者。他一方面不留情面地批评了自由至上主义的道德应得观,另一方面又构造出了一种具有平等主义色彩的制度应得观。首先,在机会平等条件上,罗尔斯不承认自然天赋的应得性,认为没有人应得其在自然天赋分配中的位置。这意味着,每一个人的运气都不应在分配中扮演任何角色,因而,虽然每个人在自然天赋与初始地位上都是不平等的,但只要我们能用一道"无知之幕"将其从社会基本结构的确定过程中排除出去,使其不影响社会基本善的分配,那么,对于社会基本善的分配来说,每个人就仍然拥有平等的机会。由此,自然机会的平等得到了满足。接着,罗尔斯通过规定"职务和地位向所有人开放"[1]来给予每个人一台一模一样的跑步机,即保障了社会机会的平等,从而使应得观念的第一个合法性条件得到了满足。不过,真正的挑战在于分配平等条件,即"每个人的一步都只算作一步",而在这一点上,罗尔斯认为,正义理论是无能为力的。其原因大致有二。首先,我们事实上无法对每个人的努力与贡献做出同一化的衡量,尤其是随着知识经济的产生,在劳动过程越来越不可见的背景下,社会根本无法确认每个人到底付出了多少努力;其次,在追求对每个人的努力与贡献做出同一化衡量越来越不具有现实性的前提下,这种追求本身可能对"自由社会"的基本结构造成破坏,其结果不仅不能实现正义,反而会牺牲某些与正义同

---

[1] [美]罗尔斯:《正义论》,何怀宏、何包钢、廖申白译,北京:中国社会科学出版社1988年版,第79页。

等重要甚至更加重要的价值。所以,他的正义理论不追求实现分配平等。但要重新确立应得观念的合法性,使人们能在符合"作为公平的正义"的制度下合法地应得相应的利益,他必须为应得提供一种新的合法性条件,这就是他所提出的"差别原则",又被理解为"最小受惠者的最大利益"原则。

罗尔斯试图让人们相信,正义的分配并不要求"每个人的一步都只算作一步",而要求分配的结果符合"最小受惠者的最大利益"。只要满足了这一条件,只要在分配中受益更大的人在获取其所得的同时也保证了那些最小受惠者获得了他们的最大利益,他们就对他们的所得产生了"合法期望"与"挣得资格","当人们以这种方式来行动的时候,他们就是应得的,正如合法期望观念所要求的那样。"①也就是说,只要剥削者同时也保证被剥削者获得了他们在剥削制度所能允许范围内的最大利益,他们的所有剥削所得就都属于他们的应得。由此,罗尔斯就让应得重新成为一种合法的正义原则,就向所有剥削者提供了一种使他们能够重新主张其所得之道德合法性的方式。虽然在当前的现实条件下,我们可能无法否定罗尔斯关于无法实现对每个人的努力与贡献进行同一化衡量的判断,但罗尔斯在其理论叙述中所表现出来的对分配不平等甚至剥削的纵容却让许多更严格的平等主义者难以接受。另一方面,差别原则的确向剥削制度的受益者提供了一条应为的标准,即虽然被剥削者无力改变被剥削的境遇,无力动摇剥削者的地位,但出于正义的理由,剥削者仍然应当顾及被剥削者的利益,且只有当前者这么做了时,他们才能证明其所得的合法性,才能应得其所得。这不是一种最优的正义理论,但至少在罗尔斯自己看来,它显然是最符合西方社会实际支配情况的次优正义理论。它之所以不是最优的,是因为它无力保证每个人都可以得其之应得;它之所以是次优的,则是因为它为所有人确立了这样一条原则,即只

---

① [美]罗尔斯:《作为公平的正义:正义新论》,姚大志译,上海:三联书店2002年版,第120页。

有当你做了你应为即正义要求你做的事时,你才能够主张应得。与自由至上主义所推崇的剥削式应得观相比,这样的应得观无疑显得正义多了。

三、两种应为观及其限度

罗尔斯用合法期望的观念来重新定义应得,而在这里,期望本身又是通过社会基本善的概念而得到定义的。在罗尔斯看来,基本善"是那些被假定为一个理性的人无论他想要别的什么都需要的东西"。① 而所谓差别原则,就是指"人们按照这样一种原则来分享基本的善:一些人可以拥有较多的善,如果这些善是通过改善那些拥有较少的善的人的境况的方式而获得的。那么,按照这一社会正义观,期望就被定义为一个代表人能合理地期待的基本善的指标"。② 也就是说,作为应得前提的应为,是指人们应当保证社会的基本善以一种特定的方式得到分配,使其结果符合于最小受惠者的最大利益。这里的问题在于,当罗尔斯从善的角度来理解分配并将善定义为"理性欲望(desire)的满足"③时,就与"作为公平的正义"的一个基本前提——正当优先于善——产生了矛盾,因为根据义务论的标准解释,正当之所以优先于善,是因为"善激发了我们的欲望(desires),而正当告诉我们必须去做何事"。④ 所以,当罗尔斯从对欲望的满足来理解基本善的概念时,就让他的正义理论的义务论成色

---

① [美]罗尔斯:《正义论》,何怀宏、何包钢、廖申白译,北京:中国社会科学出版社1988年版,第87—88页。
② [美]罗尔斯:《正义论》,何怀宏、何包钢、廖申白译,北京:中国社会科学出版社1988年版,第90页。
③ John Rawls, *Justice as Fairness: A Restatement*, Cambridge, Massachusetts: The Belknap Press of Harvard University Press, 2001, p. 93.
④ Gerald F. Gaus, "What is Deontology? Part Two: Reasons to Act," *The Journal of Value Inquiry*, Vol. 35, No. 2 (2001), p. 179.

减色不少,虽然他宣称"作为公平的正义"按定义"就是一种义务论的理论"。① 换句话说,罗尔斯所提出的应为要求是很弱的,根据这种要求,剥削者并不需要做出太多让步就可以让他的全部所得重新成为应得,而符合"作为公平的正义"的分配也很容易被另一种稍强一些的正义观视为不正义的分配。事实上,这正是基本需求理论批评罗尔斯的地方。

库普(David Copp)认为:"由于差别原则没有考虑到我们的基本需求,这一原则就无法保证,将基本善转移至那些在基本善的分配中处于劣势的人的过程将使他们有能力满足他们的基本需求。甚至,这一原则还可能要求降低那些拥有较好处境的人的期望,导致他们中的某些人不再有能力满足他们的需求。"② 这里有两种情况,一种情况是,我在基本善的分配中处于优势且基本需求得到了完全满足,你在基本善的分配中处于劣势且基本需求远远没有得到满足,那么,根据差别原则,我只需为你在基本善的分配中争取最大利益就可以让我的优势地位得到合法化,而同时,你的基本需求可能仍然没有得到满足。比如,你可能身患重病,需要大笔医疗费用,而我在制度范围内为你争取到了最多的社会救助,但对你需要的钱来说,这笔救助只是杯水车薪。根据差别原则,这种分配就是符合正义的,而根据基本需求原则,这种分配则不符合正义。另一种情况是,身患重病的不是你,而是我,因此,虽然我在基本善的分配中处于优势,却可能无法满足我的基本需求,而根据差别原则,我还需要帮助改善你在基本善的分配中的处境,结果必将是进一步削弱我满足自身基本需求的能力。在基本需求理论看来,这显然是更为严重的不正义。有鉴于此,库普断言:"罗尔斯的理论可能将一个社会视为正义的,即使

---

① [美]罗尔斯:《正义论》,何怀宏、何包钢、廖申白译,北京:中国社会科学出版社1988年版,第27页。
② David Copp, "Equality, Justice, and the Basic Goods," in Gillian Brock, ed., *Necessary Goods: Our Responsibilities to Meet Others' Needs*, New York: Rowman & Littlefield Publishers, Inc., 1998, p. 115.

这个社会中的许多人都没有能力满足他们的某些基本需求,即使这个社会中的经济资源可以以一种使每个人都有能力满足其需求的方式而得到再分配。我认为这样一个社会事实上将是不正义的。它将是不正义的,因为它本来可以使人们有能力满足他们的需求,但它却没有这么做。"①

在基本需求理论看来,在无法保证分配平等的条件下,要能够主张应得,人们应为的不是去促进最小受惠者的最大利益,而是去确保每个人的基本需求都能得到满足。之所以如此,是因为基本需求是超出一个人控制能力的需求,是一个人无论如何想摆脱却都无法摆脱对它的需求的需求,或者说,是任何人都无法选择的需求。如果说在一般性的需求上个人是可以选择的因而必须对它的满足承担责任的话,在基本需求的问题上,如果一个人在事实上没有能力满足自己的基本需求,那他并不需要对这一结果负责,换句话说,满足其基本需求的责任并不是他的应得,因而其他人就不能合法地拒绝承担确保他的基本需求得到满足的责任。当范伯格说"说'S应得 X,因为将它给他将有利于公共利益'是对'应得'一词的误用"②时,他说的一点都没错,因为促进公共利益不属于任何人的应得,而是每一个人的责任。当古丁说"义务与责任不必然是你应得之物"③时,他说的也一点没错,因为义务与责任属于每一个人的应为。罗尔斯认为:"社会的每一成员都被认为是具有一种基于正义、或者说基于自然权利的不可侵犯性"④,换句话说,所有人都有一种"自然正义义务"去保护每一个人的这种不可侵犯性。基本需求理论同意罗尔斯的这一观点,区别在于,在

---

① David Copp, "Equality, Justice, and the Basic Goods," in Gillian Brock, ed., *Necessary Goods: Our Responsibilities to Meet Others' Needs*, New York: Rowman & Littlefield Publishers, Inc., 1998, pp. 115–116.

② Joel Feinberg, *Doing and Deserving: Essays in the Theory of Responsibility*, Princeton, New Jersey: Princeton University Press, 1970, p. 81.

③ Robert E. Goodin, *Protecting the Vulnerable: A Reanalysis of Our Social Responsibility*, Chicago: The University of Chicago Press, 1985, p. 133.

④ [美]罗尔斯:《正义论》,何怀宏、何包钢、廖申白译,北京:中国社会科学出版社 1988 年版,第 25 页。

罗尔斯那里，这种不可侵犯性体现为对基本善的权利，而在基本需求理论这里，这种不可侵犯性则体现为对基本需求之满足的权利。相应的，罗尔斯认为具有正义感的人的应为是去促进最小受惠者的最大利益，基本需求理论则认为是去确保每个人的基本需求都能得到满足。

那么，为什么是基本需求，而不是基本善？对此，基本需求理论的解释是，善代表的是欲望，而当你拥有某种欲望，我拥有能够满足你的这种欲望的资源时，这一事实本身并不足以让我对你拥有权力，并不足以使我能够对你实施剥削，因为你可以控制你的欲望，可以在我试图对你实施剥削时放弃这种欲望。另一方面，当我在一定范围内垄断性地拥有能够满足你基本需求的资源时，我就一定获得了能够对你实施剥削的权力，因为"当我们非常需要什么东西时，他人不必像在其他情形中一样非要拿着枪指着我的头才能威胁我服从。"① 所以，每个人的欲望都得到充分满足——即每个人都获得足够多的基本善——并不能消除剥削，这正是"作为公平的正义"的根本缺陷，何况罗尔斯并不要求每个人都获得足够多的基本善。只有当每个人的基本需求都得到了满足因而有能力拒绝其他任何人向他提出的剥削性提议时，每个人才能够选择不被剥削，反过来，当他在事实上选择了被剥削时，被剥削的结果才是他的应得，进而，剥削者的所有所得也才都属于他们的应得。只有这样，剥削才能最小化，因而根据基本需求原则所进行的分配才能最接近于正义，进而，当所有人的基本需求都得到了满足时，所有人的所得也才成为他们的应得。

古丁认为："人际间的剥削发生在一个人相对于另一个人处于一种非常强的地位时。"② 对于这一论断，本书所要指出的是，一个人要能剥削

---

① Onora O'Neill, "Rights, Obligations and Needs," in Gillian Brock, ed., *Necessary Goods: Our Responsibilities to Meet Others' Needs*, New York: Rowman & Littlefield Publishers, Inc., 1998, p.108.

② Robert E. Goodin, *Reason For Welfare: The Political Theory of the Welfare State*, Princeton, New Jersey: Princeton University Press, 1988, p.125.

另一个人，并不需要相对于后者处于一种如基本需求理论所认为的那么强的地位，即我并不是只有在一定范围内垄断了满足你基本需求所需的资源时才能对你实施剥削。在本书看来，基本需求理论对欲望与需求关系的分析是不完整的。诚然，当我在一定范围内垄断了满足你基本需求所需的资源时，我就对你拥有了权力，就能够对你提出剥削性的提议。但另一方面，当我所拥有的某些资源并不属于你的基本需求，但你对它有着非常强的欲望时，你就给了我对你提出剥削性提议的权力，就让我获得了剥削你的能力。因此，只要我能掌控你对其有着非常强欲望的资源，我就同样能够对你实施剥削，并且，在某种意义上，你并不是被迫接受我的剥削，而是主动送上门来让我剥削的。① 而要做到这一点，我并不需要在一定范围内垄断满足你基本需求所需的资源，也就是说，即使社会分配完全符合基本需求原则，社会成员间的关系仍然可能是普遍的剥削与被剥削的关系，如果产生于这种剥削性关系中的所有所得都被视为应得，那基本需求理论所主张的应得观念就同样不成为其一种正义观念。

总之，无论罗尔斯还是基本需求理论，都是在默认剥削的前提下讨论分配正义的，在这么做的时候，他们并没有抛弃应得的观念，而是在思考如何重新确立应得的条件，其共同的回答则是用应为限制应得，即只有当一个人为获取所得而做之事属于应为时，他的所得才属于应得。如前所说，在理想条件下，应得原则本身是可以成为分配正义之充分条件

---

① 从批判理论的角度来看，消费社会可以被视为"消除"剥削的一种社会发展方案。在消费社会中，所有人都被激发了无穷的欲望，并作为一个"贪得无厌"的人而主动地寻求某些人的剥削。如果是这样，那根据某种类似于"愿者不受害"的原则，前者在事实上受到的不当对待就在道德上得到了豁免。结果，在观念上，剥削就被消除了，而在事实上，剥削则变得更加普遍了，一个人要剥削另一个人的门槛也大大降低。当然，道德理论不可能把满足个体的欲望作为一个实践目标，但这也并不意味着在满足欲望中所产生的剥削现象就不需要得到矫正。在某种意义上，这指向了更深层次的不平等问题，即为什么有些人可以通过经济手段来刺激并利用另一些人的欲望的问题。另一方面，如果要彻底消除因不平等的分配而产生的经济权力，可能需要建立一个超级国家，而我们并没有能力保证这一超级国家对我们负责。正是基于这一矛盾，道德理论似乎只能通过赋予剥削者某些应为来约束他们的行为。

的,这个理想条件就是不存在剥削,而只要存在剥削,应得作为正义原则的合法性就是不充分的。显然,罗尔斯与基本需求理论都不打算改变剥削的现实,虽然在这一点上后者比前者做出了更多努力。所以,无论他们设计出了多么精细的分配正义理论,依据这些理论所进行的分配都不是符合正义的。如斯密茨所说,自从马克思谴责资本主义社会没能给予工人他们的应得以来,古典自由主义者一直担心将正义问题视为应得的问题会许可对自由的干预。① 而经过罗尔斯与基本需求理论等"平等主义者"的努力,这一担心已不复存在了。他们用应为限制应得的结果,是使剥削得到了合法化,换句话说,是证成了剥削的自由,结果,剥削者获得了不应得的利益就不再成为干预他们自由的理由了。通过接受应为,剥削者许可社会基于正义的理由而对他们的所得进行某种程度的再分配,结果则是换来了社会对他们的剩余剥削所得的承认,而根据纯粹的应得观念,这些所得都是需要接受再分配的。在这个意义上,通过赋予剥削者以应为来促进分配正义的做法实际上扩大了社会的不正义。

在某种意义上,应得理论是证成竞争及其必然造成的不平等的一种努力。现代人生活于普遍的竞争关系之中,而竞争就有胜败,且胜者和败者间必然是不平等的,如果我们把平等作为正义的前提,那通过竞争完成的资源分配就不可能符合正义。对此,应得理论的做法是,它试图把竞争转化为交换,如本书提出的跑步机模式表明,一个人的应得之物可以被视为他与社会——即跑步机——间的等价交换,因为无论一个人跑了多少步,都会被转化成相等的里程数。在这里,每一个人都与社会进行了等价交换,意味着社会成为所有人间的一般等价物,而如果个体间的竞争本质上是不同个体与社会间的等价交换,那应得就成了平等的另一种表现形式,而我们就不能将个体间的所得不平等视为不正义了。

---

① David Schmidtz, *Elements of Justice*, New York: Cambridge University Press, 2006, pp. 31 – 32.

不过，这种转化是有前提的，当这些前提都得到满足，那么，通过竞争完成的资源分配也可以是正义的，而无须基于其他理由的调节。应为理论的出现表明，在现实中，这些前提往往得不到满足，所以竞争就需要受到其他原则的调节，而对竞争的调节就成了非应得式的分配正义理论的一大任务。本书的分析表明，这种调节并不足以让竞争产出符合正义的分配结果。这是所有当代分配正义理论的共同缺陷，当它们试图在剥削的前提下谈论正义时，却始终无法得出一种符合正义的分配方案，无法让每一个人合法地对其所得主张应得。所以，仅仅实现应得——哪怕是受到应为规范的应得——并不足以达成"使改革发展成果更多更公平惠及全体人民"的目标，为达此目标，我们必须超越分配正义理论的应得追求。

第 2 节　损害正义与剩余责任

近年来，在我们的社会生活中，各种损害性事件层出不穷，而由损害责任的分配不当所造成的次生性损害更是引起了广泛的道德争议，也呼唤一种恰当的损害正义理论。如果我们把损害定义为对一个人对其具有"合法期望"与"挣得资格"的应得利益的阻碍，[1]那么，在任何情况下，

---

[1] 这一定义结合了范伯格关于损害是"对利益的阻碍"（[美]范伯格：《刑法的道德界限：对他人的损害》，方泉译，北京：商务印书馆2013年版，第35页）的定义与罗尔斯关于作为"合法期望"与"挣得资格"的应得观念（[美]罗尔斯：《作为公平的正义：正义新论》，姚大志译，上海：三联书店2002年版，第117页）的定义。这一定义有以下两层含义：第一，损害意味着必须有其他人有利益在其中，如果我开车撞坏了一棵树，如果这棵树不属于任何权利主体，那除了对我自己，我没有对任何人造成损害，而如果这棵树是我邻居的财产，那我就对他造成了损害；第二，被损害的利益必须具有合法性，即他属于被损害者的应得，两个人在公平的条件下竞争同一个职位，我成功了，你失败了，你的利益当然受到了阻碍，但由于该利益并不是你的应得，我就没有对你造成损害，反之，如果我是通过不正当的手段从本应获得该职位的你手中夺走了它，那我就损害了你的利益。

损害都是不正义的,①并且,损害的事实不仅对被损害者造成了不正义,在有人受到损害会伤害其他人的正义感的意义上,它也可能对整个社会造成不正义,因为在一个理想的正义社会中,任何人都不应受到损害。正因为任何损害都可能对整个社会造成不正义,所以,只要发生了损害,每一个人就都可以主张有人对其负责,并且,如果所有损害都有人负责,我们的社会就仍然是一个正义的社会,虽然不是一个最好的正义社会,而只是一个次好的正义社会。换句话说,在实践中,一个正义的社会并不表现为一个没有受害者的社会,而是表现为一个所有损害都有人对其负责的社会。这里的问题在于,如果一种损害是由我造成的,那我当然应该对其负责,但如果一种损害不是由我造成的,而损害者没有能力负责,或我们无法找到损害者,或它根本就不是由人为的因素造成的,我是否应当对它负责?无疑,所有损害都有人负责并不意味着所有人都应当对其负责,责任关系的错置对于正义的打击并不亚于责任关系的空置。但如果我们因此拒绝对任何不是由我造成的损害承担责任,必将导致社会中广泛的不正义,甚至威胁到我们的社会作为一个道德共同体的存续。要让我们的社会能够作为一个道德共同体而存在,我们必须保证所有损害都有人负责,同时不让任何人承担明显不公的负担。要做到这一点,需确立两条原则:第一,所有由我造成的损害,只要我有能力,就应对其承担完全责任;第二,所有非由我造成的损害,如果损害者无力承担责任,或无法确认损害者,或根本不存在损害者,那么,只要我有能力,就应对其承担剩余责任。剩余责任的分配不仅是损害正义,也是整个道德生活的核心问题,它构成了道德争论的绝大部分内容,其性质与界限也成了当今道德理论的一个核心研究议题。

---

① 通过民主决策所决定的损害仍然是不正义的,但这种不正义的存在本身是合法的。这体现了正义与合法性这两种价值间的紧张。如果仅仅以合法性为政治决策的标准,那么,只要民主地做出了对哪些社会成员进行损害的决策,政治活动就告一段落了,谁都不需要再做什么。而如果以正义为标准,我们就需要对民主地造成的损害进行某种补偿。

一、损害行为与有限责任

　　一个理想的正义社会是一个没有人受到损害的社会,但我们都知道,这样的社会是不可能存在的。在任何社会中,一些人的行动经常都会对另一些人造成损害,即使没人做出损害他人的行动,许多人的利益也经常性地在各种自然灾害中受到损害。如果一个人的行动造成了对另一个人的损害,我们可以说发生了一种不正义,对此,人们通常不会表示质疑。但如果是一场自然灾害造成了对某些人的损害,我们能说发生了不正义吗?如果不能,意味着我们不能出于正义的理由而要求对因自然灾害而造成的损害进行补偿,意味着在一场地震之后灾民不能出于正义的理由——他们也许可以出于慈善的理由——而要求社会对他们进行合理的安置与救助,而这显然是任何道德观念都无法接受的。所以,因自然灾害而造成的损害也是一种不正义。但问题是,为什么?对此,一个可能的回答是,如果我们从损害的角度来思考正义问题,就预设了将应得作为正义的判断标准,而在无论因人为因素还是自然因素造成的损害中,受害者都失去了他们的应得之物,所以,无论何种损害,它的发生都意味着一种不正义。进而,如果损害是不可避免的,那我们就不可能拥有一个完全不存在任何不正义的社会。但如果我们仍然希望拥有一个尽可能正义的社会,就需要对因损害而造成的不正义采取措施,就需要有人对这些不正义的后果承担责任。只有当所有损害都有人对其负责时,我们才实现了损害正义,才能拥有一个第二好的正义社会。

　　要让所有损害都有人对其负责,对于个人来讲,第一步就是要明确,所有由我造成的损害,只要我有能力负责,就必须对其承担完全责任。在这句话中,关键词一是能力,二是完全,二者共同构成了我对由我造成的损害承担责任的界限。为了说明这种界限,让我们假设 A 的所有家庭财产总额是 100 万,并进一步假设完全由于 A 的过错导致了一场交通事故,在扣除所有保险支付之后,还让 B 遭受了 10 万的财产损失。在这一情形中，要对 B 所遭受的损害承担责任，A 就必须对 B 这 10 万财产损失进行全额赔偿，这属于 A 在其能力范围内承担完全责任的情况。现在假设另一种情况，如果 A 对 B 所造成的扣除所有保险支付后的财产损害不是 10 万，而是 200 万，那么，显然，赔偿责任远远超出了 A 的能力范围。在这一情况下，A 将不可能对 B 所遭受的损害承担完全责任，因为 B 的全部财产总额只有 100 万，并且，A 似乎还不应当承担这 100 万的完全赔偿责任，因为如果 A 赔完了这 100 万，意味着 A 和 A 的家人——他们对于 B 所遭受的损害没有任何责任——都将陷入一种高度脆弱的生活状态。如果说 A 因为自己的过错而陷入一种脆弱的生活状态是罪有应得的话，这一结果绝不是 A 的家人应得的，因而，虽然 A 的驾驶过错的确对 B 造成了损害，但如果 A 不得不耗尽他的全部家庭财产对 B 进行赔偿，这种赔偿本身就对 B 的家人造成了损害，结果将是以一种不正义去弥补另一种不正义。要避免这一结果，避免循环式的不正义，一个常见的办法是设立破产保护制度，在最大限度地对受害者进行赔偿的同时，保留损害者满足其自身及其依赖者基本需求的能力，让他们能够避免因为偶然的过错而陷入高度脆弱的生活状态之中，因为如果他们陷入了一种脆弱的处境，意味着其他人就被赋予了新的责任，这正是这一案例所涉及的根本性问题。

在分析 A 的能力不足以承担完全赔偿责任的情况时，我们引入了两个概念，即依赖与脆弱，它们将我们引向了一种特殊的责任，即保护脆弱者的责任。古丁认为："如果一方处于一种对另一方具有特别的脆弱性（vulnerability）或依赖于另一方的处境，那么另一方就有一种保护依赖一方的强烈责任。"[①]比如，医生之所以负有保护他的病人而不是其他健全个人的特殊责任，不是因为病人花钱购买了他的劳动——因为医生在

---

① Robert E. Goodin, *Protecting the Vulnerable: A Reanalysis of Our Social Responsibility*, Chicago: The University of Chicago Press, 1985, p. 39.

道德上不能因为病人无力支付而拒绝对其提供保护,而是因为病人对他具有特殊的脆弱性,这种脆弱性一方面表现为病人对他的劳动具有特殊的需求,另一方面表现为他可以对病人造成特殊的伤害;雇主之所以负有保护他的雇员而不是一般社会成员的特殊责任,也不是因为雇员为他带来了特殊的收益,而是因为雇员对他的保护——如收入保障、劳动保护等——具有特殊的需求,他则可以对雇员造成特殊的伤害。如果这一分析是成立的,那么,每一个成年人都对他的家庭成员负有特殊的保护责任,因为他们对他具有特殊的需求,而他也可以对他们造成特殊的伤害。并且由于家庭关系本身的特殊性,这种保护责任在道德上是不可替代的,因此,一种可接受的正义理论必须以不破坏家庭关系为前提,即不能出于正义的理由而提出很可能导致家庭关系破裂的主张。这是破产保护制度的理论依据之一,如果没有这样的制度,意味着 A 对 B 的赔偿将让 A 完全失去保护 A 的依赖者的能力,虽然这并不必然意味着他们完全失去了保护——因为 A 的配偶可以选择离婚并受到新的家庭关系的保护,他们也可以选择将他们的孩子送到社会抚养机构接受社会保护。但由于它破坏了一种具有内在价值的特殊的依赖关系及其相应的责任关系,这一结果本身则是不正义的。所以,当损害超出了 A 的赔偿能力时,社会必须为 A 的赔偿责任设定一个限度。那么,我们如何确定这一限度?对这一问题的回答需要澄清应得与需求的关系。

考虑这样一种情况。作为名牌大学的毕业生,C 需要一份体面的工作,社会舆论也普遍认为 C 应当得到一份体面的工作,但在资源稀缺的现实下,这种需求并不构成 C 应得一份体面工作的基础,相反,只有当 C 通过合法竞争挣得了任职资格时,这份工作才成了他的应得。在这里,需求为 C 参与市场竞争提供了理由和动力,而去挣得应得则是他通过竞争满足自身需求的合法方式。另一方面,如果 C 在与 D 的合法竞争中失败了,没能挣得任职资格,那么,C 虽然需要该工作,但它却属于 D 的应得。在这里,C 的需求与 D 的应得之间并不存在矛盾。他们对同一份工作有着相同的需求而又无法同时得到该工作，因此就需要通过竞争来决定谁的需求应当得到满足，这种竞争的结果必然是一方满足其需求的主张受到了否定，但因为这属于他的应得，社会就不应当改变竞争的结果。但如果是另一种情况，比如 C 和 C 的家人都在挨饿因而迫切地需要食物，而 D 刚好领到了他辛勤工作换来的丰厚收入，在这一情形下，D 的全部收入还能被视为他的应得吗？这正是辛格(Peter Singer)在名为"饥荒、富足与道德"的著名论文中提出的问题。虽然辛格是在国际关系层面上做出的分析，但他得出的结论则具有普遍的适用性，这就是："如果我们有能力阻止某种坏事发生，而不必因此牺牲任何具有相当道德重要性的事情，我们在道德上就应当这么做。"①因此，如果 D 只需付出他收入中不多的一部分——这不会恶化 D 及其依赖者的处境——就可以帮助 C 和 C 的家人避免因为饥饿而危及健康甚至生命，那 D 在道德上就应当这么做。而这就意味着，虽然 D 所付出的这不多的部分收入也是他通过合法手段挣得的，但它并不属于他的应得，因为相对于保护 D 的财产，从正义的角度来看，满足 C 的基本需求是更加重要和紧迫的事情。这一观点被布洛克(Gillian Brock)发展成了一个极受争议的主张，即需求虽然不能作为应得的基础，但应得须以基本需求为前提，只有当其他人的基本需求都得到了满足时，任何一个人的应得或者说财产权才具有道德上的正当性。"所以，财产权要得到捍卫，我们就必须为他人提供必要的条件，使他们能够找到自己的方式来满足自己的需求。"②

为什么基本需求可以成为应得的前提？在布洛克看来，这是因为"自愿行动是应得某种对待的一个必要条件。"③或者说，"一个人不能因

---

① Peter Singer, "Famine, Affluence, and Morality," *Philosophy & Public Affairs*, Vol. 1, No. 3 (Spring, 1972), p. 231.
② Gillian Brock, "Is Redistribution to Help the Needy Unjust?" *Analysis*, Vol. 55, No. 1 (Jan., 1995), p. 59.
③ Gillian Brock, "Just Deserts and Needs," *The Southern Journal of Philosophy*, Vol. 37, No. 2 (1999), p. 177.

为她不对其负有责任的行动而应得道德上的赞扬或怪罪。反过来说,只有当她对其负有责任时,她才应得怪罪或赞扬。"① 在这里,如果一项行动是我自愿做出的,意味着它是我可以控制的——我至少可以取消这项行动,正因为我可以控制它,所以我才能够对它承担责任。② 而基本需求恰是我无法控制的,无论我如何克制自己,都无法不让自己产生这样的需求。比如,无论我如何克制自己,都无法不让自己产生对食物的需求,也无法不让自己产生对拥有过上与他人一样好的生活的机会的需求,进而,如果我出于这样的需求而提出某些主张,任何人就都不能出于应得的理由而拒绝我的这些主张。因为如果这样的需求得不到满足,本身就是对我的一种损害,虽然我可能并没有失去任何应得之物。③ 所以,当处于极度饥饿的人向社会要求食物时,社会不能说"不行,只有通过劳动才能应得食物,你没有劳动,所以不能给你食物"。又如,当处于社会最底层的人向社会要求一份体面的工作时,社会不能说"不行,只有在竞争中证明了胜任的人才应得一份体面的工作,你没有证明你胜任,所以不能

---

① Gillian Brock, "Just Deserts and Needs," *The Southern Journal of Philosophy*, Vol. 37, No. 2 (1999), p. 176.
② James Rachels, *Can Ethics Provide Answers*?: *And Other Essays in Moral Philosophy*, New York: Rowman & Littlefield Publishers, Inc., 1997, p. 180.
③ Harry G. Frankfurt, "Necessity and Desire," in Gillian Brock, ed., *Necessary Goods: Our Responsibilities to Meet Others' Needs*, New York: Rowman & Littlefield Publishers, Inc., 1998, p. 23; Joel Feinberg, *Social Philosophy*, Englewood Cliff: Prentice-Hall, 1971, p. 111. 法兰克福对需求与欲望做出了区分,认为需求得不到满足意味着受到损害,欲望得不到满足则不意味着受到损害。范伯格区分的是需求与基本需求,并认为需求得不到满足意味着受到损害,基本需求得不到满足则意味着受到某种根本性的损害。本书持的观点是,只有基本需求得不到满足才意味着受到损害,普通需求与欲望的未被满足都不能被视为损害。比如,在市场经济条件下,对任何一个人来说,工作都不属于欲望,而是一种需求,但又不属于基本需求,所以在求职竞争中失利不能被视为受到损害。另一方面,工作的机会则属于基本需求,如果一个人因某种事故——如车祸——或在某个时间段——经济危机——完全失去了工作的机会,那他的基本需求就未得到满足,因而受到了损害。这正是失业险或失业救济的理论基础。至此,损害的含义被扩展为了对应得利益的阻碍与基本需求的供给失败,其中,后者属于严格意义上的社会责任,只要出现了基本需求供给失败的情况,整个社会就必须对此承担完全责任。

给你这样的工作"。那社会应该怎么做？显然，在前一种情况中，社会必须立刻给他食物，让他脱离匮乏或者说脆弱的状态。但这并没有解决问题，仅仅给饥饿者食物并不能防止他再次挨饿。基本需求先于应得意味着社会有责任无条件地满足任何成员的基本需求，但这绝不意味着每一个社会成员都可以无条件地要求社会满足其基本需求，因为社会责任的核心是培育健全的社会成员，而健全的社会成员的标志就是具有应得的能力，即他有能力获得应得之物。而要让一个人拥有应得能力，社会就必须保证当他的基本需求无法得到满足时满足这种需求，同时提供必要的条件，让他能够找到自己的方式来满足自己的基本的以及更高层次的需求，换句话说，让他有能力通过自己的方式来获得应得之物。所以，在第二种情况下，社会应当做的不是对底层社会成员说不，而是想办法赋予他们去挣得一份体面工作的能力，只有这样，职位竞争才是公平的，这种公平竞争的结果才属于胜出者的应得。

在澄清需求与应得的关系之后，我们可以说，社会为 A 的赔偿责任所设的界限需要满足两个条件：第一，它不能让 A 失去满足他和他的依赖者基本需求的能力；第二，它不能让 A 失去应得的能力，也就是不能让 A 失去通过自身的努力来重新改善他和他的依赖者处境的能力。只有这样，我们才能避免循环式的不正义，才能在保障损害正义的同时不损及一般性的社会正义。

二、剩余责任及其分配

为 A 的赔偿责任设定限度，这避免了循环式的不正义，但并没有解决最初的正义问题，即对 B 所遭受的损害承担责任的问题。为了解决这一问题，让我们回顾前面提到的两条正义原则，即所有损害都有人负责的原则与不让任何一个人成为脆弱者的原则。其中，前者决定了每个人都必须对他所造成的损害承担责任，后者决定了每一个人都有保护脆弱者的责任。在这两条原则下，如果 A 对 B 造成了损害，就必须承担赔偿

B 的损失的责任,但如果这种责任超出了 A 的能力,甚至可能使 A 与 A 的依赖者陷入脆弱的状态,那 A 的责任就是有限的,这一限度就是保留 A 满足他和他的依赖者的基本需求的能力与通过自身的努力来重新改善他和他的依赖者的处境的能力。但问题是,如果 A 的责任是有限的,就意味着 B 所遭受的损害没有被完全地负起责任,意味着有一部分赔偿责任没有被人承担,而这是否必然不符合正义呢?对这一问题的回答需要区分两种情况。

在前面的案例中,A 对 B 造成了 200 万的损失,在不让任何一个人成为脆弱者的原则下,A 对 B 做出了——比如说——95 万的赔偿,这样,B 的净损失就是 105 万。这里可能存在的第一种情况是,B 虽然遭受了 105 万的净损失,因而恶化了他和他的依赖者的生活处境,但并没有失去满足他和他的依赖者的基本需求的能力,更没有失去通过自身的努力重新改善他和他的依赖者的处境的能力,换句话说,B 和 B 的依赖者都没有因为这次损害而成为脆弱者。在这种情况下,B 虽然遭受了净损失,但在所有损害都有人负责与不让任何一个人成为脆弱者的原则下,B 却不能再出于正义的理由而提出额外的赔偿主张了。换句话说,虽然 A 所承担的赔偿责任是有限的,但对于 A 所造成的损害而言,这种有限赔偿已经构成了一种完全责任,因而其他人就不再需要对此承担任何救助责任了。对 B 而言,这可能是不公平的,B 没有任何理由因为 A 的过错而遭受净损失。但从社会的角度来看,这却是正义所能达到的一个合理限度,如果超出了这一限度,也许 B 的损失全部得到了弥补,但结果则是造成了社会中新的不正义。在这一点上,最典型的例子就是死刑。如果对损害承担责任意味着承担与损害后果完全相同的责任,那么,所有造成了他人死亡的损害者都应当被判处死刑,而这显然是与我们今天所拥有的正义观念不相容的。在损害问题上,没有人应得任何损害,但如果一个人在事实上遭受了损害,也不能主张他的损害者应得与他相同的损害。如果我们要生活在一个理性的社会之中,要拥有一种合理的正义观,就必须抛弃这样一种粗暴的复仇式的正义观。

现在我们来看第二种情况,B遭受了105万的净损失,这种损失不仅极大地恶化了B和B的依赖者的生活处境,而且让B失去了满足他和他的依赖者的基本需求与通过自身的努力来重新改善他和他的依赖者的处境的能力,换句话说,B和B的依赖者都因为这次损害而变成了脆弱者。在不让任何一个人成为脆弱者的原则下,B无法继续主张A对他承担更多的责任,事实上,A也没有能力对B承担更多的责任。同样在不让任何一个人成为脆弱者的原则下,B又有充分的理由主张有人应当对此承担责任。而既然这一责任已经无法继续由A承担,那么,它就成了所有其他社会成员的共同责任。又由于这种责任并不是他们的损害性行动的直接结果,对他们来说,这种责任就不是一种完全责任,而是一种剩余责任(residual responsibility),①即他们在承担因自己的行动所造成损害的责任之外,为了保证所有损害都有人负责而额外承担的责任。如果我们把所有损害都有人负责与不让任何一个人成为脆弱者视为损害正义的两大条件,那承担剩余责任就是损害正义的基本要求,因为在这两大条件下必然会出现责任赤字,必然会出现一个人对另一个人造成了损害却无法弥补这种损害的情况,而要让这种赤字尽可能地不损及正义,社会的所有其他成员就必须对这一赤字承担起剩余责任。当然,这一责任也是有限的,它的限度与A的完全责任的限度一样,也是不让B失去满足他和他的依赖者的基本需求与通过自身的努力来重新改善B和B的依赖者的处境的能力。

剩余责任是人类道德生活中的一个特殊现象,也是绝大多数道德争

---

① 古丁认为,每个人生来都有一个保护者和促进者,即他的母国,它对他负有保护和促进其利益的责任。但如果有人没有保护者或他的保护者不愿或没有能力保护他甚至故意伤害他,那么,保护和促进他的利益就成了其他所有人的剩余责任。这是国际救助的理论基础之一。本书对剩余责任的分析在很大程度上受益于古丁。见 Robert E. Goodin,"What is So Special about Our Fellow Countrymen?" *Ethics*, Vol. 98, No. 4 (Jul., 1988), p. 684.

论的核心议题。一个人必须对他所造成的损害负责,这是一项无须争论的道德共识。但他是否需要对非由他造成的损害负责?则构成了两类——如个人主义与集体主义——道德观念间的基本分歧。剩余责任的提出可以弥合这一分歧,它既主张一个人应当对非由他造成的且无人对其承担完全责任的损害负责,也明确指出这种责任不同于一个人必须对由自己造成的损害所负的完全责任,而只是一种剩余责任,即只有当损害者无力对所有损害承担责任时,剩余的那一部分责任才成了其他人的责任。这种责任体现了道德要求的一个根本性特征,即它不必然属于你的应得,在很多时候,你不能因为你不应得某种道德负担而拒绝承担这种负担。比如,"当你走在一段了无人烟的沙滩上并发现一个小孩在浅水中挣扎,你的背景或性格中没有任何东西暗示你应当承担营救的重担,但如果因此说你在道德上可以自由地任由这个小孩溺水,将是一件荒唐的事情。"[1]所以,我们不能同意这样一种观点——"一个人不应对其他人的行为造成的损害结果承担道德责任,如果她(在物理意义上)没有能力做任何与这一行为相反的事情的话。"[2]比如,一个人拿着枪威胁我——我们还可以进一步假设我是一名没有行动能力的残疾人——不许动,然后抢走了你的全部财物,在物理意义上,我显然没有能力做任何与这一行为相反的事情,但我能够因此豁免于任何道德责任吗?答案应当是否定的。即使我没有任何补偿或救助的责任,也至少负有一种道德责任,即帮助你确认损害者的责任。这种责任之所以是一种道德责任,是因为在法律上我有充足的理由主张我因为极度的恐惧而忘掉了关于损害者的所有信息,但在道德上,我却无法如此豁免自己。当然,这种道德责任也是一种剩余责任,在后文中我们还将进一步分析这一问题。

---

[1] Robert E. Goodin, *Protecting the Vulnerable: A Reanalysis of Our Social Responsibility*, Chicago: The University of Chicago Press, 1985, p.133.
[2] Axel Gosseries, "Historical Emissions and Free-Riding," *Ethical Perspectives*, Vol. 11, No. 1 (2004), p.42.

通过上述分析，我们可以得出损害正义对于个人的两项要求：第一，所有由我造成的损害，我在我的能力范围内对其承担完全责任；第二，所有非由我造成的损害，如果它导致被损害者成为脆弱者，我也在我的能力范围内根据社会的某种责任分配原则对其承担剩余责任。在这里，关于第二项要求，我们需要突出"根据社会的某种责任分配原则"。其原因在于，剩余责任是社会作为一个整体所负有的责任，但我们不可能在每一种情形中都要求除了当事各方之外的所有社会成员共同承担这一责任，因为这必然涉及复杂的集体决策的问题，而集体决策在损害救助中往往不仅是无效的，而且可能适得其反。那么，在确立了这两项要求之后，个人究竟应当如何承担剩余责任？又该承担什么样的责任？

第一种情况，如果存在明确的损害者，且损害者已经在他的能力范围内承担了完全责任，那么，我的剩余责任首先是去发现是否有人因为这次损害而受益，如果有，就敦促或通过某种程序迫使他根据他的受益程度与损害责任的剩余额度承担补偿责任，因为"我因为其他人的行为——这让他们或别的人付出了成本——所获得的所有好处都应使我做出补偿"。① 比如，你将污水排到了他的池塘里，导致了他饲养的所有鱼的死亡，同时也提高了我所饲养鱼的市场价格。② 他为了养这些鱼欠了银行许多钱，而你只有能力赔偿他非常少的一部分损失，在这种情况下，作为受益者，我就需要根据我的受益程度与损害责任的剩余额度承

---

① Axel Gosseries, "Historical Emissions and Free-Riding," *Ethical Perspectives*, Vol. 11, No. 1 (2004), p. 50.
② 需要指出，这里的市场价格是以我的接受为前提的，因为我可以选择维持排污事件发生之前的价格。这意味着，当我实际接受了新的市场价格时，由此带来的收益就不仅仅是好运气的结果，而是我不当地利用了他的坏运气的结果。虽然我的行为对他的受损并没有直接影响，却增加了社会成本，让所有从我这里买鱼的人付出了更高的代价。这一行为之所以是不当的，是因为后者所付出的额外成本事实上是我强加给他们的，而我从中得到的额外收益也不是基于我在竞争中的表现，因而并不属于我的应得。于是，我不当地利用了他的坏运气的事实就让我成为一个不当的受益者，进而，当在补偿他的问题上出现了剩余责任时，我就必须承担起这一责任。

担补偿责任。如果我因此获益10万,而他距离摆脱脆弱状态还需5万,那我对他所遭受损害的剩余责任就是5万。只要我履行了这5万的补偿责任,那就没有任何人能够正当地主张我承担额外的责任。当然,如果我愿意,我还可以继续承担任何我愿意承担的责任。在这整个过程中,其他人的责任就是确定我的责任,并确保我履行责任。现在考虑另一种情况,如果我因为他的受损获益10万,而他距离摆脱脆弱状态还需15万,那么,即使我履行了我的全部剩余责任,仍然有5万的剩余责任没有一个确定的主体予以承担。这部分责任应当如何分配?

在逻辑上,一个最简单的办法是"能者付费"(ability to pay),即某个有补偿能力的人以个人名义对受损者作出补偿。其逻辑在于:"处于最有利地位的人能够承担分派给他们的角色,而且,要求他们(而不是穷人)承担这一负担是合理的,因为他们能够更容易地承担这一负担。"[1]如果能者真的愿意这么做,那么,在个人道德层面,这是值得肯定的,但从损害正义的角度,由于这里的剩余责任是当事各方之外的所有其他社会成员共同的责任,没有任何人能够主张任何其他人承担这一责任,社会也不能寄希望于某一个个人来承担这种责任。在假设没有人愿意独自承担这一责任的前提下,社会需要以整体的方式承担这一责任。这里需要反驳的一个观点是"邻近责任(local responsibility)论",[2]即我对我的邻人负有特殊的责任,因而,当我的邻人受到损害且无法得到充分的赔偿和补偿时,我应当承担起对他进行救助的责任。这一观点的优点是具有感情上的易接受性,在某些时候也具有较高的救助效率。但它必然会因为地区差异而导致救助责任的分配不公,这一方面表现为地区性的收

---

[1] Simon Caney, "Cosmopolitan Justice, Responsibility, and Global Climate Change," *Leiden Journal of International Law*, Vol. 18, No. 4 (Dec., 2005), p. 769.

[2] John Baker and Charles Jones, "Responsibility for Needs," in Gillian Brock, ed., *Necessary Goods: Our Responsibilities to Meet Others' Needs*, New York: Rowman & Littlefield Publishers, Inc., 1998, pp. 226-229.

人差异导致了相应邻人承担剩余责任的能力差异,另一方面表现为不同地区居民潜在被损害机率的差异导致了相应邻人承担剩余责任的负担差异。如果按这一观点来分配救助责任,必然导致更容易发生自然灾害的地区居民承担更重救助负担与收入较低地区居民承担更重救助负担的不公平结果。所以,对于不应由任何确定主体承担的剩余责任,社会应当根据所掌握的信息——如个体的收入与他所居住地区发生损害性事件的几率(发生损害性事件的几率较高意味着个体的可支配收入较低)等——设定某种比例性的标准,在除当事人之外的其他全体社会成员之间进行公平的分配。

　　第二种情况,如果存在明确的损害者,但损害者之间存在责任争议或某些甚至全部损害者试图逃避责任,那么,我的剩余责任首先是帮助受损者确定责任人与责任关系,在损害者逃逸的情况下帮助受损者找到责任人并敦促和通过某些程序迫使他们承担责任。但如果暂时找不到责任人而受损者急需帮助呢?这个时候,受损者的全部受损就临时性地成为除当事人之外的全体社会成员共同的剩余责任,因而其他每一个人都需要按照某种公平的分配方式来承担这一责任。但同时,每一个人都仍然负有找到损害者并确保其承担应负之责任的责任。如果我们做到了这一点,那么我们预付的救助金就必须被退回至公共资金库中,用于承担其他的公共剩余责任。

　　第三种情况,如果损害是由自然因素造成的,因而不存在人为的损害者,那么损害者所遭受的全部损失就都是其他社会成员共同的剩余责任,并需要按照一种公平的方式进行分配。

　　责任不必然属于应得,但并非所有责任都不属于应得,相反,损害责任就是损害者应得的责任,损害正义的基本要求就是损害者必须承担起他应得的责任。另一方面,虽然损害责任是一种应得责任,但由于没有人应该承担明显超出自己能力甚至可能使自己陷入脆弱的责任,损害正义又不能仅仅要求损害者对他所造成的损害承担责任,而必须要求其他人在损害者没有足够能力承担这种责任时承担相应的剩余责任。损害本身是一种不正义,损害正义则是在不正义业已发生的前提下思考如何重建正义,其途径就是对损害责任进行公平的分配,这种分配的核心则是剩余责任的分配。在损害正义看来,我们每个人都负有许多剩余责任,其中最重要的是确保损害者承担损害责任的责任,只有当这一责任无法履行或履行了这一责任仍然不能满足损害正义的要求时,我们才需要并应当承担补偿或救助的剩余责任。当一种损害发生,如果一个非损害者说"你们都不用管,我来负责",那么,对受损者来说,这也许是正义的,但对社会来说,这却很可能是不正义的。当一件责任事故发生,如果某个看似无关的人说"你们都不用管,我来负责",那么,无论对受损者还是对社会来说,这一定都是不正义的。损害正义的核心不是受损是否得到了恢复,而是损害责任是否得到了恰当而公平的分配,因为要恢复受损的最简单办法就是所有损害都让政府或有能力的超级富豪买单,但只有当损害责任得到了恰当而公平的分配时,我们才能说这种恢复方式本身就是一种正义。对于个人来说,当损害发生,我们需要考虑的不是如何在道德上豁免我们的责任——比如通过捐款来购买免责证书,而是如何让应该承担责任的人负起责任。损害正义不只是要求我们针对损害做点什么事,更要求我们做正确的事,因为只有当我们做的是正确的事时,我们才是在促进正义。

第 3 节 公平游戏中的政府责任

党的十九大报告提出,要"使市场在资源配置中起决定性作用,更好发挥政府作用",①为学术界更准确地理解市场与政府的关系打开了广阔

---

① 习近平:《决胜全面建成小康社会 夺取新时代中国特色社会主义伟大胜利——在中国共产党第十九次全国代表大会上的报告》,《人民日报》2017 年 10 月 28 日第 2 版。

的话语空间。在现代社会中,市场与政府是两种基础性的制度设置,它们构成了个人社会生活的最重要空间,它们的相互促进也为社会的健全运转和持续进步提供了源源不断的动力。在理想状态下,市场与政府之间存在一种分工—协作的关系。具体来说,市场是资源配置的一种有效机制,其有效性就表现为通过竞争将最优质的资源分配给最有效的市场主体,从而提高社会整体的资源使用效率,让社会能够通过这些资源创造更多的增量资源,反过来也让个体有机会运用这些增量资源去实现更高的生活目的。另一方面,政府是公平的保障机制,当市场发生了失灵,使资源无法根据每个市场主体的效率而得到配置,从而造成对竞争结果的不公平衡量或使不同市场主体无法公平地参与竞争时通过非市场性的手段予以矫正,以保证每一个个体都有公平的机会分享到他们的集体活动所创造的增量资源,都有公平的机会去实现各自的生活目的。当市场与政府都能恰当地发挥功能时,社会的运行将既是有效的,也是公平的,每一个社会成员都被激励去为社会的进步做出最大的贡献,也被保障可以分享社会进步的相应成果,结果将是个人与社会的和谐。但在历史上,人们并不总是以这样一种方式来看待市场与政府的关系,而更习惯于把二者视为彼此竞争、互相替代的,认为我们完全可以把社会建立在其中某一种制度之上,而抛弃另一种制度。尤其在最近几十年,随着新自由主义的盛行,对市场的崇拜走向了登峰造极,许多人认为市场不仅是一种有效的资源配置机制,也是一种完美的公平供给机制,当社会中实际产生了不公平时,并不是因为市场的失灵,而是因为政府的干预妨碍了市场功能的恰当发挥,所以,对于社会来说,不仅效率的达成,而且公平的实现也取决于市场,即使政府本身不能完全被市场所取代,也应当进行充分的市场化。在很大程度上,这样一种认识支配了过去几十年世界范围内的制度变革,而这些变革在提高了某些方面的社会效率的同时,却造成了不公平的普遍加剧,也让公平的价值得到前所未有的凸显。本书将分析公平在当代社会生活中的重要性,并从公平游戏的视角出发审视市场与政府的关系,以及为促进社会公平政府需承担哪些责任。

一、市场中的"游戏"与公平

公平是一种重要的社会价值,但并非所有社会交往都适用公平这一价值。与传统伦理学说习惯于不加任何限制地讨论道德理想不同,当代伦理学说则强调道德本身以及所有道德观念和道德价值的有限性,并试图通过寻找使道德得以成立的现实条件来追求一种"现实的乌托邦"。比如,罗尔斯指出,正义是有条件的,只有当一个社会中存在着适度的资源稀缺且绝大多数社会成员都是相互冷淡的——在只怀有有限的利他主义动机的意义上——时,正义才是必要的和可能的。① 反之,如果资源是无限的,如果每个人都可以不受限制地从社会中获取资源,那正义就是不必要的,事实上,这样的社会已经超越了正义,②而在一个超越了正义的社会中追求正义是没有意义的;另一方面,如果资源虽然有限,但每一个人都是高度利他主义的,那正义也是不必要的,在这里,虽然社会没有超越正义,但个体的道德已经超出了正义的限度,而要求已经超出了正义限度的个体去追求正义也是没有意义的;再一方面,如果资源有限而且每一个人都是高度利己主义的,那正义虽然必要却是不可能的,因为一种高度利己主义的文化将无法为正义提供充分的动机基础;复一方面,如果资源极度稀缺,使每个人都处于基本需求得不到满足的状态,那人们将不可能产生为正义所必需的利他主义动机,因而正义也是不可能的。类似的逻辑也适用于公平,或者说,作为正义观念的一种衍生性价值,公平也需要一些条件。

首先,公平也是稀缺的产物。在不公平主要表现为有的人拥有或得

---

① [美]罗尔斯:《正义论》,何怀宏、何包钢、廖申白译,北京:中国社会科学出版社 1988 年版,第 122—124 页。
② John Rawls, *Lectures on the History of Political Philosophy*, Edited by Samuel Freeman, Cambridge, Massachusetts: The Belknap Press of Harvard University Press, 2007, p.371.

到了比其他人更多的社会资源或剩余且这种状态无法根据一个社会所认可的分配正义观念而得到证成的意义上,如果一个社会已经消除了稀缺,那任何人获取社会资源或剩余的行为都是正义无涉的,就都无须得到证成,因而,所得上的不平等就不构成不公平。在这里,稀缺的程度可能并不重要。比如,在一个国家中,最高领导人的职位是极度稀缺的,这当然意味着它的分配需要公平,而基层公务员的职位并不那么稀缺,但这并不意味着它的分配就不需要公平。只要存在稀缺,公平就是必要的。其次,公平只能存在于人们之间不存在根本性不平等的条件下。在这里,所谓根本性不平等是指平等完全无法作为人际交往的指导原则,而这包括两种情况,一是人们之间所存在的是一种合法的权威性关系,二是人们之间所存在的是一种赤裸裸的强弱关系。当社会需要某种权威并以制度的方式使其他人成为它的从属者又以制度的形式确定了权威的合法性范围时,权威与从属者之间就存在根本性的不平等,出于社会存续与发展的目的,我们不能要求改变这种不平等,而发生于这种不平等关系中的交往也就不适用公平的价值。比如,在警察与普通市民之间就存在着根本性的不平等,在一个健全的社会中,警察的权威是不容挑战的,谁也不能要求在他与警察的关系中适用公平。当然,我们需要别的权威主体来审查警察行为的合法性,但在警察与普通市民的关系中,公平则是不必要的,否则,警察所代表的秩序功能就失效了。另一方面,当人们之间所存在的是赤裸裸的强弱关系时,公平是必要的,却是不可能的。比如,当一个人可以对另一个人使用私刑时,后者可以要求受到公平的对待,但这种要求是没有意义的,因为他完全没有能力抵制不公平的后果。本书对公平的讨论限制在分配层面,只考虑与社会资源和剩余的分配相关的公平问题。在这一前提下,可以认为,公平的条件之一是社会稀缺,因而人们并不总是能够得到他们想要的社会资源或剩余;条件之二是不存在根本性的不平等,因而没有谁能够单方面地决定其他人的所得。在这两个条件下,公平既是必要的,也是可能的。

公平是与分配相关的一种价值,市场则是分配社会资源与剩余的一种机制。弗里德曼(Milton Friedman)提出过一个著名的观点,认为企业唯一的社会责任就是增加利润,只要政府充分地履行了根据其他社会目的征税并决定其使用的责任。① 根据这一观点,似乎市场的功能在于实现"增长",政府的功能则在于对"增长"的"分配"。其实不然,因为"增长"本身也是对社会资源与剩余的一种分配,且这种分配是通过竞争的方式得以实现的。市场是一个交换关系网络,当我进入市场,一定是想与其他某个市场主体达成某项交易,通过交易获取某种资源,并利用这种资源来满足我的某种需求或创造某种剩余。而要能够在市场中达成交易,我必须拥有其他人需要的某种资源。就此而言,市场的一个基本特征是每个人都拥有有限的资源且都需要通过交易去获取其他人所拥有的资源。市场的另一个特征是,每个人都拥有其他某个人需要的资源,又都不是这种资源的唯一拥有者,反过来每个人都需要其他某个人所拥有的资源,也都不是这种资源的唯一需求者,结果每一个人在试图与另一个人达成交易时都面临着其他人的竞争。在最简单的意义上,竞争表现为出价,并且,通常来说,越需要一种资源的人愿意付出的价格将越高,而在通过竞争获得了该资源之后也将越珍惜该资源,其表现就是最大限度地开发该资源,使该资源的价值得到最大化的实现。

这里的关键在于,一个人并不是想出高价就能出高价,要能出高价,他必须首先投入更多的努力去获取和产出更多的资源,或者说,他必须在其他方面的竞争中有着更优异的表现。在这个意义上,市场又是一个竞争关系网络,每一个人都通过进入市场的行为而与其他市场主体建立起了复杂的竞争关系。无论如何,在理论上,市场将通过竞争同时筛选出最需要某种资源和为获得这种资源做出了最充分准备的人,并以交易

---

① Milton Friedman, "The Social Responsibility of Business is to Increase its Profits," *The New York Times Magazine* (Sept. 13, 1970).

的形式确认筛选的结果。换句话说,在市场中,交易是竞争的结果。任何市场行为都既是一种交易行为,也是一种竞争行为,其中交易是形式,竞争才是实质,任何交易的达成本质上都是对竞争结果的一种确认。因此,所有市场主体都是通过竞争来获取资源的。在理想状态下,出价最高的竞争者也是最有效率——即在竞争中表现最为优异——的市场主体,反过来,最有效率的市场主体想要的也一定是最优质的资源。由此,通过让市场主体彼此竞争,市场就实现了对稀缺资源的一种有效分配,且正是由于将最优质的资源分配给了最有效率的生产者,竞争这种分配方式也成了一种增长方式,它让所有市场主体都能最大限度地发挥自己的生产力,利用有限的资源去为社会创造更多的剩余。

那么,竞争这种分配方式如何才是公平的?又如何才能做到公平?首先,公平并不等于平等,相反,在很多时候,公平恰恰要求不平等的分配,但这种不平等必须根据一个社会所认可的正义观念而得到证成。考虑这样一种情况,存在一个合法的分配机构在 A 和 B 两个产业工人之间分配 3 个单位的社会剩余,A 和 B 对这 3 个单位的社会剩余做出了同等的贡献,在其他各个方面的条件也都完全相同,唯一的区别仅在于 A 比 B 在相貌上更符合该机构的审美观念,且该机构就出于这一事实而分配了 2 个单位的社会剩余给 A,1 个单位的社会剩余给 B,那么这种分配就既是不平等的,也是不公平的。当然,今天的消费文化中已经产生了某种"颜值即正义"的观念,类似于选美等新的经济形态也将这种观念付诸了实践,但在产业经济领域,这种观念是不被认可的,因为它违背了产业经济自身的存续逻辑。对这种不公平的解释可以参照著名的"张伯伦问题"。① 两个例子的共同点在于,张伯伦与 A 都因为某种天赋而获得了比其他人更多的社会剩余,区别在于,张伯伦所从事的"游戏"——职业

---

① [美]诺齐克:《无政府、国家与乌托邦》,何怀宏等译,北京:中国社会科学出版社 1991 年版,第 166—167 页。

篮球——本身确认了天赋作为提升游戏质量进而提升游戏收益的要素的地位,即确认了天赋作为一种生产性资源的地位,进而,当张伯伦充分地利用了这一资源,并通过利用这一资源而帮助这一游戏生产出了更多剩余时,他比游戏中的其他人获得这些剩余中的更多份额的事实就是符合公平的。在这里,他所具备的天赋这一资源与他开发这一资源的努力一道构成了对他所从事的游戏的一种生产性投入,进而,当他从这一游戏的剩余分配中所得比其他人多,但这种不平等成比例地反映了他们在生产性投入上的差距时,这种不平等就符合应得式的公平观。这一结论并不违背天赋不应成为应得基础的罗尔斯式的公平观念,因为这里被确认为应得基础——即生产性投入——的并不仅仅是天赋,而是天赋与开发天赋的努力。如果说一个人是否有天赋在道德上完全是偶然的话,他付出了开发天赋的努力并因此得到了相应回报的结果在道德上则具有某种必然性,即可以得到合理的解释,并因此得到了证成。反观产业工人的例子,他们每一个人所具有的相貌不仅在道德上是偶然的,而且与他们所从事游戏中的生产完全无关,即无法成为一种生产性资源。因而,即使他们付出了开发这一天赋的努力,也不构成一种生产性投入,进而,如果分配机构因为 A 和 B 在相貌上的差异而分配给他们不同的社会剩余,这一行为在道德上就是偶然的,就无法得到证成。

可见,市场是由竞争关系构成的,而在个体层面上,竞争总是发生在特定游戏之内,由于不同游戏有着不同的游戏规则,因而不同游戏中的参与者并不存在直接的竞争。另一方面,在市场的层面上,不同游戏之间也存在竞争关系,而且所有现存的游戏都是在激烈的市场竞争中优胜劣汰保留下来的。这意味着,每一种游戏都是有生产力的,都能够产出剩余,并由此吸引人们参与,进而通过鼓励参与者间的竞争来激发他们的生产效率,从而提高游戏本身的生产力,进一步地才能在游戏之间的竞争中立于不败之地。而要能够激发参与者的效率,每种游戏都必须确保每一种生产性投入都能得到成比例的回报,要做到这一点,就必须有一整套规则来确定什么属于生产性投入,也要有一个权威性的机构来衡量不同参与者的生产性投入,并基于这种衡量来决定游戏剩余的分配。进而,当一种游戏做到了使每个人的所得都是对其生产性投入的成比例的反映时,就对每个人的游戏参与即不同参与者间的竞争做出了公平的评价,就实现了公平的分配。在这里,比例相等是公平的一个必要条件,虽不是充分条件。① 而这种公平分配的结果则是每个人都被鼓励去做出更优异的表现以赢得竞争,进而赢得更多的游戏剩余。反过来,如果每个参与者都这么去做,就提高了游戏本身的生产力,这正是我们通常把市场理解为一种"增长"机制的原因所在。另一方面,前述分析表明,市场之所以是一种有效的增长机制,前提是它通过竞争实现了对社会资源与剩余的公平分配。如果做不到公平分配,许多市场主体就无法得到充分激励,进而,他们所从事的游戏以及市场本身的效率都将大打折扣。

在政治理论中,哈特与罗尔斯开启了用"游戏"的概念来描述人们之间竞争行为的传统,并提出了他们在规则适用层面上对公平游戏的理解。② 在行政理论中,范里普尔直接提出了"市场体系事实上是一种游戏"的观点,③并从维护游戏规则的角度做出了关于政府合法性的论证。本书用游戏的概念来指称社会中的竞争空间,并从对这一竞争空间公平性的维护的角度出发来分析市场与政府的不同角色。在这个意义上,市场中其实包含两类游戏,一是竞争游戏,二是因参与竞争游戏而使人们得以进入的交易游戏,二者共同构成了人们在市场中的游戏空间。并且,通常来说,人们之所以参与竞争游戏,是为了在交易游戏中拥有更好的处境,即通过竞争游戏来加入交易游戏。另一方面,想要加入交易游

---

① 徐梦秋:《公平的类别与公平中的比例》,《中国社会科学》2001年第1期。
② A. John Simmons, "The Principle of Fair Play," *Philosophy and Public Affairs*, Vol. 8, No. 4 (Summer, 1979), pp. 307–337.
③ Paul P. Van Riper, "Why Public Administration: When not to Privatize," *Administrative Theory & Praxis*, Vol. 21, No. 3 (Septermber, 1999), p. 363.

戏,就必须参与竞争,市场经济的一个基本特征就是不存在独立于竞争的交易。所以,市场这一游戏空间在本质上是一个竞争空间。竞争发生在稀缺的条件下,如果不存在稀缺,社会中有着充足的资源供每个人索取,那竞争将是没有意义的。但竞争并非稀缺条件下唯一的分配方式,甚至可能不是稀缺条件下唯一公平的分配方式,在计划经济条件下,我们也可以通过计算每个人的基本需求来实现社会资源与剩余的公平分配。但与后一种方式相比,竞争更有利于促进社会资源与剩余的增长,因而,至少在我们能够消除稀缺之前,竞争都是一种更能促进社会进步的分配方式,在这里,进步是由增长的效率与分配的公平共同衡量的。这意味着,当竞争不能提高增长的效率或促进分配的公平时,它就不再是社会进步的促进机制了。如前所述,竞争之所以能够提高增长效率,是因为它可以实现分配的公平,而当竞争无法保障分配的公平时,就将无法继续为增长效率提供支持。经济学里有一对术语可以帮助我们理解这一问题,这就是"价格制定者"与"价格接受者"。

当市场中的所有参与者都是价格的接受者时,谁都不能影响价格,对于所有竞争者而言,他与另一个市场主体达成的交易价格将是对其所有生产性投入与完全由供需关系决定的合理回报率的准确反映。在这里,竞争只能影响市场主体的生产性投入,而不能影响价格,即市场主体只能通过改变自己的生产性投入来改变交易对象以及交易对象的交易意愿,而无法通过改变价格如杀价来改变交易对象及其交易意愿,因为供需关系已经均衡到了这样一种程度,只要采取杀价措施,他所遭受的损失就会让他被迫退出市场。由此,竞争的功能就是使在不同游戏中付出了同样生产性投入的不同市场主体处在了同一个平面的交易关系网络中,进而,通过交易,他们彼此的需求得到了最准确地满足,也将收获最合理的剩余。然而,如果市场中存在价格的制定者,使某些市场主体可以通过诸如杀价等手段迫使其竞争者接受某种价格,就意味着那些价格接受者所付出的生产性投入没有获得公平的补偿,而价格制定者所付出的生产性投入则得到了超额的补偿,进而,这就意味着价格接受者还有剩余的生产力却没有足够的资源来支持和开发这部分生产力,而价格制定者则获得了超出其生产力的闲置资源。这两种情况都是资源的浪费,而当存在资源浪费时,竞争就变得低效了。在某种意义上,价格制定者与价格接受者的对立意味着市场中出现了根本性的不平等,而在存在根本性不平等的条件下,竞争以及竞争性的市场都将变得既无法实现分配的公平,也无法实现增长的效率。而这就构成了政府介入的基础。

二、通过政府实现公平

如前所述,与市场相适应的是一种应得式的公平观,因为在经济领域,公平就意味着每个人都得其应得。当我们说"X 是 A 的应得"时,通常有以下几个方面的含义。首先,应得排除了所有再分配的理由,因而,如果 X 是 A 的应得,就意味着无论 B、C 还是任何其他人都没有理由主张对 X 进行再分配,即 A 可以对 X 提出排他性的主张。其次,A 对 X 提出的主张要成为一种排他性的主张,则它必须包含某种排他性的理由,在近代早期思想家们那里,这一理由就是劳动,即当 A 对处于前市场状态的 X_1 做出了劳动,改变了它的价值形态,使它变成了具有市场价值的 X 时,就有排他性的理由对 X 提出主张。随着经济形态的变化,今天,劳动被拓展为了更具包容性的生产性投入——或如斯密茨所说的"造就应得的投入"(desert-making inputs),[①]即当 A 对 X_1 做出了生产性投入,使它变成了具有市场价值的 X 时,就有排他性的理由对 X 提出主张。再次,应得不仅要求 X 包含 A 的生产性投入,而且要求 X 是对 A 的生产性投入的一种成比例的衡量,在这里,所谓成比例,并不是说 X 完全等于 A 所做出的生产性投入,而是指将 X 给 A 是恰当的,在这一分配中,A 既

---

① David Schmidtz, "How to Deserve," *Political Theory*, Vol. 30, No. 6 (December, 2002), pp. 774–799.

没有多得,也没有少得。无论如何,应得反映了关于投入与回报间的一种比例性理解,这种理解对社会提出的要求是,只要个体付出了某个量的生产性投入,就必须予以其成比例的回报;对个体提出的要求是,无论谁想要获得多少的回报,就必须付出成比例的投入。这是一种鼓励人们不断追求卓越的公平观,当这种观念得到实践时,社会资源与剩余的分配一定是不平等的,但这种不平等却是合乎公平的。

如果说公平意味着投入与回报成比例,意味着市场主体既没有多得也没有少得,那如何才能判断某种分配结果是否属于被分配者们的应得?考虑下述例子。A 和 B 是同一条生产线上的两名产业工人,在某一个计价周期内,A 生产了 100 件合格产品,B 生产了 150 件合格产品,相应的,他们所在的企业给了 A 和 B 分别为 100 和 150 个单位的经济报酬。在这一例子中,100 件合格产品与 150 件合格产品分别为 A 和 B 的生产性投入,100 和 150 个单位的经济报酬分别为 A 和 B 的市场回报,并且,A 和 B 在生产性投入与市场回报间的比例是相同的,都为 1,结果,虽然竞争或者说分配的结果是不平等的,但这种不平等的分配却是公平的。需要指出的是,在这里,公平的实现取决于以下几个条件:首先,A 和 B 在同一条生产线上,意味着他们的生产性投入可以得到标准化,我们可以很方便地通过对他们产出的质和量的加总来计算每个人的生产性投入;其次,A 和 B 在同一条生产线上,意味着他们生产性投入的市场回报率是确定的,因而我们可以很方便地计算每个人的生产性投入与市场回报间的比例关系。在上述例子中,我们假设 A 和 B 产出的都是合格的产品,因而他们生产性投入与回报间的比例是相同的,如果有谁生产了优质的或不合格但仍有市场价值的产品,那 A 和 B 在生产性投入与市场回报间的比例就有了区别,但无论如何,只要最终的回报符合比例,竞争或者说分配的结果就是公平的。在这里,要得出某种竞争或者说分配是否公平的结论,或者说,要实现公平的竞争以及竞争式的分配,有赖于"A 和 B 在同一条生产线上"的前提,即 A 和 B 需要从事同一种游戏。

现在重新考虑张伯伦的例子。张伯伦被视为他那个时代最伟大的球员之一,他不仅拥有远超于常人的天赋,而且训练自己掌握了不断开发自身天赋的高超技能,并通过展示其高超的篮球技艺而帮助职业篮球成为当时最具生产力的游戏之一,当然,他自己也得到了丰厚的市场回报。张伯伦有过一名队友叫做鲁克里克,他虽然也有超于常人的篮球天赋——2.06米的身高已经远高于常人了,却不仅在天赋而且也在开发天赋的能力上远远比不上张伯伦,在职业篮球这场游戏中仅仅待了三年便不得不黯然退出,相比于张伯伦,他在这一极具生产力的游戏中所得到的回报也是微不足道的。与产业工人一样,职业球员的生产性投入也是可标准化的,它具体表现为得分数、助攻数、篮板球数等,所有这些指标为游戏的参与者们设置了一道道市场回报率,当某个球员达到了某个标准,游戏经营者也给予其相应的回报时,投入与回报间的关系就是成比例的,竞争以及竞争式的分配就是公平的。就张伯伦与鲁克里克的例子来说,由于二者的数据都具有相当程度的稳定性,因而把各种数据作为对其生产性投入的衡量可以被视为准确的;又由于这一游戏内部存在较为充分的竞争,没有哪支球队能够无视球员的数据而恶意压低报酬,因而二者的所得都被视为与其投入的市场回报率相符;由此,虽然竞争的结果是在游戏剩余分配上的严重不平等,但这种不平等却是公平的。在职业篮球的游戏范围内,张伯伦与鲁克里克各自的所得都是他们的应得。

以上分析表明,当不同市场主体从事的是相同的游戏时,公平要求保障每个人的应得,即保障每个人的生产性投入与市场回报间的比例关系。而要做到这一点,我们需要在投入与回报两个方面采取许多努力。就投入方面来说,如果只考虑得分这一项,且张伯伦场均可以拿到30分,鲁克里克场均只能拿到3分,二者的投入之比为10,基于这一事实,如果张伯伦从游戏中得到的回报也10倍于鲁克里克,那我们似乎就可以认为游戏剩余在二者间的分配是公平的,是竞争结果的准确反映。然而，如果张伯伦从刚接触篮球起就接受了最先进的专业训练，鲁克里克则没有任何外在的指导而只能自己摸索如何提高自身的篮球技艺，我们还能认为上述分配方式是公平的吗？对这一问题的回答需要引入应得观念的两大条件，即机会平等条件与分配平等条件。假如社会中所有人从事的都是同一种游戏，且这种游戏的内容就是在跑步机上跑步，社会则根据每个人跑步机上显示的里程数给予回报，那么，要让每个人的所得都属于他的应得，社会就必须首先确保每个人都有一台一模一样的跑步机——即机会平等，然后确保把每台跑步机上的每个数字都纳入计算——即分配平等。在每个人投入不等的条件下，应得不要求甚至反对结果平等——即在不考虑每个人投入差异的条件下强行追求每个人社会处境的平等。在张伯伦与鲁克里克的回报差距准确地再现了二者投入差距的意义上，我们可以认为，他们在游戏中获得了平等的分配。但在二者进入游戏的整个条件都截然迥异的意义上，我们可以认为，他们在加入游戏和开展竞争的机会上是不平等的，鲁克里克所拥有的跑步机远远落后于张伯伦的跑步机，使他必须多做数倍于张伯伦所做的功才能跑出相同的里程数。在本书看来，公平竞争必须同时满足机会平等与分配平等两大条件，其中任何一个条件得不到满足，竞争的结果就是不公平的，谁就都不能说他的所得属于他的应得。

那么，如何保障机会平等？要回答这一问题，我们首先必须区分机会与天赋。在某种意义上，天赋也是一种机会，张伯伦生来就比鲁克里克跑得快、跳得高、力量大，这本身就让他在游戏中获得了更多机会。但我们无法对天赋进行再分配，无法让张伯伦与鲁克里克生来就跑得一样快、跳得一样高、力量一样大，即使未来的基因技术可以让我们做到这一点，对他人自然生命与自然禀赋进行修改也不具有任何道德基础，因为自然生命与自然禀赋的分配是与道德无关的，在这些领域适用公平等道德观念本身就是错误的。与道德有关的是与自然生命和自然禀赋相关的社会资源与剩余的分配。如果张伯伦与鲁克里克生活在一个没有竞技体育的社会中,那虽然二者在生理能力上存在巨大的差异,却并不构成他们参与市场游戏的机会不平等,这也再次证明了对自然生命与自然禀赋进行再分配的不恰当性。对一个社会来说,之所以会存在建立在某些自然禀赋之上的游戏,反映了这个社会中人们的某些偏好,而这种偏好又构成了市场运行的动力,使人们能够源源不断地对这些游戏进行投入,从而提高市场与整个社会的资源和剩余总量,进而使每个人都能拥有更多、更好的机会。可见,天赋之所以构成机会,是因为符合社会的偏好,而这种偏好之所以是可证成的,又是因为它为人们去为社会创造更多资源和剩余从而增加每个人所面对的机会创造了可能。偏好可以激发人们的支付欲望与为满足支付欲望的工作动机,这是社会生活的一个基本人性特征。而要改善人类整体上的处境,我们就必须利用这一特征,让人们能够从自己的偏好出发去为社会创造更多资源与剩余。另一方面,偏好的确影响了游戏机会的分配,而当拥有某种天赋的人因为另一些人的某种偏好而获得了更多游戏机会时,这就变成了一个与道德有关的问题,变成了一个公平与否的问题。

  在每个人拥有不同的天赋而且不同天赋构成或不构成不同机会都具有偶然性的意义上,社会不应当限制人们对他们天赋的开发与使用,这是个体的自由。但当拥有不同天赋的个体因为社会的偏好结构而获得了不同的游戏机会时,政府就需要采取一些措施来恢复人们在游戏机会上的平等。在任何天赋都需要开发——对天赋的开发可以被理解为广义上的教育——才能构成机会的意义上,这就需要政府对教育资源进行一种平等的配置。在这里,平等并不意味着政府应当向每个社会成员提供等额的教育资源,在个体有自由处置其所拥有的天赋的意义上,教育资源的等额分配可能造成浪费。要避免浪费,政府首先需要保证教育资源平等地对所有人开放,即不能人为地区分优质教育资源与劣质教育资源,而要让所有人都能够接触到同等质量的教育资源。其次需要对教育资源进行比例收费,而且最好是事后收费,即在社会成员通过受教育而得以开发自身天赋,并利用这些天赋获得了机会,进而为社会创造了资源与剩余,自身也得到了相应回报之后,根据其所得回报的比例进行收费。这是因为,所有事前收费都会造成不平等的代际转移,而且,根据福柯的看法,这种新自由主义意义上的"人力资本投资"本身就是在代际之间转移阶级不平等的一种方式。[1] 只有事后收费才最可能真实反映每个人对教育这一公共资源的使用情况,也才能激励个体去更多地使用教育资源,更多地为社会不断地再生产各种资源与剩余。当然,这可能意味着更高的监管成本,因为事后收费提供了逃避付费义务的更多可能性,也意味着在职劳动者将承担更多公共支付的义务,而这同样指向着更高的政府监管成本。

然而,这并不意味着这样一种资源分配方式在经济上是低效的。相反,当今天中国一线城市的中产阶级家庭为了获得中等质量的教育资源而不得不付出超过 1000 万人民币的经济代价、牺牲未来 20—30 年的职业自由以及承担他们的子女即使享受了市值超过 1000 万人民币的教育却一生都无法获得超过 1000 万人民币的收入的风险时,这样一种分配方式才不仅在经济上而且在社会意义上也是低效的。我们可以假定两种分配方式总的经济成本大致相当,如果是这样,那它们的区别就在于成本的分担方式,即前一种方式是社会整体承担成本,后一种方式则是"使用者付费"。对于中产阶级而言,两种方式提供的教育资源质量不会有太大区别,但在前一种方式下,他们将无法帮助自己的孩子在未来的社会竞争或阶级竞争中获得优势,而在后一种方式下,他们将有更大的概率将自己的阶级地位在他们的孩子身上传承下去。而这进一步表明了不平等的教育资源分配在道德上的不可证成性,相比于为社会培育精英这一被宣示的目标,它实际起到的只是促成社会不平等的代际转移的功能。至少在本书看来,一个社会的精英不是那些因为占用了最优质的

---

[1] [法]福柯:《生命政治的诞生》,莫伟民、赵伟译,上海:上海人民出版社 2011 年版,第 217 页。

教育资源才做出令人敬佩的社会业绩的人,而是那些即使在最普通的教育条件下也能做出令人敬佩的社会业绩的人。那么,社会是否可以因此通过教育资源的不平等分配来识别那些真正的精英——即找出那些在最普通的教育条件下做出了令人敬佩的社会业绩的人并给予他们其他最重要的社会资源比如公共权力——呢?逻辑上,这样做似乎并不是不可能的,在历史上,也确实有许多人在最恶劣的教育条件下成长为了社会的精英。但对社会而言,这么做是不道德的,一个人具有成为精英的潜质不是社会对他进行惩罚的理由;同时也是低效的,因为它极大地增加了精英的成长难度,使得许多潜在的精英尚未来得及成才便夭折了,而这是一种巨大的社会损失。只有平等的教育资源分配才最有利于选拔社会精英。另一方面,如果每个人真的都被激发去最大限度地使用教育资源,可能会造成教育资源的临时短缺,那政府就有责任不断丰富教育资源,而在每个人都被激发不断开发自身天赋的条件下,社会资源与剩余的总量一定也会得到可观的增长,从而为政府提供更多教育资源创造条件。

  机会平等的第二点要求是让每个人都有同等的途径去了解游戏的意义与规则。假如张伯伦与鲁克里克能够平等地使用各种教育资源,并在此基础上开发出彼此最大的潜力,在客观上为游戏创造出了不同的资源与剩余;但鲁克里克从一开始就被告知参与游戏的意义是通过为游戏创造资源和剩余来获取回报,进而提升自己在社会交易体系中的位置,并由此要求游戏公平地给他回报;张伯伦则从一开始就被告知参与游戏的意义是通过给其他人带去快乐来使自己快乐,并基于这一信念放弃了他应得的回报,那二者间的竞争就也是不公平的。在这里,关于游戏意义的错误信息在事实上剥夺了张伯伦的竞争机会,使他不再作为一个竞争者而参与游戏,也就被从游戏剩余的分配中排除了出去。在现实中,许多游戏参与者和游戏经营者都试图通过向其他参与者传递错误的信息来置后者于竞争中的不利处境,要保障机会平等,政府就有责任向所有社会成员公开关于游戏意义的信息,并准确地向他们传递这些信息的含义,让所有人都认识到参不参与游戏以及如何参与游戏各自会造成什么后果,尤其是对他们的利益会产生何种影响。在这一前提下,无论每个人选择是否以及以何种方式加入竞争,因竞争而造成的每个人受益与受损的不平等才是公平的。如果说社会的发展不可避免地会造成某些人的受损,而政治则是通过选择道德上可证成的方式——比如允许公平竞争并对其进行制度保障——来决定受损者的话,欺骗显然不属于道德上可证成的方式。而在"兵不厌诈"本身并不违背竞争规则——一个"浑身都是假动作"的球员往往被视为一名特别优秀的球员——的前提下,政府就有责任保障游戏信息的真实性,帮助所有人提高对游戏意义的判断力,进而提高其做出正确的生产性投入的能力。

在此基础上,政府还需要保证游戏规则的开放性与平等性。所谓开放性,是指政府必须公开有关游戏规则的所有信息,保证所有参与者都能知道存在哪些规则、应当如何遵守规则以及在规则存在缺陷的条件下保证所有人都知道这些缺陷,并在人们关于规则的理解存在模糊或相冲突的情况时负责提供解释,从而最大限度地保证人们都是基于对规则的正确理解而参与游戏。所谓平等性,是指政府必须一视同仁地适用规则。在现实中,许多人都试图绕开甚至逾越规则,而且市场本身对于这些行为是无能为力的。遵守规则意味着约束自己的行为,而约束行为就意味着主动放弃某些机会,当有人可以不遵守规则时,也意味着人们之间出现了机会不平等。而要保证机会平等,政府就必须对所有参与者平等地适用规则。

机会平等的第三点要求是让所有人平等地参与到游戏规则的制定中来。这是因为,在所有游戏都必须遵守规则的意义上,游戏规则最直接地影响着每个人能够拥有的机会,因此要保证每个人竞争机会的平等就要保证每个人都能平等地对游戏规则施加影响。在这个意义上,所有游戏都需要某种集体决策的程序。需要指出的是,游戏本身可能并非集体决策而是个体创新的产物。在绝大多数情况下，并不是所有社会成员集体地做出决定创造出了某种游戏，而是某个或某些社会成员通过自己的创新发明了某种游戏，并不断吸引其他社会成员加入进来。在这种情况下，对于游戏规则的影响，不同参与者天然就是不平等的，开创者天然地会拥有更多影响，出于鼓励创新的目的，社会也会以制度的形式承认和保护开创者的超额影响力。如果说这样一种不平等是不可避免的话，从公平游戏的目的出发，它应当受到限制。当一种游戏可以对足够多的参与者的生活产生足够大的影响时，它就应当被纳入集体决策之中。在这里，对"足够多"与"足够大"的衡量是一个实践问题，它表现为特定政治模式下的有效政治输入。在这里，所谓有效，是指有规范效力，即当某种游戏的参与者对政治系统做出了有规范效力的——表现为政府没有正当理由不对此做出回应——政治输入时，就表明这种游戏已经对足够多的参与者的生活产生了足够大的影响，因此，政府就需要确保每个参与者都在其规则的制定与改变中有着相同的影响力。这里没有给出什么才是有规范效力的政治输入的严格标准，考虑到现实中政治模式的多样性，本书无力探讨这一问题，而假定所有政治模式中都会产生有规范效力的政治输入，且经历了长期的政治实践，政府已经找出了识别这些输入的方法。扩大而言，这是对所有创新行为的一般规范。所有社会都需要创新，而创新总是会导致不平等，尤其在对游戏规则之影响上的不平等。在所有社会都需要创新的意义上，这种不平等是一种必要的恶，而其必要的限度就是不能引发有效政治输入，当它引发了有效政治输入时，就意味着这种不平等已经对整个社会的公平造成了根本性的威胁，而政府就需要对此采取措施了。

现在转向分配平等。在市场充分开放的条件下，分配平等是竞争的自然倾向，这是因为，在同一个游戏内，分配的不平等不仅会造成物质资源的浪费，更会引起人力资源的流失，从而导致游戏本身的低效，而要提高游戏的整体效率，进而在不同游戏间的竞争中胜出，并由此获得更高的市场回报率,游戏的所有参与者与游戏的经营者就都有动力去促进分配的平等。这里遵循的是典型的理性选择的逻辑,即虽然平等的分配从短期看可能并不是最符合个体利益的分配方式,但由于不平等的分配会不断拉低游戏本身的市场回报率,因而,从长期来看,平等的分配才属于个体的理性选择。这里的关键是市场的充分开放,即游戏的每个参与者都有充分的自由加入和退出游戏,因为只有当有可能受到不公平对待的参与者能够自由地退出游戏时,确保对他们的公平对待才属于其他参与者的理性选择,否则,如果某些参与者无法退出游戏因而只能承受不公平的后果,那对其他人来说,就让他们承受不公平的后果才成了一种理性的选择。

在实践中,自由是由能力决定的,当我们说一个人有自由做某件事时,实际上是说他有能力做这件事,而并不存在无能力的自由。因此,退出的自由实际上是指退出的能力,进而,要让竞争倾向于导向分配上的平等,就是要保障所有游戏参与者在退出能力上的平等,而这是一种严格意义上的政府责任。如奥尼尔所说,权力是一种向他人提出他无法拒绝的条件的能力,[①]如果一种游戏中某些人可以决定分配的方案,其他人则只能接受这种方案,那他们间的关系就不再是竞争关系,而变成了权力关系。这一结果反映了市场的失灵,需要政府来加以矫正。如克里斯蒂亚诺所分析的,退出的能力取决于替代选择的质量。[②] 当某个参与者拥有同等质量的替代游戏选择时,他就可以自由地退出可能让他承受不公平后果的游戏。当所有参与者都拥有同等质量的替代游戏选择时,理性选择的结果就是所有参与者都会致力于去实现平等的分配。可见,要维护市场的开放性,政府就有责任确保所有人都有替代性的游戏选择,

---

① Onora O'Neill, *Bounds of Justice*, Cambridge: Cambridge University Press, 2004, p. 91.
② Thomas Christiano, "The Tension between the Nature and the Norm of Voluntary Exchange," *The Southern Journal of Philosophy*, Vol. 54, Spindel Supplement (2016), pp. 109 – 129.

而这就指向了游戏之间的公平问题。

当职业篮球游戏与生产产品的游戏都做到了机会平等与分配平等时,互为竞争对手的张伯伦与鲁克里克就都得到了他们的应得,互为竞争对手的A与B也都得到了他们的应得。在两种游戏中,竞争式的分配都是公平的。问题在于,如果鲁克里克是职业篮球游戏中表现最差所得也最少的参与者,B则是生产产品游戏中表现最好所得也最多的参与者,但鲁克里克的所得则数倍于B,这一结果公平吗?在今天的市场中,激发争议的既包括游戏内的分配不公,也包括游戏之间的分配不公,而且主要是后一种分配不公。一方面,鲁克里克与B所从事的是不同的游戏,他们之间似乎并不存在直接的竞争关系,我们没有办法对他们的生产性投入进行标准化的衡量,因而也很难用公平的原则来适用他们间的关系。另一方面,在他们从游戏中的所得会影响到他们能够交易到的社会产品的质量和数量的意义上,他们间又存在着以交易为指向的竞争关系,因而需要接受公平原则的约束。在市场存在的价值在于为所有人创造更好机会的意义上,如果不同游戏参与者因为游戏之间的分配不公而造成交易机会的不平等,就表明了市场的失灵,就需要政府的介入。再一方面,当游戏之间的分配是不公平的时候,比如在鲁克里克与B的关系中,B就不可能退出他自己的游戏而加入鲁克里克的游戏,鲁克里克则没有动力退出他自己的游戏而加入B的游戏,结果就是二者都失去了替代选择,而在游戏中某些参与者拥有同等甚至更好的替代选择、其他参与者则没有替代选择的情况下,他们各自所处游戏内部就很容易生成权力关系,从而导致分配上的不平等。无论如何,从公平游戏的目的出发,政府都有责任矫正游戏之间的不公平。

在现实中,不同游戏的市场回报就是不相等的,且这通常被视为市场选择的结果。在这里,所谓市场选择,其实就是市场主体从各自偏好出发所进行的选择。如果说产业工人与职业篮球运动员所从事游戏间的差异比较大的话,为什么同在今天的美国社会,职业篮球运动员动辄就可以拿上千万年薪的收入,职业羽毛球运动员的收入则与产业工人没有太大差异,甚至不如产业工人有保障呢?对此,最合理的解释就是人们有着外力无法更改的偏好,让他们就是愿意为他们偏爱的游戏支付更高的价格,而为了能够支付这样的价格,他们就有了在自己所从事的游戏中付出更多生产性投入以获得更多回报,同时也为游戏本身以及整个社会创造更多资源和剩余的动力。就此而言,偏好可以是一种合理的市场动力,但对其合理性的证成仅在于它为人们付出更多生产性投入提供了动力,而并不意味着某些游戏的参与者仅仅因为市场中客观存在着对他们有利的偏好结构就应得明显高于一般市场回报率的回报。游戏之间的分配不平等意味着不同游戏参与者在社会交易体系中的机会不平等,许多游戏的参与者无论如何努力地工作也不会有机会通过交易去获得实现某些人生价值所需要的物品,而这绝不是我们把市场确立为一种基础性社会制度所希望产生的结果。

如前所述,市场是一个基础性的游戏空间,这一空间中包括两类游戏,其中一类表现为竞争,所有社会成员通过参与市场中具体某个或某些游戏中的竞争来获取市场回报;由此进入第二类游戏,所有社会成员凭借其竞争所得到市场的交易体系中去换取实现个人价值的社会物品。在交易体系中,社会物品也是有价格的,因而购买力就构成了这一游戏中每个人的机会,且购买力的实质就是每个人的竞争所得,因而,要做到公平游戏,政府就需要保证不同游戏参与者在所得上的合理平等。在这里,所得的合理平等不等于结果平等,因为所有试图实现结果平等的社会实验都导致了社会动力的缺失。相反,它是指政府有责任保证所有游戏的参与者都能通过自己的生产性投入来获得购买过一种体面的生活所需的各种社会物品的能力。在这里,"体面生活"不是指"过得去的生活",而是社会在不影响整体生产动力的条件下能够提供给个体成员的最优质的生活,这是在不同游戏之间进行再分配的限度。不同游戏间的分配平等并不意味着要完全抹平游戏间的分配差异,而是说要通过再分配来矫正市场偏好结构对不同游戏市场回报率的影响,使每一种游戏的参与者都能通过自身的生产性投入去过一种体面的生活。只有这样,市场这一基础性游戏的运行才是公平的。在这样的公平游戏中,个体仍然可以追求去过优于他人的生活,事实上也会有很多人能够去过远比其他人优越甚至奢侈的生活,但同时,其他人并不因此而被剥夺了去过一种体面生活的机会。这样的游戏不仅是公平的,也是有效率的。反之,如果不同游戏之间存在严重的不平等,必然导致浪费式的投资与消费。[1] 只有当政府维护了这样的公平游戏时,才能通过供给公平而为社会的进步找到持久的动力。

---

[1] Robert H. Frank and Philip J. Cook, *The Winner-Take-All Society: Why the Few at the Top Get So Much More Than the Rest of Us*, New York: Penguin Books, 1996, p. 4.

第 5 章　公平的实践安排

第 1 节　裁决的功能与权威

党的十九大报告提出,要"不断促进社会公平正义,形成有效的社会治理、良好的社会秩序",[1]这就要求政治理论探索有助于实现公平的实践安排。在现实中,公平之所以重要,是因为人们不可避免地存在认识或利益上的冲突,这些冲突的存在意味着不可能所有人都能实现自己的利益,但当对这些冲突的解决体现了公平的原则时,人们就能接受和支持相应的解决方案,使得社会仍然能够维持良好的秩序。

在所有解决冲突的方式中,裁决具有特殊的重要性,因为它是一种解决冲突的公平方式。因此,如果公平构成了正义的一个条件,那么,一个较多通过裁决的方式来解决冲突的社会,显然就比另一个较少通过裁决来解决冲突的社会更加符合正义。事实上,这正是法治优于权治的原

---

[1]《中共中央关于坚持和完善中国特色社会主义制度 推进国家治理体系和治理能力现代化若干重大问题的决定》,《人民日报》2019 年 11 月 6 日第 5 版。

因所在,因为法治的基本要求就是通过裁决来解决人们之间的各种冲突,而在权治中,冲突的解决则总是以权力客体被迫为权力主体而牺牲为条件的。所以,现代社会治理要求所有社会将解决冲突的方式从权治转向法治。当然,这并不意味着裁决是万能的,相反,在实践中,许多冲突都不适用于裁决。那么,到底哪些冲突需要通过裁决的方式得到解决? 这种裁决可以采取何种形式? 这些形式又分别具有什么样的合法性限度? 只有回答了这些问题,我们才能理解裁决在现代社会治理中的角色与功能,也才能理解法治的运行机理。

一、何种冲突需要裁决

裁判是冲突的产物,裁判存在的基本功能就是解决冲突,但并非所有冲突都需要诉诸裁判,诉诸裁判也不见得在所有情况下都是解决冲突的最有效方式。当我能够对你采取强制时,虽然我们之间存在冲突,而且可能是根本性的冲突——比如我要夺走在我看来属于我的你的一切财产,但除了服从我的强制,你并没有别的合理选择,而当你真的服从了我的强制时,你就放弃了自己的利益,并通过放弃自己的利益而让我们之间不再存在利益冲突。除了强制,交易也是解决利益冲突的一种方式。比如,我支持承诺会推出符合我的利益的政策的候选人 A,你支持承诺会推出符合你的利益的政策的候选人 B,且两种政策之间是互相冲突的,在这种情况下,我可以提出给你某种形式的补偿,让你去投 A 的票,而当你接受了我的补偿时,我们之间就达成了一项交易,这项交易的结果则是你放弃了原本与我的利益相冲突的利益,从而消除了我们之间原本存在的利益冲突。在第一种情形中,我们间的冲突本来可以诉诸法官,在第二种情形中,我和你都按照自己本来的意志投票本身就是一种裁判机制,换句话说,我们间的冲突都可以诉诸裁判。但与诉诸裁判相比,强制与交易都是更有效地解决冲突的方式,因为无论诉诸法官还是投票都要经历一套复杂的程序。但无论强制还是交易,又都不是一种公平地解决冲突的方式,因为如果冲突的解决必须要求有人做出牺牲的话,在强制与交易中,这种牺牲都是不公平的——强制的不公平性显而易见,而在选票交易等类似的情形中,也只有当我能够通过交易来获取某种净收益时,我才会提出交易,所以这种交易也是不公平的。① 与它们相比,裁决则代表了一种公平地解决冲突的方式,至少在理论上,我们之所以会诉诸裁判,就是因为我们希望并在很大程度上相信他可以对我们间的冲突做出一种公正的裁决。在这个意义上,裁判本身就是公平与公正的象征。

如果说裁决代表了对冲突的公平解决,那是否可以说,当某种冲突不需要得到公平解决或不适用于公平解决时,这种冲突就不适用于裁决? 这一问题初看起来可能显得很奇怪,怎么会有不需要或不适用于公平解决的冲突呢? 但现实中,这种冲突的确是有的。比如,家长与子女间的冲突通常就不适用于公平解决。当家长要带生病的子女去打针,而子女赖在地上不去时,家长可能会说,"不去今晚就不许吃饭",然后成功地带他的子女去打了针。在这一情形中,家长对子女实施了威胁,而威胁是强制的一种形式,所以家长是以强制的方式来解决他与子女间的冲突的。这种解决方式当然是不公平的,但我们却认为它是合理的和可允许的,反之,如果硬要使它得到公平的解决,比如一位法官这时站出来对家长说,"你侵犯了你的子女的权利,我们应该把这个冲突带到法庭上予以公平地裁决",将会破坏家庭的正常功能,导致家庭失去解决内部冲突的能力,进而给社会增加额外的当然也是不合理的解决冲突的负担,因此反而是不可允许的。又如,当上司与下属在工作讨论中发生冲突,下属拒不执行上司的指令时,上司可能会说,"按我说的去做,不然就扣你这个月奖金",并以此解决了他们间的冲

---

① 前文已经表明,公平的交易只可能发生在全体一致投票规则下,而全体一致式的投票在日常政治中几乎是不存在的。

突。在这里,上司也对下属实施了强制,也以一种不公平的方式解决了他们间的冲突,但如果一位裁判试图介入到对他们之间冲突的解决中,结果将是组织的功能失调,因而,这种介入也是不合理与不可允许的。再如,当高速路口实行安全检查,而你拒绝配合检查时,警察可能强制你配合检查,这种解决冲突的方式显然更不公平,但恐怕没有人会认为在这种情况下我们应该诉诸公平,应该把冲突交由裁判进行裁决,因为那样必然导致整个社会的功能失调,导致社会失去维护自身秩序的能力。

在以上三种情形中,裁判的介入都会导致特定社会单元乃至整个社会的功能失调,具体来说,是权威的功能失调。在功能正常的家庭、组织与社会中,家长对子女、上司对下属以及警察对普通人都拥有权威,或者说,他们都是相对于作为其从属者的后者的实践权威,其标志就是当他们与其从属者发生了实践冲突时,可以通过发布命令来赋予后者服从的义务。同时,他们也对后者拥有实践性权力,所以在后者拒不履行这种义务时,他们可以强制或通过特定手段"激励"其履行义务。换句话说,他们是拥有实践性权力的实践权威,这让他们对实践性权力的行使与其他人比如劫匪对实践性权力的行使有了性质上的不同。他们之所以行使实践性权力,是为了让他们的从属者履行他们作为权威而赋予后者的义务,或者说,他们对实践性权力的行使属于其权威角色的一部分。另一方面,劫匪使用实践性权力则只是为了让他的抢劫对象去做某种非义务性的行动,因为他不是一个权威,也不拥有任何权威。当然,家长、上司与警察的权威来源是不同的,家长的权威源于他拥有家长角色的事实,上司与警察的权威则源于相关的规范性框架,但无论家长、上司还是警察,他们所拥有权威的内容都取决于相关的规范性框架。① 换句话说,

---

① Andrei Marmor, "An Institutional Conception of Authority," *Philosophy & Public Affairs*, Vol. 39, No. 3 (2011), p. 244.

他们所拥有权威的合法性限度都取决于相关的规范性框架,也就是制度。当他们在制度框架内行使其权威或权威性权力时,他们对权威与权力的行使就是合法的,相应的,任何外部权威或权力的介入都是非法的。因此,当权威与其从属者产生冲突时,这种冲突通常就不适用于裁决,只有当权威解决这种冲突的行动超出了其合法性限度因而变得不合法时,外部权威才能够合法地介入对这一冲突的解决,且可以介入的外部权威并不限于也不一定是裁判。比如,当上司与下属的冲突演变成了肢体冲突时,可以合法介入的外部权威就是警察而不是任何裁判机构,当然,如果这种冲突涉及劳动关系的纠纷,那裁判机构就也需要在警察平息了肢体冲突之后介入进来。

无论如何,发生于权威性关系内部的冲突是不适用于裁决的,因为权威本身就是解决冲突的一种机制。只要冲突以及权威解决这一冲突的行动没有超出合法的限度,从属者就没有权利诉诸裁判,即使他这么做了,裁判也不应支持他的主张。只有当冲突发生在非权威性关系或已经受到破坏的权威性关系中时,由于权威的缺席,冲突各方才需要诉诸一个外部权威,且由于这一权威具有相对于冲突各方的独立性和中立性,因而他所扮演的就是裁判的角色。当然,并非发生在非权威性关系中的所有冲突都需要诉诸裁判,比如,所有情感性的伙伴关系都不属于权威性关系,而发生在这些关系中的冲突也都不适用于裁决,因为当一对朋友或一对情侣要将他们间的冲突诉诸一位外部裁判时,无论裁决的结果为何,往往都意味着伙伴关系的终结。在这里,能够交由裁判来进行裁决的只能是他们的关系中与伙伴关系无关的内容。那么,到底什么样的冲突需要诉诸裁判?前文已经指出了第一种情况,即当权威解决其与从属者间冲突的行动超出了合法限度时,在特定情况下,裁判必须介入。除此之外,还有两种冲突是必须诉诸裁判的:第一种,我和你对某种利益有着冲突性的诉求,并决定通过竞争来解决冲突,即通过竞争来决定该利益的归属,而这种竞争的公平开展有赖于裁判的在场;第二种,我和你在某项行动或决策中有着冲突性的利益,且当这种利益具有根本性因而谁都无法让步时,冲突的解决就只能诉诸裁判。下面我们来分别考察这三种情况。

二、裁决的形式

在权威性关系中,当我们说从属者对权威负有服从的义务时,意味着从属者失去了他与权威作为平等者而拥有的某些权利,即他们之间是不平等的。但这种不平等并不意味着他们之间存在根本上的不平等,相反,在特定条件下,权威关系内的不平等乃是人们之间根本性平等的一种保障,正如权威的存在必然意味着从属者失去了某些自由,但如果没有可证成的权威,那任何人都不可能拥有任何自由一样。[①] 另一方面,从属者虽然失去了某些权利,却并未失去所有权利,这意味着,在某些情况下,当权威要求他服从时,他有权利不服从,而如果权威通过行使实践性权力来强制他服从,就侵犯了他的权利。比如,当警察因为你拒不配合安全检查而用枪指着你的头命令你接受检查时,他并没有侵犯你的权利,但如果他接下来用枪指着你的头命令你去检查另一辆存在安全威胁的车,就侵犯了你的权利。在第一种情况下,他使用强制是为了让你履行维护社会安全的义务,因而是合法的;在第二种情况下,他对强制的使用则威胁到了你维护自身安全的权利,而这是任何权威都无权剥夺的,因而他的行为就是非法的。可见,如果权威能够赋予你某些义务,意味着你在这些义务所指向的事情上是没有权利的,所以,当他强制你做这些事时,就没有侵犯你的权利,但如果他强制你去做那些他无法赋予你义务因而你有权利拒绝的事,就侵犯了你的权利。也就是说,权威的某些行为属于侵权行为,而当他做出了侵权行为时,就失去了合法性,就不再能够合法地解决他与从属者间的冲突,而从属者就有权利将这种冲突

---

① Joseph Raz, *The Morality of Freedom*, Oxford: Clarendon Press, 1986, p. 21.

诉诸一个外部的裁判了。

如果从属者将其与权威间的冲突诉诸裁判的条件是权威对他实施了侵权,那么,裁判的首要工作就是裁定是否存在侵权的事实。这涉及两方面的因素,一是冲突双方所处其中的制度,这决定了权威的合法性限度;二是权威性行动的相关事实,这决定了权威的行动是否满足其合法性条件。而裁判所要做的就是根据制度的规定来审查权威性行动的所有事实,一旦发现这些事实表明权威的确破坏了其合法性条件,就裁定存在侵权的事实,即权威的行动非法。这里的问题在于,裁判虽然可以裁定冲突关系中的权威性行动非法,却不能替代后一种权威,否则他就不是裁判了。事实上,裁判的裁决包括两个方面,一是对权威性行动的合法性做出裁定,二是在权威性行动被裁定为非法的前提下做出让该权威去修复权威性关系的判决。也就是说,权威做出侵权行为的本质是对权威性关系的破坏,而这就意味着他没能履行维护权威性关系的社会责任,因为权威性关系作为一种不平等的关系要得到证成,必然需要具备某种社会功能,而要保证权威性关系能够发挥这种功能,权威就有责任维护权威性关系,裁判则有权威确保所有其他权威都实际地履行这一责任。当有人没能履行这一责任时,裁判就可以裁定其行为非法并判决他重新承担起该责任。与其他权威不同的是,裁判拥有实践权威,却不拥有实践性权力,当他做出了一种裁决,其他人就有义务执行这一裁决,但裁判本人则没有任何权力来强制其他人执行该裁决。所以,当被诉诸裁判的冲突得到了裁决但权威拒绝执行该裁决时,制度必须确定其他制度性的权力主体来强制执行裁判的裁决。

被裁决其行为非法意味着权威必须恢复其从属者受到侵犯的权利,但在现实中,由于权威与从属者是不平等的,即使权威在一次裁决后恢复了从属者的权利,也很可能再次做出侵权行为,甚至是报复性的侵权。在这种情况下,权威性关系就失去了健康存在的基础,即现有的权威性关系已经不可能继续发挥其社会功能了,要确保权威性关系能够发挥功能,裁判就需要根据制度的规定与侵权行为的严重程度做出是否重建权威性关系的裁决。而当涉及权威性关系的重建时,不同权威性关系间的差异再次显现了出来。如古丁所说,在所有权威性关系中,从属者都是相对于权威的脆弱者与依赖者,但在不同权威性关系中,从属者的脆弱程度是不一样的。在我们的例子中,子女相对于父母、普通社会成员相对于警察都具有极强的脆弱性,他们都可以被视为完全没有自我保护能力的依赖者,另一方面,下属虽然也具有相对于上司的脆弱性,但他是有自我保护能力的,因而他的脆弱性与依赖性都是比较弱的。在古丁看来,依赖者的脆弱程度决定了权威保护弱者的责任强度,①而从本书的角度来看,依赖者的脆弱程度实际上决定了权威性关系的稳定程度。当依赖者的脆弱程度非常高时,权威性关系就非常稳定,这意味着依赖者无从选择权威性关系,因而,当这种关系已经无法继续发挥功能时,只能通过裁判的裁决而得到重建。当依赖者的脆弱程度相对低时,权威性关系的稳定程度也较低,这意味着依赖者实际上有能力选择退出现有的权威性关系,所以裁判无须也不应当介入到这一关系是否需要重建的问题中来。

以上分析表明,当权威性关系内部的冲突被诉诸裁判时,裁判可以做出两种类型的裁决,即权威性关系的恢复与重建,而这么做的目的都是为了让权威性关系能够正常发挥功能,在这个意义上,裁判实际上扮演着所有权威性关系维护者的角色。这也决定了裁判做出裁决的依据是让权威性关系正常发挥功能,当权威做出了侵权行为时,裁判不能以公平为依据要求权威做出矫正,而只能以恢复权威性关系的要求为依据做出裁决,而这并不必然意味着公平。接下来我们考察需要得到公平解决的冲突的情况。

---

① Robert E. Goodin, *Protecting the Vulnerable: A Reanalysis of Our Social Responsibility*, Chicago: The University of Chicago Press, 1985, p. 39.

首先是人们对同一种利益有着冲突性诉求的情况,这种情况的典型例子是体育比赛。只要有比赛,无论这种比赛是商业性的还是友谊性的,即无论获胜者能否得到实质性的奖励,对于参赛双方而言,获胜本身都构成了一种利益,而在只能有一方获胜的前提下,参赛双方就对获胜这一利益产生了冲突性的诉求。显然,这一冲突的实质是要为一种未被认领的利益确立一个合法的归属,其途径就是让参赛双方展开公平的竞争,只要这种竞争是公平的,那么,谁在事实上获得了胜利,谁就应得胜利,换句话说,获胜这一利益就成了获胜者的应得,相应的,失利者就不再能够合法地对其主张利益,而当获胜已经不再成为失利者的合法诉求时,参赛双方的利益冲突就不复存在了。这里的关键在于,竞争要能够解决冲突,必须具有公平性,而这只有在裁判没有做出不公正裁决的前提下才是可能的。当然,我们可能都参加过没有裁判的比赛,而且,这些比赛的结果可能也是公平的,但这种比赛要成为可能,前提是参赛双方并不存在利益冲突,即他们并不关心比赛的结果,因而并不把获胜看成一种利益,自然就无须利益无涉的裁判来维护比赛的公平性。在这种情况下,每一个参赛者自己就是公正的裁判。而只要任何一方把获胜看成一种利益,那对比赛中出现的任何冲突,参赛者自己就无法做出公正的裁决,而只能诉诸外部的、与比赛结果利益无涉的裁判——另一方面,根据阿伦(Michael P. Allen)的看法,对于比赛的进行,裁判是有利益的,他的利益就在于比赛的进行要符合规则。[1]

可以看到,对比赛而言,竞争才是解决冲突的机制,裁决则是维护竞争公平性的机制。也就是说,裁判并不裁决比赛的结果,而只是根据规则对每一次需要他做出裁决的行为做出裁决。比如,在足球比赛中,当

---

[1] Michael P. Allen, "A Limited Defense of (at Least Some of) the Umpire Analogy," *Seattle University Law Review*, Vol. 32 (2009), p. 534.

A队球员将球碰出边线时,他必须裁决B队获得球权;当B队球员在禁区内手球时,他必须裁决A队获得点球;如果一场比赛进行得异常流畅,没有发生任何需要他做出裁决的情况,那么,除了宣布比赛开始与结束之外,他就不应当做出任何裁决,而这种不裁决本身就是一种裁决。在这里,无论是否做出裁决,做出何种裁决,只要他的裁决是符合规则的,那对比赛双方来说,这些裁决及其所造成的结果就是公平的,换句话说,竞争就是公平的。进而,无论谁获得了胜利,另一方都没有合法的理由反对这一结果,于是,参赛双方的利益冲突就得到了公平地解决。反之,如果裁判做出了违反规则的裁决,且这些裁决对比赛的结果产生了决定性的影响,那竞争就失去了公平性,在裁决的不公正非常严重的情况下,裁判的行为甚至可能改变比赛的性质,将比赛从一个竞争的过程变为一个分配的过程——比如,因"黑哨"而造成的假球就是一个典型的分配过程而不是竞争过程。无论如何,当人们对同一种利益有着冲突性诉求时,裁判的功能是维护竞争的公平性,从而使竞争能够成为公平地解决人们之间利益冲突的方式。为了维护竞争的公平性,裁判必须做出各种各样的裁决,且只有当这些裁决并没有决定比赛的结果而只是维护了比赛严格依据规则得以进行时,他才真正地维护了竞争的公平性。

再看人们在同一项行动或决策中有着冲突性利益的情况。为了简化问题,我们区分两种情况,第一种不涉及集体决策,而只是我的行动与你的利益产生了冲突;第二种涉及集体决策,即许多甚至全体社会成员都对某一项决策有着冲突性的利益。当我的行动与你的利益产生了冲突时,我们就进入了经典的外部性情境,即我的行动对你造成了负外部性。承受了负外部性意味着你的合法利益受到了阻碍,也就是受到了损害。需要指出的是,在权威性关系中,损害不一定是非法的,因为如果损害意味着对合法利益的阻碍,那权威的行动将经常性地阻碍从属者的合法利益,如果将所有损害都视为非法,那权威就不可能合法了。所以,在权威性关系中,只有侵权才是非法的,①才需要裁判的介入。而在非权威性关系中,损害本身就是非法的,就需要裁判的介入。当然,如果我同意对你进行补偿,而你也接受我提出的补偿方案,那我们间的冲突也无须诉诸裁判。但如果我不同意进行补偿,或我们无法就补偿达成一致,那这一冲突要得到公平地解决,就只能诉诸裁判。对裁判来说,他要做的也是适用规则与审查事实,并且,如果得出的结果是损害事实成立,就应当裁决我做出赔偿。在这里,冲突的解决不需要诉诸集体决策。但如果是另一种情况,即某个权威性机构必须做出一项决策,而这项决策将对许多甚至全体社会成员造成截然相反的影响,那么,在这项决策中,所有相关方就有着冲突性的利益。由于这项决策涉及利益太广,我们可能无法找出利益无涉的裁判;即使能够找出,让一个或几个人来对所有人之间冲突着的利益做出一种公正的裁决也具有技术上的不可行性;即使这在技术上是可行的,让有限的少数人来——哪怕是公正地——裁决多数甚至全体社会成员的利益归属,这本身就是一种不公平的冲突解决方式。所以在这种情况下,利益冲突也需要得到裁决,但不是交由某个特定的裁判,而是交由一种集体决策机制也就是投票进行裁决。因为在所有冲突着的利益主张都试图表明自己得到了公共证成的情况下,"投票机制构成了一种裁决关于什么得到了公共证成的深刻分歧的公平方式。"②可见,当许多甚至全体社会成员都对某一项决策有着冲突性的利

---

① 合法利益是这样一种利益,你对它的任何处置都是合法的,即你有处置它的自由,但你并不能排除其他人尤其权威处置它的自由。而如哈特所说,权利是一种得到证成的对自由的干预(H. L. A. Hart, "Are There Any Natural Rights?" *The Philosophical Review*, Vol. 64, No. 2 (Apr., 1955), pp. 175-191),如果你对一种利益拥有权利,意味着所有其他人包括权威都不再有自由对它进行任何处置,因而任何试图干预你的这一利益的行为都是非法的。关于权利与自由的区别,即权利的排斥性,又见 David Schmidtz, *Person, Polis, Planet: Essays in Applied Philosophy*, New York: Oxford University Press, 2008, p. 194.
② Gerald F. Gaus, "Reason, Justification, and Consensus: Why Democracy Can't Have It All," in James Bohman and William Rehg, eds., *Deliberative Democracy: Essays on Reason and Politics*, Cambridge, Massachusetts: The MIT Press, 1997, p. 234.

益时,对这一冲突的解决既是一个裁决的问题,也是一个集体决策的问题,而能够同时承担公平裁决与集体决策的机制就是投票。

三、裁决的权威与合法性

裁决——包括裁判的裁决与投票机制的裁决——是解决冲突的一种公平方式,但这是有条件的。裁判要能做出公正的裁决,必须具有相对于冲突各方的中立性,所以,当陷入冲突的是全体社会成员时,在不存在中立裁判的条件下,投票就是唯一公平的冲突解决方式;另一方面,投票要成为一种公平的裁决机制,则投票的结果必须具有未知性,如果在投票之前我就明确地知道我是少数,那投票的结果对我就不可能是公平的。事实上,在这种情况下,投票变成了强制的一种合法化机制——因为参与投票表明了少数同意接受强制,而不再是解决冲突的公平方式。未知性要求指向了两个条件:一是数量条件;二是结构条件。当冲突发生在我、你以及他三人之间时,哪两个人间的利益更具有相似性是一目了然的事情,如果我们诉诸投票,结果对于另一个人一定是不公平的。所以,投票只适用于冲突各方的数量足够多的情况,这里的足够多是指多到让人们之间产生足够的信息不对称,让每一个人都无从知道其他每一个人将投出什么票,只有这样,投票才不会变成多数对少数的合法强制。结构条件是指冲突各方中不存在永久少数,即如果冲突反复发生,而每一次都是相同的那些人成为少数,那投票的结果也是不公平的。

影响裁判与投票适用范围的还有另一个因素,这就是牺牲的必要性。在现实中,对某些冲突的公平解决是不必有人做出牺牲的,比如,在体育比赛中,参赛双方对获胜存在冲突性的诉求,但只要裁判成功地维护了比赛过程的公平性,使无论胜出者还是失利者都得到了他的应得,那么,这种冲突的解决就没有让任何一方成为牺牲者。也就是说,当冲突的解决不需要有人做出牺牲时,裁判是可以对这种冲突做出公正裁决的,事实上,也只有在这种冲突中,裁判才能做出公正的裁决。如果一种冲突必须以某些人的牺牲为前提才能得到解决,即某些人的牺牲是解决冲突的一个必要条件,那裁判的裁决就不适用了。因为要解决这种冲突,我们必须区分不同利益的价值,然后让价值较小的利益为了价值较大的利益而牺牲,而这超出了裁判的权威范围之外。作为中立者,裁判不拥有在不同利益之间划分价值序列的权威,更不拥有让某些人为了另一些人的利益而牺牲的权威。当牺牲不可避免时,我们首先必须确保每个利害关系人的利益都有着完全相同的价值——其途径就是比例原则下的"一人一票",然后以某种数学方式——即投票——计算出"最大多数人的最大利益",再让少数服从多数,或者说,让多数统治少数。① 所以,在我们能够确保每个人的利益都有着完全相同的价值的前提下,投票就是确定何种利益有着最大价值的公平方式,因此,如果必须有人做出牺牲,那投票就是裁决究竟哪些人应当做出牺牲的公平方式。另一方面,投票的结果必然是使少数成为牺牲者,所以投票也只适用于牺牲是解决冲突之必要条件的情况。

裁判与投票有着不同的适用范围,相同的是,他们做出的都是一种权威性的裁决。这是因为,诉诸裁判就意味着同意服从裁判的裁决,参加投票也意味着同意服从投票的结果。二者的区别在于,裁判并不拥有实践性权力,所以,如果他的权威受到了挑战,他将无法使用强制性手段来贯彻其权威,而只能借助其他强制性力量来帮助其贯彻权威。比如,在足球比赛中,如果裁判对某个球员出示了红牌而该球员拒绝下场,那

---

① 这里的前提是,需要通过某一方的牺牲来解决的冲突不会只发生在两个人之间,所以投票才是可能的,否则,一票对一票的结果就永远解决不了冲突。之所以如此,是因为社会是一个相互依赖的人际关系网络,而当有人必须做出牺牲时,意味着他的利益完全受到了否定,而这必然也会影响到与他处于依赖关系中的其他人的利益。所以,这里涉及的决策单元一定不会只有两个人。当然,在极端情况下,决策单元的构成人数可能是偶数,而事实上产生了一票对一票的结果,在这种情况下,冲突要得到解决,就只能适用全体一致规则,即冲突各方必须通过相互妥协来解决彼此间的冲突。而在这种情况下,投票制度也就不再扮演裁判的角色了,因为当各方真的能够达成充分的妥协时,他们之间就没有冲突,也就无须得到裁决了。

裁判是无法强制其下场的,他只能等待安保人员进场将该球员强行逐出场外。为了保障裁判的权威,这样的强制性手段是必不可少的,虽然裁判的权威并不来源于此。另一方面,一旦投票确定出了多数和少数,那多数就获得了对于少数的实践性权力,因为在物理意义上,多数是有能力强制少数的。这也是多数统治原则在技术上可行的一个条件,虽然在现实中这一条件并不必然能够得到满足。但多数并不拥有权威,他们自己并不能决定是否对少数施以强制,也没有能力对少数施加义务,更不拥有统治的权利。① 相反,投票机制本身才是权威,具体来说,是一种施加义务的权威,一旦冲突各方完成了一次投票,即投票机制做出了裁决,那么所有各方就都被赋予了服从这一裁决的义务。同时,投票机制又是一种生成实践性权力的方式,当它以表决的形式计算出了多数与少数时,就让多数获得了强制少数的权力,也通过赋予多数这样的权力而使自身的权威得到了保障。如果说任何权威都需要得到权力的保障的话,在裁决活动中,权威与权力是彼此分离的,因此,虽然裁决活动本身是一种权威性活动,但裁决性关系则不是一种权威性关系,正是这一点保证了裁决的公平性,而在权威性关系中,公平则不适用于评价权威的决策与行动。

当我们说权威性关系不适用于公平的评价标准时,我们所指的是,在权威性关系中,牺牲是不公平的,当权威与从属者发生冲突时,这种冲突几乎总是通过从属者的牺牲而得到解决的。这样一种不公平的牺牲如何能够得到证成?显然,同意理论无法提供这种证成,因为包括家长与子女的关系、警察/国家与普通社会成员的关系在内的许多权威性关系都不是建立在同意基础上的。公平游戏理论也无法提供这种证成,因为公平游戏要求参加游戏的至少有两个人,在这种情况下,你服从权威,

---

① 关于权威三种类型的区分,见 Thomas Christiano, *The Constitution of Equality: Democratic Authority and its Limits*, New York: Oxford University Press, 2008, pp. 240–241.

我也服从权威,那谁都没有占谁的便宜,所以这种服从就是公平的,否则,如果你服从而我不服从,那我就占了你的便宜,游戏就失去了公平性,而在独生子女家庭,对权威的服从就不满足公平游戏的条件。在本书看来,这种不公平的牺牲之所以能够得到证成,是因为权威性关系承担着某种具有根本性价值的社会功能。这种功能的价值之所以是根本性的,是因为如果没有这种功能,那从属者的任何利益就都无法得到保障,或者说,只有当这种功能能够恰当地发挥作用时,从属者促进自身利益的能力才能得到保障。而这种功能要能够恰当地发挥作用,从属者在必要的时候就必须做出牺牲,这里所谓必要的时候,就是当权威合法地行使其权威的时候。也就是说,这种不公平的牺牲之所以能够得到证成,是因为它是从属者能够促进自身利益的一个必要条件。当然,这种牺牲也是有限度的,它的限度就是权威的行使必须合法,否则,权威性关系就受到了破坏,而权威就不能再合法地赋予从属者以义务,不能再合法地要求从属者牺牲了。

投票机制与权威性关系的相同之处是,当诉诸投票时,我们清楚地知道,要解决我们间的冲突,必须有人做出牺牲,而且,我们投票的目的就是确定牺牲者。不同的是,在投票中,牺牲者是不确定的。我们之所以诉诸投票,就是因为我们谁都不想做出牺牲,但又必须有人做出牺牲,所以只能采取这样一种谁都无法决定其结果的公平方式来确定牺牲者。如伊斯特朗所说,投票机制赋予了每个人对投票结果施加决定性影响的初始机会,但投票机制又不允许任何人能够决定投票的结果,[1]因为只有当每个人都有机会对投票结果施加决定性影响时,每个人才都有相同的机会不做出牺牲,进而,当投票确定由他做出牺牲时,这种牺牲才是公平的。反之,如果有人能在事实上决定投票结果,

---

[1] David Estlund, "Beyond Fairness and Deliberation: The Epistemic Dimension of Democratic Authority," in James Bohman and William Rehg, eds., *Deliberative Democracy: Essays on Reason and Politics*, Cambridge, Massachusetts: The MIT Press, 1997, p. 193.

就意味着其他人并没有机会不做出牺牲,因而,他们是否需要做出牺牲就完全取决于这个人的权力意志,在这种情况下,投票机制与结果就都失去了权威性。可见,投票作为一种裁决方式的权威性取决于投票机制的中立性,只有当投票机制不偏向任何人即任何人都不能决定投票的结果时,投票的结果才具有权威性,无论多数与少数才都有义务服从这一结果。当然,这里也存在合法性的问题,而且这里的合法性主要是一个程序性概念。当我们诉诸投票时,为了确保投票结果具有合法性,我们一定会确定某些程序,比如所有人必须同时投票,如果有人没有遵守这样的程序,比如他比其他人都晚了半个小时投票,那么,由于这个时候对其他人投票的计票工作已经完成,他就可能获得了对投票结果的决定性影响。在这种情况下,如果他并不知道对其他人投票的计票结果,也没有改变他本来的投票选择,那么,投票机制在事实上就仍然是中立的,因而仍然具有权威性。但由于投票的合法性条件没有得到满足,投票结果就是不合法的。在这种情况下,我们就需要根据其他程序性要求来重新得出合法的投票结果,比如宣布他的投票为废票,或者重新进行投票等。

与投票的权威是一种确定牺牲者的权威不同,裁判的权威则是一种确定被裁决行为制度含义的权威。在这里,制度含义是相对于认识含义而言的,即裁判能够裁决的只是一种行为的制度含义,而无法裁决其认识含义。比如,在足球比赛中,如果A队的一名球员与B队的一名球员发生了身体接触并双双倒地,那么,对于这一事实,A队球员可能认为是B队球员犯规,B队球员则认为是A队球员犯规,也就是说,这一事实对于两个球员具有不同的认识含义。但如果裁判裁决A队球员犯规,那么,这一事实就只有一种制度含义,这就是A队球员犯规,由此就会产生相应的制度后果,即B队获得球权,如果犯规发生在A队禁区,B队还将获得点球。需要指出的是,裁判的裁决并没有改变该事实的认识含义,"运动员通常继续相信他们在裁判做出裁决之前就相信的东西",①但只要裁判做出了裁决,无论其他人是否相信这一裁决的真理性,他们都必须接受这一裁决为被裁决的行为所确定的制度含义。正是在这个意义上,高斯认为,裁判只能解决实践冲突,而不能解决认识冲突,因而也只是一个实践权威,而不是认识权威。与投票的权威取决于投票机制的中立性不同,对裁判来说,他的裁决要具有权威,仅仅保持中立是不够的,更重要的是,他的裁决必须以规则为前提。或者如高斯所说,"裁判的目的是做出最符合规则要求的实践决定。"②如果分属两队的两名球员什么都没做却被裁判同时判罚出场,这一裁决无疑是中立的,却不具有权威性,因为它没有建立在规则的基础上。而在不具有权威性的前提下,自然更谈不上合法性的问题。

对裁判来说,其裁决的合法性取决于该裁决的认知价值。这并不是说裁判的裁决必须体现对规则的正确认知,这要求裁判不能犯错,而这是不可能的。裁决的认知价值是指,裁判必须有理由相信他是基于对规则的正确认识而做出的裁决。这意味着,合法的裁决在认知上可能是错误的,但只要裁判在裁决时有理由相信这一裁决体现了对规则的正确认知,那这一裁决就是合法的。比如,当A队球员与B队球员在B队禁区发生肢体接触并因此倒地时,如果裁判从他所站的角度看到的是B队球员对A队球员做出了犯规动作导致后者倒地,而事实上是A队球员自己绊倒了自己并碰到了B队球员,那么,裁判就有理由相信他应当判给A队点球,而且如果他真的做出了这一裁决,这一裁决就是一个合法的裁决。无疑,这一裁决让B队承担了他们不应得的后果,但并没有让他们成为牺牲者,因为在这一裁决中裁判所行使的仍然是对比赛的裁决权而不是决定权,即他并没有决定该结果。反之,当裁判明知B队球员没

---

① Gerald F. Gaus, *Justificatory Liberalism: An Essay on Epistemology and Political Theory*, New York: Oxford University Press, 1996, p. 188.
② Gerald F. Gaus, *Justificatory Liberalism: An Essay on Epistemology and Political Theory*, New York: Oxford University Press, 1996, p. 189.

有犯规仍然判罚给 A 队点球时，他就没有理由相信这一裁决体现了对规则的正确认知，因而这一裁决就是非法的。当他做出了非法裁决时，他就僭取了对比赛的决定权——这一权力只应属于参赛双方，而当他能够决定比赛的结果时，失利者就成了被裁判选定的牺牲者。可见，合法的裁决并不一定是正确的裁决，正确性也不能证明裁决的合法性，相反，只有当裁决符合认知价值条件时，它才是合法的裁决，也只有合法的裁决才能使冲突得到公平的解决。

第2节 寻找公平的决策权分配方案

在制度层面，政治的核心是对决策权的分配与再分配，相应的，政治模式则可以被理解为决策权的分配方案。进而，集权政治就是决策权的不平等分配方案，民主政治则是决策权的平等分配方案。在现代社会，民主是作为平等的一种实践方案而存在的，也正因其实践了平等，民主才被视为一种好的政治模式。然而，随着现代政治的不断演进，人们发现，在所有决策参与者间平等地分配决策权力并不必然是一种好的治理安排。如前文已经提到的，在日益频繁发生的"邻避"事件中，如果我们要把是否在某个地点建立污染设施诉诸集体决策，那么，让这个地点的居民和这个决策集体内所有其他居民都拥有相同的一票就不是一种好的治理安排，因为，根据理性选择的逻辑，为了避免污染设施被转移到自己的居住地，后者一定会投赞成票，而由于后者在数量上通常会大于前者，结果，集体决策就变成了"多数人的暴虐"。在这里，每个人都是平等的，但对决策权的平等分配却造成了不公平的后果。有鉴于此，近年来，民主理论的发展呈现出了从平等导向到公平导向的转型，试图通过寻找出某些公平的决策权分配方案来解决许多新的治理问题。

一、从公民身份到受影响利益

如果政治被理解为围绕决策权的分配所展开的各种活动,那么,政治理论的任务就是要解决两大问题。第一,谁应当拥有决策权力;第二,谁应当拥有多少决策权力。对这两个问题,近代民主理论用一个概念作出了回答,这就是公民身份。任何人,只要被承认了一个国家的公民身份,就获得了决策权力,而且是与其他所有拥有公民身份的人完全相同的决策权力。那么,被承认公民身份的条件是什么?对此,启蒙思想家给出的答案是同意,即只要自然状态中的某个人对某个议定中的国家表示了同意,就产生了对这个国家的义务,相应的,就被承认了在这个国家中的公民身份。但在现实中,没有哪一个国家是通过其内部所有居民的同意而建立起来的。为了解决由此产生的悖论,同意理论的代表人物洛克提出了"默示同意"的概念,即虽然一个国家领土范围内的大多数甚至所有居民都没有明示过对这个国家的同意,但只要他们也没有明示过对这个国家的拒绝,甚至,"只要身在那个政府的领土范围以内,就构成某种程度的默认。"① 就此而言,一个国家领土范围以内的所有长期居民都应当被承认这个国家的公民身份,都应当拥有相同的——无论直接还是通过代表得到行使的——决策权力。

公民身份是一种排他性的成员资格。当近代政治理论宣布所有被承认了一个国家公民身份的人都应当拥有完全相同的决策权力时,意味着所有不拥有这个国家公民身份的人都应当被排除在这个国家的集体决策之外。在这个意义上,同意理论可以被视为一种排斥理论,它将所有没有对一个国家表示同意,或所有没有长期性地身处某个国家领土范围之内的人都排除在了这个国家的集体决策之外。在近代以来的很长时期内,这种排斥都被视为理所应当,而没有受到多少质疑。之所以如

---

① [英]洛克:《政府论:下篇》,叶启芳、瞿菊农译,北京:商务印书馆1996年版,第75页。

此，是因为近代政治理论蕴含了一种关于国家作为一个自足共同体的假定。根据这种假定，每个国家都被视作一个孤岛，而作为孤岛，首先，岛上的居民无法去到另一个孤岛，因而只能同意这个国家，并因此被承认了这个国家的公民身份；其次，岛上拥有所有公民需要的全部资源，因而这个国家不依赖于外部环境，也不会受到外部环境的影响；再次，这个国家的所有决策与行动都不会对外部环境产生影响，或即使产生了影响，也被海洋所稀释或吸收了，而不会波及其他孤岛。简单地说，对每个孤岛而言，所有政治问题都得到了内部解决，而不存在外部性。如果每个国家真的都是这样一种孤岛，那么，将所有岛外居民排除在岛内决策之外就没有什么不对，因为前者没有任何理由要求参与到后者的决策中来，反之，如果任何岛外居民试图参与岛内决策，则会被视为对这个国家自足性——或者说主权——的侵犯。

但在现实中，没有哪个国家可以被视为这样一座孤岛，尤其在今天这样一个全球化的世界，即使某个国家在地理意义上真的就坐落于某座孤岛之上，它与岛外的世界也一定有着各种割舍不断的复杂联系，致使基于孤岛隐喻的各种政治推论难以继续成立。首先，孤岛隐喻中关于岛上居民无法去到另一个孤岛的假设是不成立的，相反，今天的世界中存在着广泛的用脚投票的现象，尤其是精英阶层的用脚投票。这种现象带来了许多类似如下的问题，即如果一名财富精英将他的全部财富转移到了与他所属国家在经济上有着高度竞争关系的另一个国家，使他的经济利益与他祖国的经济利益产生了根本性的冲突，在这种情况下，他的公民身份并未发生变化，但他是否仍然应当与他的所有同胞公民一样拥有参与集体决策的相同权力呢？如果是，那这个国家将很可能发生政治内战；如果否，那么，公民身份可能就不足以成为决策权分配的充分条件了。其次，随着个体生活方式与内容的不断丰富以及经济全球化的不断深入，今天，已经没有哪一个国家拥有其内部所有公民需要的全部资源了，相反，每一个国家都在不同程度上依赖于外部环境。结果就可能发生这样的情况,即 A 国是一个单一产业国家,且其产业高度依赖于 X 原料,但经过长期开发,A 国内部的 X 原料已经耗尽,因而只能从世界上唯一的另一个拥有 X 原料的 B 国进口。那么,在是否准许对 A 国出口 X 原料这一似乎严格属于 B 国内政的问题上,A 国公民是否也应拥有某种决策权力呢?如果否,意味着 B 国公民可以独断地决定 A 国公民的——至少是短期内的——命运,即 A 国公民与 B 国公民是不平等的;如果是,那么,公民身份就也无法构成决策权分配的充分条件了。再次,在今天这样一个相互依赖的世界中,每一个国家的决策与行动不可避免地都会产生外部性,比如,如果一个缺电的上游国家决定在河流上游修筑水坝用于发电,将不可避免地影响下游国家的农业灌溉甚至居民用水,在这种情况下,下游国家的公民并不拥有上游国家的公民身份,但在是否修筑水坝的问题上,他们难道不应当被给予某种决策权力吗?

如果说在近代历史的早期,政治主要表现为一国内部的决策权分配问题,因而以成员资格为分配依据的做法并未造成严重的实践悖论的话,到 20 世纪中期,随着国家间依存度的加深,随着外部性的普遍化,这样一种分配方式以及它所代表的封闭的民主观念则日益显露出了它们在政治实践中的不适应性,并经常性地导致政治冲突与道德困境。于是,学者们开始了寻找替代方案的努力。其中,达尔提出了一条对当代民主理论产生了深远影响的决策权分配原则,达尔称其为"受影响利益原则"(the principle of affected interests)。在某种意义上,以公民身份为依据分配决策权力就是以出身为依据分配决策权力,比如,卡伦斯就认为,"现代世界中的公民身份在很大程度上近似于中世纪的封建地位(feudal status)",[1]而人们的出身在事实上是不平等的。虽然国家用政治手段对所有拥有相同公民身份的人进行了拉平,或者说,赋予了他们

---

[1] Joseph H. Carens, "Migration and Morality: A Liberal Egalitarian Perspective," in Brian Barry and Robert E. Goodin, ed., *Free Movement: Ethical Issues in the Transnational Migration of People and of Money*, New York: Harvester Wheatsheaf, 1992, p. 26.

相同的出身,从而使他们能够一道践行民主。可一当政治实践超出了单一公民身份的范围,民主就失效了。要让民主摆脱出身决定论,同时将所有外部性内部化,在达尔看来,我们需要根据以下原则重新分配决策权力,这就是:"所有受到了一个政府之决策影响的人都应当有权参与该政府。"① 如果以此为标准,那么,一个国家的公民肯定应当被给予参与集体决策的权力,因为他们生活在这个国家的领土范围之内,无法逃避国家决策对他的影响。同时,那些虽不拥有这个国家的公民身份,但被迫承担了这个国家决策与行动之外部性的那些人也应当被给予参与这个国家集体决策的权力,因为他们成了这个国家的受影响利益。

受影响利益原则的提出为通过民主手段解决跨国政治纷争提供了一种新的思路,即通过决策权的再分配来将外部性内部化。同时,它也留下了两个未解的难题。其一,如果只要受到了影响就应当被给予决策权力,那在一个日益成为"地球村"的世界中,几乎所有国家的所有决策都会对世界上的其他所有人产生影响,那这是否意味着"我们应当给这个世界上几乎所有地方的几乎所有人在几乎所有事情上一票"②? 其二,在实践中,利益受影响可以成为决策权分配的条件,但并不足以成为公民身份分配的条件,一个国家不可能仅仅因为它往太平洋里排放了污染物就把太平洋边上的所有居民都变成自己的公民,那么,虽然所有受影响的人都应当被给予决策权,但他们被给予的决策权力是否应当相等? 沿着这两个问题,当代民主理论展开了一系列新的叙事。

二、比例原则的提出

在某种意义上,公民身份原则可以被视为受影响利益原则的一个特

---

① Robert A. Dahl, *After the Revolution? Authority in a Good Society*, London: Yale University Press, 1970, p. 64.
② Robert E. Goodin, "Enfranchising All Affected Interests, and Its Alternative," *Philosophy & Public Affairs*, Vol. 35, No. 1 (Winter, 2007), p. 64.

例,即根据公民身份分配决策权力也属于根据利益是否受到了影响来分配决策权力。事实上,在孤岛隐喻中,由于不存在外部性,一个国家的决策与行动在客观上只能对它的公民产生影响,所以,如果每个国家真的都能作为孤岛而存在,那根据受影响利益原则分配决策权力就表现为根据公民身份分配决策权力。在这里,两项原则是等值的,它们所指向的实践安排也是一致的。但这并不意味着两项原则总是等值的,相反,只要任何一个国家不能作为孤岛而存在,那它的决策与行动一定就会对许多不拥有其公民身份的人造成影响,在这种情况下,两项原则所指向的实践安排就大为不同了。无论如何,我们可以认为公民身份原则与受影响利益原则遵循着相同的逻辑,即它们都是从一种福利主义(welfarist)的观点出发,[1]根据国家的决策与行动是否会对特定受众的福利状况产生影响来确定决策权的分配方案,二者的区别只是在于前者假定国家可以作为孤岛而存在,后者则反对这一假定。

如前所述,公民身份原则指向的是一种决策权的平等分配方案,只要拥有一个国家的公民身份,就获得了与所有同胞公民完全相同的决策权力。之所以如此,传统观点给出的是平等主义的理由,即在现代观念中,平等被视为第一位的价值,因而所有资源的分配都需要在某些方面或以某种方式遵循平等原则,决策权这一基本政治资源的分配更是如此。而从福利主义观点出发,可以看到,公民身份原则还蕴含了这样一个假定,即一个国家的所有决策与行动对其每一位公民福利状况的影响都是完全相同的,即每位公民的受影响程度都完全相同,进而,作为受影响利益原则的一个特例,公民身份原则才要求给予每一位公民平等的决策权力。在这里,我们看到了两项原则间的紧张,即公民身份原则必须以平等为前提,而不允许任何形式的"二等公民"存在,受影响利益原则

---

[1] Thomas Christiano, "Knowledge and Power in the Justification of Democracy," *Australasian Journal of Philosophy*, Vol. 79, No. 2 (June, 2001), p.202.

则内在地要求突破对所有人形式主义的平等对待,因为每个人在每一项决策或行动中的受影响程度不可能全都相同。当然,这并不意味着公民身份原则与受影响利益原则存在根本性的矛盾,因为所有人的确有可能在某些决策或行动中受到了近似相同的影响。但在另一些——可能是绝大多数——情况下,每个人受到的影响在事实上是不一样的,进而,如果从受影响利益原则出发,公民身份原则所指向的平等分配方案就不适用了。

对于政治理论所需解决的两大问题,近代民主理论用公民身份这一个概念给出了回答,这就是,只要拥有公民身份,就拥有参与集体决策的权力,并且是与所有拥有公民身份的同胞公民完全相同的决策权力。简单地说,就是"一公民身份一票"——我们常说的"一人一票"是一个误导性的表达,因为并非一国领土范围内的所有自然人都拥有参与集体决策的权力。受影响利益原则指出了这样一种封闭的民主观念的缺陷与革新民主观念的方向,但要让这一原则获得与公民身份原则同等的现实表现力,进而获得可实践性,学者们还需找到一个与公民身份类似的概念。在这个问题上,当代民主理论转向了利害的概念。

在布里格豪斯与福勒拜尔看来,利害的概念可以完美地被用来回答政治理论的两大问题。首先,"利害体现了人们的利益是如何受到备选决策影响的",[1]因而,对于谁应当拥有决策权力的问题,当代民主理论的回答就是,谁在一项决策中存在利害关系(have a stake in),或者说,谁是一项决策的利害关系人(stakeholder),谁就应当拥有参与该决策的权力。其次,"利害衡量的是个体利益的强度",[2]因而,对于谁应当拥有多少决策权力的问题,当代民主理论的回答就是,谁在一项决策中存在多

---

[1] Harry Brighouse and Marc Fleurbaey, "Democracy and Proportionality," *The Journal of Political Philosophy*, Vol. 18, No. 2 (June, 2010), p. 137.
[2] Harry Brighouse and Marc Fleurbaey, "Democracy and Proportionality," *The Journal of Political Philosophy*, Vol. 18, No. 2 (June, 2010), p. 146.

少利害,就应当拥有多少决策权力。这两点合到一起就构成了民主的"比例原则",它要求,"权力应当与人们在所考虑决策中的利害(stakes)成比例地进行分配。"① 更具体地说,比例原则要求将民主的基本内容从"一公民身份一票"改写为"一利害一票"(one stake one vote)。

显然,比例原则不是一种平等原则,而是一种公平原则,虽然平等与公平在特定情况下也可能发生重合。在比例原则看来,当不同的人们在同一项决策中存在不同的利害关系时,如果我们强行根据平等原则来分配决策权力,将造成"不尊重那些因此不相称地服从于那些没有利害关系或利害关系不大的人的意志"的结果,② 而这是不公平的。比如,如果一座污染设施的有害范围是 10 公里,那住在选址地附近 100 米的居民和住在选址地 20 公里外的居民在是否要在该选址地建设该污染设施的决策上所存在的利害关系就完全不同,如果我们强行根据平等原则赋予他们相同的决策权力,结果一定是不公平的。在这里,虽然每个人的决策权力在形式上都一样,但我们却很难认为每个人真的都对该决策有着相同的影响力,因为当某些本不应拥有某些决策权力的人在事实上被赋予了这些决策权力时,就一定意味着另一些本应拥有更多决策权力的人被剥夺了某些决策权力。结果,形式上的平等就造成了实质上的不平等,因为被剥夺者一定处于低人一等的地位。在某种意义上,许多"邻避"事件的发生都含有决策权分配不公平的原因,即那些有着更大利害关系的人没能获得与其利害程度相称的决策权力,因而只能通过"行动"与"抗争"来弥补决策权的缺失。反之,如果我们根据比例原则来分配决策权力,那这种不平等的分配将带来更公平的结果,即使最终的决策仍然是决定在该选址地建立污染设施,那些利害关系更大的人也将有更多

---

① Harry Brighouse and Marc Fleurbaey, "Democracy and Proportionality," *The Journal of Political Philosophy*, Vol. 18, No. 2 (June, 2010), p. 137.
② Harry Brighouse and Marc Fleurbaey, "Democracy and Proportionality," *The Journal of Political Philosophy*, Vol. 18, No. 2 (June, 2010), p. 141.

理由接受这一决策,从而降低群体性事件发生的可能性。

在将比例原则应用于对劳资谈判的分析时,克里斯蒂亚诺发现了利害一词的另一层含义,即一个人在一项决策中的利害程度不仅取决于他的利益在多大程度上受到该决策影响,也取决于他拥有什么样的替代性选择。① 因而,当我们根据比例原则来分配决策权力时,就也要把每个人所拥有的替代性选择纳入考虑。还以污染设施选址来说,如果 A 和 B 都居住在距选址地 100 米的地方,那他们在该项决策中的受影响程度就是一样的。但如果 A 只有这一处住所,B 则在距该选址地 20 公里外的地方还有一处住所,那 A 和 B 在应对影响的能力上就存在差异,即 A 只能被迫接受该决策对他的全部影响,B 却可以通过移居来降低该决策对他的影响。在这种情况下,如果给予 A 和 B 相同的决策权力,也是不公平的,因为二者在这一决策中的利害程度并不相同。所以,基于比例原则,我们也应当基于 A 和 B 所拥有替代性选择赋予他们的反影响能力来分配决策权力,这样的分配才是公平的分配。

总之,比例原则要求基于每个人在每项集体决策中的利害程度来分配决策权力,而民主就表现为每一个存在利害关系的人都被给予了与其利害关系成比例的决策权力。

三、朝向利害关系人民主?

公民身份原则向我们呈现出的是一个封闭的和相对固定的共同体,在这个共同体中,只有那些拥有公民身份的人才有参与集体决策的权力,而公民身份的边界几乎是固定的,即使存在流动,通常也异常缓慢。另一方面,无论受影响利益原则还是比例原则都向我们呈现出了一个开放的和流动的共同体,因为每一项决策的受影响者和利害关

---

① Thomas Christiano, "The Tension between the Nature and the Norm of Voluntary Exchange," *The Southern Journal of Philosophy*, Vol. 54 Spindel Supplement (2016), pp. 109–129.

系人都是不相同的。比如,达尔指出:"受影响利益原则的逻辑在于,对于每一受到影响的不同人群来说,都有不同的组合或决策单元。"①布里格豪斯与福勒拜尔也强调,"比例原则意味着所有存在积极利害关系的个体都应当拥有某些权力。反过来,它也意味着不存在利害关系的个体应当被排除在正式的决策过程之外"。② 而这样一种决策安排一定是开放的和流动的。在麦克唐纳(Terry Macdonald)看来,这意味着某种"利害关系人共同体"的生成,"这一理念蕴含了如下主张,即政治决策应当由受到这些决策影响的'利害关系人'共同体来做出"。③并且,与公民共同体即国家不同的是,这些利害关系人共同体"中的成员资格是非排他性的。也就是说,拥有任何一个特定利害关系人共同体中的成员资格并不排斥你同时拥有其他利害关系人共同体中的成员资格"。④ 如果是这样,那么,民主虽然仍然是一种共同体生活方式,却不再是一群相对固定的同胞公民间的共同体生活方式,因为共同体的存在形态已经发生了变化。

在我们的世界日益成为一个"地球村"的现实下,利害关系人共同体是一种非常有吸引力的理论主张,因为我们需要类似的治理安排来帮助我们把世界上所有资源与风险的分配变得更加公平。前文已经表明,以国家为单位的民主政治在维护了所有公民形式上的平等的同时,也造成了许多不公平的后果,让某些更需要某种资源的人得不到这种资源,或让某些风险承受能力更差的人承受了更多风险。而事实上,在国家之间,这种情况更加严重。让我们考虑如下例子:作为世界

---

① Robert A. Dahl, *After the Revolution? Authority in a Good Society*, London: Yale University Press, 1970, p. 64.
② Harry Brighouse and Marc Fleurbaey, "Democracy and Proportionality," *The Journal of Political Philosophy*, Vol. 18, No. 2 (June, 2010), p. 139.
③ Terry Macdonald, *Global Stakeholder Democracy: Power and Representation Beyond Liberal States*, Oxford: Oxford University Press, 2008, p. 40.
④ Terry Macdonald, *Global Stakeholder Democracy: Power and Representation Beyond Liberal States*, Oxford: Oxford University Press, 2008, p. 91.

上碳排放量最大的国家之一,美国受海平面上升的影响远远小于孟加拉国,其应对海平面上升所带来影响的能力则远高于孟加拉国,换句话说,在美国是否应当为了避免海平面上升而减排的决策上,孟加拉公民有着比美国公民更高的利害程度。但根据公民身份原则,在这一问题上,孟加拉公民是没有任何决策权力的,结果,当美国公民做出不减排的决策时,就让孟加拉公民承受了不公平的后果。在戈塞里耶斯看来,如果这种情况得以发生,美国公民就成了孟加拉公民的寄生者(parasite),①民主则成了以邻为壑行为的一种合法化工具。如果民主总是导致这样的结果,那它无论如何也不能被视为一种好的政治模式。反之,如果我们根据比例原则的要求将孟加拉公民也纳入这一决策中来,那么,无论最终得出何种决策,对于孟加拉公民与美国公民来说,这一结果都是公平的,因为他们都对该决策产生了基于其利害程度的同等影响。由此,建立在利害关系人共同体之上的民主就仍然可以被视为一种好的政治模式。

在上述例子中,出于简化问题的需要,我们假设了一种只存在有限的利害关系人的情况,因而利害关系人共同体也是有限的,而在有限的范围内扩展民主似乎也是可行的。但在实践中,在类似气候变化这样的问题上,利害关系人的范围通常是无限的,所谓利害关系人共同体通常就意味着全世界。那这是否意味着我们应当把全世界的人都纳入这些决策,来实践一种麦克唐纳所说的"全球利害关系人民主"? 需要指出的是,这里所存在的并不是一个技术性问题,即我们需要思考的并不是这种全球民主的技术可行性问题,因为这一问题完全可以通过代表制度得到解决——无论涉及多少利害关系人,我们只要以某个人口基数为单位确定代表数量就可以很方便地构建出一个具有技术可

---

① Axel Gosseries, "Historical Emissions and Free-Riding," *Ethical Perspectives*, Vol. 11, No. 1 (2004), pp. 36-60.

行性的决策单元。相反,这里存在的是一个规范性问题,即如果我们把所有存在利害关系的人都纳入决策,有可能稀释那些利害程度较高的人的决策权力,最终导致做出对这些本来最应当在决策中获利或至少受到保护的人不利的决策。而要避免这种情况的发生,我们必须为参与设定某种标准,以此来筛选出与一项决策真正利害攸关的那些人。

在现代观念中,民主可以被视为个体自主的政治延伸,"当一个人的自主要求传染给了每一个人时,就会把自主的要求汇聚成民主的呼喊,就会造就出民主的政治模式"。[1] 在这个意义上,民主其实是通过集体决策来实践和保障个体自主的一种方式,我们评价一种政治模式是否民主,依据就是它能否帮助其治下的每一个个体实践和保障他们的自主;我们评价一个民主政体的政治绩效,依据就是它在何种程度上帮助其治下的每一个个体实践和保障了他们的自主。换句话说,民主的实质就是个体通过参与集体决策来实践和保障自主。在这个意义上,我们可以把"自主能力"作为识别合格的利害关系人的标准。在此需要区分两个概念,即合法的(legitimate)利害关系人与合格的(qualified)利害关系人。如菲利普斯(Robert Phillips)所说,"合法的利害关系人"是一种同义反复,因为只要一个人在一项决策中存在利害关系,那他就可以合法地要求参与该决策。[2] 但如上所述,并非所有利害关系人都可以成为一项决策的合格参与者,要成为合格的利害关系人,还必须满足另一个条件,这就是该利害关系人的自主能力可能因为该决策而受到无法自行修复的损害。在这里,所谓自主能力,可以被理解为一个人通过自己的努力去获取相应资源、克服相应风险、制定并执行相应行动方案、最终达到自己目的的能力,只有当一项决策会对一个人的这种能力造成无法自行修复的损害时,他才成为这项决策的

---

[1] 张康之、张乾友:《共同体的进化》,北京:中国社会科学出版社2012年版,第21页。
[2] Robert Phillips, "Stakeholder Legitimacy," *Business Ethics Quarterly*, Vol. 13, No. 1 (Jan., 2003), p. 33.

一个合格的利害关系人,才应当实际地被纳入到决策过程之中。这里必须强调"无法自行修复的",因为如果某种损害是可以自行修复的,那么,自行修复的事实就表明被损害者仍然拥有相对完整的自主能力,反之,如果一种损害无法自行修复,则意味着被损害者的自主能力受到了实质性的损害。当然,如何才能算作"无法自行修复",需要许多技术上的限定,本书不考虑这些技术性限定,而只把"无法自行修复"作为一个规范性标准。

根据这一标准,在上述例子中,我们可以假定,在美国是否减排的决策中,孟加拉公民的自主能力可能受到无法自行修复的损害,因而,孟加拉公民就成了这一决策的合格利害关系人;另一方面,欧盟各国公民的自主能力虽然也可能受到损害,但这种损害是可以自行修复的,因为欧盟各国有着比孟加拉国丰富得多的应对损害的资源,也有着更有效率的国家行政体系,因而,欧盟公民就不是这一决策的合格利害关系人。无疑,这一安排会对欧盟公民造成某些不公平的结果,但只有如此,我们才能对最为利害攸关的孟加拉公民做出最大程度的保护。这是以牺牲形式上的公平为代价去达成实质上的公平。结果,无论美国公民、欧盟公民还是孟加拉公民,他们的自主能力都得到了维护,这种利害关系人民主才是一种好的民主。反之,如果欧盟公民也被纳入决策的结果是进一步增强了美国公民的决策偏好,导致孟加拉公民在三边集体决策中的进一步边缘化,那这一决策过程虽然也是民主的,却是一种糟糕的民主。

合格利害关系人的概念表明,在某些情况下,并非所有利害关系人都应当被纳入决策过程。现实中还存在另外一些情况,其中,所有利害关系人都不应被纳入决策过程。诺齐克举过这样一个例子,[1]A 爱上了 B,但 B 爱的是 C,如果 B 决定接受 C 的求婚,这一决定无疑会对 A 造成

---

[1] Robert Nozick, *Anarchy, State, and Utopia*, Oxford: Blackwell, 1999, p. 269.

非常严重的影响，我们也许还可以说它会对 A 的自主能力造成无法自行修复的损害——因为他已经失去了他的生活目的，但这是否意味着 A 应当被给予在 B 是否接受 C 的求婚这一决策中的参与权力呢？答案显然是否定的。在克里斯蒂亚诺看来，这意味着人们拥有某些"被保护的利益"(protected interests)，在事关这些利益的决策上，任何外部力量，无论他们在这一决策中有着什么样的利害关系，都不能强加干涉。① 在实践中，被保护的利益主要是那些与利益主体"内在价值"相关的利益，而所谓内在价值，是指构成了一个人的身份，使他之所以成为他的那些价值。如果对这些价值的实践受到了其他人的干预，就会造成一个人在社会中失去了他的独立存在，就会使这个人变成非人，因而，只要不会造成不正义，与一个人内在价值相关的事务就属于他的被保护利益，社会必须保护它不受外部力量的干预。②

在日常生活中，爱就是一种内在价值，爱与被爱、爱谁与接受谁的爱是一个人之所以成为他自己的基本条件，因而，关于爱的决策就是一种完全自主的决策，而不受比例原则的调节，不被纳入利害关系人民主的范畴。在社会实践中，文化可以被视为某个群体的一种内在价值，遵循一种文化、依据这种文化的规范而生活是这个群体之所以成为他们自己的基本条件，因而，关于这种文化之存续的决策就是一种完全自主的决策，也不受比例原则的调节，虽然可能存在着某些利害关系人，由于这种文化的存在而使其对生活的观念受到了非常严重的影响。在典型的民族国家框架下，公民身份既是一种政治身份，也是一种文化身份，因而，当我们说文化是一种内在价值的时候，意味着与此相关的所有决策——

---

① Thomas Christiano, "The Tension between the Nature and the Norm of Voluntary Exchange," *The Southern Journal of Philosophy*, Vol. 54 Spindel Supplement (2016), pp. 109 – 129.

② G. A. Cohen, *Finding Oneself in the Other*, edited by Michael Otsuka, Oxford: Princeton University Press, 2013, p. 144.

只要它们不会造成不正义——都属于民族国家的自主决策,在这个问题上,公民身份原则是一种恰当的决策权分配依据,比例原则则可能造成一些悖论性的后果。当然,随着全球化进程中民族国家的不断消解,公民身份中的政治身份与文化身份已经出现了裂痕,使通过"一公民身份一票"的方式来解决文化自主的途径在实践中造成了许多政治难题,要解决这些难题,我们也许还需要去寻找公民身份原则与比例原则之外的别的原则。无论如何,这表明了比例原则的有限性,利害关系人民主虽然比公民身份民主更具包容性,却并不意味着所有会影响到利害关系人的事务都应当诉诸民主。

总之,在今天这样一个日益相互依赖、相互影响的世界中,基于公民身份原则的决策权的平等分配方案在许多政治问题上都表现出了它的不适用性。要以政治的方式解决我们生活中所存在的许多社会冲突,需要根据比例原则来对决策权进行一种公平的分配,而这种分配也将导向一种与公民身份民主不同的民主,即利害关系人民主。当然,关于利害关系人民主如何才能成为一种更具普遍性也拥有更高绩效的政治模式,仍有许多需要解决的问题。

第3节 "知识与政治"中的公平

在今天的知识生产领域,某些学科属于强势学科,某些学科属于弱势学科,这是一个可以轻松观察到的事实。从一个角度来看,这可能是因为强势学科更接近真理,弱势学科则离真理较远。如果是这样,它们间的地位差异就是知识进步的合理结果,而无须受到质疑,更不应得到矫正。但从另一个角度来看,之所以会存在不同学科,就是因为不存在对不同类型知识真理敏感性的统一测量尺度,因此,不同学科现实地位的差异就不可能是其真理敏感性高低的结果。从实践来看,所谓弱势学科,指的是那些在社会的资源分配中处于劣势的学科。如果这种劣势确是由于其真理敏感性的低下,那它并不构成一个社会问题与政治问题,相反,将更优质的资源更多分配给更接近真理的知识与识知者,这既有效率,也符合公平。但如果这种劣势并不是由于它们真理敏感性的低下,那它的存在就反映出了社会的资源分配在效率与公平上的双重缺失,而这就构成了一个社会问题与政治问题,成了政治理论需要加入讨论的问题。

识知(knowing)[1]是一项孤独的事业。作为一种为真的信念,真理是个人行使其判断的结果,除了识知者(knower)自己,没人能让他相信一种信念。但这并不意味着个体的识知活动可以免于他人的评价,因为一个人关于某种信念为真的判断在客观上可能为伪。所以,一个人判断某种信念为真并不意味着它就是一项真理,进而,如果他真的希望获得真理,就需要接受其他人对自己信念与判断的检验,只有当其他人的各种合理质疑都无法动摇他对自身信念的信心时,他关于这一信念为真的判断才具有了客观性。进而,他的整个识知活动虽然是个人的,却不是主观的,[2]而这些活动所产出的信念才有了较大的可能确为真理。在这个意义上,学术评价乃是求真活动的一种保障机制。如果一个人付出识知努力仅仅是为了收获求知的愉悦,那他可以拒绝一切形式的评价,而只需考虑自己是否获得了新的知识。但如果他的目的是寻求真理或至少是具有真理敏感性的认识,他就必须接受其他识知者对其识知活动及

---

[1] 将"knowing"作"识知"采用的是波兰尼《个人知识》中译本的译法。它可以被视为对"知识"的倒装,结果是让"识知"具有了动名词的特征,虽然从语法上不合常规,却很微妙地表达出了"认识活动的产物是知识"或"认识活动的目的是得出知识"这样一些含义,同时也更直接地表现出与"知识"在词源上的联系。而"认知"、"求知"等更常见的译法很难表达出如此丰富的含义。

[2] [英]波兰尼:《个人知识:迈向后批判哲学》,许泽民译,贵阳:贵州人民出版社2000年版,第498页。

成果的评价。当然,人类历史上有过许多英雄主义的时代,许多天才人物仅凭一己之力就贡献出了那些时代中最重要的真理。但这并不能否定学术评价的价值,因为人类历史上还没有出现过也不可能出现从不犯错的天才。而在今天这样一个认识分工高度细化、每一个人所掌握的知识都极为不充分、同时由于虚假信息的泛滥社会对于真理的需求却前所未有的旺盛的时代,我们虽然仍然相信天才人物的存在,却很难把求真的希望仅仅寄托在天才人物身上了。今天,绝大多数识知者都认识到了自身识知能力的局限性,因而希望通过一个健全的学术评价体系来提高自身识知活动的真理敏感性,并把学术评价变成了识知活动的一部分,使学术评价在人类的知识生产中扮演起了越来越重要的角色。不过,学术评价的功能并不仅仅是识知性的,在现实中,它还承担了分配性的功能,是学术资源分配的一种前置机制。传统上,学者们更多关注的是学术评价的识知功能,希望从科学的角度探索如何通过评价体系的调整来提高个体识知者的识知效率。而当我们认识到学术评价也具有分配功能时,就不能仅仅从科学角度思考这一问题,而也应把它视作一个政治问题,并运用政治学的知识来重新分析这一问题。

一、学术评价的识知功能

学术研究本质上是一种识知活动,目的是获得关于世界的知识。并且,如果我们把信息作为知识的载体的话,那么,在所有识知活动中,"我们寻求的都是真实的或准确的信息,而非错误的信息。没有哪个报纸读者希望体育版错报赛果或金融版伪造交易信息。我们通常寻求真理,或寻求接近真理。"[①]一般的识知活动如此,学术研究更不能例外。只要我们希望获得关于某个事物的知识,就一定会去寻求所有真实的相关信息,并基于这些信息而得出可以被我们判定为真的结论。

---

① Alvin I. Goldman, *Knowledge in a Social World*, Oxford: Clarendon Press, 1999, p.3.

换句话说,所有识知活动都是求真性的,如果一个人可以接受他自己都知道是错误的信息或结论,那只能说明他的识知活动并不是真正的识知活动,而必然服务于别的目的。这意味着,所有识知活动都是以寻求真理为目的的。当然,由于个体以及集体认知能力的有限性,我们经常无法获得真理,或即使我们的某个认识在特定条件下能够被合理地判定为真理,随着识知条件的变化,它的真理性也可能发生削损,甚至被我们重新判定为谬误。因此,对于人类的识知活动来说,真理通常只是一个理想目标,对于这一目标是否能够达成,我们可能并不抱有确信,或者说,这是一种具有不确定性的目标。在某种意义上,寻求真理即是寻求确定性,①求真即是消除我们观念中那些不确定的认识。但在是否能够得出关于世界的确定认识的问题上,绝大多数识知者都是不确定的。这构成了识知活动的一种内在紧张。为了消除这种紧张,我们需要给识知活动设定一个现实目标,不让每一个识知者无时无刻不背负发现真理的重担,而允许他们在真理本身具有不确定性的条件下去寻求具有真理敏感性的认识。在这里,所谓真理敏感性,是指在现有识知条件下对于各种合理质疑的回应性。在逻辑上,真理是免于合理质疑的,只有不讲理的人才会质疑真理,而这样的质疑必然也是不合理的,也就不值得回应。反过来,既然我们无法确定我们的认识是否真理,那它们就必须接受其他人的合理质疑,在这一前提下,一种认识越能回应针对它的各种合理质疑,就越是具有真理敏感性,即越接近真理。就此而言,求真并不意味着一定要发现真理,而是意味着要得出具有真理敏感性的认识。

之所以将一种认识的真理敏感性定义为其对各种合理质疑的回应性,主要出自三大理由:第一,每位识知者都可能存在认知偏见,即对

---

① [美]杜威:《确定性的寻求:关于知行关系的研究》,傅统先译,上海:上海人民出版社 2005 年版,第 3 页。

于自己的识知能力与识知成果有着非理性的信念，导致他无法通过理性的反思来矫正自身识知活动中的偏差。换句话说，偏见导致我们没有能力对自己提出合理的质疑，导致我们的识知活动缺乏反思性，而在反思性缺席的条件下，我们就很有可能得出错误的认识。当出现了这样的情况时，他人的质疑可以触发我们的反思，让我们在对他人质疑的回应中重新审视我们的识知活动，并且，如果通过反思我们发现原来的认识可以回应上述质疑，就表明我们的偏见并未影响到我们的识知活动，即我们并未把可能存在的偏见带入识知活动之中，相应地，我们从一种无偏立场出发得出的认识就可能是具有真理敏感性的。第二，每位识知者在识知能力上都是有限的，因此，即使一位识知者没有任何偏见，他所得出的认识也可能存在根本性的缺陷，且由于自身能力的限制，他将无法发现这样的缺陷，在这里，识知者本身是反思性的，但他的反思可能是无效的。当这样的情况发生时，他人的质疑可以帮助我们提高反思的有效性，且如果通过更有效的反思我们发现原来的认识对于各种合理质疑已经具有足够的回应性，就表明这些认识具有真理敏感性。第三，每位识知者在特定识知活动中所掌握的信息可能都不充分，因此，即使一位识知者具有反思性，也具备足够的反思能力，却可能因关键信息的缺失而导致识知错误。在这种情况下，他人的质疑指出了我们识知活动中的信息盲点，如果我们的认识在存在信息盲点的条件下仍然能够回应对它的合理质疑，无疑是其具有真理敏感性的重要表现。

  对合理质疑的回应可以被视为一个理性的自我说服的过程。当我们被他人说服时，意味着我们的认识不具有真理敏感性，至少在真理敏感性上要弱于他人的认识及理由。只有当我们是被自己说服时，我们说服自己的理由以及基于这些理由的认识才可能具有真理敏感性。另一方面，我们有可能运用一些非理性的理由即偏见来进行自我说服，在这种情况下，我们就自己堵塞了通往真理的道路。反之，只有当我们自我说服的所有理由都出自理性时，自我说服的结果才可能具有真理敏感性。就此而言，所有求真活动都具有一种二元结构，一方面是识知者的自我说服，另一方面是其他识知者的合理质疑。需要指出的是，在识知的初始阶段，识知也表现为一个质疑的过程，寻求真理即是对各种可能为伪的认识进行质疑，并证明它们为伪。但对于识知者而言，质疑并不是目的，相反，我们之所以进行质疑，乃是为了找出我们有理由和证据说服自己的那一种认识，如果达不到这一点，我们的识知活动就是失败的。说服的结果是相信，当我们成功地说服了自己，就相信了某一种认识，而这一认识就成了我们的一个信念，且如果这一信念在客观上为真，那它就成了一项真理。问题在于，如果我们成功地说服了自己去相信某种认识，那我们一定判断它为真，但这并不意味着它在事实上为真。人类认知进步的历史告诉我们，不存在绝对的真理，无论看似多么确凿无疑的结论，在识知条件变化之后都可能变为谬误，所以，我们可能不应追求事实上为真的认识，而应当追求使我们的认识具有客观上的真理敏感性。而如果我们对于关于某种认识的各种合理质疑都能做出合理的回应，那这种认识就具有了客观上的真理敏感性。在这里，"客观"表现为它获得了独立于我主观判断之外的其他来源，并且通过对各种合理质疑的合理回应，我们可以认为它经受了某些客观标准的检验，即当质疑者从一种合理的立场出发也认为我们的认识可以在合理的限度内回应他们的质疑时，那他们就也有理由在既有的识知条件下判断它为真。

可见，具有真理敏感性的认识是能够合理地回应各种合理质疑的认识。在这一定义中，合理性扮演着非常重要的功能。一方面，它意味着识知者无须回应所有质疑，尤其是那些无理的质疑，因为这样的质疑本身就是一种偏见。另一方面，它意味着识知者对各种质疑的回应存在合理的限度。当我们质疑某位识知者时，不能要求他必须回答我们的疑问，即必须消除我们的质疑。由于识知活动内在的不确定性,即使已被公认为真理的许多认识在特定的识知条件下也无法满足这样的要求,因此,如果以此为标准,那我们就不可能得出具有真理敏感性的认识。反过来,只要某种认识能够在既有的识知条件下对各种合理的质疑给出合理的解释,那我们就认为它合理地回应了这些质疑,就可以被认为具有真理敏感性。在这里,合理是一个相对的范畴。对于同一个问题,不同的识知者可能得出不同的认识,且这些认识都能合理地回应针对它们的合理质疑,因而都可以被视为具有真理敏感性。那到底哪一种认识更具有真理敏感性?如果其他识知者希望在对这个问题的解释的基础上去回答新的问题,他更应当选择相信哪一种认识?正是在这里,学术评价有了它的用武之地。

识知活动具有一种内在紧张。一方面,如波兰尼所说,它是个人性的,只有识知者自己才能说服自己去相信某种认识;另一方面,如布坎南所说,它又是集体性的,识知者任何认识的获得都建立在过往及与他同时代的其他识知者的集体努力基础之上。① 当然,任何时代都存在一些开创者,通过自己的创造性努力而颠覆了人们关于某种事物或现象的传统认识,但这并不意味着他们的开创性认识完全是"无中生有"的,完全否决了所有传统认识的真理敏感性。相反,创新的实质是人们在寻求更具真理敏感性的认识上的进步,这种进步虽然也可能以"认识论断裂"的形式发生,但断裂要得以发生,则一定建立在其他人对传统认识无法解释的大量异例的发现之上。因此,对于任何识知者来说,识知都是一个社会过程,所有识知者都需要借助其他识知者已经得出的认识来寻求他想要获得的真理。而由于这些认识在真理敏感性上存在差异,要提高自身识知活动的效率,他就必须在不同的认识之间进行排序,使自己所拥有的有限识知资源能够被集中到真理敏感

---

① Allen Buchanan, "Political Liberalism and Social Epistemology," *Philosophy & Public Affairs*, Vol. 32, No. 2 (April, 2004), pp. 95–130.

性程度最高的那些认识上。更重要的是找出一种便捷可靠的排序机制,使他无论想要寻得关于何种事物与现象的真理,都能借助这种机制以最快的速度找出有最大的可能最具真理敏感性的那些认识。正是出于这样一种共同的需求,识知者们逐渐建立起了一种客观化的学术评价机制。

从提高识知资源分配效率的目的出发,评价主要表现为排序,而排序的手段就是赋值。当我对两种不同的认识进行评价且评价认识 A 为真,认识 B 为伪时,意味着我把我所设定的全部真理敏感性分值——或称真值——都给了 A,而 1 分都没有给 B。以此为标准,我就可以把我所能支配的所有识知资源全分配在以 A 为基础的识知活动上。进而,如果我的评价是正确的,那我的识知活动就将是最有效的,将最有可能得出最具真理敏感性的新认识。在这里,评价或者说排序的目的是为识知资源的分配提供依据,从而提高我识知活动的效率。而当我面对着大量不同的认识时,这一赋值和排序的过程就将变得非常复杂,如果我对所有这些认识都进行这样的排序,就把有限的识知资源耗费在了非识知性的活动上,我的识知活动也就变得无效了。为了提高所有识知者的识知效率,我们需要一种公共的评价机制,能够帮助每位识知者最快地找出真值最高的那些认识。在今天,我们已经形成了许多这样的评价机制,比如期刊分级制度。在此我们不讨论什么才是合理的期刊分级方式的问题,比如是按照影响因子、同行声誉还是别的标准,而是假定,在一个充分竞争的学术市场中,存在一种合理的期刊分级方式,使期刊排名与论文真值之间呈现出某种程度的契合性,即排名更高的期刊上发表的论文通常真值也更高。如果是这样,那么,对于个体识知者而言,当他想要寻求某个领域的某种新知识时,将他所拥有的有限的识知资源分配给这个领域排名最高的那些期刊就成了一种最有效的资源分配方式,进而,如果他对这些资源的使用也是有效的,那他的识知活动就也将最有效率。在这里,有效是指他的识知活动最有可能得出最具真理敏感性的认识。

另一方面，真值只是一个概率范畴，即使期刊分级制度可以保证排名靠前的期刊所发论文真值更高，也并不等于这些论文就代表了真理。由于识知活动内在的不确定性，合理的学术评价机制可以帮助我们对识知活动的成果进行排序，却无法帮助我们区分真理和谬误。因此，对于个体识知者而言，要提高识知活动的效率，他可能需要设置某个真值门槛，然后在所有高于这一门槛上的期刊之间根据不同期刊的真值差距对自己所掌握的识知资源进行一种比例性的分配。只有这样，他才能最大限度地避免错失真理。

可见，识知活动总是以求真为目的的，即使在我们无法保证求得真理的前提下，也要去寻求最具真理敏感性的认识。而在识知资源有限的条件下，学术评价成了帮助我们有效分配识知资源的一种机制，在一个充分竞争的学术市场中，如果我们能够建立起合理的学术评价机制，就可以使我们的识知资源得到最有效的分配，从而帮助我们最大限度地接近真理。

二、公平的适用性

当我们说识知活动以求真为目的时，意味着真理本身就是一种善，而且，通常来说，真理被视为识知活动中的至善。而在无法确定什么是真理的情况下，具有真理敏感性的认识也是一种善，一位识知者得出了真理敏感性越高的认识，就实现了越大的善。在这里，善是由真理敏感性决定的，在善是一种道德价值，真理敏感性是一种科学价值的意义上，我们可以说，在识知活动中，道德评价是以科学评价为条件的，当我们试图对一位识知者进行道德评价时，依据是他贡献了多少具有真理敏感性的认识，而不是他在一般道德生活中的表现。在一般道德生活中，公平是一种基础性的善，如果一个人想要为善，最基本的要求之一就是在与他人存在竞争关系时接受公平原则的约束，在某些时候，在明明全力冲刺可以将其他人远远甩在身后的条件下放慢脚步,"等一等"他的竞争对手。① 比如,在竞技体育中,许多项目里都有类似"工资帽"的制度设置,以防止本来就跑得更快的参赛者跑得太快,即使他们再不愿意,也要让他们等一等跑得更慢的那些参赛者,否则,比赛就变成了一些人对另一些人的羞辱,是对体育精神本身的不尊重。而在识知活动中,这样一种逻辑似乎并不成立。作为一种求真性的活动,识知是需要天赋的,在通向真理的竞赛中,有的识知者就是比其他识知者跑得更快,就是能够更容易地得出更具真理敏感性的认识。但我们却不能要求前者等后者,在 A 两天就可以得出一项具有真理敏感性的认识,B 四天才能得出具有同等真理敏感性的认识的条件下出于公平的理由而强行让 A 休两天假,以保证二者能够在同等时间内得出具有同等真理敏感性的认识。如果我们这么做了,就阻碍了人类对于真理的发现,也就使识知活动违背了它的目的。在这个意义上,公平这种善似乎不适用于识知的领域,至少它在识知活动的价值序列中要低于认识的真理敏感性。

在一般道德生活中,公平之所以成为一种基础性的善,在于这些生活内容最终往往都指向着分配。在现代社会,我们生活的大部分内容是与他人间的竞争,无论是在组织还是在市场中,竞争关系都无处不在。有竞争就会有输赢,就会有某些人击败了其他人,但通常来说,我们之所以参与竞争,并不是为了击败我们的竞争对手,而是为了通过击败对手

---

① 有必要说明的是,这里的"等"是一种比方。公平竞争并不是说当两个先天素质与后天训练都大致相当的竞争者有成绩差异时要求跑得快的人等跑得慢的人,相反,在这种情况下,公平竞争恰恰要求两个人都全力冲刺。但如果两位竞争者在先天素质与后天训练上都存在巨大差异,比如让一位专业运动员与一位残疾人一同赛跑,那公平竞争就可能要求我们把前者的训练力量交给后者使用,并对前者做出额外的限制,比如他可能需要负重比赛,以此来尽可能地实现竞争条件与竞争机会的公平。如果不这样做,竞争就变质了。让一名注定的"赢家"与一名注定的"输家"一同比赛,并由此分配社会资源,等于是让"赢家"能够合法地掠夺"输家"。在现实中,许多竞争都是发生类似的不公平条件下的,而在这些条件下,要维护竞争关系的竞争性,社会就有责任通过某些措施确保"赢家"会"等"那些更像是"输家"的对手,以避免"输家"真的就注定成为"输家"。

来获得这一竞争所包含的奖励,即通过竞争来获得某种分配性的利益。在这里,让个体开展竞争是社会分配资源和利益的一种方式。如克里斯蒂亚诺所说,有人比别的人更漂亮,这是一个正义无涉的问题,因为正义关注的是对利益的促进,而拥有更漂亮的面孔本身并不是一种利益;[1]但

---

[1] 这里也许需要做进一步的限定,即"分配正义关注的是对利益的促进",因而,当审美性评价不涉及利益分配时,在分配正义的层面就是正义无涉的。另一方面,即使不涉及利益分配,审美性评价也可能造成不正义,即承认的不正义。对于这个问题,本书的观点是,一个人的审美价值是由不同审美要素的组合构成的,而从正义的角度来看,每一种审美要素都是有价值的,但各种审美要素组合到一起的结果则可能对特定审美主体来说没有价值。就此而言,当 A 评价 B 美而 C 丑时,是对 B 和 C 所代表的两种审美价值的组合的评价,而这种评价不是不正义的,因为它并没有否认任何审美要素本身的价值。即使 A 是违心地这么说,即他事实上认为 C 美却出于别的理由而说 C 丑,这也只能说明他做出了一种非理性的行为,而不能表明他的评价是不正义的,因为这种评价仍然没有否认任何审美要素本身的价值。另一方面,如果 A 是因为 B 的肤色而认为她美,也是因为 C 的肤色而认为她丑,就是否认了 C 的肤色这种审美要素本身的价值,就犯下了一种承认的不正义。在审美问题上,承认的正义要求承认每种审美要素的价值,否则,就构成了对具有这种审美要素的社会成员的歧视。分配正义的核心是对利益的促进,在这里,个体的利益及其得到促进的程度是可以通过某种社会尺度来进行衡量的,所以排序是有意义的,它会影响到正义的实现情况。承认正义的核心是反歧视,只要没有歧视,那么,对不同实践要素之组合在价值上的排序就是正义无涉的,因为并不存在可以指导这种排序的社会尺度。在本书看来,承认之所以是一个与正义有关的问题,暗含了下述假设,即正义意味着所有有价值的事物都能够实践其价值,其标志就是每一个价值承载者都能形成对自身价值的认同,否则,如果连他自己都不能认同于自身的价值,他一定就是没有价值的。而如泰勒所说,"我们的认同部分地是由他人的承认或不承认以及经常是错误的承认所塑造的"(Charles Taylor, "The Politics of Recognition," in Ajay Heble, Donna Palmateer Pennee and J. R. (Tim) Struthers, eds., *New Contexts of Canadian Criticism*, Ontario: Broadview Press, 1997, p.98),因此,在一般社会生活中,歧视可能导致某些价值承载者无法实践其价值,从而造成不正义。而在识知领域,这一点并不成立。对识知者而言,本书认同波兰尼的观点,即"一切个人识知行为都以自定的标准鉴定它所识知的东西"([英]波兰尼:《个人知识:迈向后批判哲学》,许泽民译,贵阳:贵州人民出版社 2000 年版,第 96 页),他人的承认对于识知者的自我认同是不起作用的。作为识知者,个体有义务回应所有合理的质疑,但这并不是说他需要寻求他人的承认,如果是这样,那就不会有"异端",更不会有由"异端"推动的科学进步了。回应合理质疑的义务源于甄别自身认知缺陷的义务,即对合理质疑的回应是帮助识知者甄别自身认知缺陷的一种方式,它只是手段,而非目的。作为求真者,识知者有义务甄别自身的认知缺陷,甄别的内容之一就是去发现哪些质疑属于合理的质疑,哪些属于无理的质疑,并将后者排除在其回应活动之外。如果不能做到这一点,就表明他并不是一名合格的识知者。当出现了无理的质疑即"错误承认"时,识知者需要做的是找出拒绝回应它的识知理由,而不是要求社会介入以恢复正义,因为这里并没有发生任何的不正义。承受这种"错误承认"并使其服务于求真的目标是每位识知者都应当具备的基本能力。正是在这个意义上,只要不涉及资源和利益的分配,学术评价就是正义无涉的。

如果有人因为比别人更漂亮而在利益分配中获得了优势,那这就变成了一个与正义有关的问题,我们就需要出于正义的理由来审视对每个人是否漂亮的评价是否公平,是否有人因为不公平的评价而获得了她不应得的利益。① 所以,如果人们仅仅出于审美的目的评价谁比谁更漂亮,那被评价者之间在客观上并不存在竞争关系,审美性的评价也不涉及利益的分配。但如果人们设置了一场选美比赛,并通过比赛来分配社会荣誉和物质奖励,那参赛者之间就处在了一种竞争关系之中,而分配的结果就成了与他们利益相关的事。同样,在识知活动中,如果我们仅仅出于求真的目的而通过对不同认识进行质疑并基于它们对这些质疑的合理回应来对它们的真理敏感性进行评价,那无论一种认识被赋予了多少真值,都不会影响得出该认识的识知者的利益,因而,我们也就无须审查评价本身是否公平。在这里,每位评价者都有判断的自由,也需要接受判断出错的风险。但如果我们把评价作为利益分配的一种前置机制,通过对不同认识真值的计算来决定每位识知者应得何种社会荣誉、识知资源或其他物质奖励,那学术评价就获得了分配性的功能,就需要接受公平原则的约束了。这是学术评价需要适用公平原则的一种情况。

　　根据前文的分析,对个体而言,学术评价是提高识知资源分配效率进而提高识知活动效率的一种方式。在每个人所拥有和能够使用的识知资源都有限的前提下,我们需要借助公共的学术评价机制来更有效地分配这些资源,来更有效地得出更具真理敏感性的认识。如果每个人所拥有和使用的识知资源都完全属于他自己,他对这些资源的使用是否有效并不会影响到其他人的利益,更不会影响公共利益,那么,评价机制在他对这些资源的分配中所起的功能就也是公平无涉的。在这里,无论识别一种评价机制的合理性还是提高识知资源的使用有效性都是严格意

---

① Thomas Christiano, "Knowledge and Power in the Justification of Democracy," *Australasian Journal of Philosophy*, Vol. 79, No. 2 (June, 2001), pp. 197–215.

义上的个人责任,是他作为识知者应当对自己承担的责任。但在识知已经成为一项职业的条件下,对于职业学者而言,他所拥有和使用的识知资源不可能完全属于他自己,即使智力这一最具个人性的识知资源,在他的工作时间之内也并不完全属于他,进而,他借助评价机制来提高自身识知效率的行为就可能影响到其他人的利益,而评价机制在他对其所拥有和使用的识知资源的分配中所起的功能就也具有了公平相关性。事实上,在现代条件下,职业学者本身就可以被视为一种公共资源,因为这一职业的存在已经耗费了大量公共资源,所以,任何职业学者对其所拥有和使用识知资源的分配都是对公共资源的分配,而这种分配一定会影响其他人的利益甚至公共利益,当评价机制影响到这种分配时,就也获得了具有公平相关性的分配功能。比如,如果一个国家对大学研究活动的评价把成果的发表地纳入真值计算之中,把在美国发表的成果赋予更多真值,而在本国发表的成果赋予较少真值,必然引导识知者们把他们所拥有和使用的资源更多地投入到服务于在美国发表成果的活动中去,而这最直接的一个后果就是使广大本国读者必须付出更高的成本才能读到这些完全建立在本国资源基础上的成果,这既有损公共利益,也是对那些坚持服务本土读者的识知者的不公平。当发生了这样的事情时,我们就需要从公平的价值出发重新审视这种评价机制。这是学术评价需要适用公平原则的另一种情况。

以上分析了评价机制在现代识知活动中承担起分配性功能的两种情况,从中可以看到效率与公平这两种价值的持续性紧张。如前所述,识知活动的目的是求真,在识知活动中,真理是最高的善,这决定了每位识知者在选择成为识知者的时候就接受了追求真理的义务,在必要的时候,可以为了真理或更有效地接近真理而牺牲其他的善。换句话说,在识知活动中,效率是高于公平的,如果某种行为可以提高识知效率、帮助人类更快地接近真理、却在某些方面有损公平,那在这里,公平的受损就成了为实现求真目的的一种必要的恶,而接受这种不公平则是每位识知者的义务。在哲学上,义务是一种行动理由,而且是一种有约束力的行动理由。当我们负有某种义务时,我们就有一种有约束力——不管这种约束力是源于特定的制度还是源于我们与其他人所处的某种规范性关系——的理由去做或不做某些事情。在识知活动中,当我们说我们负有接受作为一种必要的恶的不公平的义务时,意味着我们被约束不因这种不公平而诉诸行动,并通过行动来恢复公平。这是与其他社会生活领域中的情况不同的。如果说在识知活动中真理是义务之源的话,在一般社会生活中,公平才是义务之源。作为理性的社会主体,我们每个人都会在社会生活中追逐和保护自己的利益,而由于资源的有限性,我们追逐和保护自己利益的行为不可避免地会与其他人的相同行为产生冲突,在无法消除这种冲突的前提下,如果我们能够找到一种公平的方式来解决这种冲突,那我们就有义务遵守公平的利益分配方案。换句话说,当我们与其他人产生冲突时,一定会采取行动来维护自己的利益,但只要找到了公平的解决冲突即分配利益的方案,就有义务不再采取新的行动来促进自己的利益,而接受该方案对我们利益的处置。在这里,公平作为冲突解决的基本原则而成为我们的义务之源,而并不存在更高的善可以让我们接受不公平的后果。在某种意义上,解决冲突是政治的基本问题,而让人们接受公平作为解决冲突的标准则是现代政治的一大成就,因为公平并不意味着对自己有利,让人们接受公平但并不对自己有利的分配,并把实现公平而不是消灭对手作为冲突解决的目的,这是政治文明的重大进步。

与其他所有社会活动一样,识知活动也需要耗费资源,尤其是公共资源。而如果每位识知者都想求得真理,那他就一定想获得更多的资源,因为更多资源通常意味着接近真理的更高可能性。在这个意义上,识知活动与分配行为有着天然的联系,分配行为一定会影响到识知活动,识知者也有充分的动力介入分配行为。在一般社会生活中,根据现代政治的逻辑,如果分配方案不公平,那人们就没有理由接受该方案,就会始终处于冲突之中。而在识知活动中,当不公平属于一种必要的恶时,虽然不公平的事实本身给了承受不公平后果的识知者采取行动的理由,但作为识知者的义务又赋予了他们接受该后果的一个上位理由,从而使不公平的资源分配不会造成识知者间的冲突,不会让宝贵的识知资源浪费在对冲突的解决上。需要强调的是,识知者的义务仅限于接受作为必要的恶的不公平,而不能超出这一限度,且这种恶之所以是必要的,是因为它实现了对识知资源的最优分配,最能提高识知者群体的识知效率。那么,在何种情况下,不公平之恶会超出必要的限度,从而使某些识知者不再有接受它的义务?

在现代生活中,公平是一种基础性的价值。但对于这一价值,人们有着不同的阐释。比如,我们可以根据需求来理解公平,如果两个人对某种资源有着不同的需求,那么,当他们被分配到与他们的需求成比例的资源时,这种分配就是公平的,反之,就是不公平的。现代福利国家的资源分配所遵循的主要就是这样一种公平观。我们也可以根据应得来理解公平,如果两个人在某项行动中做出了不同的业绩,那么,当他们被分配到与他们的业绩成比例的资源时,我们就认为他们都得到了他们的应得,这种分配也是公平的。① 市场竞争中的资源分配所遵循的主要是这种公平观。无论如何,在存在竞争——无论对于社会福利还是市场价值的竞争——的个体之间,在技术层面上,公平都表现为一种比例原则,无论我们选择什么作为公平的标准,当人们在满足这种标准的程度上有所差异时,公平就要求我们根据这种差异来分配给他们成比例的资源。在逻辑上,当谈论公平时,人们还会探讨交换关系中的公平,这种公平似乎独立于比例原则,而取决于交换双方的交换意愿。比如,两位画家向同一位收藏家出售自己的画作,其中一位的画作卖了100万,另一位的

---

① [美]范伯格:《自由、权利和社会正义——现代社会哲学》,王守昌译,贵阳:贵州人民出版社2014年版,第120—126页。

画作卖了1万，只要两次交易都不存在欺诈或胁迫，即只要交易是自愿的，就都是公平的。不过，这一例子也有另一种解读方式，即两位画家在与收藏家进行交换的问题上存在竞争，而只要收藏家是一个理性的市场主体，那他在出价时就一定包含了对两位画家艺术业绩的评价，而这种评价的目的就是确保向每位画家提供他们应得的回报，也确保自己不会付出额外的代价。这表明，在市场中，交换关系往往是与竞争关系交织在一起的，交换的结果往往同时也是竞争的结果，因此，交换的公平也可以通过竞争的公平而得到解释，也可以被纳入应得的观念之中。

在识知活动中，我们通常假定每位识知者对于真理都有着相同的需求，都同等程度地渴望获得真理，否则就不配作为识知者。因此，如果以需求为标准，那每位识知者就都应当获得相同的资源，而既然识知资源的分配是不平等的，那需求就不是识知资源的分配标准。这里不承认这样一种观点，即某些真理对于资源的需求弱于另一些真理，因而不平等的资源分配可能符合需求式的公平观。比如，人们通常认为"基础学科"对于资源的需求要弱于"应用学科"，所以把资源更多向应用学科倾斜是合理与公平的。对此，本书的看法是，某些识知活动在达到某个门槛效率的目标上所需的资源可能比其他识知活动多，但要最大限度地接近真理，所有识知活动对资源的需求都是相同的。我们不能因为哲学家的识知活动更多表现为沉思就认为哲学真理的获得不需要多少物质资源，相反，要保证哲学家总是处于沉思的状态，就要保证他们不受任何外在烦务的干扰，而这是以资源的充裕为前提的。另一方面，如果仅仅要达到进入哲学沉思的门槛，那几本书也许就能满足他们的需求了。当然，有的哲学家穷困一生却得出了他那个时代最重要的真理，这并不能证明哲学真理不需要资源，而只能表明这些哲学家为了真理做出了巨大的牺牲。这里的关键在于，既然哲学家可以牺牲，为什么其他人不可以？某个"应用学科"的识知者也许会主张，要获得某种真理，他将需要一台售价1000万的设备，否则就无法进行相应的实验，并基于实验的数据得出科学的认识。而另一个"基础学科"的识知者可能会说,你为什么不等到其他人发明出只卖 10 万的设备时再去探索这一真理呢? 当然,这意味着你要做出牺牲,甚至承担终生一事无成的风险,但这并非问题的关键,问题的关键在于,在资源有限的条件下,为什么只是因为你的识知活动需要售价 1000 万的设备,其他人就应当为此牺牲呢? 需要指出的是,这里的目的不是探讨谁应当为谁而牺牲,而是为了表明前述主张是不成立的。在本书看来,所有真理对于资源的需求都是相同的,都需要在现有条件下的最大资源,所有试图证明自身需要更多资源的识知活动都是在试图表明某些真理高于另一些真理,而在真理的世界里,这是一种不应被承认的偏见。

在某种意义上,当我们说求真要求将最优质的识知资源分配给最具真理敏感性的识知活动时,体现了以应得为标准的公平观,即谁在求真活动中做出了最优异的业绩或至少表现出了做出最优异业绩的潜力,就应得最优质的识知资源。在实践中,评价机制所起的就是计算业绩的功能,当评价机制对真值的计算是准确的,且分配机构严格按照评价的结果来分配资源时,每位识知者就都得到了他们的应得,识知资源的分配就符合于以应得为标准的公平观。另一方面,由于这种分配是不平等的,因而,它不符合以需求为标准的公平观。但由于我们把真理视为识知活动最高的善,且以应得为原则的分配比以需求为原则的分配更有助于我们接近真理,那在这里,不符合需求式公平观的分配就成了一种必要的恶,识知者有义务接受的就是也仅仅是这样一种恶。

应得式公平观是现代社会的主流公平观,是一种符合市场精神的公平观念。这种观念要适用于识知活动,前提是学术市场的充分开放,比如,在成果发表的问题上,这种充分开放就表现为无论投稿人、审稿人还是编辑团队,谁都不能影响发表机会,唯此,发表机会才是对识知成果真值的准确衡量,进而,无论一份成果得到了什么样的发表机会,这一机会才属于它的应得。如果我们要根据成果的真值来分配识知资源,这种分配的结果也才属于每位识知者的应得。然而,在实践中,学术市场并不是充分开放的,在成果发表的问题上,这就表现为所有期刊都有自己的偏好,都是某种程度上的同人刊物,而不存在严格意义上的公共刊物。作为同人刊物,审稿人与编辑团队的偏好可以显著地影响发表机会的归属,结果当平均真值为 X 的某份期刊录用了一篇论文时,就可能并不是因为这篇论文的真值达到了 X,而是因为它符合于该期刊的偏好。同样,当这份期刊拒绝了一篇论文时,也可能并不是因为这篇论文的真值没有达到 X,而是因为它不符合该期刊的偏好。如果是这样,那期刊分级制这种学术评价机制就失去了准确地计算所有识知成果真理敏感性的功能,进而当一篇真值并未达到 X 却迎合了该期刊偏好的论文获得了在该期刊上发表的机会时,这一机会就不是它的应得,而发表机会的分配也就失去了以应得为标准的公平性。如果我们再以此为依据分配识知资源,那由此导致的不公平就不再是一种必要的恶,识知者们也就不再有义务接受这一种恶了。结果,分配不公就会导致识知者间的冲突,造成学术共同体中的严重内耗,使识知者无法正常开展识知活动,识知资源也被浪费在了冲突与对冲突的调节之上。

  当评价机制不能准确地识别识知成果的真理敏感性时,意味着以此为依据的资源分配是无效的,而当最优质的识知资源没有被用于最具真理敏感性的识知活动时,意味着我们的识知活动也是无效的。这是公平对于效率的反作用。当识知资源不能得到公平的分配时,识知活动的有效性也会大打折扣。在这个意义上,资源分配的公平性乃是识知有效性的一个必要条件,因此,虽然识知资源分配中的某些不公平可以被视为一种必要的恶,但要使它们成为必要的恶,前提是学术评价机制必须对每位识知者识知活动的真理敏感性做出公平的衡量,这正是当前的学术评价实践中亟需解决的问题。

三、实践公平

在当前的中国学术界,因为评价机制的不公平而导致的分配不公是一种非常突出的现象和矛盾。比如,在几乎所有高校中都存在期刊分级制度与相应的绩效奖励制度。施行这类制度的科学依据在于,在一个充分竞争的学术市场中,期刊等级可以成为衡量识知成果真理敏感性的可靠标准,进而,给予在排名更高的期刊上发表的论文更多奖励,就可以让识知行为更具真理敏感性的识知者拥有更多的资源去得出更具真理敏感性的认识,从而提高施行这类制度的识知单元整体上的识知效率。施行这类制度的管理学依据在于,虽然我们相信所有识知者都是内在驱动的,都对求真有着不懈的追求与持久的动机,但识知活动所内含的不确定性有可能让他们在日复一日的重复劳动中产生工作倦怠,从而满足于对眼前任务的完成,而失去了追寻更高真理的动力;在这种情况下,外部的激励可以改变他们的动机结构,促使他们不断提高自身的识知效率,进而提高整个识知单元的识知效率。如果施行这类制度确是出自这两大理由,且期刊分级制度确能真实地反映成果的真理敏感性,对不同成果的绩效奖励又与它们的真值之间存在比例关系,那这里所存在的资源分配上的不公就是一种必要的恶,是我们为了求真的目的而有义务接受的。但在实践中,一方面,由于学术市场并非充分竞争,导致期刊分级制度对成果真值的衡量与其真实真理敏感性之间存在误差;另一方面,对不同成果的绩效奖励往往超出了与其真理敏感性间的差异比例。由此,不公平的资源分配就很难被视为一种必要的恶了。

在某高校中,非"一流"的中文普通期刊绩效奖励为 0,每个学科的中文"一流期刊"绩效奖励为每篇 1 万,SSCI 一区期刊绩效奖励则高达每篇 4 万。如此悬殊的差距不可能是对不同识知成果真理敏感性差异的真实衡量,因为一个学科作为一个识知单元是由"认知同侪"(epistemic peers)构成的,而作为同侪的基本标志就是这一学科中的识知者都具备大致相当的识知能力。当然,这并不是说不可能有人做出在真理敏感性上远远高于其他人的成果,而是说这样的情况应该是特例,而非一种可以由制度来加以确认的常态。当一个学校以制度的形式确认其各学科中某些识知者可以日常性地得出真理敏感性远远高于其他人的成果时,如果这确是事实,就表明了这个学校人力资源配置的彻底失败,即其人力资源管理系统根本就没有识别合格识知者的能力。但在今天中国的一线高校中,这样的情况不可能是一种普遍现象,我们已经建立起了识别合格以及优秀识知者的许多机制,虽然这并不能杜绝误招不合格识知者的情况,但这也只能是特例,而非常态。也就是说,在今天中国的一线高校中,我们有非常充足的理由相信,所有学科都是由认知同侪构成的,那么,对不同识知成果如此悬殊的制度确认就不可能是准确的。在实践中,这种违背比例原则的激励方式必然造成严重的反向激励,诱使无法获得足够资源的识知者将自己能够支配的最重要的识知资源——时间——用于许多非识知性的目的,造成识知资源的极大浪费。反过来,当并未做出真理敏感性远远高于其他人的识知者经常性地获得了不成比例的奖励性资源时,就也是资源的巨大浪费。这样一种资源分配方式既是不公平的,也是无效率的。

在管理学的意义上,学术评价是绩效管理的一个方面,是衡量职业化的识知者工作绩效的一种方式。但由于识知活动的独特性,学术评价又不能被视为一个普通的绩效管理问题,不能简单适用常规的绩效管理方法。绩效管理的核心是标准化,当我们能够确保每个管理单元内所有人从事的都是相同的工作时,我们就可以比较容易地为他们的工作制定出某种质量标准,再通过质量与数量的加总来计算出每个人的绩效。在今天,随着组织分工的细化,每一个组织中不同成员的工作内容都有了很大差别,使我们很难用同一个标准衡量所有成员的产出质量,为解决这一问题,我们可对绩效管理单元做出细分,对工作内容存在明显区别的不同组织成员适用不同的绩效评价标准。但在学术评价中,这样一种分而治之的方法具有某种不可能性,因为一般组织活动总有可以被归并到一起的工作群落,可以对处于某一群落中的不同组织成员的工作质量进行标准化,而在识知活动中,每位识知者的工作可能都是独一无二的,结果就是我们无法确立合理的绩效管理单元。在实践中,大学内部对识知者的绩效评价沿袭了院系这一天然的行政结构,但即使在同一个系里,由于学术分工的高度细化,不同识知者对于彼此的工作内容可能也并不熟悉,也就无法对其他人的工作质量做出准确的衡量,因而需要期刊分级制等客观化的评价机制来对彼此的工作质量进行标准化。但在发表市场客观上存在某种偏好结构的前提下,不同研究方向和途径的识知者所拥有的发表机会事实上并不相同,于是,这种标准化的绩效评价方式所得出的结果就一定是不公平的。

在识知活动中,对不同研究方向和途径的评价不公不仅仅是绩效管理的失败,更关系到求真目标的达成。在特定识知条件下,关于某个问题,虽然存在许多具有真理敏感性的认识,真理则是唯一的,且正是基于真理的唯一性,我们才能衡量不同认识的真理敏感性。但这并不意味着发现真理的途径也是唯一的,因而只有在某一个方向和采取了某种途径的识知活动才能够得出最具真理敏感性的认识。相反,当我们把真理敏感性定义为对各种合理质疑的回应性时,意味着真理一定是从不同方向和途径中都能得出和经受了不同方向和途径上的识知活动之检验的认识。因此,如果我们要求得真理,就需要保证每一个方向和途径上的识知者都拥有足够的资源来寻求最具真理敏感性的认识。另一方面,为了避免摊大饼式的资源分配演变为对"落后产能"的保护,我们需要设置某种门槛标准,要求每一个方向和途径上的识知者都必须达到这一标准,以证明其具有接近真理的能力。这样才能避免为了公平而牺牲效率。

市场的崇拜者经常会说,竞争是无界的,只有当最有效率的生产者能够不受限制地获取最优质的资源时,市场才是最有效的。对于这一论断,政治理论通常会加上一个限制条件,即市场必须是充分开放的。当市场充分开放时,没有人能影响价格,意味着没有人能剥削其他人,市场本身对每个人都提供了相同的保护,使他们都有能力通过最大化的努力去保护自己的利益,结果就是所有资源都被也只能被用于生产性的目的,唯此,市场才是高效的。反之,当市场内部存在壁垒时,就一定有人有能力强迫其他人接受某种价格,并由此实现对后者所拥有资源的一种剥削性甚至掠夺性的再分配,而这些剥削和掠夺来的资源是不可能被用于生产性目的的,结果不仅是分配的不公,也是生产的低效。比如,在中国过去几十年的经济发展中,大量代工企业都只能接受由订货方制定的严重不公的价格,并由此让订货方实现了对中国最宝贵的人力资源及其所创造价值的一种剥削性和掠夺性的再分配,把我们的生产性资源转化为了他们的消费性所得。结果,当人口红利消失,中国经济就陷入了效率停滞的中等收入陷阱。这表明,当市场存在壁垒时,市场就无法为所有人提供相同的保护,就意味着某些生产资源无法充分地实现其价值,结果就是整个市场的生产低效,是市场的失灵。在弗兰克(Robert H. Frank)与库克(Philip J. Cook)看来,这表明竞争性市场变成了"赢家通吃市场"(winner-take-all markets),而"输家"被迫承担不公平竞争之所有后果的结果就是导致了严重的资源浪费。[1] 在这种情况下,我们需要引入一些公平竞争的制度机制来抵消既有壁垒对市场竞争的不良影响,通过保护每一个生产者的生产能力来保障市场的效率。同样的情况也发生在识知领域。在发表市场中,偏好结构就是一种市场壁垒,基于这种壁垒,知识世界中出现了一些强势学科、强势方向和强势途径,它们在现有的评价机制中获得了极高的分值,占据了大量的资源,并不断向其他学科、方向和途径入侵。比如,在今天中国的各种人才评定中,经常发生某一学科领域的同行都不熟识的人出现在该学科领军人才候选人名

---

[1] Robert H. Frank and Philip J. Cook, *The Winner-Take-All Society: Why the Few at the Top Get So Much More Than the Rest of Us*, New York: Penguin Books, 1996, p. 8.

单中的情况,而且,由于他在这一学科领域中的识知者通常无法发表的高排名期刊上发表了大量论文,完成了这一学科领域中的识知者通常没有机会参与的高等级科研项目,最终,这样一个同行眼中的陌生人就被评定为了该学科领域的领军人才。这种情况属于典型的学术市场失灵。

评价市场的标准是效率,这意味着最有效率的市场主体应该进入竞争最为激烈的领域,只有这样才能提高人类社会整体上的资源配置效率。当我们把识知领域也视为一个市场时,意味着最有效率也就是做出了最具真理敏感性的识知活动的识知者也应该进入竞争最为激烈的领域,与其他最有效率的识知者一道推动人类认识的不断进步,而不是玩"田忌赛马"式的策略游戏,通过钻规则空子来占有公共资源。在今天中国的学术资源分配中,各种串行现象的泛滥表明了评价机制的失败,不但不能激励识知者勇攀科学高峰,反而起到了纵容因为发表机会的不平等而处于强势地位的识知者剥削和掠夺本应分配给因为发表机会的不平等而处于弱势地位的识知者的识知资源的效果。在某种意义上,这反映了学术研究正在变成一种"赢家通吃"的游戏,使得"赢家"里的最差者也能在由"赢家"主导的游戏规则中战胜其他所有"输家"。市场是通过优胜劣汰来提高社会效率、增进福利的一种机制,但当市场的运行导致了"赢家通吃"的结果时,反而是不利于社会效率的提高与社会福利的增进,因为"赢家"和"输家"之间所存在的不再是竞争关系,而变成了支配关系,因而"赢家"也就不再有动力提高自身的效率,而会把大量的资源用于"游说"规则制定者从而维护自身的垄断地位上。①

当然,这并不是说我们不能允许串行现象的存在,相反,开放是求真的前提,如果我们想要寻求真理,就不能把自己禁锢在特定的知识体系里面,只接受这一体系向我们提供的关于世界的解释,而必须向所有合理的解释敞开胸怀。所以,求真的目的本身鼓励跨领域的识知活动。但

---

① [美]津加莱斯:《繁荣的真谛》,余江译,北京:中信出版社2015年版,第168—169页。

这并不意味着跨领域的识知活动可以不受任何限制。知识的存在是有结构的,这种结构在现实中表现为学科,而学科又表现为一套独特的话语体系。知识之所以会以这样一种方式存在,一方面是因为现实世界存在不同的领域,需要不同的专门化的知识来加以解释;另一方面则是学科化的话语体系最有助于帮助我们获得和表达关于现实世界的最具真理敏感性的认识。当然,由于世界构成方式的日趋复杂化,今天,不同现实领域间的边界正在消融,知识的学科边界也不那么固定了,有时,如果我们坚持传统的学科界限,反而会阻碍我们对于新事物的认识。但这并不能否定既有的学科化的知识的真理敏感性,因而在探讨传统上属于某个学科的问题时,如果不能合理地运用该学科的知识,就有很大的可能无法得出具有真理敏感性的认识。所以,串行的行为必须接受真理敏感性的检验,这种检验一方面是看串行者所探讨的是否串入领域的研究问题,另一方面是看串行者是否合理地运用了串入学科的知识。一名医生可能会对如何管理他与患者间的关系感兴趣,但如果他完全是从医学角度来探讨这一问题,比如根据每位病人所患的疾病来分配对他们投入的精力,而没有运用任何的管理学知识,比如进行成本—收益分析,那我们就不能认为他的探讨具有管理学意义上的真理敏感性。比如,如果他的所有病人患的都是绝症,医学知识要求他对每一位病人都投入百分百的精力,结果将是管理的超荷与失效。在这里,他的医学知识让他得以准确地识别每位病人的病情,却并不能帮助他实现对所有病人的良好管理。进而,如果他试图凭借他在医学领域取得的识知成果参与管理学领域的资源竞争,那这种行为就属于不当竞争。如果他在这种竞争中胜出并因而获得了管理学领域的最优质资源,必将阻碍管理学领域的知识进步。

在识知市场并不充分开放的条件下,竞争需要边界,需要通过将竞争行为限制在某些边界之内来维护竞争的公平性,进而保障识知活动的效率。在竞争的结果取决于对产出的评价的前提下,这就要求我们对不同识知者做出公平的评价。那么,如何实现公平的评价?如前所述,识知活动具有内在的非标准化特征,强行让所有识知者都遵守相同的识知规则,反而违背了求真的规律。但如果我们要根据不同识知者的工作业绩来分配公共资源,就必然需要找到一种统一的标准来衡量其识知活动与成果的真理敏感性。这并不是说个性化的评价是不可能的,如果我们愿意,也可以在某个评价单元内在充分讨论的基础上由所有人来对每个人的识知活动与成果做出个性化的评价,但这么做成本太高,把大量宝贵的识知资源浪费在了非识知性的活动上,结果必然阻碍求真目的的实现。所以,从提高资源使用有效性进而提高识知效率的目的出发,标准化的评价仍然是一种最可行的评价方式,而我们需要思考的则是如何能以一种公平的方式对不同识知者做出标准化的评价。

首先,在边界问题上,评价单元的确定还是需要以学科为载体。这是因为,学科代表了共同的话语体系,当不同的识知者都使用共同的话语体系时,他们的学术活动将有着实质性的交叠,他们的成果都发表在大致相同的期刊上,对于彼此的成果,他们也都有做出独立判断的能力,这为对他们识知活动与成果在质与量上的标准化评价提供了基础。基于此,有学者甚至提出了用以学科为基础的新型识知机构取代行政特征日益强烈的大学的设想,[1]以避免无视学科差异的行政化的资源分配方式造成资源使用的无效。当然,学科边界是流动的,在很多时候,知识的进步就表现为学科边界的位移。为了避免学科边界成为另一种市场壁垒,我们需要以同行间的集体决策的方式来确定学科的边界。在某个评价周期内,某个学科的同行以集体决策的方式确定哪些问题属于这个学科的研究主题,哪些方向和途径属于对这个学科话语体系的合理运用。在此基础上,无论某个识知者是否身处以这个学科命名的研究机构,只

---

[1] Arthur O'Neill and V. Lyn Meek, "Academic Professionalism and the Self-Regulation of Performance," *Journal of Tertiary Education Administration*, Vol. 16, No. 1 (May, 1994), pp. 93 - 107.

要他的识知活动与成果可以被纳入以集体决策的方式确定的学科范围,就有资格参与该学科内的资源分配和竞争。至于可以被纳入多个学科的识知者参与多个学科的资源竞争的问题,本书不持否定的态度,但分配主体有义务审查分配行为的有效性,即重复竞争是否造成了资源的重复分配与浪费。如果有人能够运用所有学科化的知识去寻求关于世界的所有真理,那他就有资格参与所有学科内的资源竞争,问题仅仅在于他是否真的有能力把这些资源用于识知性的目的。如果识知者参与多学科竞争的目的是改善自己的经济处境与社会地位,就是对识知资源的不当使用,就违背了求真的义务,相应的就丧失了获取识知资源的资格。在这里,集体决策保证了边界的动态性,如果每位识知者都以求真为目的,那么,当他在求真过程中发现某些新的问题、方向与途径也可以帮助他获得与他所处学科相对应的实践世界或认知世界的具有真理敏感性的认识时,就有义务把它们纳入他所处的学科,由此拓展该学科的边界。当然,肯定会有识知者不愿履行这样的义务,也正因此我们才需要集体决策,让识知者群体集体地决定是否要履行对于真理的义务。这样做一方面保证了识知活动的开放性,另一方面也为判断串行行为的正当性提供了一个程序性标准。

在确定了评价单元之后,我们需要找到一种可以公平地衡量不同同行识知活动与成果真理敏感性的办法。在某种意义上,当我们借助各种分级制度来衡量不同识知成果的真理敏感性时,暗含了这样一个假设,即一项成果的真理敏感性是与它得到学术承认——包括发表、获奖等——的难度成正比的,在一个充分竞争的学术市场中,一份期刊排名越高真理敏感性就越高,发表难度也越大,三者之间具有一种互为因果的关系。因而,如果以论文发表为例,那么,发表难度就可以成为衡量一份期刊以及发表在这份期刊上的论文真理敏感性的指标。问题在于,在发表市场客观存在偏好结构的前提下,即使发表难度可以成为衡量期刊整体质量的指标,却很难帮助我们衡量每一篇论文的真理敏感性。如果一份期刊只发表3个研究方向的论文,且每一期发A方向的论文4篇,B方向的论文2篇,C方向的论文1篇,那三个研究方向的论文在这份期刊上的发表难度就是不一样,我们就不能仅仅以该期刊的一般发表难度作为计算每篇论文真理敏感性的标准。在这里,公平的衡量方式是对不同论文的发表难度进行加权。如果该期刊的一般发表难度为10,意味着在这份期刊上发表一篇论文的一般奖励系数为10。进而,如果我们将C方向论文在该期刊发表的难度系数定为1,那么B方向的难度系数就是1/2,A方向则为1/4。如果一个人在该期刊发表了一篇C方向的论文,他的奖励系数就是 $10*1=10$;第二个人在该期刊发表了一篇B方向的论文,他的奖励系数就是 $10*1/2=5$;第三个人在该期刊发表了一篇A方向的论文,他的奖励系数就是 $10*1/4=2.5$。对于这三个人来说,这样一种资源分配方式才是公平的。在识知领域中,奖励性的资源分配是为了激励识知者不断追求更高的真理,在实践中这就表现为去探索难度更大的问题、寻求难度更高的发表机会、竞争难度更大的研究项目等。①在识知市场的偏好结构客观上影响了不同研究方向和途径的识知成果获得学术承认的难度的条件下,我们需要通过加权的方式来还原每一份成果得到学术承认的真实难度,从而以一种标准化的方式衡量它们的真理敏感性。只有这样,每位识知者所获得资源与他们实际业绩间的关系才是成比例的,他们的所得才属于他们的应得。

在现代观念中,分配公平主要表现为评价结果与配给资源间的比例关系,因而要实现分配的公平,首先就是确保评价的公平。在学术评价

---

① 当然,这里存在"天花板",当一名最顶尖的科学家可以非常容易地拿到他所从事领域的最高荣誉和奖励时,这些荣誉和奖励对他就没有激励效果了。但这可能并不是一个问题。在识知领域,讨论分配公平是为了避免反向激励,即不公平的资源分配会阻碍社会识知效率的提升,但公平的分配本身并不是识知效率的充分条件,相反,决定识知者个体以及群体识知效率的因素是他们对待其求真义务的方式。在某种意义上,通过市场手段来改造识知世界、通过激励手段来调动识知者的识知动机,这是一种极其错误的做法,它造成了对识知活动中求真义务的挤出效应。但在无法改变这一做法的前提下,本书的目的是通过维护资源分配的公平来避免反向激励。

中,以识知成果获得学术承认的加权难度为标准评价它们的真理敏感性是一种简便易行的方式。比如,在论文发表的问题上,我们只需统计某个评价周期内不同等级期刊上发表不同研究方向与途径的论文数量就可以得出每篇论文的实际发表难度。当然,这种计算方法的合理性首先是建立在期刊分级制度的合理性基础上的,只有当期刊分级是合理的,能够准确地反映每份期刊的一般发表难度时,加权计算的结果才是真实的。反之,如果期刊分级制度本身不合理,那加权计算就不可能实现对不同识知者的公平衡量,以此为依据的资源分配也不可能是公平的。这表明了学术评价的系统性。作为建立系统化的学术评价制度的一种努力,本书所提供的也只是一种思路,而并非方案。要得出系统的方案,我们需要一个负责任的学术共同体来建立能够对不同识知成果的真理敏感性进行一般化排序的各类分级制度,然后才能在此基础上实现对每位识知者的公平评价。而当我们做到了这一点时,必然也将有助于提高识知资源的分配效率和使用效率,进而助益于识知活动求真目标的实现。

  本书对学术评价的分析主要是从政治学的视角出发展开的,可以说是在讨论"知识与政治"这一与每位识知者都密切相关的问题。传统上,对这一问题的探讨更多是从学术自由的角度出发的,关注的是如何保障识知者免受政治干预的问题。这样一种探讨在今天仍然很重要,因为政治仍然试图通过各种方式介入到知识的生产过程之中。但另一方面,随着流入学术界的资源越来越多,使得知识的生产与流通越来越像是一桩生意,"知识与政治"的关系又表现出了一些新的存在形态。在今天的学术世界中,在学术机构内部与外部市场中获取资源已经成了每一位识知者日常工作的一部分,又由于学术资源中的很大一部分都可以被视为公共资源,因而所有识知者就都参与到了公共资源的分配这一政治过程之中,而学术评价则因为在这一过程中起到了某种分配性的功能而被纳入了"知识与政治"的研究视野中,成为"知识与政治"的一个当代议题。当然,学术评价并不必然指向着分配,现实中也存在一些纯为展示绩效的评价形式,但作为一种日益明显的趋势,学术评价正越来越多地被用于资源分配的目的,而这就让我们必须从资源分配的角度出发来思考它与识知效率和分配公平的关系,以此寻找新的条件下"知识与政治"的恰当关系。

第 6 章 依赖、责任与服务

第 1 节 官僚制组织的两副面孔

组织是因为特定目标而组织起来的。要实现其目标,组织必须开展各种行动。要保证这些行动符合并服务于组织的目标,组织就为这些行动的实施者设定了责任,让他们通过履行其所承担的责任来助益于组织目标的实现。所以,组织既是一个行动体系,又是一个责任体系,当组织运行良好时,组织过程就表现为一个所有组织成员都负责任地开展行动或通过行动来履行责任的过程。这里的问题在于,行动需要动力,而责任可能并不提供动力,相反,在大多数时候,责任都是一种负担,是对动力的一种约束。为解决动力的问题,官僚制组织建立起了一种层级结构,通过赋予上级以相对于下级的权威与权力来强加给了下级以行动的动力。所以,在官僚制组织中,组织行动总是表现为"上级让下级行动",因而是一种关系性的行动,是发生在上下级关系之中的。传统上,这种关系被视为权威与从属者的关系,其中,权威的功能是让从属者开展行动,并对他让从属者开展的行动负责,而组织目标能否实现就取决于权威的功能是否得到了恰当发挥，权威是否承担起了他的责任。近几十年来，这种关系越来越多地被视为了委托者与代理者的关系，在这种关系中，作为上级的委托者在很大程度上依赖于作为下级的代理者去开展他无法亲自开展的行动，而一旦被授权为代理者，下级就获得了一种代理责任，且组织目标能否实现就取决于他是否履行了这种代理责任。代理责任的产生让上级与下级都成为责任主体，从而导致了组织中的责任冲突。而当人们从代理理论的主张出发，试图通过激励来解决这种冲突时，就改变了组织的运行机制，使官僚制组织呈现出了一副全新的面孔，也使组织管理陷入了新的挑战。

一、官僚制组织的经典面孔

官僚制组织是一种具有层级结构和以层级节制为基本运行原则的组织——官僚制组织的另一大特征是专业分工，但这里只考虑层级结构的问题。关于它为什么以这样一种方式组织起来，我们可以做出以下假设，即人们之所以寻求组织，是为了实现某种共同的目标；而要实现这种目标，他们必须开展某种共同行动；要开展这种行动，他们又必须找到能让他们以某种方式付诸行动的动力——正是在这里，层级结构具有独特的功能，通过赋予上级以相对于下级的权威与权力，当上级出于某种目标而对下级行使权威与权力时，层级结构就强加给了下级以行动的动力。当然，权威与权力并不是行动动力的唯一来源，事实上，交易就是共同行动的另一种常见的动力来源。但在某些事情上，出于某种原因——比如科斯所说的行政成本低于交易成本，人们选择将权威与权力作为共同行动的动力来源，并由此选择了以官僚制的形式将彼此组织起来。

在传统观念中，作为一种层级制组织，官僚制组织拥有自上而下的权威体系与权力体系，这两种体系的正常运行就表现为层级节制，即上级节制下级，或下级服从上级，官僚制组织就是通过层级节制的方式来赋予下级以动力,来通过上级与下级的关系开展组织行动的。当然,在大多情况下,上下级的关系是相对的,在一个大型组织中,绝大多数组织成员总是相对于一些人是上级,相对于另一些人则是下级。但无论如何,在任何特定的上下级关系中,上级都是权威,下级则是从属者。作为权威,上级拥有两种不同类型的权力,即制度性权力与实践性权力。其中,制度性权力是权威的标志,它让上级可以改变其从属者的制度处境,在行动动力的问题上,就表现为可以加之后者以义务,因而,只要上级发出了某种行动指示,下级就有义务按所指示的那样行动,也就是有义务服从上级的指示。实践性权力让他可以改变从属者的实践处境,在行动动力的问题上,就表现为可以剥夺后者按照自己的意志开展行动的能力,或者说,可以将自己的意志凌驾于后者的意志之上,因此,当下级不愿履行服从的义务时,上级就可以采取强制等手段来迫使下级执行其指示。在理想状态下,组织过程表现为一个行使权威与履行义务的过程。当上级向下级发出了行动的指示,他就对后者行使了权威;当下级按所指示的采取了行动,他就对前者履行了义务;当下级为了按所指示的那样行动而向他的下级发出了新的行动指示,他就对后者行使了权威;当他的下级按所指示的采取了新的行动,他就对前者履行了义务。这一过程自上而下地不断延展,直至最初发出指令的上级所欲实现的目标通过层级链条中的某个或某些下级履行义务的行动而得以达成。在这种情况下,组织的行政成本是最低的,而当组织的运行无须借助实践性权力时,组织本身也将呈现出更强的有机性,更具有共同体的特征。但在现实中,下属对其义务的履行经常都不是那么积极,导致上级的指令无法得到有效地执行,在这个时候,权威就出现了某种失效,导致上级必须行使实践性权力来迫使下级履行其义务,也使组织过程变成了一个权力过程。显然,权力的行使将耗费许多组织资源,也就是增加了组织的行政成本。同时,实践性权力的经常使用也将破坏组织成员间的有机联系,弱化组织的共同体特征。

在官僚制组织中,权威是一种制度设置,只要你是相对于另一个人的上级,你就对他拥有权威,当你对他发出行动指令时,他就有义务执行这一指令。当然,与封建社会的等级组织相比,这种不平等的关系是基于某种契约式的同意的,即通过签订劳动契约,下级同意,自愿服从上级的权威。① 但权威的效力并不仅仅取决于制度,所以处于相同职位上的两个人能够对其下属行使的权威可能在事实上并不相同。但无论如何,只要上级发出了指令,下级就有执行它的义务,否则,如果下级对上级的每一项指令都进行质疑,导致上级每一次都不得不耗费许多组织资源来对他行使实践性权力,来迫使他执行该指令,将大大阻碍组织目标的实现。也就是说,权威是组织为实现其目标而做出的制度设置。而这就意味着,权威的合法性取决于其指令与组织目标的契合性,只有当上级的指令是符合于并服务于组织目标的时候,他对下级行使权威的行为才是合法的,进而,当下级因为无论何种原因而拒不履行服从的义务时,他才能合法地使用权力来迫使其服从。而如果其指令有悖于组织目标,即上级试图让下级去开展有悖于组织目标的行动,那他的权威就失去了合法性,在这种情况下,下级就有正当理由不执行其指令,但这并不能解除他服从的义务,而上级也仍然可以通过权力来迫使他服从,当然,这种权力行为本身也是不合法的。可见,上级行使权威与权力的行为可能是不合法的,但无论其是否合法,只要上级发出了指令,下级就有义务执行该指令,也就是说,下级不能对上级的行为进行合法性审查,否则层级结构就失去了通过上下级关系来开展共同行动的功能。但下级可以对上级行为的合法性做出自己的判断,当判断其非法时,他也有"良心拒绝"的自由,即选择退出组织。但只要他没这么做,他就只能服从,无论是主动还是被迫服从。在传统观念看来,由于层级关系是一种权威与从属者间的

---

① David Ciepley, "Beyond Public and Private: Toward a Political Theory of the Corporation," *American Political Science Review*, Vol. 107, No. 1 (Feb., 2013), p. 149.

关系,由于上级可以确保下级无论如何都会服从其指令,因而只有上级才可能做出有悖于组织目标的行为,进而,也只有上级的行为才需要接受合法性审查,并通过这种审查来促使其服务于组织的目标,也就是承担责任。

于是我们就发现了一种紧张:为了获得共同行动的动力,官僚制组织赋予了上级以相对于下级的权威与权力,而在获得了这种权威与权力之后,上级就拥有了通过下级来开展有悖于组织目标的行动的能力。为了避免这种情况的发生,官僚制组织需要一种保障机制,来保证上级对其权威与权力的行使服务于组织目标的实现,这种机制就是责任。也就是说,在赋予上级以权威与权力的同时,官僚制组织也赋予了他们以责任,让他们根据其权威与权力的大小而承担了促进组织目标之实现的制度责任。这种责任有三个方面的含义:首先,它也是一种动力,如果说下级之所以行动是因为上级通过权威与权力的行使而强加给他某种动力的话,一个组织中总有一个或一些人不属于其他任何人的下级,那他为什么要发出指令让其他人去行动?答案就是,他的动力源于组织规定他承担着这样一种责任。其次,它是一种负担,是对权威与权力的一种限制,因而,负有责任意味着上级不能随心所欲地行使其权威与权力,而必须根据他所承担之责任的要求来行使权威与权力。再次,作为一种制度责任,它如果没有得到恰当地履行,那么其承担者就必须接受制度问责,而这种问责的方式就是对上级履行责任的行为进行合法性审查。那么,组织如何进行这种审查?

如上所述,上级行为的合法性取决于其与组织目标的契合性,而至少在特定阶段内,组织的目标又是由某些上级决定的,如果是这样,那这些能够决定组织目标的上级的行为不就永远都是合法的?事实显然并不如此,所有上级都可能做出有悖于组织目标的行动。为了解决这一矛盾,为了使所有上级的行为都无法豁免于合法性审查,组织必须建立起合法性审查的客观依据,这种依据就是组织的规则。这些规则明确地——虽然并不是详尽地——规定,对于特定的某一个上级来说,哪些行为是合法的,哪些行为是不合法的,由此,上级履行责任的方式就变成了去做所有被规定为合法的行为,同时不做任何被规定为非法的行为。只要这样做了,他就被认为履行了他的责任,虽然他履行责任的行为并不必然能够带来有利于组织目标的结果,但无论它们的实际结果为何,这些行为本身都被视为合法的。

以上描述是我们关于官僚制组织的传统理解。根据这种理解,官僚制组织中的上下级关系是一种权威与从属者间的关系。在这种关系中,上级拥有相对于下级的权威与权力,这让他可以发出指令让后者去采取某种行动,但他自己并不直接采取任何行动。一旦上级发出了指令,下级就有义务执行该指令,如果不执行,上级就可以行使权力来迫使他执行。在理想情况下,上级通过行使权威来赋予下级按所指示的那样行动的义务,而当这一义务无法得到履行时,上级则通过行使权力来迫使下级按所指示的那样行动。无论如何,组织行动都表现为"上级让下级行动",对于该行动,上下级之间存在某种决策与执行的分工。上级虽不直接采取行动,却决定了行动的发生,因而要为行动的后果承担责任,这种责任的依据就是组织的规则。下级是行动的实际执行者,也直接造成了行动的后果,但在执行行动时,他只是在履行——无论主动还是被迫——服从上级的义务,因而该后果并不是由他所决定的,他也就无须对此负责。所以,在官僚制组织中,规则是为上级准备的,其目的是保障上级履行责任,即其行使权威与权力的行为须符合并服务于组织目标。这并不是说下级无须遵守规则,但在实践中,下级经常无法选择是否遵守规则,因为上级拥有足以让他违背规则的权威与权力,所以组织不能以违背规则为由来追究他的责任。下级只有服从的义务,并且,只有当他无条件地履行了这一义务,组织才能够实现其目标,至于特定的履行义务的行为究竟是否促进了组织目标的实现,则不属于他应该考虑的事。显然,根据传统理解,组织目标的实现完全取决于上级是否恰当地履行了他的责任,所以传统的官僚责任观是一种层级责任观,①根据这种观念,任何一项行动都由该行动所涉及位阶最高的上级全权负责,因而,要保障组织目标之实现,就是要保障每一位上级都履行其层级责任。

二、经典面孔的异变

关于官僚制组织中为什么只有上级才需要承担责任,我们可以找到两种解释。第一种解释认为,一个人只应对其自愿行动的后果负责,或者说,只有当一种行动是出自行动者的独立意志时,他才需要对该行动的后果负责,②这可以被称为责任的意志条件。而在官僚制组织中,下级是不拥有独立意志的。他也许拥有独立的判断,甚至可以对上级表达他的判断,但只要上级发出了与他的判断相悖的指令,他就必须抛弃其判断而使自己服从于上级的意志。他也许本来就想做上级让他做的事,但如果不是上级让他去这么做,他却无法将其意图付诸行动,在这个意义上,他的意图是自愿的,但他之所以付诸行动,却并非出自自愿。所以,下级不满足责任的意志条件,因而无须对上级让他采取的行动承担责任。第二种解释认为,在双边关系中,如果一方明显依赖于另一方,那后者就有保护前者的责任。③ 之所以如此,是因为在这种关系中,事实上只有强势一方才有能力左右弱势一方的行动,而弱势一方则不仅没有能力左右强势一方的行动,甚至没有能力左右自己的行动,因而也就没有能力对这些行动的后果承担责任。当这些行动造成了不好的后果时,如果要求弱势一方承担责任,结果可能对弱势一方造成毁灭性的损害,进而

---

① Dennis F. Thompson, "Moral Responsibility of Public Officials: The Problem of Many Hands," *The American Political Science Review*, Vol. 74, No. 4 (Dec., 1980), p. 906.
② Harry G. Frankfurt, *The Importance of What We Care About*, New York: Cambridge University Press, 2009, p. 95.
③ Robert E. Goodin, *Protecting the Vulnerable: A Reanalysis of Our Social Responsibility*, Chicago: The University of Chicago Press, 1985, p. 39.

也使双边关系无法存在,所以,强势一方就负有一种保护弱者的责任,因为只有这样才能维持双边关系的健全。这是根据能力差异来决定责任分配,所以可以被称为责任的能力条件。显然,官僚制组织中的上下级关系就属于这样一种关系,在这种关系中,如果要求下级对上级让他做的事承担他并没有能力承担的责任,最终将导致上下级关系的瓦解,也就是组织的解体。换句话说,只有上级才有能力对双边关系的健全存在造成损害,因而他就必须承担维护这一关系的责任。所以,无论下级的行动造成了什么后果,都只能由该行动所涉及位阶最高的上级来承担责任。

显然,无论意志条件还是能力条件,都蕴含了一种关于下级角色的消极假设,而支撑这一假设的又是一种关于权威与权力功能的积极假设。如韦伯在分析文官角色时所说,"采取立场,充满激情——'ira et studium'(好恶分明)——是政治家的本色,尤其是政治领袖的本色。他的行为所服膺的责任原则,同文官的原则截然不同,甚至正好相反。文官的荣誉所在,是他对于上司的命令,就像完全符合他本人的信念那样,能够忠实地加以执行。即使这个命令在他看来有误,而在他履行了文官的申辩权后上司依然坚持命令时,他仍应忠实执行。没有这种最高意义上的道德纪律和自我否定,整个机构就会分崩离析。"[1]这意味着下级是消极的,他虽然有独立判断,却不会用这种判断去反驳上级的权力意志,他虽然可能有着与组织目标相悖的目标,却不会将这种目标带到他的行动之中,从而使组织行动背离组织目标。当下级的这种消极性能够得到保障时,每个上级对其责任的恰当履行就可以成为组织目标得以实现的充分条件。在传统观念看来,这种消极性的保障机制就是上级的权威与权力,也就是说,只要上级拥有足够的权威与权力,那么,无论下级在主观上是否愿意成为一个消极角色,上级都有能力保证他在客观上只扮演

---

[1] [德]韦伯:《学术与政治:韦伯的两篇演说》,冯克利译,北京:三联书店2005年版,第76页。

一个消极角色。问题是,上级真的拥有这种能力吗?显然,20世纪的组织实践并不支持这一假设。

在逻辑上,要维持上下级间的制度性分工,即上级专事决策,下级专事执行,前提是上级拥有做出决策的完整知识,只有这样,他才能将下级排除在决策过程之外,使决策免受下级的影响,进而,在他通过决策来让下级去采取的行动中,下级的角色才可能是消极的。否则,如果上级不拥有做出决策的完整知识,因而不得不在某些时候求助于下级,从而让下级在事实上参与了决策过程,甚至主导了决策的结果,那下级在组织行动中的角色就不可能是消极的。这意味着,"实践权威"需要得到"理论权威"的支持,官僚制组织在制度上使上级成为实践权威,却无法保证上级同时也是理论权威,结果,上级就无法垄断决策。当然,作为实践权威,他可以让下级去做任何他想让后者去做的事,但在特定的决策中,由于下级可能才是实际上的理论权威,当上级让下级去做某件事的时候,到底是上级根据自己的意志而让下级去做了在他看来符合组织目标的事,还是下级通过上级而利用组织资源来达成了自己的目的,则存在不确定性。这意味着,对于组织行动,上级可能并没有能力承担完整责任,进而,仅仅保证所有上级都恰当地履行责任就不足以确保组织行动符合并服务于组织的目标。这正是普莱斯(Don K. Price)在分析20世纪中期政府专业化的结果时所指出的,"只有当专业官员已经制定出可以接受的备选方案时,政治官员才能就眼前的问题做出决策,而对最高政治权威的最有效使用则是让专业人员去处理今后五到十年必须面对的问题——或者建立一套可以提高专业队伍水平的制度,以保证他们能够这样去做。……简言之,政治责任取决于一支随时待命与训练有素的专业队伍的存在,如果后者是支离破碎与混乱无序的话,政治责任是不可能实现的。"[①]也就是说,上级能否履行其责任,实际

[①] Don K. Price, "Administrative Leadership," *Daedalus*, Vol. 90, No. 4, Excellence and Leadership in a Democracy (Fall, 1961), pp. 750-763.

上依赖于下级是否对他提供了必要的专业帮助，如果是这样，那下级就不仅仅负有服从的义务了。

显然，上述情况并不只是发生在政府之中，而是所有组织都经历了的一种现象。在某种意义上，我们可以假定，官僚制组织的设计本身蕴含了实践权威与理论权威的统一，即理想上的官僚制组织能够保证根据组织成员的专业知识而把他们安排在最合适的职位上，结果每一个上级相对于他的下级就都既是实践权威，也是理论权威，因而，他不仅可以通过行使实践权威来让下级去做某件事，而且这一决策本身也完全是他行使理论权威的结果。只有这样，官僚制组织才能在上下级之间维护决策与执行的分工，才能通过让上级负责来保障组织目标的实现。我们可以进一步假定，在官僚制组织产生之初，在社会的专业化程度相对较低的情况下，只要建立起适当的聘用程序与晋升程序，官僚制组织是可以在其内部实现实践权威与理论权威之统一的，所以，这样一种组织目标的实现方式也是可行的。

随着社会专业化程度的不断提高，到 20 世纪中期，学者们发现，在所有官僚制组织中，要求每一个上级都成为相对于其下级的"哲学王"已经不再可能了，甚至，在很多时候，上级可能只是在领导力上优于下级，而在具体的专业知识上，他可能比他的每一个下级都差。也就是说，在高度专业化的背景下，上级是制度性的实践权威，下级则可能是实际上的理论权威，结果，虽然实践决策是由上级做出的，但他进行决策的所有依据与方案则可能都是由下级提供的。甚至，当他们之间存在专业知识上的高度不对称时，下级还可能在事实上左右上级的决策。当这种情况发生的时候，如果组织行动造成了有悖于组织目标的结果，到底谁应当对此负责？当然，上级必须对此负责，因为他是实践权威，他至少可以决定不采取该行动，从而避免出现该后果，而既然他没有这么做，他就必须承担责任。但上级又不应承担完全责任，因为根据意志条件与能力条件，该行动显然不只是体现了他的意志，而对行动的决策更是超出了他的能力。事实上,根据以上分析,下级也应当对此承担责任,但这种责任显然不同于上级所承担的责任。那么,下级应当承担的是什么责任?这种责任反映出他和上级的关系发生了何种变化?正是通过对这些问题的回答,代理理论为我们描绘出了一幅关于官僚制组织的全新图景。

代理理论认为,在官僚制组织中,上下级关系实际上是一种委托—代理关系,其中,作为委托者的上级为了让作为代理者的下级向他们提供某种服务或去做某种他们无法亲自去做的事情而授予后者某些决策权威,让后者在其权威限度内为达成委托事项而自主行动。[1] 在这里,由于知识以及基于知识的权威的分散,下级不再负有无条件服从上级的义务,上级也无力控制下级到底基于何种因素而开展行动,结果在委托人的目标与代理人的行动之间就出现了不确定性,或者说,在委托人与代理人之间就出现了利益冲突的可能性,这种可能性就被称作代理风险。在传统观念中,上级因其权威地位而对组织目标的实现造成了风险,所以就有责任降低直至消除这种风险,其途径就是遵守依据组织目标而被制定出来的组织规则。同样,在代理理论看来,下级因其行动的不确定性而对组织目标的实现造成了风险,所以也有责任降低直至消除这种风险。与权威关系中的情况不同的是,在委托—代理关系中,代理风险的根源在于委托者与代理者之间利益冲突的可能性,因而,要降低直至消除代理风险,就必须尽可能地减少直至消除委托者与代理者间的利益冲突,而这不是仅仅遵守规则就能达成的。在布坎南看来,代理风险的降低与消除一方面取决于一种新的官僚伦理,即让代理人都认识到他们有责任降低直至消除代理风险,另一方面则取决于经济激励,即通过经济

---

[1] Michael C. Jensen and William H. Meckling, "Theory of the Firm: Managerial Behavior, Agency Costs and Ownership Structure," *Journal of Financial Economics*, Vol. 3, No. 4 (October, 1976), p. 308.

激励来实现委托者与代理者间的利益一致。① 也就是说,在委托—代理关系中,因为代理者的行为对委托者以及整个组织造成了风险,所以代理者就有责任降低直至消除这种风险,但他承担这一责任的方式则不是牺牲其与委托者以及整个组织相冲突的利益——遵守规则就是自我牺牲的一种方式,而是去获得恰当的经济激励,因为只有在获得了恰当经济激励的前提下,他才不会为了自己的利益而牺牲委托者以及整个组织的利益。这就是代理理论对作为代理者的下级所应承担的责任所提供的解释。

三、新面孔与新问题

在传统观念中,官僚伦理实际包含两个部分,一是上级的责任伦理,二是下级的中立伦理。当上级基于规则而做出了行动决策,且下级不加好恶地执行了该决策时,责任伦理与中立伦理同时得到了实现,结果就是组织目标的达成。在这里,所谓中立伦理,是指下级只有义务而没有责任,所以,当一个人既是相对于某些人的上级又是相对于另一些人的下级时,他的身上就不存在责任冲突,他与他的上下级之间也不存在责任冲突。正是这一点保证了官僚制组织内部的权责一致,使组织的权威链与责任链能够同步发挥作用。而根据代理理论的分析,首先,上级仍然需要遵循责任伦理,因为他是实践权威,且这种权威对组织目标的实现造成了风险。另一方面,中立伦理对于下级则不再有效了,因为作为具有专业优势的代理者,他已不再是一个中立的执行者,而获得了对上级所承担的责任与组织的目标施加实际影响的能力,即他所拥有的专业知识就对上级以及整个组织造成了风险。在这种情况下,组织必须让他遵循更为积极的伦理原则,结果就是将责任伦理扩展到了下级,让下级

---

① Allen Buchanan, "Toward a Theory of the Ethics of Bureaucratic Organizations," *Business Ethics Quarterly*, Vol. 6, No. 4 (Oct., 1996), p.436.

去承担一种以降低直至消除代理风险为内容的代理责任。于是,不仅上级,而且下级也变成了一个责任主体。这样一来,当一个人既是相对于某些人的上级又是相对于另一些人的下级时,他就同时承担着两种责任:一种是权威责任,其内容是促进组织的目标,更具体地说,是确保其权限范围内的所有下级都采取符合并服务于组织目标的行动;另一种就是代理责任。

在形式上,代理责任与服从义务似乎并无太大区别,它们都要求下级在行动中将上级的要求置于优先位置,但二者所基于的逻辑完全不同。传统观念之所以认为下级负有服从的义务,是因为在他们看来下级根本没有选择不服从的能力,根本没有对上级造成风险的能力。而根据代理理论的分析,当上下级关系被理解为一种委托—代理关系时,下级虽仍不能明确拒绝上级的要求,却拥有阳奉阴违的能力,正是这种能力让服从义务失去了存在的基础,也正是这种能力让他必须被赋予某种责任。也就是说,传统观念预设了一种关于权威有效性的假定,根据这种假定,只要权威是充分有效的,那么下级就具有一种客观上的中立性,因为上级有能力让他保持中立。而组织专业化程度的提高破坏了这一假定,当下级通常都拥有相对于上级的专业优势甚至可以被视为一种理论权威时,上级权威的有效性必然大打折扣,结果,下级在客观上就不再具有中立性了。当下级是中立的时候,上级是一个自主的责任主体,他对其责任的承担完全取决于他自己。这并不是说权威责任的实现相对容易,相反,如"绝对权力导致绝对腐败"的名言所表明的,要让权威履行责任其实是一件非常困难的事。但至少,当上级是一个自主的责任主体时,问责是相对容易的,因为问责对象是明确的。而当下级不再中立时,上级就变成了一个依赖性的责任主体,他能否履行权威责任在很大程度上依赖于下级是否履行了代理责任。于是问责就变得困难了,因为官僚制组织的问责机制是严格根据层级结构进行设计的,它只能追究上级责任,而无法对下级进行问责,因为对下级问责必然意味着层级关系的瓦解,也就意味着官僚制组织本身的瓦解。结果,作为代理者的下级就在客观上处于某种问责真空之中,即官僚制组织无法通过问责机制来确保其承担责任,因而只能通过经济激励来诱使其承担责任,而这又造成了新的问题。

如艾森哈特(Kathleen M. Eisenhardt)所说,"代理理论提醒我们,不管我们喜不喜欢,组织生活的很大一部分都是基于自利的。"[1]在某种意义上,传统观念并非没有看到这一点,相反,正是因为看到了这一点,它才希望通过强调下级的中立性来避免下级的自利行为对组织目标造成损害,并通过规则来约束上级的自利行为。在这么做的时候,它对组织成员的自利性持有的是否定的态度,传统官僚伦理的一个基本要求就是,只要你选择成为一个组织的成员,就必须在必要的时候为了组织的目标与利益而做出牺牲。问题在于,传统官僚伦理无法做到这一点,即它无力确保组织成员在必要的时候为了组织的目标与利益而自我牺牲,所以,传统组织实践总是受到官僚自利性的困扰。代理理论的区别在于,它不仅看到了愈演愈烈的官僚自利性的现象,而且对这一现象予以了理论上的承认,即承认了组织生活中自利动机与行为的道德合法性,并在这种承认的基础上要求基于组织成员的自利动机来保障代理责任的履行。在代理理论看来,"代理者之所以为委托者工作,仅仅是出于他们在该关系中期望获得的利益。"[2]如果是这样,那组织就不可能要求代理者为了组织而做出任何牺牲,因为这将在根本上取消他为委托者以及组织工作的动机。

事实上,根据代理理论的分析,组织的概念已经不存在了,"在代理理论中,作为社会实体的企业(以及所有其他类企业的组织与制度)几乎消失

---

[1] Kathleen M. Eisenhardt, "Agency Theory: An Assessment and Review," *The Academy of Management Review*, Vol. 14, No. 1 (Jan., 1989), p. 64.

[2] Peter French, "Review: Agency Theory, Rational-Choice Theory, and Ethics," *Business Ethics Quarterly*, Vol. 5, No. 3 (Jul., 1995), p. 622.

了。组织被当作某种类似游戏场的东西,而不是'社会游戏'的参与者。代理理论家也许会屈尊承认游戏场有时也加入到了游戏之中,甚至是以非常直接的方式,但总的来说,它是被当作一块中立的场地,个人参与者在其中或多或少且最终是独立地彼此对抗。"①在传统观念中,无论上级还是下级,都只是官僚制组织的构成物,他们共同构成了官僚制组织,并作为组织的因素而发挥着社会功能。而在代理理论看来,组织只是委托—代理关系的一个容器,对于这一关系本身,组织则是不起作用的。在某种意义上,代理者与委托者间的关系可以被比喻为一种"拿人钱财,替人消灾"式的契约关系,在这种关系中,一旦关系双方做出了约定,代理者就获得了按约定的内容采取行动的责任,而他之所以愿意去采取行动,则是因为这样可以为他带来约定的回报。也就是说,他对回报有着期望,而这种期望就构成了他的动机,只有当他的期望足够强的时候,他的动机也才足够强,进而,他才有较大的可能性去履行代理责任。因此,在代理理论看来,责任的问题其实是动机的问题,只有当委托者能够通过激励手段激发代理者的工作动机时,他才能促使代理者去履行其代理责任。在这里,作为官僚制组织实体标志的权威与规则都是不发挥作用的,甚至可能产生副作用。于是作为实体的组织已经不存在了,所存在的只是以组织为容器的委托—代理关系网络,在这种网络中,没有人应当为了某种虚构的共同目标或利益而自我牺牲,相反,你之所以能够让一个人去做某件事,只是因为你给了他恰当的激励,同样,你之所以愿意为另一个人去做某件事,也只是因为他通过恰当的激励而激发了你的工作动机。

  当然,至少在目前,上述分析在很大程度上还停留在理论阶段,因为无论代理理论如何证明上下级关系只是一种委托—代理关系,层级结构仍是组织实践中的基本现实。另一方面,从过去几十年公共部门的市场

---

① Peter French, "Review: Agency Theory, Rational-Choice Theory, and Ethics," *Business Ethics Quarterly*, Vol. 5, No. 3 (Jul., 1995), p. 622.

化改革造成了高昂的代理成本因而近年来逐渐出现了"逆外包"的趋势的情况来看,代理关系并不具有对权威关系的替代性。事实上,单就成本而言,由于代理关系要求通过不断的经济激励来激发代理者的工作动机,这种关系的运行成本一定是不断膨胀的,所以,如果我们根据代理理论的主张来改造组织实践,结果一定是蚕食组织剩余,导致官僚制组织从一种生产型组织变成一种分配型组织。另一方面,在公司治理中,代理理论盛行的背后是"股东优先论"(shareholder primacy)的确立,即通过将企业组织——尤其上市公司——描述为一个契约关系网络而使它们失去了传统上的法律实体地位,使组织本身失去了对组织资源与剩余的控制,而将股东即委托者变成了唯一的组织剩余索取权人。这些股东并不关心组织的存续与发展,而只关心获得更高的投资回报,要达到这一目的,最直接的途径就是拉升股价,而要拉升股价,最直接的途径就是将管理层的回报与股价挂钩,即实行股权激励。这一系列策略的最终结果是将组织剩余变成了股价盈余,是用于委托者与部分代理者进行分配的资源,而不是用于组织发展的资源。结果,无论委托者还是代理者,都从完全的自利立场出发不断要求获得更高的回报,从而蚕食了组织剩余,使组织无力应对本不应对其构成威胁的经济风险,也大大缩短了组织的预期生命周期。①

更重要的是,如果我们根据代理理论的主张来改造组织实践,将摧毁社会健全存在的基础。这是因为,在层级结构的前提下,如果我们不把上下级关系看作权威与从属者的关系,而是看作委托者与代理者的关系,那么,作为上级到底意味着什么? 显然,最直观的答案是,意味着对组织资源的更多控制,且正是由于控制了更多组织资源,上级才能为下级提供额外的激励。在此,我们可以做这样一种类比:当你提交一份完

---

① Lynn A. Stout, "The Corporation As Time Machine: Intergenerational Equity, Intergenerational Efficiency, and the Corporate Form," *Seattle University Law Review*, Vol. 38 (2015), pp. 716 - 719.

全合格的申请书请某位主管官员签字时,如果他直接就签了字,那他只是在履行职责;如果他有意拖延因而你不得不向他提供某种额外的激励来激发其签字的动机,那他就是在寻租,而你则是在行贿;同理,当上级不得不通过额外的激励来让下级去做本属其义务之事时,就也是在向后者行贿,虽然可能是与我们传统理解的行贿相反的一种逆向行贿。所以,当管理问题变成一个激励的问题时,意味着贿赂的普遍化,[1]而当贿赂成为常态,伦理原则也就不再有发挥作用的空间了。所以,代理理论将责任问题转化为动机问题的结果,是组织管理的去伦理化。正是由于这一原因,代理理论的兴起也激发了要求企业承担社会责任的主张,因为根据代理理论组织起来的企业是不可能承担任何社会责任的。另一方面,当代理理论侵入公共部门,并使政府机构完全基于公务员的自利动机来建立内部控制体系时,就导致了公共服务精神的严重滑坡,甚至使具有公共服务动机的人将非营利机构而不是政府作为了工作的首选。[2] 近年来的"公共服务动机"研究试图通过证明公共服务动机的真实存在与探索如何激励这种动机的手段来解决这一问题,但这样一种以动机与激励为出发点的研究仍然是自我中心主义的,因而根本不可能解决问题。

总之,在代理理论兴起之后,我们发现,官僚制组织呈现出了两副面孔。官僚制组织的经典面孔是由权威—义务、责任—规则等概念共同谱绘出来的,而它之所以基于这些概念而得到构造,是为了保障组织目标的实现。另一方面,代理理论则用委托—代理、激励—动机等概念为我们描绘出了官僚制组织的另一副面孔,且人们根据这种描述而对官僚制组织进行改造的结果,就是将组织实践变成了所有组织成员合力蚕食组

---

[1] Alfie Kohn, "Why Incentive Plans Cannot Work," *Harvard Business Review*, Vol. 71, No. 5 (Sep.-Oct., 1993).

[2] Donald P. Moynihan, "The Normative Model in Decline? Public Service Motivation in the Age of Governance," in James L. Perry and Annie Hondeghem, eds., *Motivation in Public Management: The Call of Public Service*, New York: Oxford University Press, 2008, p. 255.

织剩余的活动。自人际关系学派兴起以来,如何对待组织实践中"人的因素"成为组织管理的核心议题。传统官僚制理论在这一问题上无所作为,导致组织实践总是受困于官僚自利性的问题。代理理论正视了这一问题,却给出了错误的解决方案。今天,官僚制组织仍然是支配性的组织类型,但基于代理理论的组织实践已经使这种组织的存在变得危机重重,也给社会造成了种种恶果。当代组织理论必须对如何对待组织实践中的"人的因素"的问题做出新的回答。

第2节 走出依赖的社会责任

现代社会是以理性为原则的。这并不是说现代社会就是一个理性的社会,相反,现代生活中充满了也不断再造着各种非理性与不合理的现象。但在原则上,现代社会则致力于根据理性来进行自我建构,这种建构的内容之一就是要把现代人塑造为一个个理性的个体。现代人被告知,作为理性的个体,他们每一个人都拥有自己的目的,更重要的是,他们每一个人都应当而且有权利拥有自己的目的,这是他们与那些只能从属于某种外在于他们自身之外的更高目的的政治"动物"的区别所在。可以说,能够自己决定自己的生活目的,是现代人作为自主个体的基本标志。不过,仅仅能够决定自己的生活目的并不意味着现代人就是自主的个体,因为任何目的都需要相应的手段来予以实现,而在社会生活日益细分为不同的领域,且每一个人都通过教育制度与职业制度而日益被框定在某一个或某一些有限的领域之中的条件下,每一个现代人所掌握的手段都是有限的,因而在很多时候都需要借助其他人来实现由自己所决定的目的。在这个意义上,每一个现代人的自主都部分地建立在其他人作为实现前者目的之手段的基础上,推广言之,现代社会作为一个理性的社会也建立在所有人互为手段的关系模式之上。于是,现代人就陷入了这样一种紧张:作为自主的个体,他们致力于实现由他们自己决定的目的,而要能够实现这样的目的,他们则必须成为实现其他人目的的手段。这一紧张是现代社会关系中许多矛盾的根源,也是许多现代思想的出发点。通过对由此产生的几种理论观点的比较,本书力图表明,这种紧张对每个现代人提出了服务他人的要求,而主动承担服务他人的责任就成了现代人实践自主的基本途径。

一、自主与依赖

要理解现代人作为自主个体的独特性,我们需要借用现代思想史上的一个经典分析工具,这就是由黑格尔提出的"主人—奴隶"分析框架。① 并且,对于主人与奴隶间的关系,我们可以运用对目的与手段的区分来分别进行解释。首先,就主人而言,他不仅决定自己的目的,也决定其奴隶的目的,也就是决定了这一关系本身的目的。而他之所以能够决定目的,则是因为他拥有实现这三位一体之目的的手段,也就是奴隶,其表现就是他总是能够让奴隶去实现由他所决定的目的。所以,主人虽然总是通过奴隶来实现目的,却并不依赖于奴隶,在决定和实现其目的的问题上,主人拥有充分的自主性。其次,就奴隶而言,作为一种纯粹的手段,他并不能决定自己的目的,因为他所掌握的一切——包括他的生命——都只是为了去实现由主人所决定的目的。但另一方面,作为一种手段,他又表现出了某种存在的完整性,在绝大多数情况下,只要主人决定了某个目的,他就能够独立地去实现这一目的,而无须借助另外的某个人,或与其他人开展协作。

作为历史上真实存在过的一种关系模式,主人与奴隶的关系发生在

---

① [德]黑格尔:《精神现象学:上卷》,贺麟、王玖兴译,北京:商务印书馆1981年版,第127—128页。

社会环境极为简单的条件下。这种简单性一方面赋予了奴隶作为手段的完整性,使他能够通过经验的累积而获得关于实现特定目的之手段的完整知识,另一方面也赋予了主人确保奴隶作为手段而存在的能力,从而维护了主奴关系的健全性。在主奴关系中,当我们说主人总是通过奴隶来实现其目的时,并不意味着主人不掌握关于实现其目的之手段的知识,相反,由于社会环境极为简单,主人往往掌握了或至少可以掌握与奴隶等量的知识,因而,他与奴隶之间就不存在实质性的"信息不对称",且正是由于这种信息的高度对称,让主人可以总是通过奴隶来实现其目的,同时却不对奴隶产生任何的依赖。在这里,社会环境的简单性与社会的等级结构共同构成了主奴关系的两大前提。

在政治理论的一般叙述中,主奴关系的瓦解是政治革命摧毁等级结构的一个结果,而从社会理论的角度来看,社会环境复杂性的增长则是主奴关系瓦解的更深层原因,甚至政治革命的爆发也可以到社会复杂性的增长中去寻找根源。随着社会环境变得复杂,任何一个人想要获得关于实现某种目的之手段的完整知识都变得非常困难。就主人而言,这意味着他可能不再拥有关于奴隶行为的完整知识了,即他与奴隶间的关系中出现了信息不对称,这种不对称让他对奴隶产生了某种依赖性,这种依赖性又反过来削弱了他在实现其目的上的自主性。就奴隶而言,这也意味着他可能失去了作为手段的完整性,因而,当面对某种被给定的目的时,将不得不更多地通过与其他人的协作来共同实现该目的。主人对奴隶依赖性的产生为主奴关系的平等化创造了前提,因为主人已经没有能力继续使奴隶仅仅作为实现由他决定之目的的手段而存在,而只要奴隶试图将自己掌握的手段用于实现由自己决定的目的,就意味着奴隶开始获得了与主人相似的自主性,而他们为这种自主性寻求政治承认的努力就演变为了争取平等的政治革命。[①] 另一方面,奴隶作为手段的完整

---

① 张康之、张乾友:《共同体的进化》,北京:中国社会科学出版社 2012 年版,第 117—119 页。

性的丧失又让他们争取承认的努力大打折扣,当他们在政治层面被承认了与主人平等的地位时,却发现这一地位本身已经不再具有充分的自主性,而是处在了与无论之前是作为主人还是作为奴隶但现在都成为自主个体的人们之间的相互依赖关系之中。

可见,作为自主的个体,现代人既非主人,也非奴隶。在走出奴隶的世界之后,每一个现代人都被承认了决定自己生活目的的权利,同时,也不再有任何人继续拥有独断地代其他人决定他们目的的特权。另一方面,在社会复杂性不断增强的条件下,现代人发现,他们虽然能够决定自己的目的,通常却并不掌握实现该目的的全部手段,而总是需要借助其他某个或某些人通过对他们所掌握手段的使用来实现自己的目的。在主人与奴隶的关系中,主人可以决定奴隶的目的,由此将奴隶变为自己的手段,而作为平等的主体,现代人不再能够将其他人变为自己的手段,[1]但其目的的实现则有赖于其他某个或某些人对作为实现其目的之手段角色的扮演。换句话说,现代人所享有的自主是一种依赖性的自主,在每一个人都获得了决定自己生活目的之权利的同时,每一个人又都依赖于其他人作为实现自己目的的手段。在严格意义上,自主意味着个体既能决定自己的目的,也拥有实现该目的的手段,由此,他才能真正对自己的生活做主。在这里,自主与个人责任可以被视为同义语,[2]所谓自主就意味着个体必须对自己的行为负责,如果他决定了某个目的,就应当运用各种手段全力以赴地实现该目的,且无论这种努力最终带来了什么样的结果,都接受这些结果,并通过承担后果来对自己的行为负责,来实现其自主。反之,如果他没有全力以赴地运用各种手段来实现某种目的,或根本就没有勇气去实现任何目的,那他也必须对相应的结果负

---

[1] Thomas Christiano, *The Constitution of Equality: Democratic Authority and its Limits*, New York: Oxford University Press, 2008, p. 242.
[2] Paul Benson, "Free Agency and Self-Worth," *The Journal of Philosophy*, Vol. 91, No. 12 (Dec., 1994), pp. 650–668.

责,而负责的方式就是接受他没能实现任何目的的事实。可见,自主并不等同于成功,并非只有当个体成功地实现了某种目的时,才算实现了自主,相反,在个体既能决定目的,又拥有实现目的之手段的条件下,自主意味着个体对自己行为的结果负责,而无论这种结果为何。

另一方面,当个体虽然能够决定自己的目的,却并不拥有实现该目的的手段时,自主还能被等同于每个人对自己的行为负责吗?在本书看来,答案至少部分是否定的。当所有自主的个体都依赖于其他人来为我们提供实现由我们自己所决定目的的手段时,个体对自身责任的履行就不再构成实现自主的充分条件了。在人类生活中,依赖性是个体之间产生责任关系的一个重要条件,当一个人因为无论何种原因依赖于另一个人时,被依赖的一方就对依赖的一方负有了某种责任。在这里,"问题的关键是他人依赖我们,他们在我们的行为和选择中处于弱势,这是我们承认的所有特殊责任的真正根源。"[1]就此而言,当人类走出主人与奴隶的世界,而进入作为平等主体并相互依赖于彼此来实现各自目的的现代世界中时,他们所进入的并非一个个人责任的世界,而是一个责任分担的世界。在这个世界中,自主一方面意味着个体须对自己的生活目的负责,另一方面意味着个体有责任为另一个不确定的个体扮演作为实现其目的之手段的角色,因为只有当每一个个体都同时承担了这两种责任时,每一个个体才都能够实现由他自己所决定的目的。作为一个独立的自主主体,个体需要承担两重责任,一是为自己决定目的的责任,二是运用自己所掌握的手段来实现该目的的责任,且这两重责任都是自我指涉的。作为一个依赖性的自主主体,个体也需要承担两重责任,一是为自己决定目的的责任,二是运用自己所掌握的手段来实现其他人之目的的责任。在这里,前一种责任是自我指涉的,后一种责任则是他人指涉的,

---

[1] [澳]古丁:《保护弱势:社会责任的再分析》,李茂森译,北京:中国人民大学出版社2008年版,第11页。

对它的履行是对他人责任的一种互惠性分担。作为相互依赖的逻辑结果,在现代思想中,我们每一个人都分担着对于他人的某种责任,这已经成了一个被广泛接受的观念。但我们到底对他人负有何种责任?则仍是一个有待澄清的问题。

二、依赖与责任

在社会层面上,随着近代政治革命的完成,"主人—奴隶"式的关系已经退出了历史舞台。但在20世纪的大部分时期里,在组织这一新的人际关系载体中,主奴关系则近乎完好地保存了下来。我们知道,典型的现代组织包含一个层级结构,在这一结构中,上级决定组织行动的目的,下级则只是实现组织目的的一种手段,并且,由于上级被认为拥有关于下级行为的充分信息,虽然组织行动总是表现为"上级通过下级开展行动",但上级并不对下级具有依赖性。换句话说,在典型的层级制组织中,上级就是主人,下级就是奴隶。而自20世纪后期以来,随着组织环境的日益复杂化,关于上级掌握了下级行为之充分信息的假设不再成立,相反,由于组织分工的不断精细化,上下级之间出现了日益明显的信息不对称,从而使上下级关系表现出了上级不得不依赖于下级去实现由他所决定之目的的特征。基于这一特征,组织理论家们提出了一种代理理论,对上下级关系做出了一种新的阐释,这就是:在组织中,所谓上级其实只是一个委托者,他因为无力亲自完成某些任务或亲自完成这些任务过于不便而不得不授权给作为代理者的下级,让下级在授权范围内自主决定如何完成这些任务。在这里,授权的事实表明委托者的目的应当成为委托—代理关系的目的,另一方面,委托者不得不进行授权的事实则意味着他无法确保代理者仅仅作为一种手段存在,因而,当代理者自己的目的与委托者的目的产生冲突时,委托者就会陷入代理者用自己的目的替换他的目的的风险,这种风险就被称作代理风险。

虽然代理理论是作为一种新的组织理论而提出的,但由于它对委托者—代理者关系的解释准确地再现了社会中相互依赖的自主个体之间的紧张，因而很快也被人们用来解释社会层面中的人际交往。根据代理理论的解释，主奴关系瓦解之后，人们进入了一个具有流动性的委托者—代理者关系网络之中。任何一个人，当他决定了某种目的，就成了一个委托者，但作为委托者，他并不掌握实现其目的的全部手段，因而必须求助于掌握了相应手段的某个或某些代理者通过对这些手段的运用来促进其目的。由此，委托者就变成了代理者的一个依赖者。从经济学的角度来看，这种依赖关系让委托者陷入了代理风险，并需要通过付出相应的代理成本——如激励成本与监督成本——来消除这种风险。从伦理学的角度来看，这种依赖关系让代理者获得了代理责任，使他被要求在面对自己与委托者间的目的冲突时不用自己的目的置换委托者的目的，由此降低委托者所面对的代理风险。所以，作为一个依赖性的自主个体，现代人要实现其自主，一方面取决于他愿意和能够为激励与监督掌握了手段的代理者付出多少成本，另一方面则取决于代理者对促进委托者目的的某种伦理承诺。

代理理论是 20 世纪后期以来对整个人类社会产生了最重要影响的理论之一，而它之所以能产生如此重要的影响，最主要的原因就在于它准确地描绘出了追求自主的现代个体彼此依赖的现实处境。如上可见，针对这一处境，代理理论提出了两种彼此矛盾的解决思路，其中一种诉诸动机，另一种则诉诸责任。从代理理论的一个角度来看，委托者依赖于代理者去实现其目的的事实不可避免地让代理者产生了利用这种依赖性渔利的动机，而要避免代理者基于这种动机开展行动，委托者就必须付出额外的成本来激发代理者去促进委托者目的的动机，当后一种动机比前一种动机更强时，委托者目的的实现就获得了动机层面的保障。从代理理论的另一个角度来看，委托者依赖于代理者去实现其目的的事实让代理者产生了不利用这种依赖性渔利的责任，只要代理者承担了这一责任，作为依赖者的委托者就也可以通过代理者实现自己的目的。显然，这两种思路是相互矛盾的，当我们把委托者目的的实现诉诸代理者的自利动机时，结果一定是代理者责任意识的消解。反之，只要我们试图让代理者的责任意识发挥作用，就一定不会承认代理者在与委托者关系中的自利动机。

从现实来看，基于代理理论的组织实践与社会实践大多采用了前一种思路，即通过付出额外的代理成本来降低代理风险，就此而言，代理理论更多地表现为一种动机理论，而非责任理论。作为一种动机理论，代理理论使依赖性关系中被依赖者的自利动机得到了合法化，而"摧毁了为他人着想的实践"，①结果，作为手段，代理者就可以合法地要求作为目的的委托者为其提供额外的激励，否则就可以拒绝使手段服从于目的。从伦理学的角度来看，这是依赖性关系的异化，它表明依赖性关系已经变成了一种剥削性关系，并使同时扮演着委托者与代理者角色的现代人陷入了普遍的剥削与被剥削的关系之中，让每一个人都不得不通过接受剥削来实现自己的目的，同时通过剥削他人来弥补自己的受损。这种关系之所以是剥削性的，是因为代理者并不会真的用自己的目的取代委托者的目的，因为那样意味着委托—代理关系的终结——毕竟，没有哪一个委托者会为了代理者的目的而付出成本。代理者通常所做的是利用自己所掌握的手段来对委托者提出一个剥削性的报价，而在接受这一报价时，委托者仍然实现了自己的目的，其代价则是受到了代理者的剥削。正是由于出现了这一结果，代理理论中才衍生出了一种补偿性的责任视角，试图通过要求代理者承担不剥削委托者的责任来改变至少是弱化委托—代理关系的剥削性质。但根据我们对动机与责任关系的分析，这一努力在逻辑上是自相矛盾的，在实践中也不可能取得成功，结果，代理理论的风行就使现代人从一个相互依赖的世界进入了一个相互剥削的

---

① Ronald F. Duska, "Why Be a Loyal Agent? A Systemic Ethical Analysis," in Norman E. Bowie and R. Edward Freeman, *Ethics and Agency Theory: An Introduction*, New York: Oxford University Press, 1992, p.143.

世界。

　　作为一种规范性要求,责任具有两方面的含义。首先,责任是一种约束,其功能在于防止某种道德上"坏"的后果的发生,在这个意义上,说一个人负有某种责任,就意味着他被要求不去做某些可能造成道德上"坏"的后果的事情;其次,责任是一种动力,其功能在于促进某种道德上"好"的结果的发生,在这个意义上,说一个人负有某种责任,就意味着他被要求去做某些可能带来道德上"好"的结果的事情。从文献来看,代理责任通常被视为前一种责任,代理理论提出这种责任是为了约束代理者基于自利动机的代理行为,为代理者的自利行为设定必要的边界。另一方面,同样立足于个体间依赖性关系的"托管"理论则提出了一种作为动力的托管责任,要求把被依赖者重新理解为一种托管者,进而赋予托管者更为积极地促进依赖者目的的责任。

　　托管理论的现代源头可以被追溯到密尔。在分析代表制度时,密尔提出了这样一个问题,即议员"应该是选民派往议会的使节呢,还是他们的专职代表,即不仅有权代替他们行动,而且有权代他们判断该做的事情呢?"[1]用本书的术语来说就是,议员究竟只是实现选民目的的手段呢,还是可以代选民决定他们的目的? 对此,密尔的回答是,议员不能仅仅作为一种手段,因为"选民应该选择比他们自己更有智慧的人作他们的代表,并且应该同意按照那个较高智慧来统治自己"。[2]也就是说,当选民与代表间信息与能力的不对称程度非常之高,使得选民无法判断代表所掌握的手段能够实现什么样的目的时,根据自己所掌握的手段来代选民决定他们应该追求的目的就成了代表的责任。这是现代政治理论关于托管责任——即托管者替依赖者决定目的的责任——的最经典表述。

---

[1] [英]密尔:《代议制政府》,汪瑄译,北京:商务印书馆1984年版,第171页。
[2] [英]密尔:《代议制政府》,汪瑄译,北京:商务印书馆1984年版,第176页。

密尔关于代表与选民关系的分析在现实生活中有着更广泛的存在。假设 A 产生了去某个地方度假的意向,但还没有确定目的地,即还没有决定自己的目的。再假设 A 没有私人交通工具,也不会驾驶,且他所在的地方没有任何公共交通,因而必须依赖于另一个人来完成他的意向。又假设当地市场上只有 B 愿意为 A 提供出行服务,但他只在两条路线上拥有营运许可,即只能让 A 在两个目的地之间做出选择。其中,目的地 X 更值得游玩,但道路条件比较恶劣,对于刚学会驾驶的 B 来说存在较高风险,目的地 Y 相对不那么值得游玩,但 B 更有把握保证旅程的安全。在所有这些条件下,A 与 B 的关系是应当让 A 决定目的地,B 只负责驾驶,还是 B 既负责驾驶,也决定目的地呢？显然,在这里,密尔提出了自主的限度问题,如果说自主意味着自己决定自己的生活目的,那么,在某些情况下,当我们对掌握了实现这些目的之手段的人的依赖是如此之强时,放弃自主对我们可能是更有价值的一件事情,因为在这些情况下自主的结果将是对自己的不负责任——在上述例子中,也是对他人的不负责任。如果是这样,那决定我们的生活目的就成了特定情境中托管者的责任。由此,托管理论从依赖关系中推导出了一种更为积极的责任,但这种责任又对现代人的自主造成了威胁。

三、服务的责任

可以看到,代理理论与托管理论都认识到了现代个体间关系中存在依赖性的事实。二者的不同在于,代理理论仍然试图维护自主在价值上的优先性,即维护委托者目的的优先性,在这里,代理成本与代理责任只是让代理者去实现委托者目的的不同机制。而托管理论则从依赖者对被依赖者的依赖性出发走向了对自主价值的某种否定,如果说这一点在密尔这里表现得还不是十分明显的话,到了拉兹的权威理论中则展露无疑了。在拉兹看来,"权威的角色与主要的一般功能是服务被治者。这不是说它们唯一的作用必须是去促进它们的每一个和所有从属者的利益,而是帮助他们基于约束着他们的理由而行动。"①具体来讲,当以下两个条件得到满足时,权威就是在服务它的从属者。第一个条件被称为"一般证成条件",即从属者选择服从权威的指令将比不服从更好地顺应于适用其行动的理由;第二个条件被称为"依赖条件",即需要服从权威的是这样一些事项,在这些事项上,对从属者来说,顺应由权威所给出的理由比自己做决定更好。② 用存在简单化风险的话来说,现代依赖关系是这样一种关系,其中,被依赖者掌握着关于依赖者行动的正确理由,因而,如果依赖者想要正确地开展行动,就依赖于被依赖者为他提供这样的理由,就需要服从掌握着正确理由的被依赖者的指令。显然,在这么做的时候,依赖者就让被依赖者决定了自己的目的,而通过替依赖者决定他的生活目的,被依赖者就为依赖者提供了服务。由此,托管责任——替依赖者决定目的的责任——就被理解为了服务的责任,而当被依赖者是在为依赖者提供服务时,依赖者是否仍是一个自主的个体似乎就变得不那么重要了。

应当说,托管理论确有其适用的范围。比如,在涉及与未来世代的关系时,显然,未来世代的人们就高度依赖于当代人。在这里,未来者无疑是有着他们自己的目的的,但他们能够决定什么样的目的,则完全取决于作为手段的当代人给他们留下了什么样的选择。如果当代人决定毁灭地球,那未来者就不可能实现任何自己的目的了。所以,对于未来世代的人们,当代人负有一种严格意义上的托管责任,③虽然我们并不知道未来者会选择什么样的目的,却必须代他们做出至少一种关于目的的

---

① Joseph Raz, "Authority and Justification," *Philosophy & Public Affairs*, Vol. 14, No. 1 (Winter, 1985), p. 21.
② Joseph Raz, "The Problem of Authority: Revisiting the Service Conception," *Minnesota Law Review*, Vol. 90, (2006), p. 1014.
③ Annette Baier, "The Rights of Past and Future Persons," in Ernest Partridge, ed., *Responsibilities to Future Generations: Environmental Ethics*, New York: Prometheus Books, 1981, p. 180.

决定，这就是把社会的存续作为一个基本的目的。也就是说，当代人的决定事实上会影响未来世代关于他们目的的决定，这让当代人必须承担这样一种责任，让未来世代在他们成为当代人的时候还有能力去决定自己的目的。在这里，未来者的自主是没有意义的，因为当前的决定只能由当代人做出。但在日常社会实践中，在直接的依赖性关系中，我们能够接受由某个托管者来替我们决定我们的生活目的吗？我们能够接受以牺牲自主为代价来换取更适用于我们行动的正确理由吗？或者说，我们能够接受由于其他某个人可以做出关于我们生活目的的更好决定就放弃对我们自己生活目的的决定权吗？

从字面来看，托管（trustee）可以被理解为信托，即因为对他人的信任而将自己托付给他人，但从经验来看，托管理论所需要的这种信任似乎超出了现代人的理性能力。根据张康之的分类，现代信任属于"契约型信任"。① 作为理性主体，当现代人决定了某种目的，并以契约的形式与他人就利用后者所掌握的手段来实现该目的达成协议时，出于对契约以及契约背后的法律制度约束力的信任，前者可以相信后者会按契约所约定的那样去实现他的目的。但对目的的决定则超出了契约的约束效力，我们不可能通过契约来让他人做出符合我们目的的目的性决定，因为"即便出自最好的意愿（而我们常常并不能依靠这种意愿），人们也并不擅长于为他人寻找合脚的鞋。"②就此而言，至少在现代人的理性能力范围内，一个理性的主体是不可能把对目的的决定交给一个外在于他的托管者的。在实践中，只要他这么做了，就会从一个自主的个体重新沦为主人—奴隶关系中的奴隶。而在主奴关系中，主人是不可能服务于奴隶的，因此，当拉兹把他的权威观念称作"服务性权威观"时，就对服务的概念做出了一种错误的解释。

---

① 张康之：《在历史的坐标中看信任——论信任的三种历史类型》，《社会科学研究》2005年第1期。
② Anne Phillips, *The Politics of Presence*, Oxford: Clarendon Press, 1995, p. 53.

在现代人的理性能力范围内,服务是自主的一种伴生性价值。如前所述,现代人所拥有的自主是一种依赖性的自主,即我们只能决定自己的生活目的,却依赖于其他人作为手段来实现我们的目的。这种依赖性让我们可能无法实现完全的自主,却并不必然意味着我们无法实现完全的自主。当我们既能决定自己的目的,又掌握了实现这些目的的手段时,只要我们运用这些手段去实现我们的目的,我们就是自主的,而且这种自主是完全的。而从代理理论的角度来看,当我们能够决定自己的目的,却不掌握实现这些目的的手段时,如果我们通过付出额外的代理成本去实现了我们的目的,那我们仍然是自主的,但这种自主是有缺损的,因为我们事实上接受了代理者的勒索,受到了后者的剥削。当一个人以被剥削的方式实现了自己的目的时,他无论如何也不能被视为一个完全自主的个体。这是代理理论给予我们的最大启示。代理理论没能告诉我们的是,当我们作为特定依赖性关系中的代理者选择了剥削委托者时,我们既损害了委托者的自主,也损害了自己的自主,因为委托—代理关系网络中的剥削性关系是可传导的,一个人选择成为剥削性的代理者的结果往往是所有人都成为相同的剥削性代理者。这是现代集体选择或"社会选择"理论提供给我们的教科书式的答案。

在本书看来,自主个体间的依赖性关系所提出的并非代理和托管的问题,而是服务的问题,即依赖性的本质不是让我们获得了可以剥削委托者的代理者角色,也不是让我们获得了可以凌驾于授托者之上的托管者角色,而是让我们成为服务的需求者,需要通过他人的服务来实现自主。这既是一种观念上的转变,也是一种行动上的改变。在观念上,我们应当把理解现代人之"依赖性自主"这一处境的重心从依赖性转向自主,即不是去思考他人依赖于我们的事实向我们提供了何种优势,而是去思考当我们处于依赖于他人处境的时候,我们需要什么来实现我们的自主。显然,我们不需要他人替我们决定目的,因为作为理性主体,我们只接受由自己来决定目的。另一方面,我们需要他人恰当地扮演起作为手段的角色,在这里,所谓恰当地,是指他人应当具有某种相对于我们自己的作为手段的可替代性,当他作为手段去实现我们自己的目的时,就像我们自己掌握了相应的手段而且自己运用这些手段去实现我们自己的目的一样。当他人这么做了时,他们就向我们提供了服务。由此,现代人彼此依赖的事实就让每一个人都产生了服务的责任。在这里,服务不是一种个人选择,"传统观点通常认为,对依赖者进行照顾及承受照顾产生的负担是个人选择的结果,这种观点使得我们忽视了探讨社会整体责任。个人选择战胜了一切,遮盖了一切我们所应感知的不公平,使社会现状维持具有'正当性'。"①要改变这一现状,我们就必须把服务确立为每一个自主的个体对无论因为何种原因而成为他的依赖者的人的责任,是一种非选择性的规范性要求。当每一个人都承担了这一责任时,他们就不仅帮助他们的服务对象实现了自主,最终也促进了自己的自主。在这里,服务成了自主的一个条件。

可以看到,服务的责任强于代理责任,弱于托管责任,它反映了我们对现代个体间依赖性关系的一种区别于代理理论与托管理论的不同认识。根据服务的观念,个体间的依赖性不是使我们成为委托者与代理者,也不是使我们成为授托者与托管者,而是使我们成为需求者与服务者,让我们每一个人都需要其他人的服务来实现我们的自主,也让我们每一个人都获得了服务他人的责任。在这里,服务被理解为服务者作为手段的可替代性,而在实践中,这种可替代性是难以衡量的,没有一个确定的标准可以用来判断另一个人作为手段来促进我的目的的行为是否可以替代我自己掌握这种手段且运用这种手段来实现我的目的的行为。但为了让服务的概念具有可把握性,我们必须为它确定某个可以操作的标准,在本书看来,这种标准就是,一个人把自己作为手段去促进另一个人目的的行为是否属于服务,取决于前者在他掌握手段的限度内是否能

---

① [美]法曼:《自治的神话:依赖理论》,李霞译,北京:中国政法大学出版社2014年版,第29页。

让作为一个讲理的人的后者获得最大程度的满意。这一定义有几点需要强调的地方。首先,服务一定是以需求者的满意为标准的,服务者必须以需求者的满意为原则;其次,服务者能够让需求者达到的满意程度是有限的,因为他虽然掌握了实现需求者目的之手段,但他所掌握的手段本身也是有限的,事实上,即使需求者自己掌握了全部手段,通常也不可能让自己完全满意,所以,服务并不意味着需求者的完全满意;再次,只有当需求者遵循讲理原则时,他的满意才具有对于服务者的规范效力,在这里,讲理意味着需求者也需要考虑到服务者的处境,不对服务者抱有明显不合理的期望,并从这种期望出发来对服务者的行为做出不合理的评价。① 显然,这样一种服务观念是在现代人的理性能力范围之内的,如果依赖性关系真的让现代人产生了某种责任的话,那么,通过承担服务的责任,每一个人就都可以通过作为他人的手段来实现自己的目的,通过服务他人来实现自主。

在确立了服务的责任之后,我们还面临这样一个问题,即在很多时候我们并没有履行服务的责任,但似乎也并没有对我们的需求者造成明显不利的后果,也不需要因此受到追责,这是否意味着服务的责任并非一种必须履行的责任?对此,本书的回答是,所有责任都是非选择性的(non-optional),我们不能选择是否承担某种或某些责任,否则,责任的规范效力就不存在了。另一方面,有一些责任是命令性的(imperative),另一些责任则是非命令性的。其中,命令性责任具有主体的确定性,或者说,责任客体排他性地依赖于责任主体,在这种情况下,责任主体必须履行责任,否则就应当受到追责。因而,这种责任构成了某种康德式的绝对命令。非命令性责任则具有主体的不确定性,因而,责任客体虽然也处于依赖状态,却并不排他性地依赖于某一个责任主体,进而,只要某

---

① T. M. Scanlon, *What We Owe to Each Other*, Cambridge, Massachusetts: The Belknap Press of Harvard University Press, 1998, pp. 191 - 192.

一个责任主体履行了责任,那其他主体没有履行责任的行为就不具有道德含义,就不需要被追究责任。比如,如果一个人落入水中,那至少所有会游泳的在场者都获得了施以援手的责任,但只要有一个人履行了这一责任,其他所有人都没有履行责任的行为就不需要被追责,因为落水者并不排他性地依赖于某一个特定的在场者。反之,如果所有人都没有履行责任,那么,在道德层面上,他们就都需要被追究责任,因为落水者排他性地依赖于所有会游泳的在场者。这意味着,在市场中,只要市场具有充分的开放性,那并非每一个市场主体都需要履行服务的责任,因为需求者能够通过市场机制寻找到愿意履行服务责任的服务者。另一方面,对于政府而言,在所有核心性的公共事务上,社会都排他性地依赖于政府机构,因而服务公众就成了现代政府的一种命令性责任,无论存在何种理由,只要现代政府没有履行服务公众的责任,就应当受到追责。

总之,作为依赖性的自主主体,现代人负有服务于我们的依赖者的责任,只有当每一个人都履行了这一责任时,我们才能在相互依赖中实现自主。另一方面,在一般性的社会关系中,这种依赖性可能不具有排他性,因而我们对其他人所负的并不是一种命令性的责任。但在政府与社会公众的关系中,在涉及公共需求之满足的问题上,社会总是排他性地依赖于政府,因而,服务公众就成了现代政府的一种命令性责任。

第3节 何谓服务

在公共行政学的语境中,公共行政经常又被称作公共服务,而这一称谓的潜台词是,对于政府而言,仅仅具有公共性是不够的,它还必须服务于作为其公共性来源的公众。不过,关于公共的概念,许多学者都提出了自己的看法,而关于服务,学者们却着墨甚少。虽然英文文献中很早就有了服务国家(service state)的提法,近年来,关于公共服务动机的研究也在世界范围内占据了主流学界的优先研究议程,但对于何种行为才属于服务的问题,则从来没有吸引足够的学术关注。另一方面,在中文世界,虽然服务型政府的概念已经得到了普遍的接受,甚至在某种意义上进入了官方意识形态,但关于服务本身的学理分析也呈现出了与服务型政府话语的喧嚣不相称的冷清。究其原因,可能在于我们过于受制于日常话语中关于服务的工具性理解——即把服务理解为对需求的满足,而这种理解不仅不具有标识政府行为特殊性的功能,反而会造成一些语言上的悖论,比如把性产业称作"服务业"。如果服务仅仅具有这种含义,那它的确没有多少理论探讨的价值。但从学者们在表达对公共行政的某些规范性期望时经常求助于服务的概念这一事实来看,服务的概念绝不仅仅具有工具性的含义,而也包含了某种规范性的含义。之所以学者们没有对服务的规范含义予以足够的重视,一个可能的原因是,无论私人的还是公共的行动者,都能够而且有时也在事实上服务于它们的客户,因此,将重心放在公共服务的服务一面似乎是没有意义的。本书的分析将会表明,虽然市场的与政府的行动者都能而且有时的确服务了它们的客户,但使它们的活动成为服务的条件并不相同。更重要的是,对政府行动者来说,公共观念只是服务观念的一部分。进而,对于公共行政学来说,当我们讨论公共服务的问题时,关键就不在于市场行为是否能被视为服务甚或公共服务,而在于政府行为如何才能被视为服务,即政府如何做才是在服务社会。就此而言,在公共服务这一表达式中,何谓服务而非何谓公共才是公共行政学的核心问题。

一、服务概念的初步界定

在理论研究中,对任何概念的界定总是需要借助于其他概念,在关于服务的问题上,我们需要借助的第一个概念就是需求。在日常用语中,当我们说一个人对另一个人提供了一项服务时,这种说法的直接含义就是，前者满足了后者的某种需求。在这个意义上，我们似乎可以说，服务是一个人对另一个人需求的满足。这是对服务的工具性理解，它指出了服务的工具性含义，当我们谈论服务业时，指的就是这些行业是直接满足人们需求而不是生产产品的行业。同时，它也表明服务是一个关系性的概念，而不存在所谓"自我服务"，虽然的确存在服务的自我提供。也就是说，在我们的所有需求中，有一些是通过我们自己的行为得到满足的，有一些的满足则依赖于其他人的行为，二者中只有后一种的满足即其他人对我们的某些需求的某种方式的满足才能被视为服务，而我们对我们自己需求的满足则属于"个人责任"的范畴，而不是我们对自己提供的服务。当然，这种责任我们也可以通过"外包"的方式来履行，并由此接受他人的服务，因而，对自己负责与接受他人的服务并不矛盾。

我们也许都同意在自己下厨、吃点菜和吃自助三种行为间存在一些微妙的区别。当我们自己下厨时，我们自己承担了满足自己需求的完整责任；[1]当我们吃点菜时，我们期望被其他人服务；当我们吃自助时，我们期望被其他人服务，而让我们参与到服务提供的行为和过程之中则是他人选择来服务我们的一种方式。这里的关键在于，只要我们是在通过自己的行为来满足自己的需求，这种行为就不能被视为服务。换句话说，服务是一种具有"他在性"的行为，是我们与他人关系中的一种特殊的属性。

对服务的理解需要借助外部化需求的概念，即服务属于某些人对另一些人外部化需求的满足。在这里，"外部化"不同于"溢出性"，即外部化需求不等于溢出性需求。根据某种理解，溢出是因能力的不足而产生的一个问题，因此，当对某种需求的满足超出了我满足它的能力时，这种需求就成了我的一种溢出性需求。而如果我所溢出的是一

---

[1] 在更严格的意义上，我们可能需要自己提供所有原材料才算是承担了完整的责任。但就区分这里所说的三种行为的目的而言，我们并不需要如此刨根问底。

种对我来说非常重要甚至基本性的需求,那对它的满足就成了全体社会成员的共同责任与负担。这是当代需求理论解释社会福利政策的基本逻辑。① 不过,在本书看来,他人对我的服务并不仅仅发生在对我没有能力自行满足的那些需求的满足中,且仅仅承担起了满足这些需求的责任也不等于对我做出了服务,否则最小限度的福利国家就将成为最严格意义上的"服务国家"。本书所称的外部化需求不是超出了我满足它们的能力的需求,而是我借助于其他人的行为来满足的那些需求。这意味着个体在一定程度上可以决定某种需求的满足方式,即究竟是以内部化的方式还是外部化的方式来满足某种需求,而他做出这种决定的依据并不是对这种需求的满足是否超出了他的能力,而是哪种方式可以为他带来更大的价值。之所以这么界定,是因为本书把服务理解为一种"为他"(for-the-other)的活动,而只有当它能够为他人创造价值时,一种活动才能被视为为他的活动。因而,只有当以外部化的方式来满足我的某种需求可以为我创造某种价值且他人满足我的需求的行为的确为我创造了这种价值时,他人满足我的外部化需求的行为才获得了规范含义,才能被视为一种服务的行为。

关于外部化需求的概念,让我们借助政府职能的外包现象来做出进一步的解释。19世纪以前,在许多国家,税收、消防、治安等在今天看来属于典型的公共职能的治理职能都是"外包"给非政府主体的,如包税制。② 或者说,对于某些具有公共性的需求,社会是以内部化的方式予以满足的。20世纪前期,当这些职能成为"自然垄断"的政府职能时,意味着它们对应的需求成为外部化需求。而到20世纪后期,许多这类职能

---

① Robert E. Goodin, *Protecting the Vulnerable: A Reanalysis of Our Social Responsibility*, Chicago: The University of Chicago Press, 1985, pp. 199 - 200; Gillian Brock, "Just Deserts and Needs," *The Southern Journal of Philosophy*, Vol. 37, No. 2 (1999), pp. 165 - 187.
② [美]弗里曼:《合作治理与新行政法》,毕洪梅、陈标冲译,北京:商务印书馆2010年版,第324—325页。

又被政府外包了出去,即社会又转向了以内部化的方式来满足这些需求。这种变化表明,社会一直有能力满足这些需求,之所以在不同时期选择了满足这些需求的不同方式,取决于在这些时期哪一种方式对社会更有价值。同样的道理也适用于个体与市场的关系。对于个人而言,开展市场交易是他满足其外部化需求的方式,但对于他通过交易来满足的绝大多数需求,他其实都是有能力以内部化的方式予以满足的,甚至,如果他愿意,他还可以过一种小农经济条件下的自给自足的生活,但对于他来说,这种生活方式本身已经不再有价值了,因为自给自足意味着只能过一种非常低质量的生活,所以他就选择了以外部化的方式来满足他的绝大多数个人需求。这同样表明,究竟以何种方式来满足我们的需求,取决于哪种方式能为我们创造更大的价值。另一方面,通常来说,内部化的需求满足方式才是价值最大化的需求满足方式,那他人满足我们外部化需求的行为怎么可能为我们创造更大的价值,进而可以被视为对我们的服务?接下来本书将通过对市场行为与政府行为的比较分析来回答这一问题。

二、市场中的服务行为

前文的分析指出了服务行为的两大特征,第一,它是其他人满足个体之外部化需求的一种行为;第二,它是一种创造价值的行为。关于这两点,一个符合逻辑的质疑是,对于个体来说,需求的满足本身就是一种价值,那这是否意味着所有满足需求的行为都属于创造价值的行为?对此,本书的回答是,只有在特定条件下,需求的满足本身才是一种价值,因而,并非所有满足需求的行为都属于创造价值的行为,自然也并非所有满足需求的行为都属于服务。如前所述,本书把服务视为一个规范性的概念,而作为一个规范性范畴,它必须满足某种规范性条件,这种条件就是,它不能与一个社会的基本价值观相冲突。反过来,当某种需求的满足不符合一个社会的基本价值观时,即使需求者得到满足的程度非常高,满足其需求的行为也不属于服务。在大多数社会中,卖淫与贩毒就属于这种情况的典型例子。作为一个社会事实,几乎所有社会中都存在对于卖淫者与毒品的旺盛需求,相应的,许多人是靠对这些需求的满足来养活自己的,他们中的某些人甚至视自己为那些需求者的服务者。但这类需求本身是与大多数社会的基本价值观相冲突的,因而,在这些社会中,对这类需求的满足就不能被视为创造价值的行为,更不能被视为服务。可见,对需求的满足并非判定一种行为是否创造了价值的充分条件,只有当被满足的需求本身符合社会的基本价值观时,满足需求的行为才属于创造价值的行为。

不过,今天,世界上的绝大多数人都生活在某种程度的多元社会之中,关于什么才是一个社会的基本价值的问题,人们可能并不存在共识。那我们如何能把社会基本价值作为判定服务的标准?因价值多样性导致的实践选择两难是道德相对主义的一个经典议题,本书无力涉及。就当前的目的而言,我们可以把一个社会的基本价值定义为蕴含在其法律制度之中并由一个相对长的时期内的法律实践所支持的那些价值。由此,在绝大多数社会中,卖淫与贩毒就仍不能被视为创造价值的行为,虽然也存在这样一种可能性,即如果这些社会中的法律制度与法律实践在未来的某个时刻接纳了这些行为,那它们就也可能变成创造价值的行为。这是因为,法律制度与法律实践为我们提供了公共的行为规则,而我们不能因为个体遵守了公共的行为规则而谴责或惩罚他们。如果我们认为这些行为在道德上是无价值的,那我们就应当寻求去改变相应的法律制度和法律实践,如果我们做不到这一点,就必须承认这些行为的社会价值。否则,我们关于个体行为的道德含义就将无法做出任何确定的判断。

然而,仅仅帮助需求者实现了符合社会基本价值观的需求之满足这一价值也不足以让一种行为成为服务行为,因为如果这样,那所有市场交易就都可以被纳入服务的范畴了。在市场中,他人满足我们需求的行为要成为一种服务,必须满足别的条件,这种条件就是:第一,我们为让他人去满足我们的需求而采取行动所付出的成本必须具有市场相称性(fittingness);第二,他人满足我们需求的行为必须给我们带来某种实质性的附加价值。在市场经济中,我们的绝大多数需求都是外部化需求,其满足依赖于他人。要让其他人满足这些需求,我们必须向他们提供相称的回报,当然,前提是我们承担的成本也是相称的。在这里,相称性是公平的一种形式。[1] 因此,当一项交易是相称的时候,就没有哪一方不公平地占了另一方的便宜,虽然可能有人占了别人的便宜。当有人占了便宜时,交易就不是等价的,但只要这是相称的,就不是不公平的。

前面已经提到,根据经济学家们的解释,在完全竞争市场中,所有人都是价格的接受者,没有人是价格的制定者。而当没人能制定价格时,所有交易都必然是等价的。然而,在现实市场中,价格制定者是实际存在的,且通常来说,价格都是由卖家制定的。这些市场参与者之所以能够制定价格,原因之一是存在信息不对称,即买家不知道是否有人提供了更低的价格。通常来说,这种不对称可以得到降低,但对买家来说,降低这种信息不对称可能比接受由卖家制定的价格成本更高。因此,买家就选择不去降低信息不对称,并由此允许卖家占了他们的便宜。如果是这样,那买家虽然付出了比完全市场价格更高的成本,但这却是相称的。

传统上,人们一直以为市场交易的核心是等价,但在现实中,等价交换通常并不存在。在今天的网络交易中,我们可能都有这样的体验,同一件商品,前一秒还售价 50,后一秒就变成了 100,但花 100 买这件商品的人可能比花 50 的人还多,且无论花了 50 还是 100,买到这件商品的人都觉得自己赚到了。在这种情况下,哪一种交易是等价的? 答案可能是,没有哪一种交易是等价的,并且当每个买到商品的人都觉得赚到了

---

[1] Thomas Christiano, *The Constitution of Equality: Democratic Authority and its Limits*, New York: Oxford University Press, 2008, p. 20.

时，这种不等价可能意味着销售者承担了额外的成本，但只要这种成本是他愿意承担的，而且交易没有违背基本的市场规则，那每一笔交易就都具有市场相称性。在这里，市场相称性承认了某些信息不对称对交易价格的合理影响，即信息不对称可能导致我们付出高于市场价格或其他人付出的价格的成本，但由于寻求信息对称的过程本身也会造成成本，而且可能是我们更不愿意付出的成本，因而，接受信息不对称条件下的价格是符合市场相称性原则的，虽然这可能不符合等价交换的原则。另一方面，因垄断或违背市场规则的行为导致的不等价交换则不符合市场相称性原则。在垄断的条件下，消费者不能选择不接受垄断者提供的报价，因而他实际付出的成本一定是与他愿意付出的成本不相称的。在违背市场规则的条件下，违背市场规则的行为——如价格欺诈——也会造成信息不对称，且这种信息不对称是违背规则的市场主体强加给其他市场主体的，也就是说，后者被强加了某种价格，而这种被强加的价格自然不能被视为后者所愿意付出的成本，虽然在信息不对称的条件下后者可能意识不到他们的出价并非出自他们的意愿这一事实。

  在市场中，交易的相称性是一个重要的标准。一种行为，即使它高质量地满足了需求者的符合社会基本价值观的需求，但如果它让需求者付出了严重不相称的成本，意味着这种交易是不公平的，甚至存在着剥削，而服务行为不可能发生在剥削性关系中，虽然具有剥削性质的需求满足行为也可以为需求者创造价值。不过，具有市场相称性只能表明一项交易是公平的，却不足以使这项交易所包含的需求满足行为成为服务。因为公平是市场交易的基本要求，在一个健全的市场中，所有市场行为都必须满足公平的条件，但仅仅做到公平并不能为其他市场主体创造足以使这种行为成为服务的价值。在这个意义上，相称性只是一个消极的标准，它可以帮助我们判定何种行为不属于创造价值的行为，却不能帮助我们判定何种行为属于创造价值的行为。在本书看来，他人满足我们需求的行为要成为一种服务，则这种行为必须给我们带来某种独立于需求之满足的实质性的附加价值。

附加价值不等于剩余价值。根据本书的理解,一种产品的完全市场价格是由其售出之前的所有成本与市场均衡条件下对那些参与了其生产与销售的人的所有回报——或利润——构成的。这里不存在剩余价值,也没有人占其他人的便宜,事实上根本没人能占其他人的便宜。但如果存在价格制定者,那些能够制定价格的人就有能力占价格接受者的便宜,而他们所占的便宜就被理解为剩余价值。因此,如果市场交易并不基于等价交换,那么剩余价值就存在于绝大多数交易之中,这些交易中就总是有人占了其他人的便宜。克里斯蒂亚诺的例子可以帮助说明这一问题。A是可以将患有重病的B救活的医生,但A的收费远远高于市场价。A告知B市场中有其他医生收费更低,但B选择接受A的报价。如果他们就此达成交易,我们可以认为A占了B的便宜,但这并不意味着二者间的交易是不公平的。① 在现实市场中,我们可能都有许多类似的经历。正缘于此,非等价交换在当代政治哲学中已不再被视为剥削的一个必要条件。这一点在道德上也许不能让人感到满意,却是我们理解现代市场经济的一个关键点。它意味着,让利不等于服务,如果他人在满足我们需求时让与我们某些剩余价值,这是符合我们利益的,却不能被视为对我们的服务。因为让利只是市场相称性尺度的正常位移,它只能让市场交易更加公平,而并没有为需求者创造任何新的价值。换句话说,不相称的交易对于吃亏的一方是一种负价值,但相称的交易本身并没有带来额外的正价值。

当谈及剩余价值时,我们关注的是是否有人在交易中得到了多于他应得的东西;而当谈及附加价值时,我们关注的则是是否有人比他通常被期望的做得更多。当我们与他人在市场中达成了一项交易,他人可以

---

① Thomas Christiano,"What is Wrongful Exploitation?" in David Sobel, Peter Vallentyne, and Steven Wall, eds., *Oxford Studies in Political Philosophy*, New York: Oxford University Press, 2015, p. 258.

全程黑着脸来满足我们的需求,也可以笑脸相迎地满足我们的需求。在前一种情况下,他人虽然也满足了我们的需求,而且我们的需求得到满足的质量可能还很高,但他们满足我们需求的方式本身却给我们带来了负价值。而在后一种情况下,他人不仅满足了我们的需求,而且他们满足我们需求的方式还给我们带来了某种正价值。在这里,我们并不需要他们的微笑,而他们也没有必要微笑着满足我的需求,但如果他们选择用一张张笑脸而不是扑克脸来满足我们的需求,他们就不仅满足了我们的需求,也为我们创造了某种附加价值。但这种附加价值并不具有实质性,因此,仅仅微笑着满足需求就不能被视为服务。那么,什么是实质性的附加价值?

在本书看来,当且仅当他人试着理解我们的处境并思考什么是我们在该处境中的最佳利益且通过最能保护与促进我们利益的方式来满足我们的需求时,他们满足我们需求的行为才为我们创造了实质性的附加价值。在一般意义上,我们很难说什么最符合我们的利益,更不可能要求他人来思考什么是我们的最佳利益,但当我处在与另一个人的交往之中,且他的行为会对我的利益造成影响时,他究竟应当如何做才能最好地保护我的最佳利益,是任何理智健全的人都能做出的判断,而如果他的行为遵从了这一判断,就为我创造了实质性的附加价值。举一个最常见的例子,如果我的电脑坏了,且我对电脑一无所知,那我唯一的选择就是寻求一位电脑专家的帮助。这里的关键不在于我们间的信息不对称给了他在剩余价值的分配中不公平地占我便宜的能力——毕竟市场中还有别的电脑专家可以求助,而在于我们间的信息不对称给了他独断地决定如何满足我的需求的能力。作为电脑专家,他有能力在不告知我的前提下取走我的隐私信息,而当他如此做时,就不能被视为是在服务于我。然而,如果他以一种最能保护我的最佳利益的方式修理我的电脑,如不仅保护了我的隐私信息,而且消除了所有我没有意识到的风险,那我们就可以说他为我创造了实质性的附加价值。

需要指出，这里的关键并非移情，而是为他人着想，因为期望他从我的角度进行思考与行动是不合理的，毕竟，他就是他，而不是我。但我期望他理解我的处境并思考什么才是我在该处境下的最佳利益则是合理的。如果他这么做了，他就确保我得到了妥善地对待，而他满足我需求的行为就不仅是一种创造价值的行为，也成了一种"为他"的行为。他为我创造的附加价值必须是实质性的，因为服务是一种我们极其珍视的规范性标准。但对他来说，什么是我的最佳利益是一个判断问题，且我不能代他做出判断。如果我能代他做出判断，他就成了我的"奴隶"，而不是我的服务者。但如果我不能对他的判断产生任何规范性影响，我也将没有理由将他视为我的服务者。为消除这一紧张，我们可以引入规范性重叠共识的概念。这一概念是对伊斯特朗"规范性（或虚拟）同意"①与罗尔斯"重叠共识"概念的结合。根据这一概念，如果我们有机会交换我们的观点，并能就他关于什么才是给定情境下我的最佳利益的判断达成共识，那么他的判断就对我具有规范意义上的约束力。这一共识是规范性的或虚构的，而非事实上的，因为大多数时候我们并不就他如何满足我的需求讨价还价，通常来说，这样做成本太高。这一共识是重叠性的，因为他并不是我，所以我们不可能有严格意义上的共识。但如果他的判断体现了我们之间的规范性重叠共识，那我将可以确信我的最佳利益已经得到了考虑。

在市场中，每个人都有责任照顾好自己的所有需求。当一个人以内部化的方式来满足他的需求时，首先，因为他最了解他自己的需求，他的需求得到满足的程度和质量一定是最高的，由此，它就实现了需求之满足这一价值的最大化；其次，由于他没有通过其他人的行为来满足自己的需求，他就承担起了照顾好自己需求的完整责任，这又是一种价值。

---

① David Estlund，*Democratic Authority*: *A Philosophical Framework*，Princeton：Princeton University Press，2008，p.10.

根据某种常识性的观点，只有通过自己的行为，我们才能最好地满足自己的需求。一点不错。但这并不意味着其他人不能服务我们，因为要服务另一个人，一个人并不需要成为那个人，而是需要为他着想并行之如是。因此，如果与我们达成了交易的他人满足我们需求的行为给我们带来了实质性的附加价值，就相当于他人按我们自己的标准满足了我们的需求，就等于分担了本属于我们自己的责任。由此，他人满足我们需求的行为就可以被视为对我们的服务，因为在分担我们的责任时，他人就变成了一种"为他"的存在。这就是市场交易中的服务概念。当我们通过市场交易来满足某些符合社会基本价值观的外部化的需求时，如果我们通过交易得到的满足与所付出的成本具有市场相称性，且我们的交易对象满足我们需求的行为给我们带来了某种实质性的附加价值，则后者满足我们需求的行为就可以被视为一种服务。

三、政府行为的判定

回顾关于市场中的服务行为的分析，我们可以提取出这样三个要素，即需求、相称性与附加价值，且对于市场行为的服务性质来说，三者的重要性呈递增趋势。首先，在市场中，任何行为都必须满足某些市场主体的需求，这是不证自明的，因为作为一种资源配置方式，市场机制的核心就是淘汰那些不能满足市场主体需求的市场行为以及做出这些行为的市场主体。换句话说，满足需求是所有市场行为的必要条件，它并不能帮助我们区分服务行为与非服务行为。其次，交易的相称性决定了交易的公平性，而如果交易是不公平的，意味着交易中可能存在剥削，又由于服务行为不可能产生于剥削性关系中，交易的相称性就也是服务行为的一个必要条件。第三，交易的附加价值是服务行为的决定性因素，因为只有当我们的交易对象满足我们需求的行为给我们带来了某种实质性的附加价值时，他们才能被视为分担了我们满足自己需求的责任，进而，这种分担责任的行为才能被视为服务。这里需要注意的是，市场经济是一种严格建立在个人责任基础上的经济形态，即我们每个人都被要求对我们自己需求的满足承担完全责任，而没有任何人被要求对其他人需求的满足承担责任，也没有任何人能够主张其他人对自己需求的满足承担责任，因此，当某些人在事实上分担了其他人的责任时，就对后者做出了服务。

从一种工具性的视角来看，市场与政府是满足需求的两种机制，与市场行为一样，政府行为也属于需求满足行为，也有着与市场行为相同的结构，因而，我们也可以把判定市场行为的标准适用于政府行为，但适用的尺度有了根本性的差异，因为政府与市场有着不同的运行逻辑。这种不同就是，市场主体并没有责任满足其他市场主体的需求，而对政府来说，满足社会公众的外部化需求则是其基本责任和存在的依据。也就是说，对市场主体来说，满足其他社会主体的需求仅仅是一种交易行为；而对政府来说，满足社会公众的需求则是一种责任行为。① 当然，市场交易中也包含契约责任，而在政府与社会公众的关系中，这种责任则主要是一种政治责任。契约责任源于交易双方的约定，政治责任则取决于这种关系中的需求方也就是社会公众及其需求的性质。因而，要回答政府履行责任的行为如何才能被视为服务的问题，我们需要对社会公众及其需求的性质做出进一步的分析。

可以看到，市场是一种个体需求的分散供给机制，这种机制在价格的作用下保证了每个需求方都能准确地找到相应的供给方，因而不同需求方之间就不存在需求冲突，至少在所有市场活动都能把外部性内部化的理想前提下是如此。与之不同，政府则是一种公共需求的集中供给机

---

① 本书在市场主体是否承担服务责任这一问题的立场上比前一节弱。这是一种更现实主义的立场，而前一节则代表了更规范主义的立场。在整体上，我倾向于规范主义立场，这是一种更有利于促进社会作为一个道德共同体而存在的立场。但当这一立场难以得到实践支持时，我们也有必要澄清，如果市场主体宣称要服务其他市场主体，它们被要求去满足哪些超出通常的市场要求的规范性要求。

制,在与政府的关系中,个体并不构成需求方,一个人不能仅仅出于他自己的需求而要求政府如何去做,相反,只有作为一个整体,即作为公众,他们才能要求政府采取行动以满足他们之间具有公共性的那些需求。在这里,个体之间必然存在需求冲突。而要解决需求冲突,社会就必须以集体决策的方式来决定究竟何种需求才是社会的公共需求,才应当成为政府行为的依据。在这里,公共性是在集体决策中产生的。现代政治中的一种常见现象是,所有人都宣称自己的需求是公共需求,但对政府而言,只有通过集体决策被选择出来的那些需求才被承认为公共需求,并且,在集体决策中,每一个社会成员都应当拥有对于决策的同等影响力,只有这样,通过集体决策被选择出来的公共需求才是制度意义上的公共需求。

之所以说是"制度意义上的"而不是"真正的",是因为集体性的决策往往存在认知缺陷,也经常陷入群体非理性的困境,因而并不总是能够识别出"真正的"公共需求。但在民主观念下,我们不能因为集体决策存在认知缺陷就拒绝集体决策,相反,在很多时候,我们只能为了保证每个人都能对决策产生同等的影响而牺牲"真正的"公共需求。这意味着,对公共需求的制度性确定是有缺陷的。即使在民主制度的所有设置都是充分完备的情况下,只要决策集体中存在认知缺陷和群体非理性的情况,通过民主制度而被选择出来的需求也可能不是真正的公共需求。在实践中,这一悖论可能无法避免。但在理论上,我们则需要找到一个化解悖论的办法,否则,如果我们无法就什么是真正的公共需求给出一个肯定的回答,也就不可能找到判定政府行为是否服务的标准。在本书看来,这就要求我们区分公共需求的实践含义与规范含义。其中,通过赋予每个人在集体决策中的同等影响力并通过投票计算出来的多数需求只是公共需求的实践含义,只有当少数也不能合理地拒绝这种需求时,它才是一种规范意义上的公共需求。在这里,我们再次援用了斯坎伦的"不能合理拒绝"的观念,在公共问题上,它的意思是说,不存在作为普遍性的公共性,即不存在将每一个人的利益与观点都包容其中的公共性,因而,必须有人为了公共而牺牲,而民主就是决定牺牲者的一种方式,但这种牺牲要成为正当的,则牺牲者也不能合理地拒绝被确定为牺牲者,因为如果牺牲者可以合理拒绝民主决策,意味着民主成了多数压迫少数的工具。这仍然不是一种完美的公共观念,但在本书看来,它却为我们提供了一种关于公共需求的规范性理解。这就是,只有当每个人都在关于公共需求的民主决策中有着同等影响力,且在为成为公共需求而展开的斗争中败下阵来的那些需求者也不能合理拒绝将他们确定为牺牲者的决策时,由这一决策所确定的公共需求才是规范意义上的公共需求,才应当成为政府行为的依据。

以这种方式确定下来的公共需要之所以是规范性的公共需求,因为存在规范性的理由让社会中的每一个成员都把它们当作好像是真正的公共需求一样。所以,在规范意义上,它们对政府行动者有着与真正的公共需求一样的约束力,虽然它们事实上并非真正的公共需求。在多元社会中,关于什么才是公共需求,可能并不存在严格意义上的共识,所以我们只能让多数来做出决定,但要具有合法性,这一决定必须满足别的某些规范性要求。否则,那些有需要的人就不能合法地对政府行动者提出自己的主张,而政府对这些需求的满足也将变得不合法。

如果说市场行为的关键在于每个人都要对其需求的满足承担责任的话,政治的产生则是因为我们没有找到一种比借助政府更好的内部化的方式来对我们之间那些具有公共性的需求的满足承担责任,因而只能通过政治、借助政府来集体性地承担这种责任。当我能够对我的需求的满足承担完全责任时,表明我是一个自主的个体,通过对我的需求的满足承担责任的行为,我就实现了我的自主。而当我不得不与他人一道共同承担满足我们间的公共需求的责任时,个体自主就融入到了集体自主之中,且当我们在集体决策中与其他每一个人都拥有对于决策的同等影响力且这种影响力所得出的结果是其不利者也不能合理拒绝的时,每一个人的个体自主与所有人的集体自主就是统一的,虽然在形式上可能不是一致的。进而,当政府通过某些行为满足了社会的公共需求时,作为集体的公众与这一集体中的每一个个体就都实现了自主。这是一种具有"他在性"的自主,是社会公众通过政府这一"他者"而实现的自主,而如果政府行为在功能上是帮助社会公众实现了自主,那这些政府行为就成了一种"为他"的行为,而这种"为他"的行为似乎就可以被视为一种服务行为。在这个意义上,对公共需求的满足可以被视为判定政府行为是否服务行为的一个决定性条件。但它并不构成充分条件,一种政府行为达到了满足公共需求的结果并不足以使它成为一种服务行为,这种行为的达成方式是否为社会公众创造了附加价值也是判定它是否服务行为的一个必要条件。

之所以强调独立于需求之满足的附加价值,是因为存在如下情况,即可能存在对于秩序的公共需求,而在满足这种需求时,政府事实上可以采取"白色恐怖"的方式,且这种方式在获取社会秩序上可能是最有效的。但显然,这种方式不仅没有为社会公众创造附加价值,反而为社会公众带来了负价值,所以,白色恐怖虽然在特定条件下满足了社会公众对于秩序的需求,却不能被视为一种服务。这里的另一个问题是,为社会公众创造附加价值不等于为政府行为的对象创造附加价值,比如,在面对罪犯时,如果政府也去思考如何为罪犯创造附加价值,结果将是政府秩序职能的履行失败。事实上,在面对罪犯时,如果该罪犯对社会秩序有着非常严重的威胁,那么,无论政府是对他采取白色恐怖还是黑色恐怖,只要这种行为能为社会公众创造附加价值——这排除了类似"虐囚"的行为,那就满足了作为服务行为的两大条件。这是政府行为与市场行为的又一区别。由于市场行为是一种交易行为,判定市场行为是否服务行为的依据在于行为主体是否为其交易对象创造了附加价值,当然,如果能同时为社会公众创造附加价值更好,但这并不是一个必要条件。而对政府行为来说,它要成为一种服务行为,就必须为社会公众创造某种实质性的附加价值。

在适用相称性原则时,我们需要换一种表述。因为,相称是针对交易而言的,而社会公众与政府间的关系并不是一种交易关系,所以我们无法以相称为标准来衡量这种关系。但无论如何,政府都要致力于满足社会公众的需求,而且是有效地满足社会公众的需求。可见,在社会公众与政府的关系中,与相称性对应的是效率,即政府需要有效地满足社会公众的需求。但这是对所有政府行为的一般要求,而并不构成判定政府行为是否服务行为的独立条件。在某种意义上,我们可以把效率视为一种特殊的附加价值,相对于无效的需求满足行为,有效的需求满足行为本身就让社会公众获得了一种价值。但在政府行为的价值量表中,效率价值并不是一种优先性价值,至少在本书看来,一种旨在满足公共需求的政府行为仅仅是有效的并不足以表明它是一种服务行为,只有当政府有效地满足公共需求的行为同时为社会公众创造了其他实质性的附加价值时,这种行为才能被视为服务行为,政府在这么做时才能被视为对社会公众提供了公共服务。在这个意义上,与相称性一样,效率也是一个消极的标准,它可以帮助我们判定何种行为不属于服务行为,却不能帮助我们判定何种行为属于服务行为。如登哈特夫妇所说,问题并不在于效率是否一种重要的价值,"而是在于效率在何种程度上得到与其他价值——如参与和共同体建设——之间的平衡。"[1]还以社会秩序来说,如果政府把共同体建设纳入考虑,且共同体建设可以被证成为一种实质性的附加价值,那么政府将可能通过促进公民参与来维护社会秩序,而这通常是无效率的。但如果政府成功地找到了可以有效促进公民参与的秩序供给方式,那么我们就可以说政府在满足公众的秩序需求时也为他们创造了实质性的附加价值。换句话说,政府服务了公众。可

---

[1] Janet Denhardt and Robert Denhardt, "The New Public Service Revisited," *Public Administration Review*, Vol. 75, No. 5 (Feb., 2015), p. 664.

见,在对政府行为是否服务行为的判定中,对公共需求的满足是第一位的,创造实质性的附加价值与需求满足行为的有效性则逐渐次之。

四、结语:我们能对市场与政府提出什么要求

进入21世纪以来,中国提出了建设服务型政府的目标,在过去十余年里,学术界和实务界都围绕如何建设服务型政府的问题展开了大量探索,使得服务型政府理论成为中国特色国家治理理论的一个重要构成部分。在相关研究中,学者们对服务型政府作为一种政府类型的特征做出了详细探讨,[1]但尚缺乏对服务型政府行为特征的系统阐释。本书从规范政治理论的视角出发探讨服务行为,尝试澄清服务行为的一般特征及政府服务行为的特殊属性。

本书的论证策略是,首先将服务预设为一种"为他"的行为,进而寻求一种行为要成为"为他"的行为所需具备的条件。这种条件就是,它必须能够为它的作用对象创造实质性的价值,这种价值一方面表现为需求的满足,另一方面则表现为独立于需求之满足的其他价值。无论对于市场行为还是政府行为,如果它不能满足作用对象的需求,就一定是没有价值的。所以,所有有价值的行为都是一种需求满足行为。但仅仅能够满足需求也不足以使一种行为成为创造价值的行为,它还需要满足别的条件,本书针对市场行为与政府行为分别分析了相应的条件。根据本书的分析,市场行为与政府行为的区别在于,我们不能要求市场行为一定要去满足某种特定的需求,却要求政府行为只能满足公共需求。当然,这并不排斥市场主体对公共需求的满足,并且,如果它们真的承担起了满足公共需求的工作,就也向社会提供了公共服务。但市场主体与政府主体提供公共服务的机理是不一样的,对前者来说,这可能是一个动机

---

[1] 张康之:《限制政府规模的理念》,《行政论坛》2000年第4期;刘熙瑞:《服务型政府——经济全球化背景下中国政府改革的目标选择》,《中国行政管理》2002年第7期;燕继荣:《服务型政府的研究路向——近十年来国内服务型政府研究综述》,《学海》2009年第1期。

的问题,而对后者来说,这却是一个严格意义上的责任问题。二者的区别在于,市场主体是被激励去采取行动,而政府主体则是被要求去采取行动的。也许有时我们也能要求市场主体服务公众,就如企业社会责任运动所主张的那样,但我们并不能总是如此要求。如果我们总是要求市场主体采取他们没有动机诉诸的行动,结果将是市场的失灵。相反,我们总是可以要求政府主体采取某些行动,而无论他们有无动机,并且,对这些要求的满足,也就是承担对公众的责任,正是政府与公共行政的合法性所在。

本书的分析表明,政府行为要成为一种服务行为,首先是它必须满足公共需求,其次是它满足需求的方式必须为社会公众创造某种实质性的附加价值。其中,如何让政府行为去满足公共需求更多是一个政治问题,而不仅仅是一个行政问题,如何让政府满足公共需求的方式为社会公众创造价值则是一个严格意义上的行政问题,是公共行政学应当着力探讨的问题。当政府行为是在满足公共需求时,这种行为就是一种公共行为,却不必然是一种服务行为,反过来,如果政府行为可以被视为服务行为,那它一定就是一种公共行为。换句话说,服务的就是公共的。这是本书得出的最重要的一个观念。

传统上,公共行政的规范研究聚焦于公共性的问题,试图根据公共性的观念来区分市场行为与政府行为。这种努力无疑是对的,本书的分析也部分建立在这种区分之上。但在公私边界日趋模糊的现实下,公共性本身已经不再构成市场行为与政府行为的区别了,虽然本书不在一般层面上同意波兹曼"所有组织都是公共的"的论断,但今天,"所有组织都可以承担公共职能"已是一项基本事实。本书试图在这一事实之上提出的问题是,公共性并非公共生活的最高价值,相反,它只是服务的一个下位价值。因而,对于政府来说,关键不在于它是否做出了具有公共性的行为,而在于它是否在规范意义上服务了社会公众。同样,对于市场主体,我们至今并没有一种有说服力的理论要求它们一定要承担公共职能,但根据本书的分析,我们有着充分的理由要求市场主体做出具有服务性质的行为。可见,本书最终提出的是我们能对市场与政府提出什么要求的问题,而这一问题的答案就是服务。对政府来说,我们通常要求它做出具有公共性的行为,而在本书看来,这是不够的,我们还必须要求政府服务社会公众;对市场主体来说,要求它们承担公共职能却可能破坏市场健全存在的基础,但我们也可以要求它们履行私人职能的行为必须具有服务的性质。只有这样,政府与市场的行为在道德上才是可证成的。

本书关注的是,如果市场主体与政府主体旨在服务于他们的客户,那我们可以对他们提出何种要求,但在如何评价那些被要求者是否达到了我们设定的标准——尤其实践中什么才能算作实质性的附加价值——的问题上,本书的回答是远远不够的。理论家们在试图将其理论付诸实践时经常会备感受挫,并不得不接受他们的贡献仅仅是提出了问题这一事实。然而,如波兹曼所暗示的,提出问题是很重要的。① 当理论家提出了合理的问题而实践者也做出了合理的回应时,公共行政将能够更好地完成其使命——服务公众。

---

① Barry Bozeman, "Public-value Failure: When Efficient Markets May Not Do," *Public Administration Review*, Vol. 62, No. 2 (Mar. - Apr., 2002), pp. 145-161.

参考文献

习近平.决胜全面建成小康社会 夺取新时代中国特色社会主义伟大胜利——在中国共产党第十九次全国代表大会上的报告[N].人民日报,2017—10—28(2).

中共中央关于坚持和完善中国特色社会主义制度 推进国家治理体系和治理能力现代化若干重大问题的决定[N].人民日报,2019—11—6(5).

[美]阿伦特.人的境况[M].王寅丽译.上海:上海人民出版社,2009.

[美]本哈比主编.民主与差异:挑战政治的边界[M].黄相怀等译.北京:中央编译出版社,2009.

[英]波兰尼.个人知识:迈向后批判哲学[M].许泽民译.贵阳:贵州人民出版社,2000.

[古希腊]柏拉图.柏拉图全集:第2卷[M].王晓朝译.北京:人民出版社,2003.

[美]布坎南,塔洛克.同意的计算:立宪民主的逻辑基础[M].陈光金译.北京:中国社会科学出版社,2009.

[美]达尔.民主及其批评者[M].曹海军,佟德志译.吉林:吉林人民出版社,2006.

[美]法曼.自治的神话:依赖理论[M].李霞译.北京:中国政法大学出版社,2014.

[美]范伯格.自由、权利和社会正义——现代社会哲学[M].王守昌译.贵阳:贵州人民出版社,2014.

[美]范伯格.对他人的损害[M]//范伯格.刑法的道德界限:第1卷.方泉译.北京:商务印书馆,2013.

[法]福柯.生命政治的诞生[M].莫伟民,赵伟译.上海:上海人民出版社,2011.

[美]弗雷泽,[德]霍耐特.再分配,还是承认?:一个政治哲学对话[M].周穗明

译.上海:上海人民出版社,2009.

[美]弗里曼.合作治理与新行政法[M].毕洪梅,陈标冲译.北京:商务印书馆,2010.

[美]汉密尔顿,杰伊,麦迪逊.联邦党人文集[M].程逢如,在汉,舒逊译.北京:商务印书馆,1995.

[德]黑格尔.精神现象学:上卷[M].贺麟,王玖兴译,北京:商务印书馆,1981.

[英]霍布斯.利维坦[M].黎思复,黎廷弼译.北京:商务印书馆,2009.

[英]吉登斯.超越左与右[M].李惠斌,杨雪冬译.北京:社会科学文献出版社,2009.

[美]克鲁格曼.美国怎么了?:一个自由主义者的良知[M].刘波译.北京:中信出版社,2008.

刘熙瑞.服务型政府——经济全球化背景下中国政府改革的目标选择[J].中国行政管理,2002(7):5—7.

[美]罗尔斯.正义论[M].何怀宏,何包钢,廖申白译.北京:中国社会科学出版社,1988.

[美]罗尔斯.作为公平的正义:正义新论[M].姚大志译.上海:三联书店,2002.

[美]罗尔斯.政治哲学史讲义[M].杨通进等译.北京:中国社会科学出版社,2011.

[英]洛克.政府论:下篇[M].叶启芳,瞿菊农译.北京:商务印书馆,1996.

[英]米勒.社会正义原则[M].应奇译.南京:江苏人民出版社,2001.

[英]密尔.代议制政府[M].汪瑄译.北京:商务印书馆,1984.

[英]穆勒.功利主义[M].徐大建译.上海:上海人民出版社,2007.

[美]奈特.制度与社会冲突[M].周伟林译.上海:上海人民出版社,2009.

[美]诺齐克.无政府、国家与乌托邦[M].何怀宏等译.北京:中国社会科学出版社,1991.

[美]萨托利.民主新论[M].冯克利,阎克文译.北京:东方出版社,1998.

[美]塞勒."错误"的行为:行为经济学的形成[M].王晋译.北京:中信出版社,2018.

[美]施密特.个人、国家、地球——道德哲学和政治哲学研究[M].李勇译.上海:上海人民出版社,2016.

[德]韦伯.非正当性的支配——城市的类型学[M].康乐,简惠美译.桂林:广西师范大学出版社,2005.

[德]韦伯.学术与政治:韦伯的两篇演说[M].冯克利译.北京:三联书店.2005.

[美]沃尔泽.正义诸理论:为多元主义与平等一辩[M].褚松燕译.南京:译林出版社,2002.

[美]熊彼特.资本主义、社会主义和民主[M].绛枫译.北京:商务印书馆,1979.

徐梦秋. 公平的类别与公平中的比例[J]. 中国社会科学,2001(1):35—43+205.

徐向东编. 全球正义[M]. 杭州:浙江大学出版社,2010.

燕继荣. 服务型政府的研究路向——近十年来国内服务型政府研究综述[J]. 学海,2009(1):191—201.

[美]杨. 包容与民主[M]. 彭斌,刘明译. 南京:江苏人民出版社,2013.

张康之. 限制政府规模的理念[J]. 行政论坛,2000(4):7—13.

张康之. 在历史的坐标中看信任——论信任的三种历史类型[J]. 社会科学研究,2005(1):11—17.

张康之,张乾友. 公共生活的发生[M]. 北京:高等教育出版社,2010.

张康之,张乾友. 共同体的进化[M]. 北京:中国社会科学出版社,2012.

ADELMAN H. Refugee policy: Canada and the United States[M]. Toronto: Tory Lanes Press Ltd. , 1991.

ALLEN M P. A limited defense of (at least some of) the umpire analogy[J]. Seattle UL Rev. , 2008, 32: 525.

ANSCOMBE G E M. Modern moral philosophy[J]. Philosophy, 1958, 33(124): 1-19.

BANG H, ANDERS E. Good governance in network society: reconfiguring the political from politics to policy[J]. Administrative Theory & Praxis, 2009, 31(1): 7-37.

BARRY B, ROBERT E G Ed. Free movement: ethical issues in the transnational migration of people and of money[M]. New York: Harvester Wheatsheaf, 1992.

BAUBÖCK R. Stakeholder citizenship: an idea whose time has come? [M]. Washington, DC: Migration Policy Institute, 2008.

BENSON P. Free agency and self-worth[J]. The Journal of Philosophy, 1994, 91(12): 650-668.

BINGHAM L B, NABATCHI T, O'LEARY R. The new governance: practices and processes for stakeholder and citizen participation in the work of government[J]. Public administration review, 2005, 65(5): 547-558.

BOHMAN J, WILLIAM R Eds. Deliberative democracy: essays on reason and politics[M]. Cambridge, Massachusetts: The MIT Press, 1997.

BOWIE N E, FREEMAN R E. Ethics and agency theory: an introduction[M]. New York: Oxford University Press, 1992.

BOZEMAN B. Public - value failure: When efficient markets may not do[J]. Public administration review, 2002, 62(2): 145-161.

BRIGHOUSE H, MARC F. Democracy and proportionality[J]. Journal of Political Philosophy, 2010, 18(2): 137-155.

BROCK G. Is redistribution to help the needy unjust? [J]. Analysis, 1995, 55(1): 50-60.

BROCK G Ed. Necessary goods: our responsibilities to meet others' needs[M]. New York: Rowman & Littlefield Publishers, Inc. , 1998.

BROCK G. Just deserts and needs[J]. The Southern journal of philosophy, 1999, 37(2): 165-188.

BUCHANAN A. Federalism, secession, and the morality of inclusion[J]. Arizona Law Review, 1995, 37: 53.

BUCHANAN A. Toward a theory of the ethics of bureaucratic organizations [J]. Business Ethics Quarterly, 1996: 419-440.

BUCHANAN A. Political legitimacy and democracy[J]. Ethics, 2002, 112(4): 689-719.

BUCHANAN A. Justice, legitimacy, and self-determination: moral foundations for international law[M]. New York: Oxford University Press, 2004.

BUCHANAN A. Political liberalism and social epistemology[J]. Philosophy & Public Affairs, 2004, 32(2): 95-130.

BUCHANAN A. Human rights, legitimacy, and the use of force [M]. New York: Oxford University Press, 2010.

CANEY S. Cosmopolitan justice, responsibility, and global climate change[J]. Leiden Journal of International Law, 2005, 18: 747.

CARENS J H. Aliens and citizens: the case for open borders[J]. The review of politics, 1987: 251-273.

CARENS J H. The ethics of immigration[M]. New York: Oxford University Press, 2013.

CHRISTIANO T. Democratic equality and the problem of persistent minorities [J]. Philosophical papers, 1994, 23(3): 169-190.

CHRISTIANO T. Knowledge and power in the justification of democracy[J]. Australasian journal of philosophy, 2001, 79(2): 197-215.

CHRISTIANO T. Democracy and social epistemology[J]. Philosophical Topics, 2001, 29(1/2): 67-90.

CHRISTIANO T. The constitution of equality: democratic authority and its limits[M]. New York: Oxford University Press, 2008.

CHRISTIANO T. Must democracy be reasonable? [J]. Canadian Journal of Philosophy, 2009, 39(1): 1-34.

CHRISTIANO T, SIMONE S, MARTIJN C. Fairness, efficiency and corporate governance[C]. The Political Philosophy of Corporate Governance Conference, (Nov 9 - 10, 2015), Tucson, America.

CHRISTMAN J. The myth of property: toward an egalitarian theory of ownership[M]. New York: Oxford University Press, 1994.

CIEPLEY D. Beyond public and private: toward a political theory of the corporation[J]. American Political Science Review, 2013: 139 - 158.

CIEPLEY D. Some thoughts on corporate responsibility[C]. The Political Philosophy of Corporate Governance Conference, (Nov 9 - 10, 2015), Tucson, America.

COHEN G A. Self-ownership, freedom, and equality[M]. Cambridge: Cambridge University Press, 1995.

COHEN G A. Finding oneself in the other[M]. Oxford: Princeton University Press, 2013.

DAHL R A. The concept of power[J]. Behavioral science, 1957, 2(3): 201 - 215.

DAHL R A. After the revolution? authority in a good society[M]. London: Yale University Press, 1970.

DENHARDT J, DENHARDT R. The new public service revisited[J]. Public Administration Review, 2015, 75(5): 664 - 672.

EISENHARDT K M. Agency theory: an assessment and review[J]. Academy of management review, 1989, 14(1): 57 - 74.

ESTLUND D. Democratic authority: a philosophical framework[M]. Princeton: Princeton University Press, 2008.

FEINBERG J. Doing and deserving: essays in the theory of responsibility[M]. Princeton, New Jersey: Princeton University Press, 1970.

FEINBERG J. Social philosophy[M]. Englewood Cliff: Prentice-Hall, 1971.

FINKELSTEIN C. Is risk a harm[J]. University of Pennsylvania Law Review, 2002, 151: 963.

FRANKFURT H G. The importance of what we care about[M]. New York: Cambridge University Press, 2009.

FRENCH P. Review: agency theory, rational-choice theory, and ethics[J]. Business Ethics Quarterly, 1995, 5(3): 621 - 627.

FRIEDMAN M. A friedman doctrine: the social responsibility of business is to increase its profits[J]. The New York Times Magazine, 1970, 13(1970): 32 - 33.

FRICKER M, JENNIFER H Eds. The Cambridge companion to feminism in philosophy[M]. Cambridge: Cambridge University Press, 2000.

FULLER L L, Winston K I. The forms and limits of adjudication[J]. Harvard Law Review, 1978, 92(2): 353 - 409.

GAUS G F. Justificatory liberalism: an essay on epistemology and political theory[M]. New York: Oxford University Press, 1996.

GAUS G F. What is deontology? part two: reasons to act[J]. Journal of Value Inquiry, 2001, 35(2): 179.

GOLDMAN A I. Knowledge in a social world[M]. Oxford: Clarendon Press, 1999.

GOODIN R E. Reason for welfare: the political theory of the welfare state[M]. Princeton, New Jersey: Princeton University Press, 1988.

GOODIN R E. What is so special about our fellow countrymen? [J]. Ethics, 1988, 98(4): 663 - 686.

GOODIN R E. Utilitarianism as a public philosophy[M]. New York: Cambridge University Press, 1995.

GOODIN R E. Reflective democracy[M]. New York: Oxford University Press, 2003.

GOODIN R E. Enfranchising all affected interests, and its alternatives[J]. Philosophy & public affairs, 2007, 35(1): 40 - 68.

GOSSERIES A. Historical emissions and free-riding[J]. Ethical perspectives, 2004, 11(1): 36 - 60.

HART H L A. Are there any natural rights? [J]. The philosophical review, 1955, 64(2): 175 - 191.

HART H L A. The concept of law[M]. Second Edition, Oxford: Clarendon Press, 1994.

HIRSCHMAN A O. Exit, voice, and loyalty: responses to decline in firms, organizations, and states [M]. Cambridge, Massachusetts: Harvard University Press, 1970.

HOOK S Ed. Law and philosophy: a symposium[M]. New York: New York University Press, 1964.

JENSEN M C, William H M. Theory of the firm: managerial behavior, agency costs and ownership structure[J]. Journal of Financial Economics, 1976, 3(4): 305 - 360.

KNIGHT J, JOHNSON J. The priority of democracy: A pragmatist approach to political-economic institutions and the burden of justification[J]. American Political Science Review, 2007: 47 - 61.

KNIGHT J, JOHNSON J. The priority of democracy: political consequences of pragmatism[M]. Princeton, New Jersey: Princeton University Press, 2011.

KOHN A. Why incentive plans cannot work[J]. Harvard Business Review, 1993, 71(5): 54 – 60.

KORSGAARD C M, COHEN G A, GEUSS R, NAGEL T, WILLIAMS B. The sources of normativity[M]. New York: Cambridge University Press, 2010.

LAYCOCK D. Voting with your feet is no substitute for constitutional rights [J]. Harvard Journal of Law & Public Policy, 2009, 32: 29.

LENMAN J. Contractualism and risk imposition[J]. Politics, Philosophy & Economics, 2008, 7(1): 99 – 122.

LOCKE J. Second treatise of government[M]. Indianapolis: Hackett Publishing Company, Inc. , 1980.

MACDONALD T. Global stakeholder democracy: power and representation beyond liberal states[M]. Oxford: Oxford University Press, 2008.

MACEDO S. The politics of justification[J]. Political Theory, 1990, 18(2): 280 – 304.

MACGILVRAY E. Democratic doubts: pragmatism and the epistemic defense of democracy[J]. Journal of Political Philosophy, 2014, 22(1): 105 – 123.

MANSBRIDGE J. Beyond adversary democracy[M]. Chicago: The University of Chicago Press, 1983.

MANSBRIDGE J. Using power/fighting power[J]. Constellations, 1994, 1(1): 53 – 73.

MARMOR A. An institutional conception of authority[J]. Philosophy & Public Affairs, 2011: 238 – 261.

MARMOR A Ed. The routledge companion to philosohpy of law[M]. New York: Routledge, 2012.

MILLER D. Reasonable partiality towards compatriots[J]. Ethical theory and moral practice, 2005, 8(1 – 2): 63 – 81.

NAGEL T. Moral conflict and political legitimacy[J]. Philosophy & Public Affairs, 1987: 215 – 240.

NOZICK R. Anarchy, state, and utopia[M]. Oxford: Blackwell, 1999.

OBERMAN K. Can brain drain justify immigration restrictions? [J]. Ethics, 2013, 123(3): 427 – 455.

O'NEILL O. Bounds of justice [M]. Cambridge: Cambridge University Press, 2004.

PARKINSON J, MANSBRIDGE J Eds. Deliberative systems: deliberative democracy at the large scale[M]. New York: Cambridge University Press, 2012.

PARTRIDGE E Ed. Responsibilities to future generations: environmental ethics [M]. New York: Prometheus Books, 1981.

PERRY J L, HONDEGHEM A Eds. Motivation in public management: the call of public service[M]. New York: Oxford University Press, 2008.

PHILLIPS A. The politics of presence[M]. Oxford: Clarendon Press, 1995.

PHILLIPS R. Stakeholder legitimacy[J]. Business ethics quarterly, 2003: 25 - 41.

PRICE D K. Administrative leadership[J]. Daedalus, 1961: 750 - 763.

QUONG J. Liability to defensive harm[J]. Philosophy & Public Affairs, 2012, 40(1): 45 - 77.

RACHELS J. Can ethics provide answers?: And Other Essays in Moral Philosophy[M]. New York: rowman & Littlefield Publishers, Inc. , 1997.

RAJAN R G, ZINGALES L. Power in a theory of the firm[J]. The Quarterly Journal of Economics, 1998, 113(2): 387 - 432.

RAWLS J. A theory of justice[M]. Cambridge, Massachusetts: The Belknap Press of Harvard University Press, 1971.

RAWLS J. The law of peoples[J]. Critical Inquiry, 1993, 20(1): 36 - 68.

RAWLS J. Political liberalism: reply to Habermas[J]. The journal of philosophy, 1995, 92(3): 132 - 180.

RAWLS J. Political liberalism [M]. New York: Columbia University Press, 1996.

RAWLS J. The idea of public reason revisited[J]. The University of Chicago Law Review, 1997, 64(3): 765 - 807.

RAWLS J. Justice as fairness: a restatement[M]. Cambridge, Massachusetts: The Belknap Press, 2001.

RAWLS J. Lectures on the history of political philosophy[M]. Cambridge, Massachusetts: The Belknap Press of Harvard University Press, 2007.

RAZ J. Practical reason and norms [M]. London: Hutchinson & Co. , Ltd. , 1975.

RAZ J. The authority of law: essays on law and morality[M]. Oxford: Oxford University Press, 1979.

RAZ J. Authority and justification[J]. Philosophy & Public Affairs, 1985: 3 - 29.

RAZ J. The morality of freedom[M]. Oxford: Clarendon Press, 1986.

RAZ J. Ethics in the public domain: essays in the morality of law and politics, revised Edition[M]. Oxford: Clarendon Press, 1996.

RAZ J. The problem of authority: revisiting the service conception[J]. Minnesota Law Review, 2005, 90: 1003.

RODIN D. Justifying harm[J]. Ethics, 2011, 122(1): 74 - 110.

ROEMER J E. Should Marxists be interested in exploitation? [J]. Philosophy & Public Affairs, 1985: 30 - 65.

ROEMER J E. Equality and responsibility[J]. Boston Review, 1995, 20(2): 3 - 7.

ROHR J A. To run a constitution: the legitimacy of the administrative state [M]. Lawrence, Kansas: University Press of Kansas, 1986.

SCANLON T M. What we owe to each other[M]. Cambridge, Massachusetts: The Belknap Press of Harvard University Press, 1998.

SCHEFFLER S. Families, nations, and strangers[M]. University of Kansas, Department of Philosophy, 1994.

SCHMIDT J Ed. What is enlightenment? eighteen-century answers and twentieth-century questions[M]. Berkeley: University of California Press, 1996.

SCHMIDTZ D, GOODIN R E. Social welfare and individual responsibility[M]. New York: Cambridge University Press, 1998.

SCHMIDTZ D. How to deserve[J]. Political Theory, 2002, 30(6): 774 - 799.

SCHMIDTZ D. Elements of justice[M]. New York: Cambridge University Press, 2006.

SCHMIDTZ D. Person, polis, planet: essays in applied philosophy[M]. New York: Oxford University Press, 2008.

SIMMONS A J. Tacit consent and political obligation[J]. Philosophy & public affairs, 1976: 274 - 291.

SIMMONS A J. Justification and legitimacy: essays on rights and obligations [M]. New York: Cambridge University Press, 2001.

SIMMONS A J. Consent theory for libertarians[J]. Social Philosophy & Policy, 2005, 22(1): 330.

SINGER P. Famine, affluence, and morality[J]. Philosophy & public affairs, 1972: 229 - 243.

SOBEL D, ALLENTYNE P, WALL S Eds. Oxford studies in political philosophy[M]. New York: Oxford University Press, 2015.

SOMIN I. Tiebout goes global: international migration as a tool for voting with your feet[J]. Missouri Law Review, 2008, 73: 1247.

SORABJI R, RODIN D Eds. The ethics of war: shared problems in different traditions[M]. Burlington, VT: Ashgate Publishing, 2006.

STEINER J. The principles of majority and proportionality[J]. British journal of political science, 1971, 1(1): 63-70.

STOUT L A. The corporation as time machine: intergenerational equity, intergenerational efficiency, and the corporate form [J]. Seattle University Law Review, 2015,38: 685.

TADROS V. Duty and liability [J]. Utilitas, 2011, 24(2):259-277.

TALISSE R B. Democracy and moral conflict[M]. New York: Cambrige University Press, 2009.

TALISSE R B. An epistemological defense of democracy[J]. Critical Review, 2010, 22(2-3): 281-291.

TESÓN F R. Brain drain[J]. San Diego Law Review,2008, 45: 899.

THOMPSON D F. Moral responsibility of public officials: The problem of many hands[J]. American Political Science Review, 1980, 74(4): 905-916.

TIEBOUT C M. A pure theory of local expenditures[J]. Journal of political economy, 1956, 64(5): 416-424.

WHELAN F G. Prologue: democratic theory and the boundary problem[J]. Nomos, 1983, 25: 13-47.

WOLFF J. The dilemma of desert[M]// OLSARETTI S ed. Desert and justice. New York: Clarendon Press, 2003:219-232.

WOLFF R P. In defense of anarchism[M]. Berkeley: University of California Press, 1998.